*AS ENCRUZILHADAS
DO LABIRINTO
II*

*Os domínios do homem*

O tradutor agradece à prof.ª Jeanne-Marie Gagnebin de Bons pelo inestimável auxílio na realização deste trabalho.

CORNELIUS CASTORIADIS

# *AS ENCRUZILHADAS DO LABIRINTO II*

*Os domínios do homem*

Tradução:
JOSÉ OSCAR DE ALMEIDA MARQUES

Revisão técnica:
RENATO JANINE

2ª edição

PAZ E TERRA

© by Éditions du Seuil, 1986

Título do original em francês:
Domaines de l'homme / les carrefours du labyrinthe II

CIP-Brasil. Catalogação na fonte
Sindicato Nacional dos Editores de Livros, RJ.

C49e

Castoriadis, Cornelius, 1922-1997
Encruzilhadas do labirinto II – domínios do homem /
Cornelius Castoriadis ; tradução José Oscar de Almeida Marques. —
Rio de Janeiro: Paz e Terra, 1987

ISBN 85-219-0428-2

1. Filosofia. 2. Psicologia. 3. Política. 4. Marx, Karl, 1818-1883. I. Título. II. Série.

87-0899            CDD-100
                           CDU-1

EDITORA PAZ E TERRA S/A
Rua do Triunfo, 177
Santa Ifigênia, São Paulo, SP — CEP 01212-010
Tel.: (011) 3337-8399
Rua General Venâncio Flores, 305 — Sala 904
CEP 22441-090, Rio de Janeiro, RJ
Tel.: (0xx21) 2512-8744
E-mail: vendas@pazeterra.com.br
Home page: www.pazeterra.com.br

2002
Impresso no *Brasil / Printed in Brazil*

# Sumário

Prefácio .................................................................. 7

## KAIROS

Transição ................................................................ 19
A indústria do vazio ................................................. 29
Psicanálise e sociedade I .......................................... 37
Não guardar ilusões ................................................. 53
O mais duro e o mais frágil dos regimes ................. 61
Polônia, nossa derrota ............................................. 71
O regime russo suceder-se-á a si próprio ............... 75
Marx hoje ................................................................ 81
Qual Europa? Quais ameaças? Qual defesa? ........... 93
Psicanálise e sociedade II ......................................... 99
Terceiro Mundo, terceiro-mundismo, democracia ... 113
A "esquerda" em 1985 ............................................. 121
Cinco anos depois ................................................... 127

## KOINÔNIA

Reflexões sobre o "desenvolvimento" e a "racionalidade" ... 139
Comunicação e resposta às críticas ........................ 165

O regime social da Rússia ................................................................. 185
Os destinos do totalitarismo ............................................................ 213
O imaginário: a criação no domínio social-histórico ................... 233

## POLIS

Uma interrogação sem fim ............................................................... 255
A *polis* grega e a criação da democracia ....................................... 277
Natureza e valor da igualdade ......................................................... 325

## LOGOS

A descoberta da imaginação ............................................................ 347
Instituição da sociedade e religião .................................................. 385
A lógica dos magmas e a questão da autonomia ........................... 407
Alcance ontológico da história da ciência ...................................... 443

# Prefácio

Publicados em 1978, *Les carrefours du labyrinthe* compunham-se de textos escritos entre 1968 e 1977 que se agrupavam, quanto ao assunto e quanto à época, em torno de *L'institution imaginaire de la société* (1964-1965; 1974)[1]. Eles a prepararam, acompanharam, seguiram — como embarcações de diversos tipos e tamanhos explorando as frentes avançadas, cobrindo os flancos e a retaguarda, colaborando na provisão e municiamento da esquadra principal.

Os textos aqui apresentados, compostos entre 1974 e 1985, desempenham o mesmo papel e cumprem a mesma missão relativamente a duas obras que espero logo ver deixar o estaleiro: *L'elément imaginaire* e *La création humaine*, cuja construção ocupa meus seminários na École des Hautes Études desde a primavera de 1980.

Três textos, que inicialmente eu tencionava incluir nesta compilação e que provêm da mesma inspiração, tiveram afinal que ser deixados de lado por falta de espaço. "Les apories du plaisir", exposição de 1971 no seminário de Piera Aulagnier em Sainte-Anne, e "Plaisir et représentation", conferência de 1976 no Quarto Grupo Psicanalítico, formarão o

---

[1]. Ver *A instituição imaginária da sociedade,* Rio de Janeiro, Paz e Terra, 1982, 2.ed. 1986, e *As encruzilhadas do labirinto I,* Rio de Janeiro, Paz e Terra, 1987. As referências a esses livros, neste volume, serão normalmente feitas através do título e da paginação das edições brasileiras. *(N. do E.)*

núcleo de um livro propriamente psicanalítico. "Temps et création", do qual uma parte foi apresentada em julho de 1983 no colóquio "Temps et devenir" de Cerisy, dilatou-se desmesuradamente no decorrer da elaboração, e deverá, também ele, entrar na lista de espera dos trabalhos a publicar.

Em contrapartida, decidi reproduzir, na parte deste livro intitulada *Kairos*, aqueles dentre os textos de ocasião, intervenções, artigos ou entrevistas realizados a partir de 1979 que me parecem melhor corresponder às conotações desta palavra grega.

*Kairos*: momento de decisão, ocasião crítica, conjuntura na qual é importante que alguma coisa seja feita ou dita.

Estes textos, em sua maioria, formulam as posições políticas que eu fui levado a exprimir durante esse período[2]. Eu pensava, inicialmente, em colocá-los no final deste volume, e arranjar as partes deste de acordo com uma ordem de abstração decrescente. Após refletir sobre o assunto, a ordem estritamente inversa pareceu-me de longe a mais conveniente. Penso que ela permitirá ao leitor, talvez injustificadamente atemorizado pelos termos filosóficos, familiarizar-se com uma forma de pensar que é essencialmente a mesma diante da questão das implicações filosóficas da ciência e da questão da democracia no Terceiro Mundo, bem como verificar *in concreto* a pertinência das idéias expostas nas partes teóricas.

"Pois é com razão que Platão sentia-se perplexo e se perguntava se o bom caminho [*odos*] é aquele que parte dos princípios [*archai*] ou aquele que se dirige para os princípios." Esta observação de Aristóteles a propósito do bom caminho, da boa via de investigação — do *odos*, que dá *méthodos*, método — é ainda mais apropriada aqui, já que, como o leitor notará, essa própria "perplexidade" é meu método. As partes do caminho a ser percorrido foram traçadas deliberadamente, ora a partir dos princípios, ora conduzindo a eles.

---

2. Deixei de lado sobretudo numerosas entrevistas realizadas por ocasião do lançamento de *Devant la guerre* (vol. I, Paris, Fayard, 1981), ou das controvérsias suscitadas por esse livro [*Diante da guerra*, vol. I: *As realidades*, São Paulo, Brasiliense, 1982]. À medida que tais entrevistas trouxeram novos enfoques ou desenvolvimentos para a argumentação, seu conteúdo encontrará lugar no segundo volume do livro em questão.

## PREFÁCIO

Ainda assim: um esboço esquemático desses princípios, ou antes, das idéias matrizes, acompanhado de uma delimitação sumária relativa a idéias já exprimidas na história da filosofia, facilitará, espero, a compreensão dos escritos que se seguem. Ei-lo.

*Criação.* No ser/ente [*to on*] surgem *formas diferentes* — *novas* determinações são introduzidas.

Aquilo que existe a cada vez (a cada "momento") não está plenamente determinado — não a ponto de excluir o surgimento de determinações *diferentes*.

Criação, ser, tempo andam juntos: ser significa por-ser, tempo e criação exigem-se reciprocamente.

Nenhuma relação com a "criação" teológica, que, em geral, foi pseudocriação. Em primeiro lugar, o Mesmo de uma vez para sempre (ou o milagre fulgurante após o qual tudo entra na ordem da repetição). A seguir, esta pseudocriação é imitação. O Demiurgo do *Timeu:* produtor que imita, *tanto quanto é possível* (este é o traço grego em Platão), o paradigma que ele tem diante dos olhos, o Vivente eterno, à imagem do qual ele fabrica, reúne, dá forma ao mundo. Quanto ao essencial (e na medida em que ela pretendeu ser "racional"), é com base nesse modelo que a teologia cristã se organizou, estabelecendo um compromisso (que por sinal também é um mal-entendido) com o *Gênese,* que apenas conhece um Deus *formador,* e não criador *ex nihilo.*

A teologia só deixou de ser isso com Duns Scot — talvez o único inovador filosófico importante após os gregos. A criação torna-se, então, radicalmente arbitrária

nenhuma "razão" pode motivar a vontade divina
desconectada de tudo, formando um só bloco, e, por isso mesmo, inteiramente incompreensível

(uma única e longa frase sem cesura, para sempre ininteligível, é dita em *Exil)*

pois quem é que poderia impedir Deus de fazer não um mundo onde os axiomas de Peano não valem (simples brincadeira de criança), mas um mundo onde eles valem, e também
$2 + 2 = 5$?

Mas a auto-instauração do ser enquanto por-ser é instauração de *determinações:* interminavelmente, isso se deixa pensar.

Bergson viu muitas coisas, e as viu muito bem. Mas a "criação", à medida que se pode denominá-la assim, resultado de um *"élan vital",* esforço para se libertar da matéria; a concentração exclusiva na "vida"; a intuição alcançando qualidades puras e não misturadas, oposta de maneira simples e brutal a uma inteligência dedicada à fabricação e ao quantitativo; a falsa antinomia ingenuamente absolutizada e ontologizada entre o discreto e o contínuo: tudo isso, e o restante, revela uma incompreensão da interdependência essencial que une, de uma infinidade de maneiras, a determinação e a criação ou, em outro registro, o conjuntista-identitário e o poiético.

Ainda mais intratáveis, por sua vez, as aporias do tempo. Não há, em Bergson, lugar para a criação mais importante de todas: a criação de sentidos e de significações. O que há é a descoberta de uma realidade espiritual que já está aí, Deus, conclusão paradoxalmente quase inevitável desse *"élan vital"* prolongado em história humana que desemboca, por fim, na "religião dinâmica". Espiritualismo de Bergson; ontologia, apesar das aparências, unitária; perspectiva inteiramente egológica (e, enquanto tal, perfeitamente "clássica", para não dizer cartesiana); desconhecimento radical da criação social-histórica — eixos convergentes de seu modo e mundo de pensamento, sem ponto de contato com o meu.

*Imaginação radical.* Puro surgimento através do qual, no qual, pelo qual e para o qual a subjetividade inelimínável é
    descoberta de maneira difícil e antinômica por Aristóteles,
    re-descoberta e re-ocultada por Kant, depois
        alucinante mímica do mesmo movimento
    por Heidegger à época do *Kantbuch* e depois nada e ao mesmo tempo nada (nada no *Ser e tempo,* escrito esquizofrenicamente à mesma época)
    situada no centro, embora anonimamente e como que envergonhada, de todo o trabalho de Freud
        envergonhados todos os psicanalistas hoje ainda temerosos não ousando nomear a fantasiação como o que ela de fato é

PREFÁCIO

    como uma das arborescências da imaginação radical do sujeito singular
        insiste-se ao contrário em ocultar sua importância ao chamar imaginário aquilo que leva esse título nos manuais de psicologia dos liceus ou, pior ainda, em Sartre
            o fictício, o especular, a imagem no espelho, o que não existe, o que não tem consistência
nada existiria, nada existe para nós sem esse poder *(dunamis)* de f*azer surgir para si e diante de si alguma coisa*
    independentemente do que, "em si", possa ser essa coisa, *o pot'estin, whatever it may be, was es immer sein mag,* e até mesmo:
estando bem entendido que o que assim se faz surgir *não pode,* por definição e por hipó*tese,* ser "aquilo que a coisa é", mas *sempre* um *phantasma,* uma representação
    representação *ab ovo, Vorstellung* que nos casos decisivos não representa *(vertritt)* nada
        não está aí em lugar de nada, não é o procurador de ninguém, nem signo de outra coisa que não ela mesma.

*Imaginário social:* imaginário social: Imaginário radical: sociedade instituinte. *O social-histórico:* nível até agora não reconhecido do ser: autocriação da sociedade como tal e do campo histórico como tal: nem "sujeito", nem "coisa", nem "conceito". Poder de instaurar, no e através do anônimo coletivo, significações imaginárias e instituições que as sustentam e são animadas por elas — as duas mantendo coesa a sociedade, fazendo-a existir como sociedade e, em cada caso, como *esta* sociedade *particular:* as duas fazendo existir os indivíduos como indivíduos e, em cada caso, como *estes* indivíduos *particulares.*
Idéia descoberta, formulada, explicitada em 1964-1965
    "Marxisme et théorie révolutionnaire", *Socialisme ou Barbarie,* n<sup>os</sup> 36 a 40
    rapidamente retomada, empregada a torto e a direito, diluída, usada como pau para toda obra. Época cômica — excremencial? não, os excrementos adubam a terra, os produtos desta época a poluem e esterilizam, de prostituição? não, por que injuriar essas mulheres, época que desarma o epíteto,

o diário do partido comunista francês fala do "imaginário nacional de nosso povo", viva o materialismo histórico e o internacionalismo proletário

o grande jornal vespertino intitula um artigo "O imaginário: um valor em alta", e não nas páginas financeiras, bem entendido, mas nas páginas culturais

um professor de história segundo o qual em história pode-se afirmar qualquer coisa que se quiser e seu contrário

    e nem por isso ele deixou de escrever livros históricos após ter tratado em medíocre linguagem de liceu a questão de saber se um determinado povo por certo muito conhecido acreditava em seus mitos por certo também muito conhecidos

        com certeza sem nunca se perguntar sobre o que pode querer dizer acreditar nos mitos e se isso não pode modificar-se entre Homero e Pausânias

fala gravemente da imaginação constituinte

    com certeza se perguntando ainda menos o que afinal essa imaginação poderia constituir nem por quê, já que ela é incontestavelmente histórica, não se poderia chamá-la igualmente bem de animaginação desconstituinte

uma universidade de Paris cria um centro de pesquisas sobre o imaginário,

    ou alguma coisa desse tipo, aparentemente bem financiada,
o qual inscreve na lista

    suntuosamente impressa

dos trabalhos que ele patrocina ou patrocinou "O consumo de *schnapps*, de café, de cerveja entre os habitantes do Baixo Reno"

    (cito de memória mas garanto o sentido)


*O porteiro:* Mas é claro, meu senhor, ficamos em pândegas até o segundo canto do galo; e beber, meu senhor, é muito bom para provocar três coisas.

*Macduff:* E quais são essas três coisas que a bebida particularmente provoca?

*O porteiro:* Ora, meu senhor, ela tinge o nariz, ela faz dormir, e ela faz mijar. Mas no caso da libertinagem, meu senhor, ela a provoca e desprovoca. Ela provoca a vontade, mas impede a execução.

## PREFÁCIO

Tudo o que circula hoje com o título de "imaginário" ou mesmo de "imaginário social" refere-se, na melhor das hipóteses, àquilo que após 1964 chamei o imaginário *segundo,* um produto qualquer do imaginário instituinte. Além disso, pretende-se fazer do imaginário social um conjunto de "representações sociais", um novo nome para a ideologia, e mais ao gosto da moda; no melhor dos casos (que lástima), aquilo que "dissimula" para os atores sociais o que eles são e o que fazem. Mas *que* são, afinal, esses "atores sociais", que é que eles fazem, e quem lhes deu condições para ser o que são e fazer o que fazem? Que é preciso, por exemplo, para que alguém possa crer em Deus e adorá-lo, ou partir em guerra santa contra os infiéis? Que é preciso para que alguém faça matemática, ou mesmo filosofia?

Uma subjetividade não pode existir "inteiramente só" — nem enquanto subjetividade, nem enquanto qualquer outra coisa. Mas esse "inteiramente só" está sempre aí, tanto no retorno contemporâneo do cretinismo "liberal" como na metafísica infradébil que lhe serve de base

vemos renascer, sob nossos olhos, a incoerente ficção de um "indivíduo" que viria ao mundo da mesma maneira que Atena sai da cabeça de Zeus, portando já todas as suas armas

como na incontrolável egologia da filosofia herdada.

Tendo depurado totalmente esta subjetividade de tudo o que é distinto dela, o filósofo parece encontrar-se subitamente, e tarde da noite, diante do ameaçador fantasma de um outro que, milagre e terror, não se deixa constituir por mim.

Como Husserl, na quinta e última das *Meditações cartesianas*
1929!

É claro que tanto o si mesmo como o outro, *assim concebidos,* são pseudoproblemas, pois a perspectiva na qual ambos *assim* aparecem, e enquanto *tal* gênero de problemas, é uma pseudo-perspectiva.

Como alguém que, tendo formulado um primeiro absurdo, se extenuasse a seguir inutilmente nas tentativas de resolver um outro, sem notar sequer por um momento que este não é senão uma das inumeráveis conseqüências do primeiro.

Em que *língua*, então, pensa Husserl — ou, *for that matter*, Kant? Poderia ele tê-la inventado "completamente sozinho"? E mesmo que fosse capaz disso *(!)*, teria ele tido sequer a *idéia* dela se já não houvesse aí desde sempre uma língua — e uma língua *particular*, não transcendental, nem mesmo transcendentalizável? Poderia ele "demonstrar" que o que ele pensa não deve *nada à* língua e à particular língua na qual ele o pensa

    o que ele pensa no nível mais fundamental, depois de todas as reduções, as colocações entre parênteses ou para fora do circuito

e em que língua ele nos exporá sua demonstração?

Que seria uma doação de sentido aos fenômenos pela consciência que não pudesse jamais *ser dita?*

Si mesmo e outrem não podem ser seriamente pensados por um só instante se estiverem radicalmente desconectados do campo social-histórico no qual e pelo qual, somente, eles são possíveis

    e isto evidentemente nada tem a ver com a outra mistificação parisiense dos últimos vinte anos — o sujeito simulacro, efeito da linguagem, des-ser.

*Magma.* Um texto deste volume está consagrado a esta idéia. Basta indicar aqui que ela fornece os meios para pensar, sob uma forma diferente da alternativa exclusiva e estéril, a antinomia *e a* interdependência entre o lógico e o que é diferente do lógico, entre a razão e o não-racional.

A oposição ao imperialismo de uma lógica do entendimento, periodicamente renovada e consideravelmente reforçada durante o último período na exata proporção da dilatação desmesurada de uma "razão" tornada puramente instrumental (mesmo no campo teórico), permaneceu até agora estéril, confusa, na melhor das hipóteses negativa ou apofática

"Nem tudo é formalizável", certamente; mas como, por meio de que, se pensa o que não é formalizável? E como, por meio de que, se pensa a própria atividade formalizante?

Na atitude meramente apofática, é impossível compreender o caráter, a importância e a efetividade da lógica que, de agora em diante, denomino lógica *conídica*

lógica *con*juntista-*ide*ntitária
conidizar, conidizável, conidização
e suas intermináveis conseqüências, tanto práticas como teóricas.

Só o esforço de, ao mesmo tempo, distinguir *e* pensar conjuntamente a dimensão conídica e a dimensão propriamente imaginária, ou poiética, do ser
auto-alteração como criação/destruição
e insistência como conservação/repetição
determinação necessária mas parcial sempre fechada
e desdobramento in-dedutível e in-produzível
espero mostrá-lo em *Temps et création*
só esse esforço permite resolver algumas das aporias relativas ao tempo
— transplantar as outras para uma região onde nasçam novos pensamentos
só ele permite igualmente elucidar a origem e o lugar do pensamento na sociedade e na história efetivas.

Criação, imaginação radical, imaginário social-histórico e sociedade instituinte, magma, interdependência e distinção do conídico e do poiético
idéias matrizes interminavelmente fecundas
temas ignorados ou ocultados pelo pensamento herdado.
Sem elas, impossível restaurar a conexão
na medida em que, da maneira pela qual for possível entre o pensamento propriamente dito e o fazer humano — de modo todo especial, o fazer político instituinte. Conexão, aqui também, totalmente diferente daquelas que foram até agora pensadas. Não "fundamentar racionalmente" uma política; nem deduzi-la de uma ontologia. Mas elucidar suas relações e dissipar
se isto estiver ao alcance da reflexão
as ilusões e as ficções de uma "filosofia política racional"
estritamente equivalentes, quanto ao conteúdo, à afirmação da total impotência dos homens diante de suas próprias criações.
Compreender que a política faz parte do fazer criador dos homens, o qual criou, sob a forma do pensamento, a possibilidade
certamente não a inevitabilidade

de sua própria elucidação, ela própria fazendo parte, afinal, do nosso fazer.

*Paris, 1º de dezembro de 1985.*

Cornelius Castoriadis

Todos os textos já publicados estão reproduzidos aqui em sua forma original, salvo pela correção de erros tipográficos e de alguns *lapsus calami*. As poucas adições são apresentadas entre colchetes. As notas originais são indicadas por algarismos arábicos, as novas por letras. Em alguns casos, acrescentei subtítulos para facilitar a compreensão.

# KAIROS

# Transição[1]

METROPOLI: *Ao longo de sua discussão do "socialismo real", você tem posto em questão certas categorias importantes do pensamento de Marx. Até que ponto se poderia dizer que você tentou reler Marx a partir de Stalin, encontrando nas realizações stalinistas os limites do horizonte político e cultural não só do leninismo, mas do próprio marxismo? Você poderia explicar as passagens mais significativas desse percurso crítico?*

CORNELIUS CASTORIADIS: Não se trata, bem entendido, de reler Marx a partir de Stalin, que é um autor nulo e carrasco de milhões, mas a partir da *realidade* russa, a partir de toda a evolução que conduziu da Revolução de 1917 à instauração do regime de exploração, de opressão e de dominação mais esmagador que a história já conheceu. Para isso seria preciso, em primeiro lugar, não só pôr a nu a mistificação stalinista (e, hoje, brejneviana) do "socialismo real", mas também demolir as racionalizações e o confusionismo trotskista acerca da Rússia como "Estado operário degenerado", e acerca da "nacionalização" e da "planificação" como "bases do socialismo". As conclusões dessa análise já eram de meu conhecimento desde 1946 (cf. os textos reproduzidos em *La*

---

1. Entrevista ao periódico mensal "esquerdista" italiano *Metropoli* ("índios metropolitanos", etc.), em 30 de novembro de 1978. Não creio que a tenham publicado.

*société bureaucratique).* Houve, na Rússia, a emergência de uma nova camada ou classe dominante e exploradora: a burocracia. Tal emergência tornou-se possível pela supressão, entre 1917 e 1921, de todo papel autêntico e autônomo dos órgãos criados pelas massas (sovietes, comissões de fábrica), em proveito do poder exclusivo e total do Partido bolchevique. Em torno desse Partido aglomeraram-se todas as camadas dirigentes do novo Estado, reconstruído às pressas sobre o antigo modelo da produção e da economia por Lenin, Trotski e os bolcheviques. Conclusão negativa: o socialismo não pode, de maneira nenhuma, ser instaurado por meio do poder de um Partido que se apresente como *o* dirigente da classe operária e da revolução; um poder desse tipo só pode levar à restauração de um capitalismo burocrático total. Conclusão positiva: o socialismo é o poder dos órgãos autônomos das massas e das coletividades, o que se traduz, é verdade, pela eliminação das antigas camadas dominantes, capitalistas e burocratas, mas também, e sobretudo, pelo poder *positivo* desses órgãos sobre todos os aspectos da vida social: gestão coletiva da produção pelos trabalhadores, das coletividades locais pelos habitantes, etc.

É claro que isso se opõe radicalmente à concepção leninista do Partido e do "papel dirigente" deste. É preciso ver, contudo, que essa concepção leninista tem raízes, efetivamente, no próprio Marx. Falando sumariamente, o "papel dirigente" do Partido está "fundamentado" na idéia (na superstição) de que o Partido detém a verdade: o "socialismo científico", o marxismo. Ora, o próprio Marx introduz sua concepção como a expressão do ponto de vista do proletariado, "última classe" da história, classe "universal", etc. Essa teoria é apresentada, portanto, como detentora de uma verdade absoluta — e, do mesmo modo, é ela que *decide* quem é verdadeiramente "proletário", e quem não é. (Assim, Lenin e Trotski fuzilarão os revoltosos de Kronstadt dizendo que eles não eram "verdadeiros" operários: eles não *poderiam* sê-lo, já que se opunham ao Partido.)

Isso me levou a um reexame crítico do próprio Marx, que comecei (relativamente à "ciência econômica" de Marx) em 1952-1953 (textos sobre "La dynamique du capitalisme") e que terminou por conduzir-me a uma ruptura total e definitiva com o universo de pensamento de Marx em 1964-1965 ("Marxisme et théorie révolutionnaire", nos números 36 a 40 de *Socialisme ou Barbarie,* reproduzido em 1975 como primeira parte de *A instituição imaginária da sociedade)*. Marx sufocou, ele mesmo, o elemento revolucionário que existia embrionariamente em seu pensamento, e que se manifesta sobretudo em seus textos de juventude; mas não fez só isso: ele retornou a uma atitude teoricista-especulativa. Ele acredita poder estabelecer "leis da história" — o que é um absurdo. Exatamente por isso, desconhece a revolução como *criação* histórica. Ele faz do socialismo uma etapa predeterminada e determinada da história — ao passo que o socialismo é um *projeto* político e histórico, o projeto de instituição de uma sociedade autônoma. Ele sucumbe inteiramente à influência de significações imaginárias sociais do capitalismo, ao colocar a economia e o "desenvolvimento das forças produtivas" no centro de tudo; a partir dessa posição, ele massacra toda a história precedente da humanidade, para a qual transpõe, de maneira ilegítima, categorias que só têm sentido, e mesmo assim parcialmente, no caso da sociedade capitalista clássica. Ele não tem nenhuma crítica a propor à pseudo-"racionalidade" da técnica capitalista, ou à organização da produção capitalista; ele as toma incondicionalmente como racionais (idéia que será plenamente retomada por Lenin e em sua prática) e necessitando, apenas, de uma única modificação: devem deixar de ser postas a serviço do lucro, do capital, etc. Na verdade, sua "filosofia" é essencialmente uma filosofia racionalista. Em suma, Marx representa a passagem ao limite de significações imaginárias sociais do capitalismo: determinismo, progresso, produtivismo, economicismo e, principalmente, a aspiração social à expansão ilimitada do controle "racional".

O que é preciso reconhecer é que a produção e a economia se tornam fenômenos sociais "centrais" somente no e através do capitalismo. A história é *criação*, em larga medida indeterminada. A instituição da sociedade não decorre de leis — "naturais", "racionais", ou o que se queira. Ela é obra da imaginação social instituinte. A sociedade, em todos os casos, institui-se a si mesma; mas ela oculta essa auto-instituição representando-a para si como a obra dos "ancestrais", dos deuses, de Deus, da Natureza, da Razão — ou das "leis da história", como acontece no marxismo. O socialismo, enquanto projeto de instituição de uma sociedade autônoma, envolve também e sobretudo o reconhecimento explícito dessa auto-instituição da sociedade. Uma sociedade socialista é uma sociedade que *sabe* que suas instituições são de sua própria lavra, e que não se aliena delas.

METROPOLI: *Muitos elementos dessa crítica são agora aceitos por um círculo muito amplo de forças culturais e políticas: por exemplo, os "novos filósofos" e o movimento socialista. Você não crê que esse debate arrisca-se a reduzir muitas vezes o problema a uma polêmica com o "jacobinismo" dos bolcheviques, passando ao largo de certas questões que estão na base da tradição do pensamento socialista: tais como a superioridade da planificação em relação ao mercado, da política em relação à economia, do Estado em relação ao "privado"?*

C.C.: Vamos esclarecer, em primeiro lugar, um ponto de importância menor. A crítica que eu propus teve *sempre* o sentido de uma crítica política e revolucionária, sua preocupação central era elucidar o projeto de uma transformação radical da sociedade, da instauração de uma sociedade autônoma. Essa crítica foi parasitada e deturpada por esses que se denominaram, por uma dupla antífrase, os "novos filósofos", e que utilizam sem nenhum rigor alguns de seus elementos para chegar à conclusão de que a política é o Mal, que a revolução somente pode conduzir ao totalitarismo, etc. Nem a "crítica" que eles fazem nem essas "conclusões" são novas (as "conclusões" já estavam, por exemplo, em Popper). Daquilo que essa gente escreve, o que não é falso não é novo, e o que é "novo" é falso e reacionário.

É isso, justamente, que se manifesta, como você disse, na exclusiva concentração da discussão em torno do "jacobinismo" dos bolcheviques e mesmo dos jacobinos, da condenação da Revolução Francesa, etc. Mas a mera denúncia do terror totalitário e a defesa dos direitos humanos, embora certamente muito importantes (e que já haviam começado muito antes dos novos não-filósofos), não constituem uma política. É totalmente incoerente pretender se interessar pelos direitos humanos deixando completamente de lado o problema da organização da sociedade. A autonomia individual e a autonomia social são, no sentido mais profundo, duas faces da mesma coisa. E é este o problema — a organização de uma nova sociedade — levantado pelas questões que você ressaltou: planificação/mercado, política/economia, Estado/sociedade, "público"/"privado". Nós não dispomos do tempo necessário para discuti-las aqui de forma apropriada. Direi apenas que é preciso destruir radicalmente a concepção tradicional, segundo a qual o "socialismo" consiste em apoderar-se do poder do Estado para "planificar" a economia e aumentar a produção, após o que todos os demais problemas se resolveriam por si sós. O socialismo é a auto-organização da sociedade, o que exige, sem a menor dúvida, que se elimine a dominação de qualquer categoria social particular, mas também as instituições que encarnam e instrumentalizam essa dominação — tal como o Estado de nossos dias.

METROPOLI: *Em sua análise, você considera a "sociedade burocrática" como um fenômeno comum, sob certas perspectivas, aos países do Leste e do Oeste. Em que medida sua crítica atinge, além do leninismo, a experiência das social-democracias ocidentais?*

C.C.: Existe uma identidade profunda dos dois sistemas, e existe a distinção entre eles, que eu resumo ao definir os países ocidentais como países sob um capitalismo burocrático fragmentado, e os do Leste como países sob um capitalismo burocrático total. Creio que esses termos são suficientemente claros e eloquentes. Pode-se dizer, igualmente, que a burocracia dos países do Leste é uma burocracia "dura", e a dos países ocidentais, uma burocracia "branda". (Falo, é evidente, de sua estrutura e de sua realidade, e não da "psicologia" dos burocratas individuais.) A social-democracia ocidental é, tipicamente, uma burocracia "branda", plenamente adaptada ao regime burocrático fragmentado.

METROPOLI: *Você não crê que o Estado moderno tende, em geral, a tornar-se cada vez mais um Estado burocrático e autoritário?*

C.C.: Sem dúvida você quer referir-se aos países ocidentais. É inegável que essa tendência existe. Mas eu não penso, salvo por um cataclisma histórico, que os países ocidentais caminhem para regimes totalitários no sentido clássico. Existe, na esquerda e entre os esquerdistas, uma retórica e uma mitologia do "fascismo sempre iminente", que cria um espantalho para disfarçar os verdadeiros problemas. Nos países desenvolvidos e "ricos", o Estado burocrático atinge seus fins por meios distintos daqueles abertamente totalitários (manipulação da opinião, privatização dos indivíduos, promessas de vantagens econômicas, etc.).

METROPOLI: *Você acredita que o movimento operário da Europa Ocidental já teria encontrado, durante os últimos anos, os instrumentos necessários para evitar que se recaia na burocracia autoritária? Haveria, na situação, elementos novos trazidos pelo eurocomunismo?*

C.C.: A situação é contraditória. Sem dúvida, as pessoas estão cada vez mais conscientes do problema da burocracia — mas nem sempre agem de modo conseqüente. Sobretudo, elas não chegam, em geral, a encontrar as formas de organização coletivas autogeridas que constituem a única resposta ao problema da burocratização. E é nessa direção que devemos, com elas, trabalhar.

Quanto ao eurocomunismo, jamais pensei que ele fosse outra coisa além de uma tentativa de adaptação tática, por parte dos partidos comunistas, a uma situação na qual eles já não podem defender abertamente um discurso totalitário. Nada mudou, na verdade, na *realidade efetiva* desses partidos, que continuam dominados por um Aparelho burocrático totalitário.

METROPOLI: *O que você pensa da elaboração teórica da Escola de Budapeste e das contribuições de Agnes Heller à constituição de uma teoria das necessidades?*

C.C.: Tenho muita estima e amizade por Agnes Heller e seus companheiros. Quando nos encontramos pela primeira vez, há cerca de dois anos, constatamos prazerosamente que nossos pontos de vista convergiam em muitos problemas importantes.

Isto posto, não penso que a noção de necessidade possa ser um ponto de partida muito fecundo para a elucidação de problemas sociais e políticos. Excetuando-se um "mínimo animal", que só pode ser definido em termos abstratos e desinteressantes (tantas calorias por dia, etc.), as necessidades são, em todos os casos, fabricadas socialmente. Esse é o problema do qual Marx esquivou-se, de fato, ao retomar a fórmula: "A cada um segundo suas necessidades". *Quais* necessidades? E *quem* as define? *Cada um*, soberanamente? Isso é absurdo.

METROPOLI: *Você é considerado, com ou sem razão, como um precursor, sob certos aspectos, do operaismo italiano. Você se reconhece na escola que compreende os* Quaderni Rossi *e* Classe Operaia?

C.C.: Sei que *Socialisme ou Barbarie* em geral e meus textos em particular foram muito estudados entre os militantes italianos que, entre 1955 e 1965, rompiam com as organizações tradicionais. Mas creio que, em sua maior parte, esses companheiros permaneceram restritos aos textos mais antigos, especialmente os anteriores ao "Mouvement révolutionnaire sous le capitalisme moderne" (1959-1960), que rompia definitivamente com as análises marxianas da sociedade contemporânea e com a tese do papel soberano, ou privilegiado, do proletariado. É preciso entender que, se atribuirmos ao termo "proletariado" o conteúdo que ele manifestamente tinha em Marx, então esse proletariado se terá tornado, nos países ditos desenvolvidos, uma minoria, e minoria decrescente. E se, como é feito de maneira confusa e sofística pela maior parte dos marxistas contemporâneos, chamarmos todos os assalariados de "proletários", então isso já não quererá dizer mais nada: na sociedade contemporânea quase todo mundo é, ou caminha para tornar-se, um assalariado. Por outro lado, e sobretudo, as lutas e reivindicações absolutamente fundamentais são sustentadas pelas categorias da população que não são o "proletariado" e que nem ao menos se deixam definir em termos de "classes sociais" — as mulheres, os jovens, as diferentes minorias, etc.

METROPOLI: *Sua crítica das tradições do movimento operário se cruza, justamente, com a consideração de novos comportamentos de sujeitos sociais até aqui excluídos da luta política. Quais são, na sua opinião, as rupturas mais importantes provocadas pelas lutas das mulheres e dos jovens nestes últimos anos?*

C.C.: Elas têm importância colossal. Uma dessas rupturas é exatamente a que acabo de mencionar: a destruição da idéia de *um* "sujeito da revolução", identificado a uma "classe". A revolução concerne a *toda a sociedade,* e toda ela, com exceção de uma minoria ínfima, contribui, de uma maneira ou de outra, neste ou naquele momento, para a imensa transformação histórica que está em curso. Além disso — e é precisamente isso que eu preanunciava nesse texto de 1959-1960 —, esses movimentos mostram que a problemática revolucionária, a saber, a problemática humana atual, ultrapassa infinitamente todas as transformações "econômicas" ou estritamente "políticas". O que os movimentos de mulheres e de jovens, por exemplo, questionaram, são instituições, normas, valores, significações que são muito mais antigas e mais profundas que as do capitalismo: família e moral patriarcais, "educação" passiva, etc. Esses movimentos exprimem justamente a recusa da dominação em todos os domínios, a busca da autonomia. E o que é característico é que todos os movimentos políticos, com todas as suas "teorias" e programas, todas as "vanguardas", revelaram-se desesperadamente retrógrados — e, desde o início, radicalmente hostis — com relação a esses movimentos. Hoje, eles se entregam a empreitadas político-comerciais de recuperação, juntando a seus programas ou artigos algumas frases sobre as mulheres, os jovens, etc.

METROPOLI: *O terrorismo tem constituído, nestes últimos anos, um fenômeno grave e importante. Muitas pessoas o consideram como uma relíquia do passado; para outros, trata-se de uma conseqüência dos novos movimentos. Como você vê isso?*

C.C.: O terrorismo é um impasse. Ele não conduz a nada. Ele emprega os próprios meios que condenamos no regime que combatemos. Quando se examina a concepção de sociedade com a qual os partidários do terrorismo buscam "justificar" e "teorizar" suas atividades, constata-se que ela provém do marxismo mais ingênuo e mais grosseiro: a sociedade seria um imenso barril de pólvora prestes a explodir, bastaria chegar-lhe um fósforo. Ou então: a única coisa que mantém o regime é este aparelho de Estado, e bastaria exterminar alguns de seus agentes para que o regime entrasse em colapso. Tais idéias, sejam elas explicitamente formuladas ou não, mostram que, sob esse aspecto, os terroristas vivem em um mundo de sonho. E tudo o que se sabe de sua organização indica que ela está constituída conforme o modelo stalinista-totalitário.

METROPOLI: *Você escreveu que nossa época está marcada por mudanças radicais e irreversíveis: crise de instituições milenares (família, escola, prisão); desaparecimento de orientações herdadas e de pontos tradicionais de referência; privatização dos indivíduos; industrialização da produção ideológica, etc. Como você vê os anos que estão por vir?*

C.C.: Creio que estaremos de acordo em dizer que o tempo dos profetas já passou. Só posso mencionar os pontos de referência que são para mim os mais importantes. Em primeiro lugar, que os regimes estabelecidos, tanto no Ocidente como no Leste, contêm antinomias e irracionalidades profundas, de tal forma que é inevitável que produzam rupturas de equilíbrio ou fases de desestabilização; crises, se vocês quiserem, com a condição de não entender por esse termo apenas crises econômicas (e, menos ainda, crises econômicas do tipo "clássico"). Em segundo, que esses regimes, e seus representantes ideológicos e políticos, experimentam um enorme e crescente desgaste de sua influência sobre as populações; tanto no Ocidente como, sobretudo, no Leste, a população tem uma atitude cínica ante as instituições dominantes. Em terceiro, que as mudanças que você mencionou não podem deixar de ter efeitos muito profundos, certamente cumulativos, dos quais ainda não nos apercebemos e sobre os quais é extremamente difícil formular prognósticos. Por exemplo, que tipo de crianças será produzido pelos rapazes e moças que têm hoje vinte anos, e que têm atitudes e mentalidades desconhecidas até aqui na história? Por fim, tudo o que vemos faz pensar que, sob uma forma ou outra, os movimentos que contestam a ordem instituída continuarão. O grande problema, o grande ponto de interrogação, é o que diz respeito à capacidade e ao desejo das pessoas de organizarem-se coletivamente, participando de maneira plenamente ativa e responsável da direção de suas atividades, e de enfrentar a *questão da instituição global* da sociedade. E uma parte desse problema, que nos concerne diretamente, é a reconstituição de um movimento político no sentido profundo do termo, e as formas que esse movimento deverá assumir.

# A indústria do vazio[2]

É lamentável que a carta de Pierre Vidal-Naquet, publicada em *Le Nouvel Observateur* de 18 de junho de 1979 (p. 42), tenha sido cortada em algumas passagens importantes: "Basta, com efeito, lançar um rápido olhar sobre esse livro para percebermos que, longe de constituir uma obra magna de filosofia política, ele formiga literalmente de erros grosseiros, de imprecisões, de citações falsas ou de afirmações delirantes. Diante da imensa algazarra publicitária de que esse livro se beneficia, e independentemente de qualquer questão política, em especial da necessária luta contra o totalitarismo, é importante restabelecer um mínimo de probidade nas discussões entre intelectuais (...). Quer

---

2. Em uma carta endereçada aos diretores de diversos jornais e semanários, Pierre Vidal-Naquet manifestava seu espanto pelos panegíricos com os quais a crítica parisiense tinha acolhido, de maneira quase unânime, *Le testament de Dieu* de B.-H. Lévy, obra que, como ele dizia, "formiga literalmente de erros grosseiros, de imprecisões, de citações falsas ou de afirmações delirantes". De todas as publicações que receberam essa carta, só *Le Nouvel Observateur* a imprimiu, acompanhada de uma resposta, tão desonesta e grosseira quanto possível, do autor em questão (em 18 de junho de 1979). Pierre Vidal-Naquet publicou sua réplica, no mesmo veículo, em 25 de junho de 1979. As anotações a seguir foram publicadas no mesmo semanário em 9 de julho de 1979. O dossiê completo foi republicado pelos *Quaderni di storia* (11, jan.-jun. 1980, pp. 315-329).

se trate de história bíblica, de história grega ou de história contemporânea, o sr. Bernard-Henry Lévy ostenta, em todos os domínios, a mesma consternadora ignorância, a mesma assombrosa presunção, como se pode julgar".

Shmuel Trigano já havia emitido o mesmo juízo, no que se refere à história e exegese bíblicas, em *Le Monde* (25 mai. 1979). É simplesmente indecente falar, a propósito disto, de "conspiração do pedantismo" e pretender que se quer "censurar toda palavra que não tenha primeiro comparecido perante o grande tribunal dos *agrégés*"[3], como tem a petulância de afirmar alguém que ocupa os meios de comunicação quase tanto quanto o "bando dos quatro", e para produzir um vazio da mesma qualidade. Vidal-Naquet não pediu aos responsáveis pelas publicações que "reforcem o controle sobre a produção de idéias e sua circulação". Ele se insurgiu contra a *vergonhosa degradação da junção crítica* na França contemporânea. É evidente que os diretores de publicações *também* são responsáveis por essa degradação — assim como o foram (e continuam a ser) por terem, durante décadas, apresentado ou deixado que se apresentasse como "socialismo" e "revolução" o poder totalitário dos Stalins e dos Maos. Mas será possível que o autor, do alto da nova "ética" que ele quer ensinar ao mundo, venha nos dizer, como há pouco os "filósofos do desejo", que "a responsabilidade é uma idéia de tiras"? Será possível que ele tenha apenas uma concepção carcerária e policial da responsabilidade?

Na "República das Letras" há — ou havia, antes da ascensão dos impostores — costumes, regras e padrões. Se alguém não os respeita, cabe aos outros chamá-lo à ordem *e* pôr o público de sobreaviso. Se isso não é feito, a demagogia incontrolada, como se sabe de longa data, conduz à tirania. Ela engendra a destruição — que progride ante nossos olhos — de normas e comportamentos *eletivos,* públicos, sociais, que estão pressupostos na busca em comum da verdade. Aquilo por que somos todos responsáveis, precisamente enquanto sujeitos *políticos,* não é

---

3. A *agrégation* é o concurso de efetivação dos professores de liceu, na França. Um concurso muito difícil, para poucas vagas, de modo que o *agrégé* tem estatuto social respeitado. Nas humanidades, tornar-se *agrégé* é o primeiro passo para a carreira universitária. *(N. do R.)*

verdade intemporal, transcendental, da matemática ou da psicanálise; se ela existe, ela está imune a todo risco. O que é de nossa responsabilidade é a *presença eletiva* dessa verdade na e para a sociedade em que vivemos. E é essa presença que está sendo arruinada tanto pelo totalitarismo como pela impostura publicitária. Não se insurgir contra a impostura, não a denunciar, equivale a tornar-se co-responsável por sua eventual vitória. Sendo mais insidiosa, a impostura publicitária não é, a longo prazo, menos perigosa que a impostura totalitária. Por meios diferentes, tanto uma como a outra destroem a existência de um *espaço público de pensamento*, de confronto, de crítica recíproca. A distância entre as duas, de resto, não é tão grande, e os procedimentos empregados são freqüentemente os mesmos. Na resposta do autor encontra-se uma boa amostra de como procede a hipocrisia stalinista. Ao ser pego com a boca na botija, o ladrão grita "pega ladrão". Tendo falsificado o "Antigo Testamento", ele acusa Vidal-Naquet de falsificação quanto à mesma matéria, e quanto a essa mesma matéria ele se refalsifica a si próprio (pretendendo não ter escrito aquilo que escreveu, e remetendo a outras páginas que nada têm a ver com o caso). Também são encontrados os mesmos procedimentos de intimidação: vejam bem, de hoje em diante, apontar os erros e falsificações de um autor está no âmbito da "delação", do "boletim policial", do "oficialismo erudito" e das tarefas de "procurador". (É assim que Marchais repreende os jornalistas: "Os senhores não sabem o que é a democracia".)

O que me interessa não é, evidentemente, a pessoa em pauta, mas a questão geral apresentada por Vidal-Naquet ao fim de sua carta, e que eu reformularia assim: sob que condições sociológicas e antropológicas, em um país de antiga e elevada cultura, *é* possível a um "autor" permitir-se escrever *não importa o que*, a crítica elevá-lo às nuvens, ao público segui-la docilmente — sem que aqueles que desmascaram a impostura encontrem qualquer eco efetivo, embora não estejam de modo algum reduzidos ao silêncio ou aprisionados?

Questão que não passa de aspecto de uma outra, bem mais ampla: a decomposição e a crise da sociedade e da cultura contemporâneas. E também, é claro, da *crise da democracia*. Pois a democracia só é possível onde há um *éthos* democrático: responsabilidade, pudor, franqueza *(parrhèsia)*, controle recíproco e consciência aguda de que as vantagens públicas são também vantagens pessoais de cada um de nós. E, sem um tal *éthos,* não pode mais haver "República das Letras", mas apenas pseudoverdades *administradas* pelo Estado, pelo clero (monoteísta ou não), pela mídia.

Este acelerado processo de destruição do espaço público de pensamento e de ascensão da impostura exigiria uma longa análise. Aqui posso apenas indicar e descrever brevemente algumas de suas condições de possibilidade.

A primeira condição diz respeito aos próprios "autores". É preciso que lhes faltem os mínimos sentimentos de responsabilidade e de pudor. O pudor, evidentemente, é uma virtude social e política: sem pudor, não há democracia. (Nas *Leis,* Platão notava muito justamente que a democracia ateniense fizera maravilhas enquanto o pudor, *aidôs,* nela reinava.) Nesses assuntos, a ausência de pudor constitui *ipso facto* um desprezo pelo outro e pelo público. É preciso, de fato, um fantástico desprezo pelo seu próprio ofício, e também pela verdade, é claro, mas sobretudo pelos leitores, para que se chegue a inventar fatos e citações. É preciso que esse desprezo pelo público seja elevado ao cubo para que, ao serem reveladas essas imposturas, se faça menção de devolver a acusação de ignorância àquele que as assinalou. E é preciso um despudor sem similar — maior, em todo caso, que o já exibido pelos comunistas e fascistas — para designar como "intelectual *provavelmente* antitotalitário" (sublinhado por mim; o estilo da insinuação, que poderia ser retirada se as coisas corressem mal, fede *l'Humanité* a mil quilômetros) Pierre Vidal-Naquet, que sempre esteve, há mais de vinte anos, na primeira linha de acusadores ao totalitarismo, e que lutou contra a guerra da Argélia e a tortura em uma época em que isso, longe de render substanciosos direitos autorais, envolvia riscos concretos.

Mas indivíduos ricamente providos dessas ausências de qualidades têm existido em todos os tempos. Em geral, eles faziam fortuna em outros tráficos que não o das "idéias". Foi necessária uma outra evolução, justamente a que fez das "idéias" um objeto de comércio, mercadorias consumíveis em uma estação e descartadas (esquecidas) logo que outra moda aparece. Isto nada tem a ver com uma *"democratização da cultura"* — assim como a expansão da televisão não significa *"democratização da informação",* mas, de forma, bem precisa, uma *desinformação uniformemente orientada e administrada.*

Dentro do sistema instituído, é lógico que a indústria dos meios de comunicação tire seu lucro de tudo o que puder: seu negócio são os negócios. Tampouco é de espantar que ela encontre escribas sem escrúpulos para jogar esse jogo. Mas tudo isso, para ser possível, exige ainda outra condição: a atitude do público. Os "autores", e quem os promove, fabricam e vendem bugigangas. Mas o público as adquire — mesmo sabendo que não passam de bugigangas, *fast-foods*. Longe de oferecer um motivo de consolação, isto traduz uma degradação catastrófica da relação entre o público e o texto escrito, que corre o risco de se tornar irreversível. Quanto mais as pessoas lêem, menos elas *lêem*. Elas lêem os livros que lhes são apresentados como "filosóficos" do mesmo modo que lêem romances policiais. Num certo sentido, é claro, elas não estão erradas. Mas, em outro sentido, elas desaprendem a ler, a refletir, a criticar. Elas se põem simplesmente a par, como escreveu Le Nouvel Observateur há algumas semanas, do *"débat le plus chic de la saison"*.

Por trás disso, há graves fatores históricos. Corrupção dos mecanismos mentais por cinqüenta anos de mistificação totalitária: pessoas que durante tanto tempo aceitaram a idéia de que o terror stalinista representava a forma mais avançada de democracia não precisam fazer grandes contorções intelectuais para engolir a afirmação de que a democracia ateniense (ou a autogestão) equivale ao totalitarismo. Mas também a crise da época, o espírito dos tempos. Miserável época, que, em sua incapacidade de criar ou de reconhecer o novo, está reduzida a chupar, mastigar, cuspir, vomitar repetidamente uma tradição que ela não é nem mesmo capaz de realmente conhecer, e de realmente fazer viver.

Por fim, é preciso também — condição e, ao mesmo tempo, resultado dessa evolução — a alteração e a degradação essencial da função tradicional da crítica. É preciso que a crítica deixe de ser *crítica* e se torne, em maior ou menor grau, parte da indústria promocional e publicitária.

Não se trata aqui da crítica de arte, que levanta outras questões; nem da crítica nos domínios das ciências exatas, ou das disciplinas especializadas, onde até agora a comunidade dos pesquisadores tem conseguido impor o *éthos* científico. Nestes domínios, aliás, as mistificações são raras também por uma boa razão: traficar com os costumes dos bamilequos ou com os decimais da constante de Planck não dá lucro.

Mas traficar com as idéias gerais — na intersecção das "ciências humanas", da filosofia e do pensamento político — começa a dar muito lucro, especialmente na França. E é aqui que a função da crítica poderia e deveria ser importante, não porque ela fosse fácil, mas justamente porque é difícil. Diante de um autor que pretende falar da totalidade da história humana e das questões que ela suscita, quem pode distinguir, e como, se se trata de um novo Platão, Aristóteles, Montesquieu, Rousseau, Hegel, Marx, Tocqueville — ou de um falsário?

Que não me venham dizer que cabe aos leitores decidir: isso é evidente, e fútil. Nem que eu incito a crítica a funcionar como censura, a servir de véu entre os autores e o público. Isto seria de uma hipocrisia notável, pois a crítica contemporânea já exerce de forma maciça essa função de censura: ela enterra sob o silêncio tudo que não está na moda e tudo que é difícil. Entre suas "pérolas" mais constrangedoras, por exemplo, está o fato de que ela só passou a mencionar Levinas — e de forma evasiva — depois que este foi pilhado, cortado em pedacinhos e servido na salada-de-frutas-Lévy. E ela impõe os "produtos", à medida que isso dela depende. A acreditar nos críticos franceses, há trinta anos que só são produzidas obras-primas neste país; *nada* que seja ruim ou criticável. Já faz um bom tempo que não vejo um crítico criticar verdadeiramente um autor. (Não falo dos casos em que a crítica é obrigada a se fazer de eco das polêmicas entre autores; nem das críticas "politicamente" orientadas.) Tudo o que é publicado — tudo de que se fala — é maravilhoso. Seria outro o resultado se houvesse uma censura prévia e se os críticos escrevessem sob ordens? A sujeição comercial-publicitária não é tão diferente, deste ponto de vista, da sujeição totalitária.

Existem padrões formais de rigor, de ofício, que a crítica deve exigir que sejam respeitados, e informar o leitor se isso não estiver acontecendo. É preciso que se preparem resenhas críticas, tão honestas e fiéis quanto possível, do conteúdo das obras (por que o *Times Literary Supplement* ou a *New York Review of Books* podem fazê-lo e os críticos franceses não?). E há um veredicto final ao qual o crítico deve arriscar-se, e ao qual ele se arrisca *seja o que for que ele faça*. Seja o que for que façam, os críticos franceses que elevaram às nuvens durante todos estes anos as sucessivas vedetes da ideologia francesa permanecerão para sempre, diante da história, com seus chapéus de burro.

O respeito pelos padrões formais de rigor não é uma questão "formal". O crítico deve dizer-me se o autor inventa os fatos e as citações, seja gratuitamente, o que cria uma suposição de ignorância e irresponsabilidade, seja em vista das necessidades de sua causa, o que cria uma suposição de desonestidade intelectual. Fazer isso não é ser pedante mas realizar seu trabalho. Não fazê-lo é enganar seu público e desmerecer seu salário. O crítico está encarregado de uma função pública, social e democrática, de controle e de educação. Você é livre para escrever e publicar seja lá o que for; mas, se você plagia Saint-John Perse, saiba que isso será dito em alto e bom som. Função de educação de futuros autores e de leitores, que se torna hoje mais e mais vital, à medida que a educação escolar e universitária se degrada continuamente.

O respeito a esses padrões é importante por dois motivos. Inicialmente, porque ele mostra se o autor é ou não capaz de se submeter a certas leis, de se autodisciplinar, sem coação material ou exterior. Não há, aqui, nenhuma necessidade lógica: no plano abstrato, pode-se conceber que um autor genial maltrate extremamente os fatos e as citações. No entanto, por um desses mistérios da vida do espírito — visivelmente impenetráveis pelos gênios das Lojas Darty —, não se conhecem exemplos disso. *O fato é que* os grandes criadores sempre foram também fervorosos *artesãos*. Michelângelo ia pessoalmente às pedreiras para supervisionar a extração de seus mármores. Flaubert, quando um erudito arqueólogo quis denunciar "inexatidões" em *Salammbô* — um romance, note-se, não uma obra de história —, pôde-lhe demonstrar que conhecia arqueologia púnica e romana melhor que ele.

O segundo motivo é que não há abismo separando o "formal" e o "substancial". Se os críticos tivessem franzido o cenho em face do doravante célebre autor Ali Babá Carnasso, teriam facilmente seguido o fio da meada e descoberto que o "autor" extrai sua "ofuscante erudição" do Bailly (excelente dicionário para os cursos finais dos liceus, mas não para uma pesquisa sobre a cultura grega) e que as asneiras que ele diz acêrca da ausência de "consciência" na Grécia caem por terra diante desta simples frase de Menandro: "Para os mortais, a consciência é deus". Se eles tivessem franzido o cenho diante da *"execução de Deus"* por Robespierre, teriam talvez visto mais facilmente algo que é do tamanho de um elefante: o "autor" falsifica os fatos para associar ateísmo e terror, e para obscurecer a sólida evidência histórica que mostra que os "monoteísmos", infinitamente mais que as outras crenças, têm sido fontes de guerras santas e de extermínios de alodoxos, cúmplices dos poderes mais opressivos, e que eles, em cada dois casos e meio sobre três, explicitamente reivindicaram ou tentaram impor a fusão do religioso e do político.

Se a crítica persistir em abdicar de sua função, os outros intelectuais e escritores terão o dever de assumir o lugar dela. Essa tarefa torna-se hoje uma tarefa ética e política. Que *esta* bugiganga irá sair da moda, isto é certo: como todos os produtos contemporâneos, ela já incorpora sua obsolescência. Mas é o sistema no e pelo qual surgem essas bugigangas que deve ser combatido, sob cada uma de suas manifestações. Temos que lutar pela preservação de um autêntico espaço público de pensamento, contra os poderes do Estado, mas também contra o blefe, a demagogia e a prostituição do espírito.

# Psicanálise e sociedade I[4]

DONALD MOSS: *Fale-nos um pouco sobre a maneira pela qual a prática psicanalítica o ajudou, como você disse, a "ver mais claro", e sobre o modo pelo qual sua visão foi esclarecida.*

CORNELIUS CASTORIADIS: Trabalhar com conceitos abstratos, ler simplesmente os livros de Freud, etc., é uma coisa completamente diferente de estar no processo psicanalítico efetivo, vendo como o inconsciente trabalha, como as pulsões das pessoas se manifestam e como se estabelecem não os mecanismos (não podemos chamá-los genuinamente de "mecanismos") mas, digamos, os processos mais ou menos estilizados através dos quais este ou aquele tipo de alienação psíquica ou de heteronomia vêm a existir. Este é o aspecto concreto. O aspecto mais abstrato é que ainda há muito a ser feito no nível teórico, tanto para explorar a psique inconsciente como para compreender a relação, a ponte sobre o abismo, que é a relação entre a psique inconsciente e o indivíduo socialmente fabricado (este último depende, é claro, da instituição da sociedade e de cada sociedade dada). Como pode ocorrer que

---

4. Discussão com dois psicanalistas nova-iorquinos realizada em Nova York, em 4 de outubro de 1981, e publicada no nº 2 de *Psych-critique* (Nova York, 1982). Traduzido do inglês para o francês por Zoé Castoriadis, a quem mais uma vez desejo agradecer.

esta entidade totalmente a-social, a psique, este centro absolutamente egocêntrico, a-real, ou anti-real, seja transformado pelas ações e pelas instituições da sociedade — começando, evidentemente, pelo primeiro ambiente da criança, que é a família — em um indivíduo social que fala, pensa, pode renunciar à satisfação imediata de suas pulsões, etc.? Trata-se de um problema extraordinário, com um enorme peso político que se pode ver quase que imediatamente.

D.M.: *Você poderia explicitar um pouco mais o que acaba de dizer?*

C.C.: Falávamos há pouco da Rússia, do stalinismo, do nazismo, e dizíamos que esses fenômenos dificilmente poderiam ser compreendidos sem levar em consideração a enorme atração que a *força* exerce sobre o homem, isto é, sobre a psique.

D.M.: *Sim...*

C.C.: E por que é assim? Devemos tentar entender isto. Devemos tentar compreender essa tendência das pessoas (o obstáculo principal com que nos deparamos sempre que nos engajamos em uma política revolucionária ou radical) a abandonar a iniciativa, a encontrar um abrigo protetor seja sob a figura do líder, seja no esquema de uma organização, rede anônima mas que funciona bem e garante a linha, a verdade, a pertinência, etc. Todos esses fatores desempenham um papel enorme — e é, enfim, contra tudo isso que estamos lutando.

DAVID LICHTENSTEIN: *Isso me faz pensar na sua maneira de empregar a palavra "autonomia". Você disse algumas coisas sobre a autonomia individual e sobre a autonomia enquanto resposta coletiva. Você poderia elaborar um pouco mais esse paralelo?*

C.C.: O que é a autonomia coletiva? E qual é o seu contrário? O contrário é a sociedade heterônoma. Quais são as raízes da sociedade heterônoma? Aqui estamos diante de algo que tem sido, segundo creio, uma idéia central e falaciosa da maior parte dos movimentos políticos de esquerda, em primeiro lugar e sobretudo do marxismo. A heteronomia foi confundida, isto é, identificada, com a dominação e a exploração por uma camada social particular. Mas a dominação e a exploração por parte de uma camada social particular não passa de *uma* das manifestações (ou concretizações) da heteronomia. A essência da heteronomia é mais que isso. A heteronomia é encontrada em sociedades primitivas, na verdade, em todas as sociedades primitivas, embora não se possa falar propriamente de uma divisão entre camadas dominantes e camadas dominadas nesse tipo de sociedade. Em que consiste, então, a heteronomia de uma sociedade primitiva? Ela consiste no fato de que as pessoas acreditam firmemente (e não podem não acreditar) que a lei, as instituições de sua sociedade não são (nem poderiam ser) sua própria obra, mas lhes foram outorgadas, de uma vez para sempre, por outrem: os espíritos, os ancestrais, os deuses, ou seja lá quem for. Isto vale tanto para as sociedades históricas ("históricas" no sentido estrito) como para as sociedades religiosas. Moisés recebeu a lei de Deus; portanto, se você é hebreu, você não pode pôr a lei em questão. Pois isso seria pôr em questão o próprio Deus, e equivaleria a dizer "Deus se engana" ou "Deus não é justo", o que é inconcebível enquanto se permanece no interior da estrutura de crenças de uma sociedade religiosa. O mesmo vale para o mundo cristão e para o Islã.

Assim, a heteronomia consiste no fato de que a instituição da sociedade, criação da própria sociedade, é apresentada pela sociedade como sendo obra de alguém mais, de uma fonte "transcendente": os ancestrais, os deuses, o Deus, a natureza, ou — como em Marx — as "leis da história".

D.M.: *Não "alguém mais", mas "alguma outra coisa".*

C.C.: Justamente, alguma outra coisa. E, segundo Marx, seremos capazes de instituir uma sociedade socialista no momento e no lugar em que as leis históricas ditarem uma organização socialista da sociedade. É a mesma idéia.

Desse modo, a sociedade se aliena, ela mesma, de seu próprio produto, que são as instituições. A autonomia não consiste *apenas* na auto-instituição da sociedade, porque sempre há auto-instituição da sociedade: Deus não existe, e tampouco existem as "leis da história", no sentido marxiano. As instituições são criação do homem, mas criação cega, por assim dizer. As pessoas não sabem que criam e que são livres, num certo sentido, para criar suas instituições. Elas confundem o fato de que não pode haver sociedade (nem vida humana) sem instituição e sem leis com a idéia de que deve haver uma fonte transcendente garantindo as instituições.

Avancemos um pouco mais. Como deveria ser uma sociedade autônoma? Uma sociedade autônoma deveria ser uma sociedade que está ciente de que suas instituições, suas leis são sua obra própria e seu próprio produto. Por conseguinte, ela pode questioná-las e modificá-las. Ao mesmo tempo, uma sociedade autônoma deveria reconhecer que não podemos viver sem leis.

Passemos, agora, à autonomia do indivíduo: eu diria que um indivíduo é autônomo quando ele (ou ela) está efetivamente em condição de modificar lucidamente sua própria vida. Isto não quer dizer que ele controle sua vida: jamais controlamos nossa vida, pois não podemos eliminar o inconsciente, eliminar o fato de que fazemos parte da sociedade, e assim por diante. Mas nós podemos mudar nossa relação com o inconsciente; podemos criar uma relação com nosso inconsciente qualitativamente distinta do estado no qual meramente somos dominados por ele, sem nada saber sobre isso. Podemos estar dominados por nosso inconsciente, isto é, por nosso passado. Alienamo-nos, sem o saber, a nosso próprio passado, pelo fato de não admitirmos que, num certo sentido, nós temos que ser a fonte das normas e valores que são propostos por nós *a nós mesmos*. Evidentemente, não somos a origem absoluta deles, e há, certamente, a lei social. Mas eu obedeço [voluntariamente] à lei social — se e quando a obedeço — ou porque acredito que a lei é tal como deveria ser, ou porque reconheço, talvez, que ela não é tal como deveria ser, mas, neste contexto particular, estando dada, digamos, a vontade da maioria, eu devo obedecer à lei, à medida que sou membro da coletividade, mesmo considerando que ela deveria mudar.

D.M.: *Você estabeleceu um tipo de equação entre o inconsciente e nosso passado. Você disse: "dominados por nosso inconsciente, dominados por nosso passado". Fico de um certo modo surpreendido com o otimismo dessa idéia acerca do inconsciente, porque ela implica que ele é acessível através de uma perlaboração — pode-se lembrar — numa certa medida, e quanto mais se lembra menos se é dominado, até que enfim...*

C.C.: Não... não quanto mais se lembra: quanto mais se torna capaz de perlaborar a lembrança. Certo?

D.M.: *Sim. Quais são, em sua concepção, os limites dessa lembrança e dessa perlaboração? Quando é que ela se torna problemática? Onde estão as arestas?*

C.C.: Permita-me, em primeiro lugar, esclarecer uma coisa: eu não identifico o inconsciente ao passado. É claro que o inconsciente não é apenas o passado. Eis aí um ponto em relação ao qual certos psicanalistas contemporâneos vêem as coisas de maneira mais clara que Freud. Existia um ideal freudiano, que se poderia chamar um plano modelo da cura: levar o paciente a lembrar-se teria um efeito catártico, um efeito dissolvente sobre o complexo ou a rede de complexos. Na verdade, contudo, pode-se em grande medida trabalhar a partir do material atual, e não necessariamente sempre através da lembrança, pois a estrutura é algo presente. Quero dizer que o passado está presente no presente.

D.M.: *Hm, hm...*

C.C.: Concorda? Isto fica claro no sonho. A identidade, em todo caso inacessível, entre a significação *deste* sonho e alguma configuração datando da infância não é, em si, nem muito significativa nem muito imperiosa. O que importa é que o paciente possa realmente ver através dessa significação e, esperamos, mudar seu comportamento em função dessa significação, assim como toda a complexa estrutura de pulsões, afetos, emoções e desejos que lhe estão ligados. Portanto, o passado e o inconsciente são e não são a mesma coisa, tanto no nível teórico como no nível da prática do tratamento psicanalítico. Você pergunta, agora: "Quais são os limites"? Essa é uma questão muito importante. Quero dizer, por que, afinal, um tratamento psicanalítico de fato nem sempre funciona.

D.M.: *Sim. E outro aspecto seria essa idéia da atração pela força. É deveras impressionante que a força exerça uma tal atração. Creio que, na psicanálise ideal, a força deveria perder seu atrativo atávico, ela poderia exercer uma atração de caráter diverso, mas não atávico. Estou interes-*

*sado na convergência dessa ambição tal como ela aparece na psicanálise, a saber, a eliminação do atrativo da força, e essa mesma ambição tal como é vivida na vida política, onde se busca criar organizações sociais que se opõem a essa atração atávica pela força. Gostaria de conhecer suas idéias sobre a maneira pela qual esses dois projetos podem influenciar-se mutuamente.*

C.C.: Esse é um problema bastante difícil, cuja solução eu não creio conhecer. Antes de mais nada, o tratamento psicanalítico busca ajudar as pessoas a se tornarem autônomas no sentido que acabamos de mencionar, e conseqüentemente procura destruir também, nelas mesmas, a atração cega pela força. De fato, creio que essa é a única contribuição política relevante da prática psicanalítica. Não creio no emprego político da psicanálise, a não ser para ajudar os indivíduos a tornarem-se lúcidos e autônomos e, em conseqüência, suponho, mais ativos e mais responsáveis diante da sociedade. Isso implica também: não considerar a instituição da sociedade ou a lei dada como algo em que não se pode tocar. Quanto às atitudes coletivas, por outro lado, creio que o que buscamos fazer é tentar dissolver as ilusões que estão quase sempre contidas nesse atrativo da força. E isso envolve tanto a crítica da ideologia como a crítica do funcionamento e da consistência efetivos dos aparelhos de dominação existentes, por exemplo. Ao mesmo tempo, sempre julguei que uma autêntica organização revolucionária (ou organização de revolucionários) deveria ser também uma espécie de escola exemplar de autogoverno coletivo. Ela deveria ensinar as pessoas a dispensarem líderes e estruturas organizacionais rígidas, sem cair na anomia, ou na microanomia. Esta é, penso eu, a relação entre as duas facetas do problema.

D.L.: *Surge aqui uma questão, outra questão complicada, relativa às origens da autonomia e às relações sociais que se estabelecem a partir da infância, e relativa também às relações de objeto pré-edipianas como uma espécie de modelo ou de terreno de aproximação, que depois se repete na coletividade. Isso, em oposição ao ponto de vista um pouco mais ligado à posição "freudiana ortodoxa", segundo a qual de fato o* infans *está radicalmente isolado, o processo de socialização é inteiramente uma dialética com a sociedade, e não há, de início, qualidade social inerente ao* infans.

C.C.: Você sabe, minhas próprias concepções, que não são exatamente freudianas, teriam levado, quanto a esse aspecto, a conclusões muito similares às concepções freudianas. Creio que o que se tem inicialmente é uma espécie de mônada psíquica a-social e anti-social. Quero dizer que a espécie humana é uma espécie monstruosa, inapta à vida, tanto do ponto de vista psicológico como do ponto de vista biológico. Que ela seja biologicamente inapta à vida, isto é claro. Somos o único animal que não conhece por instinto o que é alimento e o que é veneno. Nenhum animal que se alimente de cogumelos jamais comeria cogumelos venenosos. Mas nós temos que aprender isso! Nunca vi um cão ou cavalo tropeçando; na verdade, os cavalos raramente tropeçam, e isso somente nas condições artificiais em que os colocamos. Mas nós tropeçamos o tempo todo. Esse é o aspecto biológico.

Quanto ao aspecto psicológico, isso é ainda mais verdadeiro. Creio que há uma psique embrionária em todo ser vivo, especialmente entre os que pertencem às chamadas espécies superiores. Mas há também um mundo separando essa psique "funcional" dos animais da psique humana: esta última corresponde a um imenso e monstruoso desenvolvimento dessa "faculdade" da psicologia tradicional, totalmente negligenciada e ignorada pela filosofia, que é a imaginação. A imaginação é a capacidade de apresentar como real aquilo que não o é. Ela rompe com a regulação da "psique" pré-humana.

Estamos, portanto, às voltas com um ser que, como sabemos a partir de Freud, da prática psicanalítica e da vida cotidiana, é capaz de formar suas representações em função de seus desejos — o que o torna psiquicamente inapto à sobrevivência. Sob essa enorme proliferação da imaginação sobrevivem fragmentos truncados da auto-regulação, biológica e psicológica, animal. Esse animal, o *homo sapiens,* teria deixado de existir se ele não tivesse criado ao mesmo tempo, através de não sei qual processo, provavelmente um tipo de processo de seleção neodarwiniana, alguma coisa de radicalmente nova em todo o domínio natural e biológico, a saber, a sociedade e as instituições. E a instituição impõe à psique o reconhecimento de uma realidade comum a todos, regulada, que não obedece simplesmente aos desejos da psique.

D.M.: *Isso que você acaba de dizer é muito interessante, pois é uma forma de afirmar que o atrativo da força está ligado à sobrevivência, já que, como você diz, essa coletividade, essa sociedade, impõe a realidade a uma entidade produtora de imagens, a qual sem essa imposição morreria...*

C.C.: ...ou se tornaria hiperpsicótica.

D.M.: *Hiperpsicótica, sim. Mas essa imposição, de uma certa maneira, se faz pela força.*

C.C.: Pela violência.

D.M.: *Pela violência.*

C.C.: Não há problema quanto a esse aspecto. E, sem essa violência, a espécie humana não pode sobreviver. É por isso que me oponho tão fortemente a certos sonhos bucólicos e idílicos de pessoas bem-intencionadas e que nos são próximas, segundo as quais poderia haver um ingresso na vida social feliz e ditoso, com gosto de chocolate. Tal coisa simplesmente não pode existir. Se você já teve um filho, independentemente da maneira pela qual você o cria, em um certo momento, no decorrer do primeiro mês, ele começará a chorar e gritar de modo infernal. Não porque ele tenha fome, ou esteja doente, mas simplesmente porque ele descobre um mundo que não se dobra à sua vontade. Falemos sério: não apenas inconscientemente, mas mesmo conscientemente, todos nós desejaríamos um mundo que se moldasse à nossa vontade, não é mesmo?

D.M. e D.L.: *Certamente.*

C.C.: E quem o negaria? Dizemos que isso não é possível, renunciamos a um desejo, mas o desejo continua lá. Como psicanalista, eu diria que uma pessoa incapaz de formar uma fantasia referente à onipotência é uma pessoa seriamente enferma, entendem o que quero dizer? A capacidade de formar fantasias de onipotência é um componente necessário não apenas da vida inconsciente, mas também da vida consciente. Se você não consegue entreter um devaneio, pensando: "A garota virá ao encontro", ou "hei de escrever meu livro", ou "as coisas vão se passar tal como desejo", então você está realmente muito enfermo. E, evidentemente, você também estará doente se for incapaz de corrigir essa fantasia dizendo: "não, eu não a agradei, é claro", ou "ela já tem um amante, ao qual está muito ligada".

Assim, existe essa psique, com sua imaginação e suas fantasias de onipotência, e existe um primeiro representante da sociedade para a criança, que é, evidentemente, a mãe. E a função da mãe é, simultaneamente, limitar a criança — ela se torna o instrumento pelo qual a criança começa a descobrir que nem tudo obedece aos seus desejos de onipotência — e ajudar a criança a dar um sentido ao mundo. O papel dessa primeira pessoa é essencial e imperativo; pouco importa aqui se se trata da mãe ou da pessoa que desempenha o seu papel, pode ser o pai, pode ser a ama-de-leite, pode ser ainda, como no *Admirável mundo novo*, uma máquina falante (caso em que, é evidente, os efeitos seriam distintos e visivelmente piores). A mãe ajuda a criança a dar sentido ao mundo e a si mesma de maneira muito diversa da maneira inicial própria da mônada psíquica. Para a mônada psíquica, existe sentido à medida que tudo depende de seus desejos e representações (e que tudo a eles se conforma). A mãe destrói isso, e é obrigada a destruí-lo. Esta é a violência necessária e inevitável. Se ela não o destruir, estará conduzindo a criança à psicose.

D.M.: *Você supõe, então, que essa atração pela força é, de uma certa maneira muito estranha, uma espécie de desejo de retorno a essa mãe?*

C.C.: É um resíduo muito poderoso da ligação a uma primeira figura que foi, segundo minha terminologia, o senhor da significação. E há sempre em alguma parte alguém que desempenha esse papel de senhor da significação, e que provavelmente pode vir a ser Adolf Hitler ou Joseph Stalin, ou Ronald Reagan, pouco importa. Creio que a raiz psíquica da alienação política e social está contida nessa relação primordial e muito fértil. Mas há ainda as etapas seguintes. Entendendo-o corretamente, e entre aspas: o "desenvolvimento normal".

A mãe deve abandonar esse papel de senhor da significação. Ela deve dizer à criança que, se tal palavra significa tal coisa, ou se tal ato é proibido, não é porque esse é o desejo dela mas porque há esta ou aquela razão, ou porque é assim que todo mundo entende aquela palavra, ou porque essa é a convenção social. Ela se desinveste, portanto, da onipotência que a criança, usando precisamente seus próprios esquemas projetivos, lhe havia atribuído. A criança projeta sobre alguém — neste caso a mãe — sua própria fantasia de onipotência, que deve numa certa etapa abandonar. Quando ela erroneamente pensa: "Mas Mamãe é onipotente", mamãe deve responder: "Não, não sou". *"Words do not mean what I want them to mean"*, contrariamente ao que Humpty Dumpty disse a Alice, "as palavras significam aquilo que as pessoas entendem por essas palavras", e assim por diante.

D.L.: *Como você responde, então, à proposta desenvolvida por Winnicott, que sustenta que a primeira condição da mãe não é condição de senhora da significação mas, antes, de co-participante dessa significação? Ou seja, que o momento social original é um momento compartilhado pela mãe e pela criança, ou seja, ainda, que o* infans *percebe a mãe como fazendo parte do mundo imaginário? O* infans *imagina o seio, e, ao imaginar o seio, ao chamar por ele, ao gritar, durante o momento da imaginação, o seio miraculosamente aparece, estabelecendo-se, assim, uma espécie de relação fundamental entre fantasia e sociabilidade.*

C.C.: Não é verdade, durante todo o tempo em que isso ocorre, que se trate de uma partilha ou de uma co-participação. Quero dizer que, durante todo o tempo em que estamos nessa etapa, a criança imagina que o seio apareceu porque ele ou ela queria que ele aparecesse. Como já sabia muito bem Freud, o momento decisivo é este em que a criança se apercebe de que ela quer ver o seio aparecer, e o seio não aparece. E sempre há um tal momento, que corresponde, como Klein diria, com toda razão, ao "seio mau". Isto está, igualmente, na raiz da ambivalência fundamental de toda relação humana. Quero dizer que o outro sempre herdou esses dois aspectos, do seio bom e do seio mau, da boa figura e da má figura. Na maior parte do tempo, um desses dois aspectos cobre e domina totalmente o outro. Assim, amamos as pessoas, ou as odiamos. Com referência às pessoas com quem mantemos relações, um ou outro desses elementos predomina. Mas todos nós sabemos que mesmo no maior amor se oculta sempre o elemento negativo, o que não o impede de ser um amor.

A verdadeira mudança ocorre em primeiro lugar quando a criança tem que admitir que é a mãe (e não ela própria) que é a senhora do seio e a senhora da significação. E outro ponto de ruptura tem lugar quando a criança descobre que não existe nenhuma senhora da significação. Ora, na maior parte das sociedades, até os dias de hoje, isso só vem a acontecer para um número bastante limitado de pessoas. Pois Jeová é o senhor da significação, ou o secretário do Partido, ou talvez o cientista.

D.M.: *Assim, quando o Grande Inquisidor declara que o povo tem necessidade da Igreja como senhora da significação (ele não utiliza, é evidente, estes termos), e acusa o Cristo de crueldade por recusar-se a assumir o papel do senhor da significação, o que pensa você disso? O que você pensa do desígnio do Inquisidor?*

C.C.: Acredito que a formulação do problema é correta. Ela corresponde ao que dissemos. A única objeção é que o Inquisidor assume uma posição normativa: ele diz que esse fato é trans-histórico e produz uma situação que é como deveria ser. Nós dizemos que existe um outro estágio.

D.M.: *Creio que o fundamental é localizar as raízes psíquicas da autonomia nas etapas posteriores, onde se descobre que não há senhor da significação, mais do que em um retorno a uma espécie de estado infantil de significação compartilhada.*

C.C.: Mas quais seriam as implicações da "significação compartilhada"? A menos que se tenha a idéia de uma certa sociabilidade biológica do animal humano — o que é, na minha opinião, insustentável —, a significação compartilhada somente pode provir da postulação de duas pessoas separadas e independentes, como entidades em si mesmas. Existe A e existe B, e existe ele ou ela e eu. Ele ou ela pensa, ou deseja, ou denomina as coisas de tal maneira, e eu as denomino de outra maneira, e pode-se encontrar um certo terreno comum. Mas esse é um estágio já bastante avançado.

Alguns elementos embrionários disso — e tudo isso diz respeito a tópicos difíceis já que, afinal, jamais podemos penetrar na psique de um *infans* de seis ou mesmo de dezoito meses —, alguns elementos embrionários disso, eu dizia, podem estar presentes já de início. Penso, todavia, que essa situação só existe qualitativamente a partir do momento em que a criança se tornou capaz de reconhecer sua mãe como uma entidade ao mesmo tempo independente e limitada.

D.L.: *Você está falando da resolução do complexo de Édipo?*

C.C.: Não, essa é outra discussão específica. O que não foi reconhecido pelas críticas de esquerda à construção edipiana de Freud — ressalvando-se que esta contém uma boa parcela de ideologia patriarcal — é que, para Freud, o centro do problema edipiano é o problema da civilização. Não é tanto o desejo de fazer amor com a mãe e matar o pai; é que, durante todo o tempo em que só houver dois, não haverá sociedade. É preciso que haja um terceiro termo para quebrar esse face a face. O face a face é fusão, dominação total do outro ou dominação total pelo outro. Ou bem o outro é o objeto total, ou bem eu sou o objeto total do outro. E, a fim de que essa espécie de condição absoluta, quase psicótica, seja rompida, é preciso haver um terceiro termo. Pouco importa se é o pai ou o tio materno. Entendo com isso que todas as discussões entre Malinowski e Roheim acerca desse ponto têm pouca relevância. É o pai, ou é o tio materno, e assim por diante — o problema não está aí. O ponto principal é que não pode haver só dois; deve-se ter um terceiro elemento. Evidentemente, isso não conduz à conclusão de que o pai deve ser o senhor — o que é um total *non sequitur*. E deve-se ter até mesmo um quarto elemento. O que quero dizer é que o casal deve comportar-se de forma a tornar a criança consciente de que o pai não é a fonte ou origem da lei, que ele próprio não passa de um ente entre muitos, muitos outros pais, que existe uma coletividade humana, não é assim?

E isso foi algo que Freud viu. As pessoas que citam o mito de *Totem e tabu* sempre se detêm no assassinato do pai e na cerimônia da refeição ritual. Elas se esquecem do juramento coletivo dos irmãos, que é a verdadeira pedra angular da sociedade. Cada um dos irmãos renuncia à onipotência do pai arcaico: não possuirei todas as mulheres e não matarei ninguém. Esta é a autolimitação, através da instauração coletiva da lei.

D.M.: *Este é o momento apropriado para pensar sobre o que você dizia há pouco, a propósito dessa união de militantes radicais, ou agrupamento de militantes radicais, exemplar em sua capacidade de autogoverno e em sua capacidade de evitar a atração pela força e pela dominação. Quando você dizia isso, eu pensava na horda de irmãos em* Totem e tabu. *Julga você que eles constituem uma espécie de metáfora mítica para o grupo de revolucionários que você descreveu?*

C.C.: Eu não apresentaria as coisas dessa forma. Só quero dizer que, quando Freud escrevia *Totem e tabu*, ele se defrontava com o problema da instituição inicial da sociedade. É evidente que *Totem e tabu* é um mito, e seria estúpido criticá-lo mesmo que Freud o considerasse como uma espécie de história de cuja exatidão jamais poderíamos nos assegurar, mas que representa mais ou menos a maneira pela qual as coisas se passaram — isso não tem a menor relevância. Quero dizer que nisso ele estava enganado. Mas o que o preocupava eram as condições ontológicas de existência de uma sociedade na qual ninguém poderia exercer um poder sem limites, como o pai arcaico. Sob este aspecto, não o mito em si mesmo, mas as significações de que ele é portador são muito importantes. A sociedade se instala precisamente no momento em que ninguém é onipotente, e no qual existe autolimitação de todos os irmãos, de todos os irmãos e irmãs.

D.M.: *Contudo, mesmo nesse mito, eles criam um totem e o totem está sempre presente como senhor da significação. Ele está permanentemente lá, como um chamado.*

C.C.: Sim, e com a relação ambivalente do totem. Penso exatamente que o totem é a encarnação da heteronomia nas sociedades até agora existentes. É aí que Freud atinge um nível muito profundo, embora provavelmente de forma inconsciente, mas assim são os grandes pensadores. O que é o totem? Depois de algum tempo, ele se torna um Panteão de deuses, ou o Deus único, ou a instituição, ou o Partido. E isso é o que os lacanianos, e outros, chamariam o "simbólico". Podemos perceber aqui as fraquezas dessa concepção: na tentativa de extrair disso tudo um conceito *normativo*. Pois o totem nada mais é que o "simbólico", tornado totalmente independente e investido de um poder mágico. Ele é uma criação imaginária instituída e investida de um poder mágico.

D.L.: *Mas, como você diz, a existência de instituições é sempre necessária.*

C.C.: Sim, por certo, mas não como totens.

D.L.: *Elas seriam, então, criadas e destituídas...*

C.C.: Justamente.

D.L.: *Em contínua construção.*

C.C.: É exato. Com esta relação particular, certamente bem difícil de atingir: eu sei que as leis são criação nossa, que nós podemos mudá-las. Mas, enquanto não as tivermos mudado, em uma sociedade que eu reconheço como efetivamente governada de maneira democrática, estou ainda obrigado a observá-las, porque sei que, de outro modo, a comunidade humana seria impossível.

As pessoas habitualmente se esquecem de que as leis da linguagem são, afinal, convenções compartilhadas. E houve pessoas como Roland Barthes para dizer esta enorme asneira: que o fascismo e a heteronomia estão na linguagem, porque ninguém pode mudar suas regras a seu bel-prazer. Mas isto nada tem a ver com o fascismo e a heteronomia. É o reconhecimento do fato de que não pode haver coletividade humana sem regras, de um certo modo arbitrárias e convencionais. E é preciso dizer, ao contrário, que a linguagem não me sujeita, mas me liberta.

D.M.: *No entanto, quando essas regras começam a ostentar uma aura, uma aura totêmica, então elas se tornam problemáticas.*

C.C.: É verdade. Elas se tornam alienantes.

D.L.: *Voltando a outro ponto, os irmãos de fato não renunciaram à onipotência, mas retiraram uma parte de sua onipotência e a preservaram no totem.*

C.C.: Eles renunciam à onipotência e atribuem uma onipotência imaginária ao totem. E este é o fator compensador nessa economia psíquica alienada; alienada, mais uma vez, dos próprios irmãos do mito. A questão política é: será verdadeiramente necessário para a coletividade humana esse fator compensador alienante? Afirmo que não há resposta *teórica* para essa questão. Isto quer dizer que é a partir dos fatos que a julgaremos, e é disso que se trata na ação radical ou revolucionária. Propor e tentar demonstrar, nos fatos, que não temos necessidade de totens, e que podemos limitar nossos poderes sem investi-los em uma entidade mítica.

D.L.: *Seguir-se-ia, assim, que há um paralelo entre a coletividade e o indivíduo, no que concerne à "perlaboração". A saber, que existe uma espécie de incerteza com relação à história, uma perspectiva de indeterminidade na qual não se soluciona a questão da história e na qual não se pode explicar o passado e aprender, com ele, o que fazer. Uma coletividade é capaz de assumir uma posição no seio da qual o futuro pode ser elaborado.*

C.C.: Perfeitamente. Penso que essa é a formulação correta. De fato, eu penso que verdadeira atitude humana é *assumir*: aceitar, tomar a si a indeterminidade, o risco, sabendo-se que não há nem proteção nem garantia. Ou seja, que as proteções e garantias existentes são triviais e não vale a pena considerá-las. No momento verdadeiramente decisivo, não há proteção nem garantia. Devemos assumir os riscos, e assumir os riscos quer dizer que nós somos responsáveis por nossas ações. Evidentemente, um pleno conceito de responsabilidade pressuporia a consciência. Sempre existe o "eu não sabia". Esse é um argumento que sempre pode ser utilizado diante do tribunal, mas, a seus próprios olhos, mesmo que se saiba que não se é onisciente, não se pode dizer simplesmente: "eu não sabia". Devemos prover uma norma, ante a qual sejamos verdadeiramente responsáveis.

D.M.: *Existem, na França, pessoas que tenham entabulado com você um diálogo como este que acabamos de realizar? Quer dizer, não aqui e acolá, mas haveria alguma espécie de...*

C.C.: Eu não seria capaz de dar uma resposta. Esse é o gênero de diálogo que eu busco promover.

D.M.: *Você tem tido sucesso — tem sido bem-sucedido?*

C.C.: Não posso avaliar. Não até o presente momento, pelo menos.

# Não guardar ilusões[5]

Que o golpe de Varsóvia não era e não podia ser um "assunto interno dos poloneses", nem no plano político e moral nem no plano dos fatos, sabia-se — a menos que se fosse débil mental — antes mesmo que ele tivesse ocorrido (ver o quadro). O fato de que agora se sabe que o Gauleiter Jaruzelski agiu e continua a agir conforme instruções e sob a supervisão da Kommandatura de Kulikov não traz nada além de uma banal verificação a *posteriori*.

---

5. Logo que se tomava conhecimento do golpe de Estado de Jaruzelski — manhã de domingo, 13 de dezembro de 1981 — o então ministro das Relações Exteriores, Claude Cheysson, apressou-se em declarar a uma rádio periférica que "esses eram assuntos internos dos poloneses" e que a França "nada podia fazer e não iria fazer nada". Redigi, então, o protesto reproduzido no quadro a seguir, que foi assinado pela vintena de amigos que consegui contactar durante esse dia agitado, e remetido, como carta expressa, tão logo o Correio abriu na segunda-feira, dia 14, a Jacques Fauvet, então diretor de *Le Monde*. (Jacques Fauvet tinha-me escrito algum tempo antes, querendo saber se eu estaria interessado em escrever um ou mais artigos para *Le Monde*, comentando a política dos socialistas no poder.) *Le Monde* não publicou o protesto e, em contrapartida, imprimiu no dia seguinte um editorial de *Fauvet* intitulado "Raison garder". O texto que se segue foi publicado em *Libération* no dia 21 de dezembro de 1981.

É desnecessário sublinhar quanto a recente visita oficial de Jaruzelski a Paris (em dezembro de 1985) ilustra de maneira edificante este texto.

Sabe-se agora, também, que as escandalosas declarações de Cheysson tinham o aval de Mitterrand, que as instruções deste a Jobert em

> Às primeiras horas da segunda-feira, dia 14, enviei o texto abaixo, por correio expresso, a Jacques Fauvet, pedindo-lhe que fosse publicado em Le Monde. Não o foi, evidentemente.
>
> Nós, abaixo-assinados, decidimos expressar nossa indignação diante das declarações do ministro Cheysson, que apressou-se em afirmar, em face do golpe de força do poder comunista totalitário em Varsóvia, que este constitui um assunto interno dos poloneses.
>
> Esta afirmação seria um pernicioso truísmo (a instauração do nazismo em 1933 na Alemanha não constituiu, igualmente, um "assunto interno" dos alemães?) se não contivesse — assim como todas as declarações de responsáveis políticos que lhe sucederam — uma inverdade flagrante. O ministro das Relações Exteriores não ignora que as decisões tomadas em Varsóvia refletem a vontade e atendem às aspirações de Moscou, poupando-lhe os riscos e o opróbrio de uma intervenção direta. Assim, aquela afirmação só pode ser entendida — pelos carcereiros do povo polonês e pelos que, de Moscou, puxam seus cordões, bem como por esse mesmo povo, levando-o com isso ao desespero — como expressando indiferença diante desse estrangulamento de um movimento democrático e popular que abarca a imensa maioria do país.
>
> O porta-voz de um governo que se diz socialista apressa-se, assim, a dirigir um *nihil obstat* ao golpe de força de um aparelho totalitário decomposto que, ao mesmo tempo em que insiste em se proclamar um "partido operário", somente se mantém, contra a classe operária, graças ao exclusivo recurso às forças armadas. As rumorosas manifestações de preocupação relativas aos povos da América Central adquirem, assim, um ar de hipocrisia e perdem toda a credibilidade.
>
> Exigimos que o governo francês ponha fim à duplicidade de linguagem e que se pronuncie, acerca dos regimes totalitários ditos "socialistas", com a mesma clareza com que o faz acerca das ditaduras da América Latina.
>
> Pelas incontáveis mortes que, mais uma vez, ameaçam ensangüentar a história da Polônia, são desde já responsáveis aqueles que, por tibieza, secreta cumplicidade ou maquiavelismo vulgar, vieram confirmar a abjeta certeza dos carrascos dos países do Leste, de que tudo lhes é permitido sobre os povos que oprimem.
>
> *13 de dezembro de 1981.*
>
> Lucien Bianco, André Burguière, Claude Cadard, Cornelius Castoriadis, Claude Chevalley, Vincent Descombes, Jean-Marie Domenach, Jacques Ellul, Eugène Enriquez, François Fejtö, Zsuzsa Hegedus, Serge-Christophe Kolm, Jacques Julliard, Edgar Morin, Claude Roy, Pierre Rosanvallon, Evry Schatzman, Ilana Schimmel, Alain Touraine, Pierre Vidal-Naquet.

Moscou iam na mesma direção, e que a reversão fraseológica do PS só ocorreu diante do início do furor das pessoas. (Jean Daniel, em *Le Nouvel Observateur* de 19 de dezembro de 1981).

Não poderíamos nos deter nestas constatações como se elas envolvessem apenas alguns divertidos traços idiossincráticos do poder "socialista". E tampouco poderíamos continuar tolerando os balidos respeitosos que durante muito tempo o cercaram (e que, mais ou menos, continuam; não falo, evidentemente, da "oposição"). Se de fato quisermos fazer alguma coisa pela luta do povo polonês, é preciso que pousemos o olhar mais frio possível sobre o governo francês, assim como sobre os outros governos ocidentais.

Após as vitórias eleitorais do Partido Socialista, o novo poder declarou o país em estado de graça. Pobre país, e pobre língua francesa, submetida há decênios a todos os ultrajes. Está em estado de graça aquele que se beneficia de uma inspiração excepcional, vinda do alto (Victor Hugo). Mas quem dá mostras dela? O povo — até o dia 13 de dezembro — permaneceu num estado de apatia ligeiramente eufórica e um pouco tola. Seria, então, o governo? Poderíamos procurar com uma lupa, naquilo que ele faz, uma idéia nova, uma invenção qualquer. Não falemos de "socialismo" — nem mesmo de social-democracia: em seus primórdios, a social-democracia inovava e reformava. As medidas tomadas até agora não estão sequer à altura daquelas que eram tomadas e recomendadas, em seu tempo, pelos "verdadeiros" burgueses/liberais/democratas — um Gladstone, um Cavour, um jovem Clemenceau. Pôs-se fim ao escândalo dos imigrantes (regularizando-se a situação dos clandestinos), muito bem; aboliu-se a pena de morte (toda a Europa já o tinha feito); permitiu-se as rádios livres (*ditto*, e leia-se Delfeil de Ton). O SMIC *(salaire minimal interprofessionel de croissance)* teve uma elevação menor, em termos reais, que sob Giscard, na época de sua eleição. A descentralização (ainda é preciso ver como ela será, na prática) corrige uma monstruosidade francesa que jamais existiu nos países plenamente capitalistas. Quanto a reduzir a duração do turno de trabalho, o capitalismo já o vem fazendo há 130 anos.

Onde está a inovação? Consistiria ela nas "nacionalizações"? Mas faz no mínimo trinta anos que vem correndo, nos meios bem informados — não tão longe assim da Rue de Bièvre —, o rumor de que elas nada têm a ver, em si mesmas, com o socialismo. Substituir dirigentes autocooptados por dirigentes nomeados pelo partido no poder pode aparecer como um grande progresso para a seção de pessoal desse partido; quanto aos demais, perguntem aos carteiros, aos ferroviários, aos trabalhadores da Renault (para não dizer: perguntem aos poloneses). As nacionalizações significam apenas uma redistribuição secundária de poderes e privilégios entre as camadas burocráticas "privadas" e político-estatais — em detrimento das primeiras e em benefício das segundas. Politicamente, elas são um derivativo demagógico.

A autogestão: desaparecida até mesmo enquanto tema de retórica dominical. Desemprego e inflação: um valsar hesitante entre a contenção e o estímulo tímido e insuficiente da demanda.

Tudo isto não é nem mesmo reformismo. Será que não haveria mais lugar, historicamente, para reformas? Na França, pelo menos, é claro que haveria. Comparem o sistema fiscal francês, quanto à alíquota do imposto de renda, com a da abominável América capitalista — e vocês poderão tranqüilamente apostar que a reforma anunciada por Mauroy não irá trazer grandes mudanças.

O essencial, contudo, é outra coisa, bem mais importante do que todas as medidas que se tomou ou deixou de tomar: a substância política desse poder, sua maneira de governar, sua ligação com a população. Desta ligação, nada há a dizer, pois ela é nula e inexistente. O poder (estendido, é claro, aos barões socialistas) continua sendo exercido solitariamente. Quando é que os cidadãos foram chamados a participar de qualquer decisão ou reflexão? Mostrou-se a menor vontade de fazê-lo? (Deixo de lado o circo montado pelo ministro Chevènement em torno da "pesquisa" universitária e científica.) Sob este aspecto, a questão nuclear é de uma clareza admirável. Antes das eleições, o PS tinha feito promessas. Uma vez no poder *(social-démocratie oblige)*, apressou-se a fazer o contrário do que prometera. Tivesse ele organizado um plebiscito (passo por cima das sutilezas constitucionais), teria 70% dos votos para aprovar sua meia-volta. Mas onde iríamos parar se começássemos a pedir a opinião das pessoas?

Excetuando-se o palavreado (que, como se viu, ele foi obrigado a adotar), a atitude do governo "socialista" francês em face dos acontecimentos poloneses é a mesma que a de todos os governos ocidentais, de Trudeau a Schmidt. Mencionemos, pelo que tem de cômico, o silêncio do "socialista" Papandreu, assim como dos do Terceiro Mundo. Por quê?

"Nada se pode fazer e não se fará nada", correu a dizer Cheysson. O que é falso, evidentemente. Ninguém propôs enviar um exército para a Polônia, mas meios de agir existem. O total embargo econômico aos países do Pacto de Varsóvia (limitado à Polônia, ele obviamente seria absurdo e ineficaz) representaria uma pesada arma, tendo em vista a situação econômica desses países — e da Rússia, em primeiríssimo lugar. Há muito tempo que se poderia e se deveria ter feito compreender ao Kremlin que não se hesitaria em empregar tal arma. O que não se faz nem está sendo feito. Por quê?

Descartemos o pseudo-argumento das repercussões sobre o nível de emprego nos países fornecedores. Em primeiro lugar, ele parte do princípio de que os russos aceitarão o desafio, o que não é de modo algum certo. Segundo, as exportações para o bloco russo só representam alguns poucos pontos percentuais do total de exportações dos países industrializados. Terceiro, elas poderiam, em grande parte, ser substituídas (não, é claro, pelos mesmos produtos) por exportações para os países pobres, caso se oferecesse a estes as mesmas condições ultrafilantrópicas (de crédito) que são concedidas à Rússia. Quarto, está-se disposto a dispender 200 a 300 bilhões de dólares em armamentos, mas não a "perder" 10 a 15 bilhões em exportações.

Os governos ocidentais nada "podem" fazer em um e um só sentido: assim como não há "aliança" ocidental — já que todos puxam as rédeas em direções opostas — não há "governo" dotado de uma política coerente e da capacidade de impô-la. Politicamente, as sociedades ocidentais tornam-se cada vez mais um conglomerado de *lobbies* (patrões, sindicatos operários, associações de agricultores, formações "políticas", etc.), onde nenhum pode impor uma política coerente, embora cada qual seja capaz de bloquear qualquer ação contrária a seus "interesses". Como é o caso daqueles que exportam para a Rússia.

No íntimo, contudo, nenhum governo ocidental *quer* verdadeiramente fazer algo pela Polônia. Nenhum deles jamais viu com genuína simpatia o que lá se passava. Desde o início, a ambivalência: contentamento, à medida que isso criava, sem ônus de sua parte, uma série de dificuldades para os russos; inquietação, e até mais, ante um autêntico movimento popular, do qual não se sabia até onde poderia ir, e que introduzia um fator de imprevisibilidade em seus ineptos cálculos e táticas.

Só assim é possível compreender a estúpida insistência de todos no tema: "Desde que não haja intervenção russa...". A esperança dos governos ocidentais, que eles compartilham com Marchais e Krasucki, é que Jaruzelski conseguirá alcançar a normalização sem os russos (ou apenas com os russos travestidos em poloneses) — após o que, ao cabo de alguns meses, retomaria o curso normal das atividades (negociações de Genebra e contratos comerciais). O precedente da Tchecoslováquia é, quanto a isso, de uma clareza ofuscante.

Nada há a esperar dos governos ocidentais, "socialistas" ou outros. O que não quer dizer que não se deva exercer sobre eles o máximo possível de pressão. Mas é preciso compreender que eles só farão alguma coisa em função da mobilização popular. E também é preciso compreender que esta, por si só, já teria um poder imenso.

Diga-se, ainda, entre parênteses: é preciso olhar de frente a sombria realidade. Somos, na França, um tanto privilegiados sob esse aspecto. Mas a imagem global dos países ocidentais é, no momento, aflitiva. Compare-se o que está ocorrendo agora na Europa, a ausência quase total de reações importantes, com as mobilizações "pacifistas" de algumas semanas atrás! Não nos venham com histórias: no momento, e à primeira vista, essas populações estão dispostas a mobilizar-se para salvar a própria pele (é o que pensam), mas por nada mais além disso.

Uma grande inclinação para a apatia e a privatização deve ser vencida, e não são os comícios dos caciques do PS que contribuirão para isso. É preciso encontrar novos meios — e, para isso, todos os que se sentem afetados podem e devem contribuir. O próprio movimento polonês nos indica o caminho: a fonte da invenção política só pode estar na criatividade de milhares de pessoas que se associarão ao movimento. A coluna "Iniciativas", do jornal *Libération*, poderá desempenhar um papel valioso quanto a este ponto. Desde já, a decisão dos assalariados de Empain-Schneider de boicotar a produção destinada à Rússia (*Libération*, 19-20 de dez., p. 11) parece-me ter valor exemplar. É preciso estabelecer um boicote às exportações para os países do Leste e às empresas que a elas se dedicam. Quanto aos parcos meios de que dispõem os "intelectuais" enquanto tais, uma atitude parece impor-se: boicotar imediatamente todos os contatos, relações, etc., científicos, culturais, artísticos com todos os países do Pacto de Varsóvia. É também evidente a necessidade de auxiliar por todos os meios a organização do *Solidariedade* no exílio, de pôr-se ao seu dispor.

Por último, e acima de tudo, este dever que nunca foi tão dramaticamente urgente: explicar, fazer com que todos compreendam o que é a Rússia, qual é seu regime, o que são os partidos comunistas. Mostrar a todos que o comunismo não é menos questionável que o nazismo, que entre os dois nada há a escolher.

*20 de dezembro de 1981*

# O mais duro e o
# mais frágil dos regimes[6]

PAUL THIBAUD: *O caso polonês, a maneira pela qual os russos e seus representantes na Polônia intervieram no dia 13 de dezembro contra o Solidariedade, que é que isso nos ensina sobre o funcionamento do sistema soviético e sobre suas perspectivas?*

CORNELIUS CASTORIADIS: No nível tático, já era claro há muito tempo que o Kremlin tinha três alternativas. Em um extremo, a intervenção militar direta; em outro, uma política buscando provocar e/ou acelerar o apodrecimento ou a decomposição do movimento popular. A terceira era um golpe de força utilizando elementos poloneses. A surpresa foi que o golpe não tenha sido dado por uma fração "dura" do Partido, mas sim pelo Exército — e este, como é evidente, não se limita a desempenhar, no caso, um papel simplesmente técnico.

A opção de uma intervenção direta não foi adotada, pois teria certamente um custo muito elevado; mas não se deve esquecer de que ela está sempre no horizonte, e de que sua ameaça constitui o último apoio de Jaruzelski. Quanto à segunda, após muito refletir sobre a degenerescência dos movimentos revolucionários, julgo extraordinário o fato de que, em

---

6. Debate com Paul Thibaud, gravado em 3 de fevereiro de 1982 e publicado em *Esprit* (mar. 1982).

dezoito meses, o poder não tenha conseguido dividir, nem corromper, nem desencorajar o Solidariedade. Este fato indica, de início e acima de tudo, a unidade e a coesão, a integridade (no sentido etimológico), integralidade, inteireza dessa sociedade em sua oposição ao regime. Em segundo lugar, ele traduz a decomposição do poder e do Partido Comunista, sua incapacidade de definir e aplicar qualquer estratégia política.

Após o golpe militar, muitas pessoas vieram dizer-me: eis aí algo que vem confirmar, de forma até caricatural, as teses que você defende sobre a estratocracia. O que é evidentemente um erro, pois a Polônia não é de modo algum uma sociedade estratocrática, no sentido em que a Rússia o é. Todavia, o golpe polonês confirma a outra vertente de minhas teses: a falência e a decomposição do Partido (que nada pôde fazer na Polônia) e, além disso, do totalitarismo "clássico". É preciso, enfim, extrair as conseqüências do fato de que o totalitarismo staliniano não pôde sobreviver naquilo que lhe era essencial: como sistema delirante. É certo que, na Rússia, o Partido continua a dominar a sociedade; mas nada tem a propor, desistiu de traçar qualquer perspectiva e não tem nenhum projeto histórico — salvo a expansão pela força bruta. Foi anunciada, há pouco tempo, a morte do pretenso "ideólogo" do regime, Suslov. Por que "ideólogo"? Desafio qualquer pessoa a citar-me uma única frase de Suslov, um único *slogan* por ele inventado (isso seria ainda possível no caso de Jdanov). Na Rússia, essa nulidade, essa necrose de ideologia comunista é contrabalançada pela emergência de um setor social que, por sua vez funciona, está estimulado pelo imaginário nacionalista-imperial e dispõe de um projeto factível de expressão. O Terror de tipo stalinista, a "transformação stalinista da natureza", a "criação de um novo tipo de homem" estavam no reino do delírio e surgiam acompanhados desse *total disregard for efficiency,* o total desapreço pela eficácia, como Hannah Arendt justamente dizia, que era característico do totalitarismo "clássico". Mas a conquista do mundo pela estratocracia russa, embora talvez improvável, não é um projeto delirante, nem quanto ao objetivo, nem quanto aos meios empregados. Delirante era o emprego da polícia para fazer avançar a genética.

P.T.: *Voltando à Polônia, o Exército não proporcionou apenas os meios, a força, mas também uma carga de legitimidade. Legitimidade que decorre em larga medida de sua situação comparativamente ao Partido: ele é aquilo que os poloneses preferem ao Partido, sua legitimidade é diferencial. Mas a utilização desse crédito do qual dispõe o Exército não envolve a força bruta, é uma manipulação política.*

C.C.: É claro. Nenhum regime pode confessar, sobretudo em circunstâncias de crise social extrema, que seu único fundamento é a força bruta. Continua sendo necessário um mínimo de pretensão à legitimidade. Havia, portanto, duas razões para fazer intervir o Exército. Primeiro, o Partido como Aparelho não funcionava mais, não tinha mais controle de nada, nem mesmo de si próprio. Em seguida, era preciso uma bandeira; já que não podia mais ser a bandeira vermelha, içou-se a bandeira polonesa.

P.T.: *O que não impede que isso configure uma deslegitimação do sistema. Quando um partido comunista está ficando sem fôlego, há dois remédios clássicos. O remédio stalino-maoísta é o expurgo, ou a Revolução Cultural. Consiste em fazer demagogia à custa dos quadros, que se encontram no Gulag ou em reeducação, enquanto o Paizinho ou o Grande Timoneiro passam a servir-se de uma nova geração. Isto supõe que a ideologia funcione...*

C.C.: ... e que a sociedade não se ache num estado de oposição total ao regime.

P.T.: *O segundo tratamento é fazer intervir o braço secular do internacionalismo proletário, empregado quando os recursos "nacionais" são insuficientes. É o Kremlin, então, que dissolve o partido em questão e organiza um outro. Isso ocorreu em 1937 ao Partido Comunista Polonês, em condições totalmente diferentes das de hoje; ocorreu na Hungria após 1956 e na Tchecoslováquia após 1968. A novidade jaruzelskiana é que o princípio da legitimidade (o interesse da nação, a concórdia nacional) é desta vez exterior à ideologia do regime e ao mundo comunista.*

C.C.: A partir do momento em que a sociedade começa a sublevar-se, o Partido não pode mais se manter. A condição de existência do Partido é a passividade total das pessoas. A decrepitude do Partido é tanta que ele não pode mais sustentar-se, nem como referência ideológica, nem como Aparelho dirigente; nem mesmo, o que é o cúmulo, como coalizão de interesses. Este último aspecto merece, também, nossa reflexão. As pessoas que se beneficiam diretamente do regime — e trata-se, quando muito, de algo entre 10 e 15% da população — não são sequer capazes de manter-se suficientemente unidas para permitir que o Aparelho exerça o controle sobre a sociedade e nela encontre colaboradores. Depois do dia 13 de dezembro, Jaruzelski não encontrou um só aliado, nem um bispo, nem um escritor...

P.T.: *Encontramo-nos diante de um organismo cujas feridas não cicatrizam mais. É preciso, portanto, manter o curativo sempre bem apertado.*

C.C.: Isso nos leva às perspectivas do regime polonês atual. A manutenção do regime militar tal qual está parece, a longo prazo, materialmente inviável. Sabemos o estado da economia polonesa, e podemos estar certos de que ele se agravou ainda mais após o golpe de Estado. Como dar novamente a partida à máquina produtiva (ou antes, regenerá-la) na ausência, ou à revelia, da sociedade polonesa? Não se vislumbra a possibilidade de um processo de kadarização — que pressupõe um estado de decrepitude menos avançado. O regime não poderá ser mantido à tona se não for mediante aportes russos substanciais; o que torna ainda mais característica a atitude dos governos ocidentais, que nada fazem para diminuir as possibilidades dos russos nesse nível. Quanto ao resto, será que é possível a manutenção indefinida de uma ditadura militar?

P.T.: *No que diz respeito ao sistema em seu conjunto, vemos multiplicarem-se as situações que só podem ser controladas pela força militar: o Afeganistão; a Tchecoslováquia, onde a presença do Exército Vermelho continua necessária; a Polônia, onde o emprego direto da força ameaça durar um bom tempo. Fora da zona formada pela* URSS *e seu cinturão, constatamos também uma série cada vez maior de intervenções militares. Isso não leva a uma fragilidade crescente?*

C.C.: Num certo sentido, sim, certamente. Um regime assentado apenas na força militar é historicamente frágil; ora, essa é mais ou menos a situação de todos os regimes comunistas pró-russos exteriores à URSS.

Gostaria de voltar à questão da ideologia, para evitar falsas interpretações do que eu disse. Em oposição à sua morte *no interior* dos regimes comunistas, a ideologia continua a funcionar como artigo de exportação, como meio de penetração. Não tanto na Europa, é certo; mas no Terceiro Mundo, onde a total incapacidade do Ocidente capitalista-liberal para fornecer uma solução aos dramáticos problemas desses países (bem como, igualmente, a incapacidade desses próprios países de encontrar essa solução) e o apoio que ele dá aos regimes de extrema exploração e de terror policial-militar acarretam um estado de crise social, econômica e política permanente. Se, nessas condições, nesses caldos de cultura, se introduzir estas duas enzimas — ou esta enzima dupla —, a ideologia "marxista" simplificada e a organização político-militar lênino-stalinista, elas se revelam capazes de uma virulência considerável.

P.T.: *Mas mesmo lá já ocorre um distanciamento. Os metalúrgicos de São Paulo, a pedido de Lula, fizeram um minuto de silêncio pelo Solidariedade.*

C.C.: De fato, após o Afeganistão, há alguma coisa acontecendo na América Latina com relação a este aspecto. Parece que as pessoas começam a sair do dilema: estar com os russos contra os americanos, ou então o inverso.

Contudo, uma vez instalados, os regimes "progressistas" só se mantêm militarmente, seja no caso de Cuba, de Angola ou Etiópia. Isso quer dizer que eles necessitam da ajuda incessante da Rússia e, em especial, de sua ajuda militar. O que, em contrapartida, aumenta o peso da sociedade militar na própria Rússia.

Até onde isso pode ir, e até quando pode continuar? Será que a Rússia, na sua lamentável situação econômica, poderia carregar nos braços mais algumas Cubas, uma segunda Polônia? As indicações da degradação interna da sociedade russa se multiplicam (aumento do alcoolismo, alta impressionante da mortalidade infantil, etc.). Chega-se a uma representação do regime como uma coisa muito dura e, ao mesmo tempo, muito frágil.

P.T.: *De vidro!*

C.C.: Mas o vidro é demasiado frágil para fornecer uma imagem fiel. É alguma coisa extremamente dura, rígida, afiada e de grande peso — que poderia rebentar brutalmente, a qualquer momento. Há dissidentes russos que pensam que a ruptura poderá ser algo de assustador, em nada semelhante aos dezesseis meses do Solidariedade na Polônia.

Estou convencido de que não há uma terceira alternativa aberta ao regime: ou ele persevera no rumo atual, ou explode. Qual das duas? Depende, é claro, antes de mais nada, da população russa e das outras. E nada podemos dizer sobre isso, não apenas por falta de "informações", nem mesmo pela razão geral da imprevisibilidade das explosões sociais. Creio que a resposta que buscamos está sendo elaborada nas profundezas da sociedade russa. Não está ainda resolvida, a meu ver, a questão de saber até que ponto o regime teve sucesso em transformar as pessoas em hipermujiques, ou melhor, em homens zinovievianos, e até que ponto a sociedade pode resistir a essa pressão destrutiva contínua imposta nem que seja apenas pelas simples necessidades de viver e sobreviver nesse tipo de regime. Não sabemos a resposta: não que nos faltem boas pesquisas sociológicas, é que ela ainda não veio à tona.

P.T.: *Seguindo a mesma ordem de idéias, entre os métodos de nivelamento por baixo da população, deve-se mencionar também a política de exílio, a evacuação de personalidades e conhecedores para as grandes capitais ocidentais. O que é, ao mesmo tempo, um elemento para a solução das dificuldades políticas e uma vergonhosa demonstração de fraqueza: um regime que já exerceu enorme sedução sobre as elites ocidentais tornou-se modelo do que se quer evitar.*

C.C.: É preciso porém observar que, embora a emigração (forçada ou induzida) se siga às grandes crises (Hungria, Tchecoslováquia e, já, a Polônia), ela não é, no entanto, habitualmente encorajada na Rússia: eles não se desembaraçaram de Sakharov. Creio que sua obstinação, neste caso, visa a convencer a população de que não há nenhuma alternativa, nenhuma outra realidade imaginável senão aquela à qual ela está submetida: as vidas de vocês são estas, o socialismo real é este, isto vai durar indefinidamente (como disse Brejnev, o período histórico que vai desde a instauração do socialismo real até a do comunismo é de "duração indeterminada"), vocês não podem escapar desta situação, estão nela "*pour l'éternité*", como diz o título de Kopelev⁷.

P.T.: *No caso polonês, eles esperam que após ter tentado uma vez, duas vezes, três vezes, as pessoas irão finalmente se convencer de que não há o que fazer. Creio mesmo que a responsabilidade essencial dos intelectuais, tanto do Oriente como do Ocidente, é lutar contra o sentimento de inevitabilidade histórica.*

*Sob este ponto de vista, podemos ter a esperança de que o próprio recurso com que eles contam para ganhar acabe causando a sua perdição. Esse cinismo, essa maneira de cultivar o desespero deve provocar uma rejeição do sistema por parte daqueles que, não sendo suas vítimas diretas, observam os males por ele causados. Talvez o 13 de dezembro de 1981 seja uma data histórica, se marcar o momento a partir do qual, na Europa Ocidental, todos os homens dotados de moral e bom senso se verão obrigados a se declarar inimigos ativos de tais regimes. Podemos aguardar um profundo movimento de rejeição a um regime que admite, quase abertamente, que não conta senão com o desespero das pessoas.*

C.C.: Correto, mas os pensamentos não decidem tudo. Voltemos mais uma vez ao caso da Polônia. Terrível transtorno para o Kremlin, acuado entre as três opções de que falamos antes, das quais nenhuma é "boa", só lhe restando escolher o menor dos males. Mas deste impasse — do qual o dia 13 de dezembro não o livrou, pois *ele ainda não está resolvido* — o Kremlin consegue, apesar de tudo, extrair duas vantagens consideráveis: uma nova demonstração da inevitabilidade do destino daqueles que estão submetidos ao jugo russo, uma nova série de rixas e discórdias entre os "aliados" ocidentais.

Falemos um pouco, porém, da situação dos países ocidentais. Constata-se neles, é certo, a completa decomposição das camadas dominantes e de seus dispositivos de direção da sociedade. Mas se constata também — e isto é muito mais importante — uma decomposição

---

7. Lev Kopelev. *A conserver pour l'éternité*. Paris, Stock, vol. 1, 1976; vol. 2, 1977.

da sociedade, de todas as classes indistintamente. Uma decomposição que não é, provavelmente, irreversível, mas que já atinge desde agora um ponto crítico. Num certo sentido, a sociedade explode em grupos de interesse, em *lobbies*. Num certo sentido, igualmente, esse processo atinge seu limite nos movimentos pacifistas: grupos de interesses zoológicos, *better red than dead*, não se quer morrer, pouco importa, de resto, o que aconteça. Dentre os *slogans* propostos, aqueles aparentemente mais "sérios" e mais "políticos" — "desnuclearização européia da Polônia a Portugal" — são politicamente fracos e moralmente insustentáveis. Pouco importa que russos e americanos se derretam nuclearmente uns aos outros desde que nós, europeus, sobrevivamos. Tudo se passa como se os homens das sociedades ocidentais não tivessem mais nada pelo que valesse a pena pagar, fazer um esforço ou arriscar a vida.

A sedução ideológica, efetivamente, terminou. Mas estou certo de que atua no Ocidente, em face da Rússia, um outro importante fator, mais poderoso e mais sombrio, mais arcaico: a profunda, obscura e abjeta fascinação exercida pela Força. Essa fascinação que fez com que, no princípio da Ocupação, tantas pessoas se sentissem atraídas pelo nazismo, não em função de sua ideologia, mas em função da exibição da aparente invencibilidade de sua máquina militar-social. Não falo dos cálculos dos oportunistas, falo do inconsciente.

P.T.: *Tudo isso é visível e preocupante; pode tratar-se, mesmo, da crise da democracia. Mas por que não pressagiar uma tomada de consciência, uma reação, digamos, churchilliana das democracias? É verdade que a própria democracia incita cada um a defender seus próprios interesses, mas as pessoas sabem muito bem que se a democracia está ameaçada elas devem defendê-la, ainda que seja apenas devido a todos esses interesses divergentes que só ela garante, em última análise. Sem contar que o cinismo totalitário destrói a ilusão de que a democracia é algo naturalmente dado, pelo que não se precisa pagar, como você dizia.*

C.C.: A comparação com 1940 não é probante. Não apenas o empreendimento nazista não dispunha de meios comparáveis aos de que ora dispõe o empreendimento comunista, como também os mecanismos políticos que permitiram aos regimes capitalistas liberais funcionar durante a guerra estão agora enguiçados, assim como parecem estar os mecanismos sociais que lhes garantiram o apoio das populações.

A decomposição dos mecanismos de direção é evidente no plano econômico, e também no plano militar-estratégico. A única resposta do governo Reagan à expansão russa é um programa de rearmamento que é prejudicial do ponto de vista econômico e social, e intrinsecamente absurdo (do ponto de vista militar e estratégico). O fato de que, mesmo preso a uma situação para ele tão difícil como é o caso polonês, o Kremlin consiga minimizar suas perdas mostra a ausência de capacidade de manobra dos governos ocidentais. É verdade que o Kremlin também comete seus erros, às vezes grosseiros, mas é preciso que não nos iludamos quanto ao que está ocorrendo.

P.T.: *Essa fascinação e esse temor diante da força são bastante acentuados por um fato terrivelmente paralisante para a imaginação e a vontade: a existência de armas nucleares. Os anti-soviéticos conseqüentes tropeçam muitas vezes nesta objeção: o que vocês dizem pode levar à guerra. E, de fato, não se pode garantir que uma política de enfrentamento não trará, em caso algum, o perigo de guerra.*

C.C.: Existe um meio de se garantir contra o perigo de guerra: é convidar os russos a se instalarem em todos os países. Desse modo, estaremos seguros de evitar a guerra — ao menos sob a forma de guerra estrangeira. Isso posto, essa objeção que você menciona não vale grande coisa. O risco de guerra aumenta quando se fortalece a idéia dos russos de que eles podem fazer tudo impunemente (já que, apesar de tudo, há provavelmente um ponto além do qual uma reação americana pode ser esperada) e quando se aumenta o desencorajamento e o desespero das populações nos países-satélites e na própria Rússia, ao ajudar seus senhores a se mostrarem irresistíveis.

Isso posto, impõe-se efetivamente a questão: Como viver "diante da guerra" (nuclear)? Como viver diante da morte? Pela primeira vez, possivelmente, o fato de que vivemos *sempre* diante da morte é reconhecido de modo atroz e maciço. A única dádiva que trazemos conosco ao vir ao mundo é a promessa da morte. É apenas quando compreendemos isso, apenas quando nos figuramos, de direito, como já mortos, que podemos começar a viver verdadeiramente e a nos desembaraçar dessa angústia aniquiladora ou, ao menos, acomodar-nos a ela. O mesmo vale, neste momento, para a ação política.

Quanto a essa ação, há dois pontos que são hoje imediatos e urgentes. Em primeiro lugar, a resistência ao regime russo, a ajuda que se pode dar à luta dos poloneses. A seguir, a verdadeira luta contra a guerra, que nada tem a ver com o "pacifismo" e o neutralismo, que requer uma atuação muito mais vasta e muito mais explícita: um movimento popular pelo desarmamento universal e total. Espero que possamos falar disso de modo mais preciso quando surgir o segundo volume de *Diante da guerra*.

# Polônia, nossa derrota[8]

Dezenas de imagens. Dezenas, também, de artistas — de todas as idades, todas as origens; também, sem dúvida, de opiniões diversas, como se diz. Uma constante salta à vista: nenhum apelo ao combate, nenhuma esperança. Aqui, o luto, a impotência, a raiva muda dominam, como nos dominaram a todos quando, após a torrente de calúnias e ameaças, só nos restou cerrar os punhos às notícias do 13 de dezembro de 1981. Asfixia, esmagamento, miséria. Destruídos os pequenos ramos que brotavam, a vida nascente triturada pela força bruta em sua pura bestialidade.

O cinza e o negro reinam aqui, a cor do sangue aparecendo, às vezes, apenas para torná-los mais sombrios. Seria ainda possível exprimir alguma coisa, e como? Que dizer, que fazer diante da Besta mecânica? Mais do que um instante de atordoamento, vivemos a derrota. Mas o avanço da Besta vai além da esfera do poder, ele golpeou há muito tempo — e, talvez, mortalmente, o próprio ato de expressão humana.

---

8. Prefácio do livro *Banque d'images pour la Pologne* (Paris, Limage 2, 1983). O livro contém reproduções de 214 quadros, gravuras, desenhos, etc., de artistas e estudantes de escolas de arte vivendo na França, que foram expostos durante o ano de 1982 e depois vendidos sob forma de cartões-postais, para auxiliar os artistas poloneses no exílio.

Que resta da linguagem, completamente impregnada pela maré de mentiras que tudo recobre? Existe um partido operário unificado polonês. Por que partido operário? Porque ele não tem operários e é contra os operários. Por que polonês? Porque ele jaz sob as botas da Rússia, e os poloneses o execram. E por que unificado? Isso, eles dizem para nos confundir.

Ruína da linguagem. A Besta sem face regozija-se com isso. Regozija-se? Para que o fizesse seria preciso que ela disso tivesse consciência. Mas como poderia tê-la, disso ou de outra coisa? A demolição da linguagem, que ela incessantemente causa, é apenas o resultado de sua tediosa e monótona operação mecânica. Basta-lhe tocar sem parar seus discos riscados, socialismo... democracia... classe operária... povo... humanidade... para que as significações se gangrenem.

Não se trata apenas dos vocábulos abstratos, das idéias políticas. Os fatos mais comuns, mais brutais, são integralmente travestidos. O Exército russo extermina camponeses afegãos em vales inteiros? É que ele está lutando contra o *jus primae noctis,* diz Marchais. Disso são cúmplices, em ampla medida, os governos ditos democráticos. Em Helsinque, eles assinam um ato garantindo a livre circulação de pessoas e de idéias, violado às barbas de todos pelo Kremlin antes, durante e após sua assinatura.

Ao contemplar as imagens deste volume, vemos que elas guardam seu poder de denúncia. Mesmo assim. Quem viu os apresentadores militares anunciando as novas na televisão de Jaruzelski, zumbis sinistros, indizíveis espantalhos, não pode acreditar que esses regimes se preocupem com sua própria imagem: não no sentido que damos a esse termo. Como duvidar que, no caso dessa gente, uma enorme extensão da sensibilidade humana — o simples sentido da vista, com tudo o que ele natural e inevitavelmente comporta de *estético* — ruiu de forma irrecuperável? Mas esse é apenas o exemplo mais recente, e não era indispensável. Dificilmente Daumier poderia superar os fotógrafos oficiais dos retratos de Jaruzelski, do Politburo russo (ou do francês). As boas, ou simplesmente humanas, maneiras proíbem falar da fisionomia das pessoas. Neste caso, contudo, não se trata de pessoas; essa gente é, e se pretende ser, símbolo de seu regime. Que espantoso poder, o deste último, de produzir tão rapidamente, sem mutação genética, um novo fenótipo humano que lhe representa tão perfeitamente a quintessência. Para quem já olhou bem uma foto do sr. Brejnev, o interesse das análises sociológicas do regime russo inexoravelmente diminui. Que poder espantoso: acima de tudo porque se impôs a tal ponto que, durante muito tempo, gente que não era mais estúpida nem desonesta que o comum das pessoas foi capaz de enxergar, na figura de Stalin, ou em sua prosa, o anúncio do porvir da humanidade.

Vivemos a derrota. Assim como a nós, aos autores destas imagens só resta ruminá-las. Envelheceram eles, envelhecemos nós? Ou foi o século que envelheceu? Ou a humanidade? Como não se desgastar, não se esgotar, em face da repetição do absurdo e do monstruoso, que nem mesmo é repetição, já que vai se agravando?

O fascismo não passará, gritava-se antes da guerra, a outra. Mas ele passa o tempo todo — ainda com maior facilidade por apresentar-se, hoje, como antifascismo. Aqui, o clangor e a fúria, o assassinato industrializado ou a ponto de sê-lo — Camboja, Afeganistão, América Latina. Lá, o silêncio, o imenso cemitério encerrando quatrocentos milhões se se considerar o Império Russo e Estados-clientes e um bilhão e quatrocentos milhões de seres se incluirmos a China.

Repetição desta realidade monstruosa, aparentemente irremovível: o Golem não larga suas presas. Em 1956, os húngaros queriam a democracia e a neutralidade. Tiveram o massacre. Em 1968, os tchecos e eslovacos queriam reformar o Partido Comunista e liberalizar o Estado. Tiveram a invasão, a normalização, o confinamento. Em 1980-1981, os poloneses não pretendiam tocar no Pacto de Varsóvia nem no famoso Partido: queriam apenas que a sociedade respirasse e que se detivesse a ruína do país. Tiveram o estado de guerra. Que acontecerá na próxima vez? Não é preciso esconder a cabeça na areia — nem assumir uma coragem barata, repelindo os pensamentos mais sombrios. Que poderia ocorrer em uma próxima vez? Haverá uma próxima vez? Ninguém pode assegurá-lo — como tampouco o contrário.

Mas a Polônia prova mais uma vez, tanto antes como depois do 13 de dezembro, que no imenso cemitério há vida. Diferentemente daqui, mais e melhor que aqui, se ousarmos dizê-lo. Aqui, o esfacelamento, a distração, a vista curta, a inconsciência, a irresponsabilidade. Aqui, mais e mais, esquecemos e nos esquecemos, e esquecemos de que nos esquecemos, graças a algumas aparências ilusórias.

Lá, impossível se esquecer. É-se forçado a lembrar, a recoletar, a reunir-se — em si mesmo, e com os outros, na solidariedade. Ou então tombar completamente: no vegetal, no franco cinismo ou na ignomínia. Mas a distração, as falsas aparências não são possíveis — não enquanto modos de vida.

Poderia a Polônia, por ela mesma e por nós, fazer-nos lembrar de nós mesmos? Fazer-nos lembrar de que a vida é infinitamente grave, que nada nos é devido por direito de nascença ou por promessa dos deuses, que o pouco que temos corre, a cada instante, o risco de se perder, que a humanidade deve ser solidariedade e que esta última não deve ter fronteiras? Somente então teremos o direito de esperar que haja uma próxima vez, e que ela termine de outro modo.

*Tripotamos, Tinos, 11-15 de agosto de 1982.*

# O regime russo
# suceder-se-á a si próprio[9]

Os aspectos sob os quais o período Brejnev entrará, como se diz, na história, parecem-me perfeitamente claros e nítidos. Durante esse período, a Rússia emergiu como a primeira potência militar mundial, e traduziu essa condição em ganhos territoriais importantes, diretos e indiretos. Ao mesmo tempo, pôs-se fim a qualquer tentativa e a qualquer projeto de "auto-reforma" interna da burocracia. No momento da morte de Brejnev, o regime se acha claramente instalado em seu curso: aumento contínuo do poder militar, exploração de todas as possibilidades de expansão externa, aceitação da estagnação interna. Não se trata de resultados de decisões políticas conjunturais e mutáveis. Estes aspectos exprimem a evolução estrutural do regime, sua dinâmica intrínseca irreversível (salvo explosão ou implosão internas). É por isso que a "sucessão de Brejnev", afinal, importa muito pouco. Fazendo-se abstração da hipótese (muito improvável, embora formalmente não impossível) de que a questão da "sucessão" provoque uma fratura na cúpula do Aparelho Burocrático, exposta à vista de todos (induzindo, talvez, reações da população e/ou uma intervenção direta do Exército), o novo secretário-geral continuará a gerir um sistema que ninguém quer nem pode "reformar", e no qual o setor militar é, de fato, o setor dominante.

---

9. Publicado em *Libération* de 12 de novembro de 1982 (o dia seguinte à morte de Brejnev).

A ascensão de Brejnev ao poder marcou o fim das tímidas e contraditórias tentativas de "auto-reforma" da burocracia, representadas sucessivamente por Malenkov e depois por Khruchtchev. A partir de 1964, as diretrizes militares de Khruchtchev foram invertidas: em lugar do que ele desejava impor — uma maior concentração em armas modernas e uma redução das forças "convencionais" — o Exército passa a obter meios para o pronto desenvolvimento em todas as direções, abrangendo todo tipo de armas. 15% do produto nacional (ou seja, dois terços ou três quartos dos recursos dos quais um governo pode "dispor livremente") são destinados às despesas militares, que aumentam substancialmente a cada ano. Ao iniciar-se o período brejneviano, os Estados Unidos constituem, de longe, a primeira potência militar do mundo. Quando ele termina, a Rússia dispõe de uma esmagadora superioridade no campo das forças convencionais, à qual se acrescenta uma paridade (e, quem sabe, uma "superioridade" emergente) no domínio nuclear.

Isso se fez, na maior parte das vezes, sob o manto da retórica da *"détente"*, dos acordos SALT I e de Helsinque. Esta mesma retórica encobre uma significativa expansão territorial: instalação nos três países da antiga Indochina, penetração pela primeira vez na África (Angola, Moçambique), controle sobre o Mar Vermelho (Etiópia, Iêmen do Sul), ocupação do Afeganistão.

Visto por esse prisma — o único que importa para o regime —, o balanço do período brejneviano não é "globalmente" positivo; ele é — apesar de algumas falhas, inevitáveis — ampla e irrestritamente positivo.

A evolução interna da Rússia, durante esse tempo, fornece o complemento coerente dessa imagem. O "degelo", muito relativo e muito contraditório, do período khruchtcheviano é imediatamente interrompido (processo Siniavski-Daniel, 1965). A repressão endurece rapidamente — mas sem retornar, o que não era possível nem necessário, ao terror stalinista —, e Brejnev terá levado consigo a satisfação de ver dissolvida a dissidência.

Pode-se ler claramente as "prioridades" objetivas do regime nos resultados desses dezoito anos. A colossal acumulação de armamentos, conjugada a uma expansão considerável da indústria militar no sentido amplo, é a contrapartida de uma atonia crescente da economia (e da sociedade) não militar, que mergulhou, nos últimos anos, em uma estagnação virtualmente completa. A considerável taxa de investimentos e a passagem da população ativa da agricultura para a indústria permitiram, até meados dos anos 70, que se conseguisse um aumento da produção e do consumo. Mas os índices de crescimento têm constantemente declinado, tornando-se, nestes últimos anos, praticamente insignificantes. (Os jornalistas ocidentais às vezes atribuem o fenômeno à crise econômica dos países capitalistas — o que é absurdo.) O setor militar da sociedade *funciona de modo eficaz,* ele fornece aquilo que lhe cabe fornecer (mesmo que sua produtividade seja baixa), mediante uma série de características que lhe são próprias: incorporação da nata dos cientistas, técnicos e operários; privilégios que lhes são concedidos; absoluta prioridade no abastecimento; organização separada ("empresas fechadas"); motivações nacionalistas-imperialistas. O setor não militar exibe um funcionamento lastimável. Isso não é mero efeito de contar com recursos inferiores. Como se sabe, os enormes investimentos dedicados durante os últimos anos à agricultura tiveram resultado nulo. Isso decorre da indiferença e da resistência passiva universais ("eles fingem que nos pagam e nós fingimos que trabalhamos", é o dito corrente entre os operários russos), e da desorganização, da incúria e da corrupção nas quais estão solidamente instalados milhões de privilegiados burocratas.

Essa situação não sofreu a menor modificação durante o período brejneviano. Muito poucas dentre as "reformas" introduzidas por Brejnev têm alguma importância, e nenhuma tem importância genuína. Ano após ano, do Congresso do Partido ao Comitê Central, os mesmos discursos ocos, as mesmas críticas e os mesmos apelos — seguidos sempre da mesma ausência de medidas concretas e de efeitos palpáveis.

É que o "Partido" apresenta todos os sintomas de uma necrose avançada. Sua "ideologia" é algo tão morto quanto inútil; o cinismo é geral; o recrutamento e as promoções estão reservados aos arrivistas. Nenhuma perspectiva ou projeto próprios o estimulam, a não ser a expansão externa que doravante repousa cada vez mais na Força Bruta. O portador natural, orgânico e eficaz desse projeto de expansão não é, contudo, o Partido — mas sim o Exército, o Aparelho militar-industrial.

Impondo suas orientações em todos os assuntos que lhe interessam, conseguindo que qualquer outro objetivo concebível seja sacrificado ao seu contínuo reforçamento, o setor militar domina *de facto* a sociedade russa. Não se deve esperar que esse efetivo estado de coisas venha a assumir uma expressão formal. O Exército não tem nenhuma razão para querer "exercer o poder" oficial. Por lamentável que seja, o Partido continua a ser-lhe indispensável, não só como fachada justificadora mas, sobretudo, para gerenciar os pantanais da sociedade não militar, nos quais ele, Exército, certamente não tem nenhum motivo para querer atolar-se (cf. Polônia de Jaruzelski). Pela mesma razão, é ocioso esperar conflitos entre o Exército e o "Partido". Há muito tempo que a cúpula deste não tem nem pode ter outros projetos que não sejam aqueles que o Exército pode executar.

Nada disso, no plano essencial, pode vir a modificar-se pela morte de Brejnev e pela sua sucessão. Os comentários ocidentais estão recheados de previsões "otimistas", motivadas por desejos piedosos e ilusões relativas às "reformas" que poderiam ser introduzidas pelos novos grandes dignitários do regime. Mas tais prognósticos não são acompanhados de nenhum argumento de peso. A idéia de que o regime "não poderia continuar como está", que ele será obrigado, por fim, a enfrentar os problemas de desenvolvimento da produção e da sociedade russas, repousa apenas na projeção de pressupostos ocidentais sobre uma situação que não se presta a isso. O que importa para o regime russo não é o "desenvolvimento" da economia e da sociedade, mas de seu poderio militar. Ele tem provado, até agora, que as duas coisas são perfeitamente dissociáveis — e que ele é capaz de fazer com que a população aceite as conseqüências dessa situação. Quanto à suposição de que a morte de Brejnev seria seguida, em prazo mais ou menos breve, por uma "troca de gerações" que traria mudanças na política, ela parece esquecer as legiões mais que suficientes de anciãos, semi-anciãos e quartos-de-anciãos que povoam os escalões superiores do Aparelho russo — e não invoca nenhuma razão válida para se crer que as "novas" gerações de burocratas seriam menos burocráticas que as antecedentes.

O que mais se esquece é perguntar *quais* poderiam ser essas mudanças de política, *quem* as conceberia, *quem* as imporia e *quem* poderia colocá-las em prática. Fala-se freqüentemente nas "reformas" que precisariam ser introduzidas na Rússia. *Quais* "reformas" são essas? Para realizar reformas seria preciso, em primeiro lugar, dispor de *idéias* — e idéias são a última coisa do mundo que o Partido Comunista seria capaz de produzir. Essas "idéias" não são de nenhum modo evidentes; na verdade, elas não poderiam ser encontradas. Diga-me, por favor, como você procederia para "reformar" a Rússia, supondo-se que lhe fosse dado o poder de fazê-lo? Pode-se conceber alguma reforma efetiva e eficaz, por menor que seja, que não venha a lesar mortalmente a própria existência desta ou daquela categoria de burocratas? Há qualquer reforma efetiva, por menor que seja, que não se defronte, desde o início, com a sabotagem muda e resoluta de todo mundo (incluindo-se aí os operários: cada um deles, bem ou mal, já se arranjou em seu miserável nicho no sistema, e o que ele teme acima de tudo são as mudanças, quaisquer que elas sejam)? Para que alguma reforma possa se realizar, não é suficiente baixar decretos; sua efetiva colocação em prática exigiria a atividade constante, conscienciosa, entusiasta de centenas e centenas de milhares de "quadros" que simplesmente não existem na Rússia, e que o regime simplesmente não pode produzir.

Há possibilidade de que essa perspectiva venha a se modificar em conseqüência das rachaduras internas do Império? Tais rachaduras, até agora, só se manifestaram nos protetorados, nos países dominados da Europa Oriental. Pode-se constatar que, apesar da intensidade das revoltas nesses países — como, mais uma vez, na Polônia —, Moscou não modificou em nada sua política. E tudo leva a crer que, a menos de uma conflagração generalizada e síncrona, que parece pouco provável, essas revoltas não podem ter sucesso enquanto o regime se mantiver na Rússia. Mais uma vez somos remetidos ao enigma da população russa, cuja atitude é com certeza o fator que prepondera, negativamente, na situação mundial contemporânea.

Estamos habituados a pensar que, onde há opressão e exploração, há conflito — o que é apenas aproximadamente verdadeiro; e que, onde há conflito, este *deve* assumir, mais cedo ou mais tarde, a forma de um ataque frontal do povo contra o regime — postulado que não se verifica quase que em parte alguma fora da história "européia". O povo russo vem reagindo, até agora (e isso já faz mais de meio século), a uma opressão e uma exploração sem precedentes, através da resistência passiva, da apatia, da sabotagem, do cinismo, da indiferença; e não, praticamente, através daquilo que denominamos a luta. Isso corrói a sociedade, e a faz apodrecer e gangrenar-se. É esta a situação, portanto, à qual o regime "respondeu" com a relativa separação entre o setor militar e o setor não militar. Não é possível — por definição, poderíamos dizer — que tal situação venha a ser superada por qualquer "auto-reforma".

Pouco importa o nome do ancião que carregará, por mais alguns anos, as condecorações de Brejnev. A questão é saber se o povo russo despertará, e quando.

*11 de novembro de 1982.*

# Marx hoje[10]

LUTTER: *Para os militantes que querem lutar contra o capitalismo, quer se trate do capitalismo ocidental ou das sociedades burocráticas do Leste, de que pode servir Marx hoje, em 1983?*

CORNELIUS CASTORIADIS: O termo "servir" não é adequado, pois um autor não é um utensílio. Isso posto, Marx é um grande pensador e, como todo grande pensador, quando o lemos não para encontrar nele um dogma, uma verdade pronta, mas de maneira crítica e refletida, vemos o que é pensar, e descobrimos maneiras de pensar e de criticar o pensamento.

Deste ponto de vista, contudo, Marx é um autor particularmente difícil e até mesmo particularmente "perigoso", "enganoso" — em primeiro lugar porque enganou-se a si mesmo. É um autor que escreveu muitíssimo, e cujos escritos não são nem muito homogêneos nem muito coerentes, um autor muito complexo e, enfim, antinômico.

Por que antinômico? Porque Marx traz uma inspiração, uma intuição, uma idéia, uma perspectiva que é relativamente nova: são os homens que fazem sua própria história — "a emancipação dos trabalha-

---

10. Entrevista com militantes libertários, gravada em 23 de março de 1983 e publicada em *Lutter* (nº 5, mai.-ago. 1983). Tradução inglesa em *Thesis Eleven* (nº 8, 1984, Austrália, Bundoora).

dores será obra dos próprios trabalhadores". Ou em outras palavras: a fonte da verdade, especialmente em assuntos de política, não deve ser buscada no céu ou em livros, mas na atividade viva dos homens existentes na sociedade. Essa idéia, aparentemente simples e mesmo banal, tem uma quantidade inumerável de conseqüências capitais. Marx, porém, jamais extraiu essas conseqüências. Por quê? Porque ao mesmo tempo — isto é, desde sua juventude — Marx foi dominado pela fantasia da teoria total, acabada, completa. Não do *trabalho* teórico (evidentemente indispensável), mas do *sistema* definitivo.

Assim, ele se apresenta — e isto desde A ideologia alemã — como o teórico que descobriu *a* lei da sociedade e da história: lei de funcionamento da sociedade, lei de sucessão das formações sociais na história, depois, "leis da economia capitalista", etc.

Este segundo elemento — que se poderia corretamente denominar o elemento teoricista, ou especulativo — domina desde o início o pensamento e a atitude de Marx, e relega o primeiro elemento a algumas frases lapidares e enigmáticas. Essa é também a razão pela qual ele será levado a passar o período essencial de sua vida adulta — trinta anos — tentando concluir esse livro que se chama *O capital,* que deveria demonstrar teoricamente, a partir de considerações econômicas, o desmoronamento inevitável do capitalismo. Não o conseguirá, evidentemente, e *O capital* permanecerá inconcluso.

Esta segunda atitude é falsa, e é incompatível com a primeira. Ou há, verdadeiramente, *leis* da história — e, nesse caso, uma genuína atividade humana é impossível a não ser, na melhor das hipóteses, enquanto técnica; ou então os homens verdadeiramente fazem a sua história — e a tarefa do trabalho teórico não é mais a descoberta de "leis", mas a elucidação das condições que enquadram e delimitam essa atividade, das regularidades que ela pode apresentar, etc.

Foi essa segunda atitude, porém, que possibilitou que Marx e o marxismo desempenhassem papel tão importante — e tão catastrófico — no movimento operário. As pessoas buscaram em Marx um certo número de verdades prontas, e acreditaram tê-las encontrado; elas acreditaram que todas as verdades, ou ao menos as mais importantes, já estão em Marx, que não vale a pena pensar por si mesmo — e que, no limite, isso é até mesmo perigoso e suspeito. Foi, igualmente, essa segunda atitude que trouxe legitimidade à burocracia das organizações operárias que invocam o marxismo, instaurando-a como intérprete oficial e autorizado da ortodoxia socialista.

É sempre necessário e importante observar que, se a pretensão de Marx e do marxismo a representarem *a* verdade científica teve tanto sucesso, isso não decorreu de sua imposição forçada às pessoas mas do fato de que ela correspondia a algo que todas estavam buscando. O que elas buscavam, e estão sempre buscando, está profundamente associado à *alienação*, à *heteronomia* das pessoas. Há a necessidade de uma certeza, de uma segurança psíquica e intelectual, e a correspondente tendência a dispensar-se da tarefa de pensar, consignando-a a alguém que pense por elas. E há a pseudogarantia fornecida pela teoria: nossa teoria demonstra que o capitalismo vai fatalmente desmoronar e que o socialismo necessariamente o sucederá. Fascinação pela "ciência": uma característica, sem dúvida, do século XIX, mas que ainda persiste; e uma fascinação ainda mais forte justamente porque essa estranha ciência", o marxismo, por um lado pretende ser completamente "objetiva", isto é, independente dos desejos, aspirações, etc., daqueles que a professam e, ao mesmo tempo, como um mágico retirando um coelho de sua cartola, "produz" um estado futuro da humanidade que corresponde a nossas aspirações, nossos desejos: "leis da história" que garantem que a sociedade do futuro será necessariamente uma "boa sociedade".

Diga-se de passagem que é bastante curioso observar todos os marxistas interminavelmente ocupados em "interpretar" tal ou qual ponto da teoria de Marx — não se colocando, *nem ao menos uma vez*, a questão "marxista" por excelência: como o marxismo *funcionou efetivamente* na história efetiva, e *por quê?* Basta este simples fato para desqualificá-los de maneira radical e definitiva.

LUTTER: *Há, então, um aspecto totalitário na própria concepção da teoria, de sua natureza e de seu papel em Marx. Mas os libertários têm o hábito de condenar o marxismo de maneira global e bastante leviana, vendo nele o fundamento teórico daquilo que se pode chamar o socialismo autoritário (leninismo, stalinismo, etc.). Mas não haveria, na sua opinião, categorias ou noções teóricas em Marx que pudessem ser úteis para um combate autogestionário?*

C.C.: A ligação entre Marx e o surgimento do totalitarismo é uma questão muito complexa. Não chamo uma teoria de teoria totalitária. O totalitarismo é um regime político e social; e eu não penso que Marx tenha sido totalitário, nem que seja o "pai" do totalitarismo. A prova disso, aliás, é simples e imediata. Não é apenas o leninismo-stalinismo que "saiu" de Marx, há também — e primeiramente — a social-democracia, da qual se pode dizer tudo o que se quiser, mas não que é uma corrente totalitária. Para que o totalitarismo surgisse, foi preciso grande quantidade de outros ingredientes históricos. Um dos mais importantes, dentre estes, foi a criação por Lenin do *tipo* de organização totalitária, com o Partido bolchevique e o papel conferido a este no Estado e na sociedade da Rússia após 1917. Neste sentido, o verdadeiro "pai" do totalitarismo é Lenin.

Mas há, de fato, entre esses ingredientes, aqueles que provêm do próprio Marx — da teoria de Marx. Tentei mostrá-lo nos textos publicados em *Socialisme ou barbarie*, em 1959 ("Prolétariat et organization"[11]) e, depois, em 1964 ("Marxismo e teoria revolucionária", republicado agora como a primeira parte de *A instituição imaginária do sociedade*).

O primeiro deles, que já indiquei, é a própria situação da teoria como tal. Assim como a filosofia hegeliana, a teoria de Marx se apresenta como a "teoria final", e assume o lugar do "Saber Absoluto" de Hegel. É bem verdade que os marxistas afirmam e juram que eles não *pensam* assim. Mas é preciso olhar o que eles *fazem:* eles podem tagarelar acerca da "dialética", da "relatividade", etc., mas seu "trabalho" consiste sempre em interpretar, corrigir, completar, aperfeiçoar, etc., o pensamento de Marx": como se, em suma, devêssemos permanecer, para sempre, *submetidos* a esse pensamento. Na verdade, portanto, o que eles fazem equivale a afirmar: a verdade sobre e para nossa época já foi, em essência, formulada por Marx. O que conduz a resultados grotescos, por exemplo, no campo da economia. Continua-se, mais de um século após as idéias e análises de Marx terem sido concebidas e expostas, a querer demonstrar a todo custo que Marx tinha razão, que existe a queda da taxa de lucro, etc. Como se a questão não fosse constatar e compreender o que se passa na economia real, mas sim salvar algumas proposições de Marx.

---

11. Ver "Proletariado e organização" I e II, em *A experiência do movimento operário* (Brasiliense, São Paulo, 1985, p. 147-225). *(N. do E.)*

Ora, essa instauração da teoria como "teoria final" e, de fato, como Saber Absoluto não é algo que lhe seja exterior e que pode ser retirado conservando-se o restante. Ela é imperiosamente introduzida e reclamada pelo próprio *conteúdo* da teoria. Esta afirma, de fato, que o proletariado é a "classe final" da história e, além disso, que a cada classe corresponde uma concepção que exprime "verdadeiramente" seus interesses e seu papel histórico. Segue-se que, ou o marxismo não é nada, ou ele é *a* teoria, a única, verdadeira, do proletariado, ele próprio a "classe final" da história.

E, se essa teoria é a expressão teórica da condição histórica do proletariado, contestá-la equivale a opor-se ao proletariado, tornar-se um "inimigo de classe", etc. (o que tem sido dito e *praticado* milhões de vezes). E que acontece quando X, Y, você, eu, um operário não está de acordo? Ora, "ele se afasta, por si mesmo, de sua classe", ele passa para o lado do "inimigo de classe". Vê-se, então, que há um componente fundamental do marxismo que é absolutamente inaceitável para um movimento operário democrático, para um movimento revolucionário democrático. Pois a democracia é impossível sem a liberdade, a diversidade de opiniões. A democracia pressupõe que ninguém possui uma *ciência* por meio da qual possa afirmar, no domínio político, que "isto é verdadeiro" e "isto é falso". Caso contrário, aquele que "possuísse" essa "ciência" poderia, e *deveria*, tomar o lugar do corpo político, do soberano.

Foi exatamente isso o que ocorreu, no plano ideológico, com os partidos leninistas. De maneira mais geral, a burocracia que dirige os partidos operários desde a II Internacional legitima-se a seus próprios olhos e aos olhos dos operários com base nesta idéia: nós somos os que detêm a verdade, a teoria marxista. Ora, uma teoria sempre consiste em palavras e frases que têm, necessariamente, numerosas significações possíveis, e que precisam, portanto, de *interpretação*. Mas uma interpretação, novamente, consiste em palavras e frases que exigem nova interpretação, e assim por diante... Como pôr paradeiro a isso? As Igrejas já encontraram a resposta há muito tempo: definindo uma interpretação *ortodoxa* e, sobretudo, uma instância *real* que corporifica a ortodoxia, garantindo-a e "defendendo"-a. E essa monstruosidade reacionária — a idéia de uma *ortodoxia* e de *guardiães reais* da ortodoxia — despenca sobre o movimento operário (algo que jamais é notado) e o subjuga com o marxismo, pelo marxismo e graças ao marxismo. Neste aspecto, o leninismo foi com certeza bem mais conseqüente que a social-democracia — daí, sem dúvida, seu "sucesso" bem maior.

Há outro exemplo, que desempenhou um enorme papel na legitimação da burocracia lênino-stalinista, e nos discursos de cripto-stalinistas e companheiros de viagem, encobrindo os horrores do regime de Stalin: o materialismo histórico afirma que a cada etapa do desenvolvimento das forças produtivas corresponde um regime social, e que, por isso, a instauração do socialismo depende de um grau "suficiente" de desenvolvimento das forças produtivas. Assim, Stalin pode muito bem ter aterrorizado, assassinado e enviado milhões de pessoas para a Sibéria — mas, em compensação, construiu fábricas, ou seja, construiu as bases materiais do socialismo. E, com um desenvolvimento "suficiente" da produção, todos esses fenômenos lamentáveis, devidos ao "atraso" das forças produtivas na Rússia, desaparecerão. Mesmo hoje, se vocês espicaçarem um pouco algum comunista, isso é o que ele lhes dirá. E, também aqui, trata-se de algo que o próprio *conteúdo* da teoria marxista traz consigo: o socialismo não é visto como um projeto histórico e político, como a atividade, socialmente enraizada, de um grande número de homens visando a modificar a instituição da sociedade, mas sim como o resultado de um movimento objetivo da história materializado pelo desenvolvimento das forças produtivas.

LUTTER: *Mas há ou não, na teoria, idéias que possam servir ao combate pela autogestão operária?*

C.C.: Vou tomar o exemplo que conheço melhor: o meu. Quando comecei a escrever sobre a autogestão, a gestão coletiva da produção e da vida social — desde o primeiro número de *Socialisme ou barbarie,* em 1949 —, eu era marxista. E eu pensava que a idéia de gestão operária coletiva era a concretização necessária da concepção marxista do socialismo. Muito rapidamente, porém, quando eu quis desenvolver essa idéia — em "Le contenu du socialisme"[12], a partir de 1955 —, per-

---

12. Ver "Sobre o conteúdo do socialismo" I (1955), II (1957), em *Socialismo ou barbárie: o conteúdo do socialismo* (São Paulo, Brasiliense, 1983, p. 48-73), e III (1958), em *A experiência do movimento operário* (*op. cit.,* p. 94-146). (*N. do E.*)

cebi que ela era profundamente incompatível com Marx e que Marx, a esse respeito, de nada podia "servir".

Quando se pretende desenvolver a idéia da gestão operária, da gestão da produção pelos produtores, tropeça-se rapidamente na questão da técnica. Ora, Marx nada tem a dizer a esse respeito. Qual é a crítica da técnica capitalista proposta por Marx e pelos marxistas? Nenhuma. O que eles criticam é o desvio, em benefício dos capitalistas, de uma técnica que lhes parece, em si, indiscutível.

Há em Marx alguma crítica à organização da fábrica capitalista? Não. Há, é certo, uma denúncia de seus aspectos mais desumanos e cruéis. Mas essa organização, para ele, é a autêntica encarnação da racionalidade, ditada de resto, de modo completo e necessário, pelo estado da técnica; assim, nada nela pode ser mudado. Esta é a razão, aliás, pela qual ele pensa que a produção e a economia farão parte, sempre, do domínio da necessidade, e que o "reino da liberdade" só poderá ser edificado fora desse domínio, por meio da redução da jornada de trabalho. Vale dizer: o trabalho como tal é escravidão e não poderá jamais constituir um campo de desenvolvimento da criatividade humana.

Na realidade, a técnica contemporânea não é neutra, mas absolutamente *capitalista*. Ela se molda de acordo com objetivos que são especificamente capitalistas e que não consistem tanto na elevação do lucro mas, sobretudo, na eliminação do papel humano do homem na produção, na escravização dos produtores ao mecanismo impessoal do processo produtivo. Por esta razão, durante todo o tempo em que essa técnica prevalecer, será impossível falar de autogestão. A autogestão de uma linha de montagem pelos seus operários é um gracejo sinistro. Para que haja autogestão, é preciso acabar com a linha de montagem. Não estou dizendo que é necessário destruir, da noite para o dia, todas as fábricas existentes. Mas uma revolução que não abordasse *imediatamente* a questão da substituição consciente da técnica, para modificá-la e permitir aos homens como indivíduos, como grupos, como coletividades de trabalho, alcançarem o domínio do processo produtivo, uma tal revolução marcharia para a morte em prazo bem curto. Pois pessoas que trabalham em uma linha de montagem seis dias por semana não podem desfrutar, como pretendia Lenin, de domingos de liberdade soviética.

Marx não fez esta crítica da técnica, e não *podia* fazê-la. E isto está profundamente ligado à sua concepção da história. Assim como a Razão ou o Espírito do Mundo em Hegel, em Marx é a "racionalidade" encarnada na técnica (o "desenvolvimento das forças produtivas") que faz avançar a história. É por isso que, quando se quer pensar do ponto de vista da autogestão, da autonomia, do autogoverno das coletividades humanas, Marx e o marxismo funcionam como blocos pesados e enormes que barram o caminho.

LUTTER: *No entanto, a impressão que se tem em face do que você escreve — e os seus escritos, na verdade, desenvolvem-se no tempo e mostram, felizmente, um pensamento que evolui — é que, ao lado de uma crítica muito penetrante do marxismo, você se utiliza de um certo número de categorias forjadas ou, ao menos, organizadas por Marx; por exemplo, quando você demonstra que as sociedades dos países do Leste são sociedades calcadas na exploração.*

*Além disso, a crítica que você faz à tecnologia é bastante justa. Mas mesmo você, ao apresentar os elementos de seu projeto revolucionário, apóia-se em certos aspectos da tecnologia existente, e mostra a possibilidade de corrigi-los. A informática, por exemplo: ela pode constituir o instrumento de uma totalitarização da sociedade, mas pode, igualmente, ser transformada, tornar-se o instrumento de uma democracia praticamente em escala planetária.*

C.C.: Repito, mais uma vez, que Marx é um autor muito importante — mas existem, na história greco-ocidental, talvez trinta ou quarenta autores igualmente importantes, cujas idéias, métodos, etc. são constantemente utilizados, sem que aqueles que os utilizam precisem, por isso, proclamar-se platônicos, aristotélicos, kantianos ou sabe-se lá o que mais. *Deste* ponto de vista, Marx não tem nenhum privilégio.

O privilégio só existe quanto ao primeiro elemento da antinomia que formulei no início: na medida em que Marx vê que é a atividade viva dos homens que cria as formas sociais e históricas (de fato, não são esses os termos que ele emprega, o que não é acidental). E que, ao mesmo tempo, ele não se limita a esperar por aquilo que se produzirá na próxima fase dessa atividade, mas toma politicamente uma posição, se declara parte interessada nesse movimento ou mesmo quer encarregar-se dele (embora, nesta última formulação, já apareça a sinistra ambigüidade da qual a sua postura está prenhe). Ter um projeto político e, ao mesmo tempo, tentar ver em que medida esse projeto político é alimentado e sustentado pela realidade histórica — pela luta dos operários contra o capitalismo —, essa é a originalidade, a absoluta singularidade de Marx. Pessoalmente, se sinto ainda uma ligação particular com Marx, é em virtude desse elemento: ele ensinou-me isso (ou eu o encontrei nele...). Mas isso não é "ser marxista".

Ora, quando passamos para o conteúdo, é evidente que muitas noções introduzidas por Marx estão definitivamente incorporadas a nosso pensamento. Mesmo aí, porém, estamos obrigados a ser críticos e a ir mais longe. Por exemplo, em meu texto "Le régime social de la Russie" (*Esprit*, jul.-ago. 1978, agora reeditado pelas Éditions Le vent du ch'min[13]), no qual resumi, sob forma de teses, o essencial daquilo que tenho escrito sobre a Rússia desde 1946, a exposição começa por uma parte que *é*, num certo sentido, pedagógica, para uso dos marxistas, e utiliza as noções de relação de produção, de classes definidas por sua posição nessa relação, etc., para lhes dizer: se vocês realmente são marxistas, vocês devem admitir que o regime russo é um regime de exploração, que na Rússia existem classes, etc. Mas eu mostro, imediatamente a seguir, que essa análise é totalmente insuficiente. Isto porque, para tomar um exemplo, a sujeição *política* total da classe operária na Rússia transforma completamente sua situação, *inclusive quanto às relações de produção*. E isso vai muito longe: independentemente do caso concreto da Rússia, há graves implicações do ponto de vista dos conceitos e do ponto de vista da metodologia. Pois isso significa que eu não posso definir a situação de uma categoria social no quadro das relações de produção considerando tãosomente essas relações de produção. A partir daí, as idéias de "determinismo histórico", de determinação das "superestruturas" pelas "infraestruturas" e da política pela economia começam a esboroar.

Quanto à tecnologia, o que quero dizer é que não há neutralidade da técnica enquanto técnica efetivamente aplicada. A televisão, por exemplo, tal como é hoje, é um instrumento de cretinização. E seria falso dizer que uma outra sociedade utilizaria *essa* televisão de outro modo:

---

13. Ver, neste mesmo volume, "O regime social da Rússia".

ela não seria mais essa televisão. Muitas coisas deveriam ser modificadas *na* televisão para que ela pudesse ser "utilizada de outro modo". O presente tipo de relação — em que todo mundo está ligado a um único centro emissor ativo, estando todos os demais em posição de receptores passivos, sem ligações "horizontais" entre si — é evidentemente uma estrutura política, e uma estrutura de alienação, que está materializada na técnica aplicada. Como isso poderia modificar-se, é outra questão — uma questão que um indivíduo não pode resolver, e que compete à criação social.

A verdade é que há virtualidades no *saber* científico e tecnológico atual — e são essas virtualidades que deverão ser exploradas e cultivadas para modificar a técnica efetiva.

LUTTER: *Para resumir, então, o que você pensa sobre Marx, podemos dizer que ele é um autor importante, útil em certos pontos, embora seja ineficaz referir-se a ele como a um sistema de pensamento constituído. Para você, a utilidade de Marx, hoje, aparece como muito relativizada.*

C.C.: Há algo que há muito tempo me incomoda e, até mesmo, choca. Há um paradoxo tragicômico no espetáculo de pessoas que se pretendem revolucionárias, que querem subverter o mundo e que, ao mesmo tempo, procuram aferrar-se a todo o custo a um sistema de referência, e que se sentiriam perdidas se lhes retirássemos esse sistema ou o autor que lhes garante a verdade do que pensam. Como não ver que essas pessoas se colocam a si mesmas em uma posição de sujeição mental a uma obra que já está aí, que é matriz da verdade, e que apenas seria preciso interpretar, refinar, etc. (na verdade, remendar...).

Temos que criar nosso próprio pensamento à medida mesmo que avançamos — e, de fato, isso se faz sempre em conexão com um certo passado, uma certa tradição — e deixar de acreditar que a verdade tenha sido revelada de uma vez por todas numa obra escrita há 120 anos. É fundamental fazer que essa convicção penetre nas pessoas, em especial nos jovens.

E há ainda outra coisa muito importante: é impossível dispensar o balanço histórico do marxismo, aquilo em que o marxismo efetivamente se tornou, a maneira pela qual ele funcionou e ainda funciona na história real. Pois há o próprio Marx, já antinômico, mais que complexo, mais que criticável. Há o marxismo sem aspas — autores e correntes que se reportam a Marx e tentam honesta e seriamente interpretá-lo, etc. (digamos, Lukács, até 1923, ou a Escola de Frankfurt). Um marxismo que hoje, aliás, não mais existe. E há, depois, o "marxismo" — e, na realidade histórica, o que existe de forma maciça e esmagadora é esse "marxismo", o "marxismo" dos Estados burocráticos, dos partidos stalinistas e seus diversos apêndices. Esse "marxismo" desempenha um papel gigantesco — e é *o único* a ter um papel efetivo. Ele continua — presentemente, pouco na Europa mas muito no Terceiro Mundo — a atrair as pessoas que querem fazer alguma coisa contra a horrível situação de seus países, e a fazê-las ingressar em movimentos que confiscam sua atividade e a dirigem para o estabelecimento de regimes burocráticos. E ele provê, continuamente, um manto de legitimação ao regime russo e a seus projetos de expansão.

LUTTER: *Isso é verdade, embora haja aí um problema. A necessidade psicológica de segurança dos militantes existe, mas constitui apenas um aspecto da questão. Para quem é revolucionário, e está preocupado com a transformação do mundo, há necessidade de um certo número de instrumentos. Não podemos simplesmente colocarmo-nos de frente para o mundo, abrir ao máximo nossos olhos e ouvidos, e tentar compreendê-lo de maneira subjetiva. Para além das críticas que você formula, e com as quais estamos de acordo, levanta-se o problema das referências, dos elementos a destacar. Esse é, aliás, o processo em que você se engajou, de certo modo, enquanto escrevia* A instituição imaginária da sociedade: *o primeiro terço do livro está dedicado a um balanço crítico do marxismo. Porque, afinal de contas, hoje presenciamos um vazio real.*

C.C.: Não estou dizendo que cada um deve começar fazendo tábula rasa. Ninguém, em todo caso, o faz, nem poderia fazê-lo. Cada um carrega consigo, o tempo todo, um conjunto de idéias, de convicções, de leituras, etc. O que é necessário é nos livrarmos da idéia de que existe uma teoria dada de antemão, em posição privilegiada.

Quando escrevi o início da *A instituição...* ("O marxismo, balanço provisório"), eu visava, entre outras coisas, a destruir essa idéia que — estou convencido — bloqueia o caminho de uma reflexão lúcida.

Consideremos, porém, seriamente o problema que você levanta. De fato, precisamos nos orientar no mundo contemporâneo. E precisamos elucidar nosso projeto de uma sociedade futura: o que queremos, o que querem as pessoas, quais são as implicações desse projeto, como ele poderia ser implementado, que novos problemas ele levantaria, que contradições ele poderia fazer surgir?, etc.

Acerca de tudo isso, Marx nada tem a nos dizer — *estritamente* nada, salvo que *é* preciso abolir a propriedade privada dos meios de produção; o que é exato, com a condição, mais uma vez, de que saibamos o que isso quer dizer, exatamente (continua-se a fazer passar as "nacionalizações" por socialismo, não é mesmo?). E há ainda outros problemas: toda coletivização forçada deve ser, é claro, radicalmente excluída. No fundo, o essencial das idéias que hoje ainda são pertinentes para nós, enquanto idéias revolucionárias, já foi formulado pelo movimento operário antes de Marx, entre 1800 e 1848, principalmente nos jornais das primeiras *trade-unions* inglesas e nos escritos dos socialistas franceses.

E, se quisermos nos orientar no mundo social contemporâneo, tal como ele é, o objeto essencial, central quanto às estruturas do poder, da economia e mesmo da cultura, é visivelmente a burocracia e os Aparelhos Burocráticos. O que Marx pode nos dizer a seu respeito? Nada. Menos que nada, pior que nada: é utilizando o que ele disse que os trotskistas puderam esforçar-se, durante sessenta anos, para esvaziar o problema da burocracia: "Todo o problema reside na propriedade do capital, e não na burocracia; a burocracia não é uma classe", etc. Ao passo que está cada vez mais claro que o problema *é* a burocracia, e não o "capital" no sentido de Marx. E não apenas a burocracia "visível", como camada dominante, mas também a burocracia "em nós", a imensa e angustiante questão levantada pela burocratização contínua e continuamente renovada de todas as organizações, sindicais, políticas e outras. Essa é também uma das experiências capitais dos últimos cem anos. E, sobre essa experiência, Marx e o marxismo nada têm a dizer, e mais, eles até nos tornam cegos a ela: não há nenhum meio, dentro do marxismo, de pensar uma burocracia que nasce de uma diferenciação organizacional e política, como a burocracia operária, que persegue objetivos próprios e que se torna, por assim dizer, "autônoma", até apoderar-se por conta própria do poder e do Estado. Segundo o marxismo, uma tal burocracia não *deve* existir — já que não se enraíza nas "relações de produção". E tanto pior para a realidade, pois o stalinismo existe mesmo assim...

# Qual Europa? Quais ameaças? Qual defesa?[14]

"O homem nasce livre, e em toda a parte está a ferros", escrevia Rousseau. Não: nenhuma lei natural ou disposição divina faz que o homem nasça livre (ou não livre). Mas, se de fato ele está quase em toda a parte a ferros, é porque ele já nasce em meio a grilhões que estão prontos a acolhê-lo — e que o tornam tal que ele só deseja aceitá-los. Grilhões, acima de tudo, imateriais; e que nem todos foram (nem a maior parte) forjados pela dominação de um grupo social particular. Nenhum grupo poderia dominar sequer 24 horas uma sociedade, sem ter a aceitação da grande maioria.

Essa dominação é, sempre, a da instituição estabelecida: da lei outorgada, das significações e representações instituídas e sancionadas. Os mais "igualitários" dos selvagens são tão ou até mais alienados, isto é, heterônomos, que os escravos em Roma ou os servos medievais. Tanto uns como os outros estão *impedidos* de pensar que a instituição social possa ser questionada e modificada. Em quase toda a parte, e em quase todas as épocas, os seres humanos socializados — e, sem essa socialização, eles não seriam seres humanos — só puderam existir interiorizando plenamente a instituição, isto é, submetendo-se completamente a

---

14. Publicado sob forma um pouco mais resumida em *Le Monde* (26 fev. 1983), e integralmente em *Europe en formation* (n⁰ 252, abr.-jun. 1983).

ela. E isto que faz, também, com que as instituições dos *outros* sejam necessariamente inferiores, estranhas, monstruosas, diabólicas.

A *heteronomia* — caráter intangível da instituição existente, caráter indiscutível das crenças da tribo — tem sido, em quase toda a parte, em quase todos os tempos, a condição das sociedades humanas.

Esta condição — se pensarmos bem, "normal", ou seja, de longe a mais provável — só foi verdadeiramente rompida na Europa. Foi unicamente na Europa — na Grécia em primeiro lugar, e novamente, mais tarde, na Europa Ocidental — que se estabeleceu uma sociedade capaz de refletir sobre si mesma, de pôr-se em questão. É aqui que as questões: o que é justo? e o que é verdadeiro? surgem e passam a moldar efetivamente a sociedade, não enquanto questões de filosofia cortesã ou de interpretação de um livro sagrado, mas como questões que conformam uma luta social e uma atividade política. É aqui, igualmente, que a divisão social deixa de ser passivamente aceita, de levar apenas a revoltas inconseqüentes ou que visam somente à troca de papéis no mesmo cenário, a novas profecias e novas religiões — e passa a apontar para uma atividade política. Emergem aqui a política, como atividade coletiva explicitamente orientada para a mudança das instituições; a filosofia, como interrogação ilimitada; e sobretudo a recíproca fecundação e interdependência de ambas. Nasce aqui, também, o projeto de autonomia individual e coletiva, empunhado na luta das populações pela democracia, e cujo conteúdo terminou por abraçar todos os aspectos da instituição da sociedade (indo além dos aspectos estritamente "políticos"). E a Europa é também o lugar em que, pela primeira vez, o questionamento das instituições estabelecidas, ao implicar sua relativização, acarretou o reconhecimento da igualdade de direito entre todas as culturas.

A Europa, assim entendida, não é, há muito tempo, *de direito*, nem uma entidade geográfica, nem uma entidade étnica. Um dos momentos mais marcantes da criação européia ocorreu na Nova Inglaterra, no final do século XVIII — e seus efeitos continuam vivos. E há dois séculos que ela não o é mais *de fato*. O Japão, os dissidentes do Muro de Pequim, milhões de pessoas espalhadas por todo o planeta fazem parte dela. Mas a África do Sul, branca, não.

Na verdade, a Europa não engendrou apenas isso. Ela foi também a arena social-histórica onde se criou o capitalismo, projeto demencial, mas eficaz, da expansão ilimitada de um controle "racional"; o imperialismo, que foi a concretização dessa expansão em escala planetária; enfim, por meio de uma torção e de uma inversão monstruosa do projeto capitalista, o totalitarismo. Também quanto a este ponto, um europeu não deve dar mostra de falsa modéstia. Os homens, sempre e em toda a parte, têm sido capazes de uma crueldade infinita uns para com os outros. Mas Auschwitz e o Gulag são singularidades de *nossa* história.

A Europa não inventou a guerra, o ódio aos outros, o racismo, a escravização, os massacres e extermínios, a aculturação forçada: tudo isso existe de sobra nos registros históricos. Ela também praticou tudo isso: mas a sua singularidade é que, nela, tudo isso foi contestado e combatido *de dentro*.

O projeto de autonomia, nascido na Europa, está longe de ter alcançado nela a sua realização: é por isso que chamar as sociedades ocidentais de "democráticas" constitui abuso de linguagem, ou mistificação. As sociedades "européias" continuam sendo sociedades mistas, *de instituição dual,* onde a divisão social, a dominação pelo capitalismo burocrático e o imperialismo em relação ao Terceiro Mundo coexistem com os elementos democráticos que as lutas das populações conseguiram impor à instituição da sociedade. Elas são, rigorosamente falando, oligarquias liberais. Mas o projeto de autonomia continua a atuar sobre elas e já as transformou substancialmente. As instituições e os direitos que permitem aos indivíduos levar sua vida mais ou menos como bem entendem, e agir politicamente se o quiserem; a própria existência de indivíduos capazes de contestar a autoridade, de opor-se aos poderes, de lutar contra a injustiça ainda que não estejam sendo pessoalmente afetados por ela — nada disso é meramente "formal", mas introduz uma profunda diferença quanto à própria textura da sociedade. E nada disso brotou do solo ou foi dado por Deus — nem muito menos outorgado pelo capitalismo, mas é resultado de muitos séculos de luta, pago com montanhas de cadáveres e oceanos de sangue. Isso não torna as sociedades "européias" sociedades ideais, nem sociedades autônomas; mas faz delas um pedestal histórico extremamente precioso — por ser improvável e frágil — com base no qual outra coisa poderá ser edificada.

O que hoje está mortalmente ameaçado, em sua essência, não é o imperialismo americano, nem os regimes de torturadores que dele dependem. A substituição da América pela Rússia, e dos policiais argentinos pelos colegas do sr. Andropov, serviria somente para conduzir o sistema de dominação a um grau superior de perfeição. O que está ameaçado é o componente democrático das sociedades "européias", e o que ele representa enquanto memória, fonte de inspiração, gérmen e esperança de recurso para todos os povos do mundo.

Este componente está ameaçado, em primeiro lugar, tanto do ponto de vista militar como político, pela estratocracia russa, que é impelida pela sua dinâmica interna para a dominação mundial, e enxerga como perigo mortal a mera existência de sociedades em que se pratiquem direitos e liberdades efetivos. (E esta, também, a lição de Jaruzelski.)

Em segundo, ele está sob a ameaça de ser engolfado por um Terceiro Mundo três vezes mais populoso que os países "europeus". É verdade que as criações européias penetram também lá; mas trata-se de uma penetração altamente desequilibrada. O emprego de jipes e submetralhadoras, de métodos refinados de tortura e de uma manipulação embrutecedora dos meios de comunicação é assimilado em toda a parte com rapidez e facilidade infinitamente maiores que as atitudes democráticas e o espírito crítico. Até agora, parece que a *amindadaização* (ou *kadhajização,* ou *khomeinização,* ou *galtierização)* representa, para os países do Terceiro Mundo, a inclinação política preponderante.

Ele está ameaçado, finalmente, por um processo de decomposição social cuja progressão se acelera. A sociedade política se fragmenta em *lobbies.* O conflito político e social, evanescente, cede lugar à mera defesa de interesses setoriais e de benefícios adquiridos. A irresponsabilidade se propaga velozmente, em todos os sentidos e em todos os domínios (dos ministros aos automobilistas, e dos escritores aos carteiros). A imaginação e a criatividade políticas, por sua vez, desapareceram.

A simetria que os "pacifistas" mais audaciosos querem estabelecer entre "imperialismo russo" e "imperialismo americano" (ou "ocidental") é absurda. Do ponto de vista político, nada há para se defender na sociedade russa — à parte as vidas humanas. Nas sociedades "européias", por outro lado, há muitas coisas a defender, coisas que, se forem perdidas, nada nos pode garantir que ressurgirão.

Mas o que temos a defender não pode ser defendido com os Estados e governos como existem hoje. Antes de mais nada, porque eles são organicamente incapazes de uma tal atuação. A decomposição das camadas dirigentes ocidentais e dos mecanismos de direção da sociedade não é acidental nem passageira. Ela se manifesta de inumeráveis formas: da aberração das atuais "políticas" econômicas à inexistência de uma estratégia em face da Rússia, e dos absurdos do rearmamento americano à guerrilha permanente entre supostos "aliados". A "política" ocidental em relação aos países do Terceiro Mundo é o principal aliado que a penetração russa encontra: isso se mostra, de maneira quase caricata, no que vemos acontecer na América Central.

Além disso, esta é a principal razão, porque não se defendem as mesmas coisas. É verdade que Franco, Salazar, Papadopoulos, os generais brasileiros acabam deixando o poder; amanhã, provavelmente, Pinochet — e que isso não sucede com um regime comunista, uma vez estabelecido. Mas nem esse fato nem a retórica oficial podem mascarar o maciço apoio dos governos ocidentais aos regimes ditatoriais do Terceiro Mundo. (Acerca desse ponto, a hipocrisia da "esquerda" francesa é, como de hábito, particularmente saborosa. Muitos regimes sustentados pela França na África nada têm a invejar, é o mínimo que se pode dizer, aos regimes latino-americanos; e dependem de Paris, para sua subsistência, bem mais do que os regimes da América do Sul dependem de Washington.) O realismo elementar indica que, quanto mais se intensificar a confrontação com a Rússia, tanto mais os srs. Marcos, Mobutu e d'Aubuisson beneficiar-se-ão do apoio incondicional dos regimes "democráticos". E não está longe o dia em que as populações serão convidadas a apoiar o sr. Botha, em nome dos valores democráticos e humanísticos do Ocidente.

A esses governos e a esses Estados não se pode prestar nenhuma confiança no plano realista, e nenhuma solidariedade no plano dos princípios.

A defesa daquilo que há para se defender nas sociedades "européias" somente será possível sob a condição de que os povos desses países saiam de sua apatia e de sua privatização (das quais a desgraçada situação da França adormecida oferece hoje o exemplo mais aflitivo), de que eles se recuperem e se engajem uma vez mais na atividade política, e tornem a lutar para fazer sua história, em vez de se submeterem a ela. Se eles o fizerem, não deixarão de ocorrer repercussões decisivas na Europa do Leste e em muitos países do Terceiro Mundo. Caso contrário, nem os Pershing nem os MX poderão impedir o pior: a guerra total, ou a domesticação gradual da Europa pela estratocracia russa, prelúdio de sua completa escravização.

Trabalhar por esse despertar é o único objetivo *realista* que pode ser assumido por quem quer defender o que merece ser defendido na criação histórica européia e no tecido social onde ela hoje está sedimentada.

# Psicanálise e sociedade II[15]

MICHEL REYNAUD: *Estaria você — graças à sua dupla prática, política e psicanalítica — vendo o aparecimento de novos sinais clínicos na doença social contemporânea? E como você os interpreta?*

CORNELIUS CASTORIADIS: Sua pergunta contém, como você sabe, múltiplas armadilhas. Para diagnosticar mudanças significativas na sintomatologia, seria preciso já dispor de uma nosologia rigorosa e inequívoca, do distanciamento temporal, de métodos confiáveis de observação estatística, etc. Nada disso existe — ou sequer tem sentido — no domínio que nos diz respeito. Tendo isso fortemente presente ao espírito, estou de acordo com a constatação há muito tempo realizada de que — deixando-se de lado a psicose — a maneira pela qual se manifesta a neurose, os distúrbios psíquicos de modo mais geral, modificou-se. A sintomatologia clássica, a da neurose obsessiva ou da histeria, não aparece mais de maneira tão freqüente e tão clara. O que mais se observa entre as pessoas que procuram uma análise é a desorientação na vida, a instabilidade, os fenômenos ditos "de inadaptação", ou uma tonalidade depressiva. Esta série de fenômenos parece-me estabelecer uma homolo-

---

15. Entrevista gravada em 21 de novembro de 1983 e publicada em *Synapse* (n° 1, jan. 1984).

gia entre um processo em curso, de relativa desestruturação da sociedade, e uma desestruturação, ou menor estruturação, da personalidade, inclusive em sua patologia. Uma parcela significativa de pessoas parece sofrer de uma espécie de neurose informe ou "flácida": nenhum drama agudo, nenhuma paixão intensa, mas uma perda de referencial, que ocorre junto com uma extrema precariedade dos caracteres e dos comportamentos.

M.R.: *Seria possível precisar melhor isso que você denomina desestruturação?*

C.C.: Trata-se de um fenômeno sociológico e cultural novo, que pode ser avaliado comparando-o com o passado — e um passado que alguns dentre nós ainda conheceram. Não apenas nas sociedades tradicionais, mas mesmo na sociedade capitalista ocidental, existiam "valores" e "normas" socialmente impostos e aceitos, isto *é*, interiorizados. A eles correspondiam maneiras de ser e maneiras de fazer, "modelos" do que cada um podia ser e tinha que ser, conforme a posição em que seu nascimento, a fortuna de seus pais, etc. o tivessem lançado. Mesmo que eles fossem transgredidos — e certamente o eram —, tais modelos continuavam de maneira geral a ser aceitos; e, quando eles eram combatidos, era para fazer prevalecer outros modelos (por exemplo, o operário submisso/o militante revolucionário). Ora, esses modelos, tal como eram, forneciam óbvias referências para o desempenho social dos indivíduos. Por exemplo, quanto à criação dos filhos, não havia nenhuma ambigüidade acerca do que uma criança podia e não podia, devia e não devia fazer. E isso demarcava precisamente a conduta dos pais na educação de seus filhos.

Como é óbvio, tudo isso acomodava-se de modo mais ou menos coerente ao sistema social instituído. Falo da situação de fato: o julgamento de valor acerca desse sistema social e desses modelos é uma outra questão. Sabemos que ambos vieram acompanhados de estruturas opressivas. Mas isso funcionava. A disfunção da sociedade estava situada em outros níveis: conflitos de classe, crises econômicas, guerras.

Nos dias de hoje, normas e valores se desagregam e entram em colapso. Os modelos propostos, quando existem, são ocos ou "rasos", como se poderia dizer. É verdade que há modelos propostos pela mídia, pela televisão, pela publicidade. Mas esses são modelos de "sucesso": funcionam exteriormente, mas não podem ser verdadeiramente interiorizados, não são valorizáveis, jamais poderiam responder à questão: o que devo fazer?

MARCOS ZAFIROPOULOS: *Poderíamos dizer que haveria agora sistemas de identificação propostos fora da família, que não se trata mais dos sistemas internos à família que anteriormente eram transmitidos de pai para filho?*

C.C.: Você tem razão, e vou chegar lá. Antigamente, a família constituía o elo concreto entre a instituição social e a formação da psique individual; pouco importando, a esse respeito, as críticas (justificadas) que poderiam ser dirigidas a seu caráter patriarcal, etc. O grande acontecimento atual é a desarticulação da família. Não estou me referindo às estatísticas de divórcio, mas ao fato de que a família não é mais um centro normativo: os pais já não sabem mais o que devem permitir e proibir. E, quer proíbam ou não proíbam, sentem um peso na consciência. Em teoria, esse papel da família poderia ter sido assumido por outras instituições sociais. A escola, nas sociedades ocidentais, era evidentemente uma instituição apta para tanto. Mas a escola está ela própria em crise. Hoje todos falam na crise da educação, em programas, em conteúdos, na relação pedagógica, etc. Quanto ao que me diz respeito, escrevo sobre esse tema desde o início dos anos 60[16]. Mas o aspecto essencial desta crise, e do qual ninguém fala, está em outro lugar. O fato é que ninguém mais se dedica à escola e à educação, enquanto tais. Não faz tanto tempo, a escola era para os pais um lugar digno de veneração, para as crianças um universo quase completo, para os mestres mais ou menos uma vocação. Hoje, ela é, para mestres e alunos, uma corvéia instrumental, lugar do ganha-pão presente ou futuro (ou um entrave incompreensível e rejeitado) e, para os pais, fonte de angústia: será que o filho, ou a filha, conseguirá a admissão aos degraus que conduzem ao ingresso na universidade?

---

16. Em "La jeunesse étudiante" (1963) e "La crise de la société moderne" (1965), reproduzidos agora em *Capitalisme moderne et Révolution* (vol. II, Paris, UGE, 1979, Coleção "10/18").

M.Z.: *Não seria preciso introduzir aqui algumas distinções relativas às classes sociais? Nos anos 60, ocorreu um forte impulso do consumo escolar por parte de todas as classes sociais. Hoje, o lugar na reprodução social não pode mais ser legitimado meramente pela condição de herdeiro: é preciso passar pela sanção de um diploma, ainda quando se tem um pequeno capital econômico. Não é algo paradoxal, com relação ao que você diz, de um lado, este sobreconsumo escolar, de outro, essa falta de dedicação que você menciona?*

C.C.: É um paradoxo apenas aparente. Uma vez que o valor econômico se torna o único valor, o sobreconsumo escolar e a angústia dos pais de todas as categorias sociais em face do sucesso escolar de seus filhos dizem respeito unicamente ao diploma que eles eventualmente obterão ou não. Esse fator se agravou ainda mais nos últimos anos, pois, com o aumento do desemprego, os diplomas escolares não abrem mais a possibilidade automática de uma colocação; angústia redobrada: o filho, ou a filha, tem que conseguir o bom diploma. A escola é o lugar onde eles obtêm (ou não) esse diploma; ela é um mero instrumento — não mais o local onde supostamente se faria da criança um ser humano. Trinta anos atrás, na Grécia, a expressão tradicional ainda era: "envio-te à escola para que te tornes um ser humano — *anthrôpos*".

M.R.: *Isso que você descreve não se acelerou ainda mais, nestes últimos anos? Desde 1975, a busca se faz em todas as direções, e com um certo desespero. De quatro ou cinco anos para cá, à perda de valores gerais veio juntar-se um desânimo muito grande.*

C.C.: É verdade. A crise econômica não teria sido vivida da mesma maneira pelas pessoas se ela não tivesse ocorrido neste período de atrofia de valores. Sem este extraordinário desgaste dos valores, elas certamente teriam reagido de outra forma.

M.R.: *Não haveria o risco de um retrocesso, de um retorno a valores extremamente rígidos?*

C.C.: De fato, presenciamos o retorno dos políticos reacionários, Reagan ou Thatcher, apoiados na rejeição a um período considerado como tendo sido excessivamente tolerante. Mas o que ocorreu, na realidade? Os efeitos permaneceram limitados no nível político superficial; ou então, no plano econômico, foram atingidas as camadas de condição mais desfavorecida. Mas, na estrutura sociológica mais profunda, nada foi modificado pela presidência Reagan ou pelo governo Thatcher. Essas mesmas pessoas que clamam pela lei e pela ordem se comportam exatamente como o restante da sociedade; e, ainda que ocorresse o retorno — não é impossível — de uma geração de "pais severos", isso não mudaria em nada a situação. Pois seria ainda preciso que esses pais severos acreditassem em alguma coisa, que o funcionamento social, em seu conjunto, permitisse acreditar ou fingir acreditar em alguma coisa, sem que as antinomias e as contradições sejam muito freqüentes e muito flagrantes. Este não é o caso atual, e nunca estivemos tão longe disso.

M.Z.: *Quanto a isso, talvez valha a pena notar que os pais, pelo fato de não mais acreditarem, transmitem essa não-crença a seus filhos, que a herdam. A lei não serve mais, então, de obstáculo à exigência do gozo. No plano clínico constatamos assim sinais como a atual onda de toxicomania.*

C.C.: O que você diz pode ser tornado mais preciso através da pergunta: o que é, hoje, ser pai? Suponhamos que a resposta à questão o que é ser mãe seja menos difícil — se bem que isso seria superficial, porque de fato não há como separá-las e, além disso, na realidade, cada vez mais mulheres são obrigadas a assumir os dois papéis. Não me recordo, neste momento, dos números exatos, mas nos Estados Unidos o número de "chefes de família" mulheres cresce constantemente; na população negra atinge uma proporção enorme, da ordem de 90% no caso de famílias com um só "chefe". Mas concentremo-nos neste ponto: o que é ser pai? Será, simplesmente, alimentar a família? Há um discurso do pai, qual é ele, onde está, o que é que ele vale, o que lhe dá valor? Tínhamos começado pela alteração da sintomatologia, e a tínhamos associado a um certo desgaste dos valores — que se representa concretamente na família pelo vazio do discurso do pai (ou, o que dá na mesma, pelo vazio do lugar do pai junto à mãe). Simultaneamente, em função de uma multiplicidade de fatores, ocorre um desgaste da experiência de realidade para as crianças: não há mais nada de rijo contra que chocar-se, não se deve privá-las, frustrá-las, entristecê-las, é preciso sempre "compreendê-las". Vocês talvez conheçam a espirituosa frase de Winnicott: "Sempre dou ao menos uma interpretação em cada sessão, para que o paciente fique certo de que não compreendi tudo". Eu desejaria dizer, sem humor: é preciso mostrar de vez em quando a uma criança que não a "compreendemos". A experiência do fato de que alguém não é necessariamente "compreendido", sequer pelos entes mais chegados, é constitutiva do ser humano.

Tudo isso volta a se encontrar no plano da educação. A escola contemporânea propõe-se ao mesmo tempo dois objetivos contraditórios, e cada um deles, isoladamente, é absurdo: fabricar em série indivíduos predestinados a ocupar tal ou tal lugar no aparelho de produção, através de uma seleção mecânica e precoce; e "dar livre curso à expressão da criança".

M.Z.: *Passando agora à França, você não considera que a chegada da esquerda ao governo, que marca, em todo o caso, uma data histórica, poderá representar a instauração de um novo envoltório — ou será que não sairemos da mera reprodução social?*

C.C.: Isso que estamos tentando discutir e circunscrever situa-se em níveis do mundo social que são bem mais profundos do que a mudança política na França. Em tais níveis, o regime político não tem grande influência: de resto, é evidente que ele não compreende grande coisa deles, e o que ele faz não modifica em nada as tendências que evocamos. Bem ao contrário, ele as reforçaria ainda mais.

M.Z.: *Mas, apesar disso, você não supõe que a reintrodução da noção de história no discurso dos dirigentes políticos atuais os diferencia da mentalidade tecnocrática dos dirigentes anteriores?*

C.C.: Mas será que basta que o Presidente da República um belo dia descubra a lamentável qualidade dos manuais escolares de história e solicite o aumento da carga horária dessa disciplina? Será que a derrocada da consciência histórica de nossas sociedades, a ausência de projeto para o futuro e a colocação do passado no refrigerador podem ser contrabalançadas por manuais e horas de aula? Vivemos em uma sociedade que estabeleceu com o passado um tipo de relação totalmente original e inédito: o completo desinteresse. É verdade que dispomos de numerosos e admiráveis especialistas — *science oblige;* mas, quanto ao resto, a ligação com o passado é, no máximo, turística. Visitar a Acrópole não é diferente de ir às Baleares.

M.R.: *É provável que a atitude para com a história esteja ligada à atitude para com a história familiar.*

C.C.: Sem dúvida. Em outras épocas, uma espécie de história familiar se transmitia de geração em geração. Hoje, a família nuclear dobrada sobre si mesma, onde quando muito se menciona em termos vagos um certo avô e a coisa pára por aí, está perfeitamente de acordo com uma sociedade que vive apenas o momento presente.

Há um ponto no qual temos de insistir: tudo isso está profundamente associado ao colapso das perspectivas para o futuro. Até o início dos anos 70, e apesar do visível desgaste dos valores, esta sociedade ainda mantinha representações do futuro, alimentava intenções, projetos. Pouco importa o conteúdo, e pouco importa que para alguns este tenha sido a revolução, o "grande dia", e para outros o progresso no sentido capitalista, a elevação do nível de vida, etc. Seja como for, havia imagens que apareciam como dignas de crédito e às quais as pessoas aderiram. Essas imagens estavam se esvaziando internamente há décadas, mas as pessoas não o percebiam. E de repente, quase de um só golpe, descobriu-se que se tratava de papel pintado — e no instante seguinte mesmo esse papel pintado se rasgou. A sociedade descobriu-se sem ter representação de seu futuro, e sem projeto — e também isto é uma novidade histórica.

M.Z.: *Você não pensa que, após a experiência de esquerda, e o esgotamento de um certo tipo de discurso, haverá necessariamente uma renovação do discurso político na França?*

C.C.: Não vejo por que haveria necessariamente uma renovação. É verdade que discursos sempre serão fabricados; afinal, estamos na França, e mesmo quando tudo estiver vitrificado, as dissertações de *agrégation* continuarão impecáveis. Mas eu falo de coisas que têm uma substância. A substância de um discurso é a imaginação política, que simplesmente desapareceu. Desaparecimento da imaginação, que vem junto do desmoronamento da vontade. De fato, para que se possa querer, é preciso ser capaz de representar alguma coisa que não existe: e, nos níveis mais profundos, é preciso querer algo mais que a simples repetição, para que se possa imaginar. Ora, não se percebe, nesta sociedade, nenhuma vontade relativa ao que ela quer ser amanhã — nenhuma vontade, além da salvaguarda temerosa e intolerante do que hoje existe. Vive-se em uma sociedade defensiva, tensa, retraída, ressabiada.

M.Z.: *Não estaríamos numa espécie de transição, do homem da culpa (tendo, por trás de si, o pai, o mito, etc.) ao homem da angústia e do gozo?*

C.C.: Sua questão toca em dois pontos. Em primeiro lugar, não posso impedir-me de comparar o que acontece e o que eu quero que aconteça, meu objetivo, meu projeto político e psicanalítico. Minha meta é que se passe de uma cultura da culpa para uma cultura da responsabilidade. Ora, uma cultura da angústia e do gozo, no sentido que você lhe dá, nos afastaria ainda mais desse objetivo. Mas, em segundo lugar, seria possível de algum modo uma cultura da angústia e do gozo? Tocamos aí, novamente, no problema fundamental e ultra-obscuro da articulação das organizações psíquicas com a instituição da sociedade. Uma cultura da culpa — como também uma cultura da vergonha, para retomar o tema de Dodds[17] — é perfeitamente concebível porque os afetos sobre os quais atua de maneira privilegiada a fabricação social dos indivíduos nessas culturas podem sustentar uma estrutura instituída, podem ser a vertente subjetiva dessa estrutura. Mas não se vê — ao menos, eu não vejo — como uma instituição social coerente e capaz de funcionar poderia edificar-se sobre a angústia e o gozo obrigatório.

M.R.: *O funcionamento responsável é um funcionamento cortical, ao passo que o funcionamento na culpa ou na angústia é bem mais instintivo.*

---

17. E. R. Dodds. *Les Grecs et l'irrationnel.* Tradução francesa pela Maspero.

C.C.: Há sem dúvida um mal-entendido. Uma cultura da responsabilidade não é em absoluto, para mim, uma cultura que faça funcionar nos indivíduos apenas o intelecto e a razão. Eu não seria psicanalista se pensasse que tal coisa fosse possível ou desejável.

O que tenho em vista são indivíduos capazes de assumir tanto suas pulsões como o fato de que pertencem a uma coletividade que somente pode existir enquanto coletividade instituída, que não pode existir sem leis, nem por acordo milagroso das espontaneidades, como acreditavam e ainda acreditam alguns de nossos ingênuos amigos esquerdistas.

M.Z.: *Talvez estejamos agora na segunda etapa desse choque cultural considerável que foi 1968, da idéia de gozar de maneira indefinida. Na época dizia-se: Deus está morto, podemos fazer tudo: percebemos, agora, que não podemos fazer muita coisa.*

C.C.: Ao contrário, é porque Deus está morto — ou porque nunca existiu — que não se pode fazer tudo. É porque não há outra instância que nós somos responsáveis.

M.Z.: *Creio que esse estado de coisas está sendo coletivamente experimentado em toda uma parcela da sociedade francesa; daí a possibilidade de um apelo ao Mestre que se apresentaria como um salvador. Os* maîtres à penser, os *gurus, etc., tudo isso vem proliferando desde 1968, o que é um paradoxo.*

C.C.: Mas eles não chegam a fixar raízes. Os gurus de cada outono fenecem na primavera seguinte. Abstratamente, porém, se poderia dizer que tal situação pode induzir à emergência de uma figura autoritária — ou de movimentos fascistas ou totalitários, etc. Na verdade, contudo, ela não resulta nisso, e não penso que seja por acaso. No máximo poderíamos ter uma espécie de autoritarismo brando, mas para ir mais longe seria preciso algo a mais. A crise não basta: para engendrar um movimento fascista ou totalitário é preciso uma capacidade de acreditar e um desencadeamento de paixões que estejam interligados e alimentem-se um ao outro. Nenhum desses fatores existe na sociedade atual. É por isso que todas as seitas, de extrema direita ou de extrema esquerda, estão condenadas a gesticulações ridículas. Elas cumprem seus pequenos papéis, marionetes marginais no espetáculo político global, e não passam disso. A população francesa não está de modo algum disposta a calçar as botas e reunir-se às centenas de milhares na Place de la Concorde para aclamar não se sabe nem mesmo quem ou o quê. É claro que nada é impossível na história; no entanto, a meu ver, um "apelo ao Mestre" é totalmente improvável, tanto na França como na América ou na Alemanha.

M.Z.: *Ficamos com vontade de lhe perguntar: de onde provêm as paixões?*

C.C.: Não sei. Paixão significa aqui, bem entendido, a mobilização quase total do afeto sobre um "objeto". Mas, como vocês sabem, os afetos e seus movimentos são a parte mais obscura do funcionamento psíquico. A prova disso nos é oferecida todos os dias pela psicanálise. À medida que os afetos dependem de representações, o trabalho de interpretação funciona. Mas, à medida que as representações dependem de afetos, constata-se que temos pouquíssimos pontos de apoio.

M.Z.: *Parece-me que o ponto central de sua reflexão é a passagem do que você denomina a "mônada psíquica" aos indivíduos socialmente organizados. Penso que é nesse momento que se pode afirmar a existência do propriamente* humano. *Será que você poderia desenvolver essa idéia: como se constitui um ser humano, um homem? Por outro lado: você considera o desejo como uma força social?*

C.C.: O desejo, como tal, não pode ser uma força social; para que ele se torne algo desse tipo, é preciso que ele deixe de ser desejo, que se metabolize. Se considerarmos o desejo no verdadeiro sentido da palavra, o desejo inconsciente, é evidente que ele é um monstro, anti-social e mesmo a-social. Uma primeira descrição, superficial, poderia ser: eu desejo isto, eu o tomo. Desejo Fulano ou Fulana, eu o tomo ou a tomo. Detesto Fulano, mato-o. Esse seria o "reino do desejo". Mas isto é ainda superficial, pois esse "desejo" já está imensamente civilizado, mediatizado por um reconhecimento da realidade, etc. O verdadeiro desejo forma imediatamente a representação psíquica que o satisfaz — e com isso se satisfaz; e forma representações contraditórias: sou homem e sou mulher, estou aqui e estou em outro lugar, etc. Contra os absurdos ditos pelos que há vinte anos celebram o desejo, vê-se imediatamente que o desejo é a morte, não apenas a morte dos outros mas, em primeiro lugar, de seu próprio sujeito. Mas o desejo, ele mesmo, não passa da primeira rachadura da mônada psíquica, da unidade primordial e originária da psique, ponto limite que se poderia tentar descrever como: puro prazer da representação de si através de si, completamente fechado sobre si mesmo. Dessa mônada derivam os traços decisivos do inconsciente: o "autocentrismo" absoluto, a onipotência do pensamento (chamada, erroneamente, "mágica" — ela é real), a capacidade de encontrar o prazer na representação, a satisfação imediata do desejo. E óbvio que tais traços tornam seu portador radicalmente inapto para a vida. A socialização da psique — que envolve uma espécie de ruptura forçada na clausura *(clôture)* da mônada psíquica — não é apenas aquilo que adapta o ser humano a tal ou qual tipo de sociedade; ela é o que o torna capaz de viver, pura e simplesmente. Mediante esse processo de socialização da psique — da fabricação social do indivíduo —, as sociedades humanas conseguiram manter viva a psique em um mundo que contradiz frontalmente suas exigências mais elementares. É esse o verdadeiro significado do termo sublimação: a sublimação é a vertente subjetiva, psíquica, desse processo que, visto do lado social, é a fabricação de um indivíduo para o qual existe uma lógica desperta, uma "realidade" e mesmo uma maior ou menor aceitação do fato de que é mortal. A Sublimação pressupõe evidentemente a instituição social, pois ela significa que o sujeito chega a investir objetos que não são mais objetos imaginários privados, mas objetos sociais, cuja existência só é concebível como existência social e instituída (linguagem, instrumentos, normas, etc.). Ou seja, objetos que têm uma validade (no sentido mais neutro deste termo) e se impõem a uma coletividade anônima e indefinida. Se pensarmos a fundo nesta passagem, veremos que ela é, de certa forma, miraculosa[18].

M.Z.: *É a passagem à troca social; agora não há mais meros objetos da pulsão, porém equivalências.*

---

18. Ver *A instituição imaginária da sociedade* (2.ed., Rio de Janeiro, Paz e Terra, 1982, 1986).

C.C.: Sim, é certo, há equivalências e, o que é igualmente notável e importante, há também complementariedades. Os objetos dos quais se trata não são e não podem ser objetos isolados ou puntuais, eles formam necessariamente um sistema coerente que funciona. Eis o que o inconsciente jamais conseguiria produzir, eis a obra do que eu chamo o imaginário social, ou a sociedade instituinte.

Neste processo de socialização, nós observamos constantemente o extraordinário ajuste recíproco entre uma instituição social — que somente pode existir desdobrando-se nesses imensos sistemas de objetos, de normas, de palavras, de significações, etc. — e uma psique para a qual, a princípio, nada disso podia fazer qualquer sentido, já que o próprio modo de existência de tais sistemas é contrário às exigências mais profundas da psique. A mônada psíquica é levada a renunciar, em parte, a essas exigências — e isso sempre significa uma violência cometida contra ela, mesmo quando tudo transcorre nas mais "doces" condições —, ao mesmo tempo em que ela cria sucessivamente uma série de organizações "secundárias", que a recobrem sem jamais fazê-la desaparecer, e se aproximam do modo de funcionamento requerido pela "realidade" — quer dizer, a sociedade. Nesse processo, porém, há sempre uma constante — por isso falei em "ajuste recíproco". A instituição social pode levar a psique a fazer quase tudo — prova disso é a infinita diversidade das culturas humanas —, mas há alguns requisitos mínimos. A instituição social pode recusar quase tudo (deixando de lado as trivialidades) à psique, mas há algo que ela não lhe pode recusar, sob pena de não poder existir como sociedade em regime permanente, em regime estacionário — e esse algo é o sentido.

M.Z.: *Você quer se referir ao sistema simbólico.*

C.C.: Na minha terminologia, trata-se de significações imaginárias sociais. E esse tem sido, evidentemente, o papel desta que foi, até bem pouco tempo atrás, uma instituição central em todas as sociedades, a religião. É aqui que voltamos a nos deparar com o problema contemporâneo: a sociedade atual, devido ao desgaste de suas significações imaginárias (progresso, crescimento, bem-estar, controle "racional", etc.), é cada vez menos capaz de prover algum sentido. Que cada indivíduo fabrique para si seu próprio sentido, só pode ser o caso em um segundo nível; nunca no nível radical.

M.Z.: *Tal desgaste do sentido, segundo você, estaria ligado a esta espécie de "pedido de ajuda" ao analista?*

C.C.: É incontestável que algo desse tipo está ocorrendo na prática. Mas que isso deva ocorrer, e desse modo, é uma outra questão.

M.Z.: *Como você definiria o objetivo da análise?*

C.C.: O objetivo da análise é ajudar o sujeito a tornar-se tão autônomo quanto possível. E evitemos, uma vez mais, os mal-entendidos. Autonomia não quer dizer vitória da "razão" sobre os "instintos"; mas significa uma relação diferente, uma relação nova entre o Eu consciente e o inconsciente ou as pulsões. Tomei a liberdade de escrever, já faz vinte anos, que era preciso completar o famoso "onde estava isto, eu devo advir" [*où était ça, je dois advenir*], de Freud, por um "onde eu estou, isto deve surgir" [*où je suis, ça doit surgir*][19]*. A tarefa da análise não é a "conquista" do inconsciente pelo consciente, mas o estabelecimento de uma outra relação entre os dois, que pode ser descrita como uma abertura do consciente para o inconsciente — não uma assimilação ou uma drenagem do inconsciente pelo consciente. E, nesse trabalho, não vejo como deixar de reconhecer, para se manter a coerência, que nós somos guiados por uma idéia, uma intenção: a idéia de um sujeito humano que possa dizer, em pleno conhecimento de causa: "este é meu desejo", e "eu penso que isto é verdade" — e não "pode ser que sim, pode ser que não".

M.R.: *Ou então dizer: "isto é verdade", sem poder dizer antes disso "eu penso"?*

---

19. Ver *A instituição imaginária da sociedade* op. cit.

* Traduzi estas duas máximas seguindo literalmente as fórmulas pelas quais Castoriadis as apresenta, e que diferem ligeiramente das fórmulas utilizadas mais à frente, ao final do artigo "Uma interrogação sem fim". Ver ainda, sobre este ponto, *A instituição imaginária da sociedade*, op. cit.

C.C.: Creio que a cláusula: "eu penso que..." é importante, porque ela abre a discussão e a crítica. Eu penso que isso é verdade; eu sei que este é o meu desejo. Ora, esse enunciado, que inclui um eu penso e eu sei, não é um grito inarticulado, informe, da pulsão; é um enunciado do Eu consciente que se abre ao mesmo tempo para acolher tudo o que o sujeito é — o que não quer dizer forçosamente que ele o "aprova": "eu sei que este é meu desejo" pode muito bem ser seguido de um "e não o seguirei".

M.Z.: *No fundo, para você, seu engajamento psicanalítico e seu engajamento político têm a mesma natureza.*

C.C.: Como eu assumiria a ambos, se não pensasse assim?

M.R.: *Gostaríamos, também, que você nos falasse do segundo volume de* Diante da guerra, *no qual você está trabalhando agora. Mas já está um pouco tarde.*

C.C.: Ficará para uma outra ocasião.

# Terceiro mundo, terceiro-mundismo, democracia[20]

Não é minha intenção, contrariamente ao que anunciou o presidente da sessão, entrar em uma discussão cerrada com Jean-François Revel. Limitar-me-ei a propor algumas reflexões, genéricas e breves, sobre a questão do Terceiro Mundo e do terceiro-mundismo.

Gostaria, contudo, de dizer logo de início, em duas palavras, qual é minha posição, para evitar qualquer mal-entendido. Falo como alguém que critica o totalitarismo burocrático russo desde 1945 e as burocracias coloniais sob a dominação comunista desde que elas apareceram. Conduzi essa crítica em nome e a partir de um projeto político de transformação social cujo conteúdo essencial é o autogoverno efetivo da sociedade, articulado no e pelo autogoverno dos grupos que a compõem — grupos de produtores, grupos locais, etc. Meu projeto sempre foi este.

Numa discussão como a que ora se trava, evidentemente há graves pressupostos que são, é inútil esconder, tanto filosóficos como políticos: e que se prendem à visão que se tem da história.

Houve na Europa moderna duas concepções da história da humanidade, que constituem ainda hoje o núcleo de duas ideologias domi-

---

20. Intervenção no decorrer do colóquio "O terceiro-mundismo em questão", organizado por *Liberté sans frontières*, em 24 de janeiro de 1985.

nantes, e que, no fundo, não passam de duas faces da mesma coisa —
pois ambas invocam uma evolução, um progresso, como uma tendência imanente — a despeito de tudo — da história humana.

De acordo com a primeira dessas concepções, a perspectiva liberal, historicamente mais antiga, existe uma tendência natural do ser humano rumo ao máximo de liberdade, ao reconhecimento dos direitos do outro, à democracia. A história conduz, ou deve conduzir, a um estado canônico da sociedade, à república "representativa" mais o mercado livre e a concorrência dos produtores que assegura, ao mesmo tempo, que o homem possa exercer seus direitos "naturais" e "inalienáveis". De maneira típica e geral — há, é claro, exceções — esta concepção não se contenta em propor essa forma de sociedade como a "boa sociedade", ou em conclamar que se lute pelos direitos do homem; ela afirma que se trata da forma rumo à qual a história tende de maneira intrínseca. Isso pode ser verificado em dois pensadores tão distantes entre si como Kant, para quem a *Aufklarung* é um momento obrigatório da história universal, e Tocqueville, que vê a tendência à igualdade dominar toda a época moderna e superar invencivelmente todos os obstáculos que pode encontrar, igualdade que, diz ele, corresponde sem dúvida a um desígnio da Providência.

Para a concepção marxista, a segunda concepção, a afirmação é muito mais clara e peremptória: a história se desenvolve em direção a formas cada vez mais elevadas. Esse "cada vez mais" volta de maneira obsessiva, a propósito de tudo, tanto em Marx como em Lenin. O fator determinante desse desenvolvimento, sabe-se, não é uma tendência rumo a um regime político, mas o aumento das forças produtivas e a sucessão dos modos de produção. Os regimes políticos não passam de conseqüência. A dominação do capitalismo na época moderna não aparece, então, como o que ela é, a saber, criação arbitrária de uma humanidade particular, mas como fase inevitável de todo o movimento histórico, inevitável e bem-vinda ao mesmo tempo, pois trata-se do modo de produção que garante a máxima produtividade e eficiência, e que, arrancando os homens das condições tradicionais de vida, de seus horizontes particulares limitados, de suas superstições de toda ordem, obriga-os a observar, "com sentidos sóbrios, as condições de sua vida e suas relações com seus semelhantes" (Marx). Este capitalismo, em função de suas "contradições internas", está prenhe de uma revolução socialista que não só transformará o modo de produção mas ainda, como que por milagre, realizará também todas as aspirações da humanidade. O capitalismo engendra o agente e o portador dessa revolução, o proletariado; contudo, na única versão do marxismo que se mostrou historicamente eficaz, o leninismo, substituiu-se o proletariado pelo Partido, que possui a consciência socialista e a inculca no proletariado. De qualquer modo, este é dirigido pelo Partido, o qual, em virtude de sua pretensão à posse da "verdadeira teoria", é juiz em última instância do que se deve fazer ou deixar de fazer.

No entanto, como se sabe, o proletariado desde uma certa época deixa de se manifestar como agente revolucionário, e aparece cada vez mais integrado na sociedade capitalista. As esperanças depostas no proletariado, pelos revolucionários ou por certos ideólogos, tornam-se débeis ou mesmo se desvanecem. E, não obstante, em vez de se analisar e criticar a nova situação do capitalismo, o que se faz é pura e simplesmente mudar o ponto em que se depositam essas esperanças. Nisso consiste a essência de operações tão risíveis, no caso dos intelectuais *do lado de cá*, como o fanonismo, o terceiro-mundismo "revolucionário", o guevarismo, etc. E obviamente não é por acaso que elas tiveram o apoio desse paradigma do confusionismo político que foi Sartre, ou de outros escribas menores que mais tarde, aliás, viraram completamente suas casacas.

Operações risíveis, pois consistem simplesmente em retomar o esquema de Marx, retirar dele o proletariado industrial e colocar em seu lugar os camponeses do Terceiro Mundo. Indigência teórica, ausência de qualquer reflexão: sejam quais forem as críticas que possamos fazer a Marx, se ele atribuía um papel revolucionário ao proletariado era em virtude de certas características que decorrem precisamente de sua "educação" pela grande indústria e pela vida urbana. Esta substituição ilegítima não podia dar nenhum resultado, a não ser — e este é um aspecto essencial da questão — o de servir de cobertura ideológica a uma categoria social particular dos países subdesenvolvidos em sua marcha para o poder: essas microcamadas ou subcamadas sociais formadas pelos estudantes, os intelectuais, os "quadros políticos" postulantes desses países, que nela encontram — como continuam a encontrar em um marxismo vulgar e abastardado — um instrumento ideológico para constituir organizações calcadas num modelo militar-leninista e lutar pelo poder, do qual, aliás, se apoderaram em três ou quatro casos bem conhecidos.

Não penso que seja útil retornar nem à crítica teórica do marxismo nem à análise da realidade dos regimes "marxistas-leninistas". Acredito que todos os presentes estão a par da realidade da Rússia, da China, de Cuba, do Vietnã, da Etiópia, etc.

Em contrapartida, parece-me indispensável reconduzir a discussão ao outro ponto de vista, o liberalismo. Pois, em virtude de um desses movimentos pendulares fundamentalmente irracionais e, para nossa infelicidade, demasiado freqüentes na história, assiste-se a um retorno puro e simples à outra direção, como se a falência do marxismo "provasse" que o liberalismo é o regime ideal ou o único possível.

Estamos aqui para discutir o Terceiro Mundo, e não me demorarei na questão do "liberalismo" e do "individualismo" (termos sob os quais se ocultam inumeráveis mal-entendidos e falácias) nos países ricos. Simplesmente constato que repúblicas representativas foram formalmente instauradas na maior parte dos países da América Latina há mais de um século e meio e, no restante desses países, há cerca de um século. E, também, que a Índia, desde a sua independência, é uma república parlamentar. Por fim, que por ocasião da descolonização, os países africanos adotaram, com uma ou duas exceções, constituições calcadas em modelos europeus. E constato, além disso, que em todos esses casos os regimes que na Europa e na América do Norte são chamados democráticos, a saber, os regimes de oligarquia liberal, jamais conseguiram firmar raízes.

Desde muito antes da CIA e das multinacionais, as ditaduras (militares ou outras) ocupavam lugar privilegiado na história política da América Latina, e as constituições liberais aí coexistiam, excetuando-se um ou dois casos, com uma situação quase feudal, se não pior, no campo.

Desde 1947 a Índia vive, salvo uma breve interrupção, sob regime de república parlamentar, com uma constituição que garante os direitos do homem, etc. Todavia, persiste nesse país um regime de castas tão rígido como no passado, de modo que continua a haver párias, os quais não empreendem nenhuma luta revolucionária, nenhuma campanha política de massa, visando a modificar sua situação legal. E, nos casos — raríssimos — em que eles fazem questão absoluta de sair da condição de párias, abraçam o islamismo, porque este não faz distinção de castas.

Quanto à África, sabemos da sua aflição. Nos lugares em que as aparências "constitucionais" são mantidas, a "democracia" é uma farsa; fora deles, tudo é tragédia. A Europa deu muitos presentes à África *(não,* todavia, o tráfico de escravos, que foi presente dos árabes — monoteístas ainda mais rigorosos que os cristãos). Entre outros, sua divisão em pretensas nações, definidas por meridianos e paralelos. Além disso, jipes e metralhadoras que tornam possível a qualquer sargento apoderar-se do poder e proclamar uma revolução popular socialista no decorrer da qual procede ao massacre de boa parte de seus compatriotas; e também as televisões, que permitem a esse mesmo sargento ou a seus colegas cretinizar a população. Também lhe deu "constituições" — e muitas máquinas industriais. Mas não pôde presenteá-la com o capitalismo, nem com regimes políticos liberais. Pois o capitalismo, enquanto sistema produtivo/econômico, simplesmente não é exportável, como tampouco o é o regime de oligarquia liberal falaciosamente denominado "democracia". Não há nenhuma tendência imanente que empurre as sociedades humanas para a "racionalização" desmesurada da produção em detrimento de todo o restante, nem para regimes políticos que admitam certas formas públicas de conflito interno e garantam certas liberdades. Sendo criações históricas, essas duas formas nada têm de inevitável — e sua concomitância histórica é, também ela, muito contingente. O capitalismo, enquanto sistema produtivo/econômico, pressupõe, ao mesmo tempo que exprime, uma *mutação antropológica* ocorrida em *certos países* da Europa Ocidental e que os colonos de *certas* colônias levaram na sola de seus sapatos. Essa mutação, porém, não é necessariamente contagiosa. Ela *pode* sê-lo: o Japão, é claro, é o exemplo extremo disso, assim como os países ao sul do Saara são o exemplo extremo do contrário. E a adoção do capitalismo não *acarreta* um regime político liberal — como mostram, ainda, o Japão de 1860 a 1945, ou a Coréia do Sul desde a guerra.

E tampouco são exportáveis os regimes de oligarquia liberal. Por que falarmos em oligarquia liberal, quando jornalistas, políticos e escritores falam irrefletidamente em democracia? Porque democracia significa o poder do *dèmos,* do povo, e esses regimes se acham sob a dominação política de camadas particulares: grandes financistas e industriais, burocracia gerencial, alta burocracia estatal e política, etc. É verdade que suas populações têm direitos; é verdade que esses direitos não são "simplesmente formais", como absurdamente já foi dito, eles são somente *parciais*. Mas a população não tem o poder; ela não governa nem controla o governo; ela não elabora a constituição nem as leis; ela não julga. Periodicamente, por ocasião das eleições, ela pode punir a porção aparente (que emerge à superfície) dos governantes — foi o que sucedeu na França em 1981 —, mas apenas para alçar ao poder outros da mesma laia — é o que provavelmente acontecerá na França dentro de alguns meses.

As instituições, nessas sociedades, possuem forte *componente* democrático; mas este não foi engendrado pela natureza humana, nem outorgado pelo capitalismo, nem acarretado necessariamente pelo desenvolvimento deste. Ele está presente como resultado remanescente, sedimentação de lutas e de uma história que duraram muitos séculos. Entre essas instituições, a mais importante é o tipo antropológico do *cidadão* europeu: criação histórica de um tipo de indivíduo desconhecido em outros lugares, que pode questionar a representação já instituída, e geralmente religiosa, do mundo, que pode contestar a autoridade existente, pensar que a lei é injusta e dizê-lo, que quer e pode agir para modificá-la e para participar da determinação de seu próprio destino. E isso, acima de tudo, que não é exportável, nem pode aparecer de um dia para outro em uma outra cultura, cujos pressupostos antropológicos instituídos são diametralmente opostos.

O movimento democrático, ou emancipador, ou revolucionário, é uma criação histórica que surgiu uma primeira vez na Grécia antiga, desapareceu durante muito tempo e ressurgiu sob formas diversas, com conteúdos modificados, na Europa Ocidental após o fim da Alta Idade Média. Ele não exprime nenhuma natureza humana, nenhuma tendência imanente ou lei da história. E, infelizmente, tampouco constitui um catalisador ou uma enzima que, instilado em quantidade infinitesimal em uma sociedade qualquer, faria com que ela inevitavelmente evoluísse até o ponto de questionar suas instituições tradicionais. Isto, na verdade, é possível, mas de modo algum necessário. Em particular, o caso da Índia, do mundo muçulmano e mesmo da Rússia parecem ilustrar o obstáculo quase intransponível que constitui, para o nascimento e a evolução de um tal movimento, a perene adesão de uma população a uma religião, ou seus efeitos remanescentes, *na ausência* de fatores de outro tipo que a contrabalancem. Na outra ponta do espectro de possibilidades: bastou que o terror estatal arrefecesse um pouco para que, em Pequim, o Muro da Democracia se cobrisse de *dazibaos* contestadores. E é na mesma direção que caminham muitas evoluções recentes na América Latina.

Para concluir: nós afirmamos que, *para nós*, todos os povos e todos os indivíduos têm os mesmos direitos à liberdade, à busca da justiça, à consecução daquilo que consideram como bem-estar. É importante frisar o *para nós:* pois isso não é verdade para os fiéis de uma religião proselitista e — para tomarmos um exemplo menos sujeito a controvérsia — não é absolutamente verdade para um genuíno muçulmano, ao menos se ele for fiel às prescrições do Corão. E nesse *para nós* reside todo o paradoxo de nossa condição, pois nossa cultura é, desde Heródoto, a primeira e única a afirmar que todas as culturas têm, enquanto tais, os mesmos direitos. Este, sem dúvida, é um ponto em que as outras culturas aparecem, *para nós,* como verdadeiramente defeituosas quando comparadas à nossa. *Em compensação,* o conteúdo de nossa cultura nos obriga a julgar negativamente (e condenar) culturas e regimes que torturam, matam ou aprisionam sem processo justo; ou que admitem a mutilação entre as penas legais; ou perseguem quem não pertence a uma religião oficial; ou que toleram e encorajam práticas como a excisão e a infibulação de mulheres. E é aqui, igualmente, que se torna manifesto o vazio do "liberalismo", do "individualismo" e, de forma mais geral, das "teorias dos direitos do homem". Pois é óbvio que o primeiro desses direitos (e o pressuposto de todo direito e de todo discurso sobre os direitos) é o direito do homem a instituir uma cultura ou a aderir a uma cultura existente. O que se deve dizer, então, ante a instituições da sociedade que gozam da adesão das populações, mas comportam aspectos monstruosos a nossos olhos? Não se pode negar que essa adesão é fabricada pela instituição já existente da sociedade, mas e daí? Deveríamos "forçar a ser livres" essas pessoas que interiorizam — de fato sem nenhuma livre escolha — o regime de castas? Penso que uma das funções contemporâneas do discurso fácil acerca dos "direitos do homem" e do "individualismo" é dissimular uma evasão perante a responsabilidade política e histórica. Responsabilidade que consiste em poder afirmar vigorosamente que *nós* não queremos, nem aqui nem em parte alguma, uma sociedade onde se cortam as mãos aos ladrões, e isso em função de uma opção política última e radical que não se poderia buscar "fundar" (em que?), mas da qual nós — e aquilo que somos e o que fazemos — somos as testemunhas e, para nossa perda e salvação, os fragilíssimos fiadores.

Alguém poderá dizer que tudo isso são sutilezas secundárias, já que "nossa" própria sociedade se prepara talvez para destruir a vida na Terra e, enquanto isso, vai continuamente destruindo-a em fogo brando. Num certo sentido, isso é verdade, e permite-me chegar ao ponto central desta conclusão: é vão e ocioso discutir nossas atitudes em face dos países do Terceiro Mundo quando em nossos próprios países reina o total vazio político que hoje sentimos.

Podemos e devemos exercer nossa crítica aos governos e regimes do Terceiro Mundo, tanto quanto aos nossos; podemos e devemos tentar elucidar as questões para "nós" e para "eles", e difundir idéias; podemos e devemos apoiar os movimentos que julgamos democráticos e emancipatórios nos países do Terceiro Mundo. Contudo, nas circunstâncias atuais, *nós* não podemos "ter uma política" com relação a eles. Pois — o que é um truísmo — isso compete a governos e estes são aquilo que são.

Em outros termos, se nos perguntarem: mas então, quais as conseqüências políticas de tudo isso que se acabou de dizer? Só podemos responder com outra questão: *para quem* essas conclusões? *Quem* faz essa política? Nós não somos os governos, e estes seguem políticas determinadas por considerações completamente diferentes. Poder-se-ia estipular, por exemplo: não daremos nenhuma ajuda, se as liberdades políticas conhecerem uma redução além de um mínimo especificado (o que não é, porém, uma proposta indiscutível: seria necessário, será necessário, por causa de Mengistu, deixar morrer de fome todos os etíopes — ou deveremos fornecer ajuda, mesmo sabendo que quatro quintos dela serão desviados pelo regime e seus lacaios?). Mas *quem* aplicaria essa regra? Pode-se esquecer que bom número de torturadores sul-americanos foi "educado" pela CIA nas instalações da "maior democracia do mundo"? Ou que a França, tanto a giscardiana como a "socialista", sustenta, em seus braços, na África, regimes de terror e corrupção integrais? E pode-se acreditar que uma ou outra dessas questões venham, nos dias de hoje, tornar-se um tema político doméstico nos Estados Unidos ou na França?

Enquanto durar a presente abstinência política dos povos ocidentais, toda tentativa de resposta *política eletiva* de nossa parte aos problemas do Terceiro Mundo será, na melhor das hipóteses, utópica, na pior, cobertura não consciente e não desejada de políticas reais sem conexão com os interesses do Terceiro Mundo.

# A "esquerda" em 1985[21]

QUESTÃO 1: *O Partido Comunista Francês acaba de realizar seu XXV Congresso. Os índices de sua popularidade estão baixíssimos. Ele rompeu com os socialistas. Como explicar a queda do PCF?*

CORNELIUS CASTORIADIS: O problema que precisa ser explicado não é a atual decadência do PCF, mas o fato de que sua influência tenha durado tanto tempo e que, ainda hoje, ele continue a ter uma influência relativamente significativa. O primeiro aspecto corresponde sobretudo a um conjunto de traços arcaicos do capitalismo francês, que ainda subsistiram durante muito tempo após a guerra e possibilitaram ao PCF apresentar-se como o único defensor eficaz de reivindicações elementares dos assalariados. O segundo se explica em parte pelo intenso "clientelismo" praticado pelo PCF, tanto nos sindicatos como nas municipalidades onde ele está implantado. Nos dois casos, contudo, esta influência exprime o poder das tendências totalitárias junto a diferentes camadas da sociedade contemporânea.

QUESTÕES 2 e 3: *Por que razão Georges Marchais não expulsou do Comitê Central os contestadores Juquin, Rigout e Damette: por medo, ou*

---

21. Entrevista concedida por escrito ao *Jornal do Brasil* (Rio de Janeiro), em 17 de fevereiro de 1985, publicada em 24 de março de 1985.

*por desejar adquirir a imagem do democrata que permite a expressão de diversas correntes no seio do Partido?*

C.C.: Aqui, novamente, o que nos poderia surpreender é ele ter excluído Juquin do Birô Político; pois este lá não seria senão um elemento decorativo. A solução adotada por Marchais permitiu-lhe posar como "democrata" e, ao mesmo tempo, mostrar que não se pode "contestar" impunemente a cúpula do Aparelho.

QUESTÃO 4: *O PCF permaneceu como um produto do stalinismo num momento em que outros partidos comunistas europeus abraçavam o eurocomunismo. Como explicar a manutenção de hábitos e valores stalinianos no seio do PCF?*

C.C.: Inicialmente, é preciso observar que uma grande parte desses hábitos e valores stalinianos continua em vigor nos partidos "eurocomunistas". Em política, deve-se considerar os atos e comportamentos reais, e não as palavras e proclamações. A seguir, não há nenhuma explicação "teórica" geral de tais fenômenos: para explicar o persistente stalinismo do PCF é preciso retomar toda sua história. De maneira breve, a força do PCF, que já não era desprezível antes da guerra, aumentou enormemente durante a Ocupação e a Resistência; depois, como eu já disse, graças ao total apodrecimento da social-democracia francesa, ele pôde monopolizar durante muito tempo a "defesa dos interesses dos trabalhadores". Daí a constituição de um aparelho imenso e muito sólido (e carreiras remuneradas vitalícias abertas a dezenas de milhares de pessoas). Ora, verificou-se, historicamente, que a direção desse aparelho (digo seu nome: Maurice Thorez) estava muito mais ligada e submetida a Moscou que a direção italiana. (Thorez era um zero à esquerda que tinha sido imposto ao PCF por Moscou; o que absolutamente não era o caso de Togliatti.) Verificou-se também que essa direção insistiu em jogar a "carta russa", o que teve sentido até os anos 60, mas não depois: o PC italiano, localmente mais forte e mais independente, pôde jogar a carta da coabitação com a democracia cristã. O PCF, contudo, está há mais de vinte anos encurralado no fundo de um beco sem saída: toda e qualquer coisa que fizer constituirá um "erro" e o levará a cair em uma armadilha. Não há "boa política" concebível para o PCF. Em tal situação, a coesão do Partido não pode ser mantida senão pela continuidade dos métodos stalinianos. Estou convencido de que Marchais "tem razão", e que, contrariamente aos piedosos votos dos reformadores lacrimosos do PCF, uma "liberalização" o faria explodir.

QUESTÃO 5: *Presenciamos um refluxo geral da esquerda. Não seriam as perdas do PCF apenas o mais visível início desse refluxo?*

C.C.: Não faço esse gênero de previsão em política. Dito isto, o recuo do Partido Socialista também já é um fato na França, e um fato compreensível. Por que diabo as pessoas iriam dar apoio a um governo que não faz nada de diferente daquilo que faria um governo de "direita"? Os socialistas franceses se ofendem quando são qualificados de "social-democratas". Mas a social-democracia, na sua época áurea, fazia reformas importantes e reais. Os socialistas franceses nada fizeram. Raramente se viu um tal vácuo de imaginação política. O resultado da passagem do PS pelo poder na França é, na atualidade, uma despolitização ainda mais acentuada das pessoas. É isso que explica, também, a ressurreição política de improváveis dinossauros como Giscard, Chirac ou Barre.

QUESTÃO 6: *Os caminhos percorridos pelos partidos socialistas, sobretudo a escolha por viver em uma economia de mercado, representam um progresso ante os padrões tradicionais do socialismo?*

C.C.: A "escolha" em pauta não data de hoje, mas tem três quartos de século. Não se trata de uma escolha pela economia "de mercado" mas *pela economia capitalista dos dias atuais*. Esta não é senão muito parcialmente uma "economia de mercado" (monopólios, oligopólios, cartéis, setor sob direto controle estatal, garantia de preços, intervenções explícitas ou disfarçadas do Estado, etc.). Quando se faz a lista dos produtos que entram no PNB, vê-se como é duvidoso que em sequer *um quarto* dos casos os preços sejam formados de modo como o supõem os tratados de economia política. É bem verdade que, devido a razões que não é possível analisar aqui, essa economia bastarda conserva uma imensa superioridade, quanto à "eficácia econômica", sobre as economias burocráticas centralizadas, como as dos países comunistas. Mas, assim como é uma mistificação chamar estas últimas de "economias socialistas", é uma mistificação quase tão grande chamar as primeiras de "economias de mercado". Uma sociedade autônoma, uma sociedade que tiver abolido o poder tanto dos capitalistas como dos burocratas, instaurará com certeza um verdadeiro mercado de bens de consumo; mas isso exige, seguramente, a eliminação das enormes desigualdades de proventos que existem hoje tanto na França como no Brasil, nos Estados Unidos como em Cuba, na China como no Chile.

QUESTÃO 7: *A tese do desaparecimento do Estado continua sendo um fator de convergência política entre os partidos de esquerda. Por quê?*

C.C.: Aqui, mais uma vez, é necessário distinguir entre as palavras e os atos. Os leninistas proclamavam que seu objetivo era a supressão do Estado. E jamais se viu, na história, um Estado tão monstruosamente reforçado como o partido-Estado comunista. Quanto aos socialistas, eles sempre foram vagos quanto a esse ponto, na teoria. Na prática, entretanto, também eles intensificaram, sempre que lhes foi possível, a burocratização da sociedade, por intermédio do aumento de intervenções estatais: uma burocratização "suave" mas, ainda assim, burocratização. As atuações do PS francês fornecem numerosos exemplos disso. Assim, no caso da lei sobre o ensino privado, eles preferiram perder votos e aumentar o déficit orçamentário a renunciar a um pequeno aumento do controle da burocracia estatal e sindical sobre os docentes.

Esclarecido esse ponto, há o nó da questão. Esse nó é a confusão criada por Marx, ao lançar a idéia absurda de uma sociedade onde tudo se regularia "espontaneamente". Uma sociedade autônoma é inconcebível sem a destruição do Estado enquanto aparelho burocrático separado da sociedade e dominando essa sociedade. Mas mesmo uma sociedade autônoma terá que se governar e legislar sobre si própria. Ela terá, portanto, um poder, e magistrados para exercê-lo. Mas isso, por si só, não faz um "Estado". A antiga *polis* grega era uma coletividade política (autogovernada, no caso de uma *polis* democrática), mas ela não "tinha" um Estado, e não "era" um Estado.

QUESTÃO 8: *A aceitação das regras da democracia parlamentar por alguns partidos comunistas e por todos os partidos socialistas europeus implica alguma revisão de sua concepção da participação política?*

A "ESQUERDA" EM 1985

C.C.: Os partidos socialistas sempre jogaram o jogo parlamentar. Quanto aos partidos comunistas, é preciso sempre distinguir entre a tática e o objetivo final. O objetivo final não mudou: é a conquista integral do poder, e a transformação totalitária da sociedade. Esse objetivo se apresenta, na maior parte do tempo, como irrealizável nas circunstâncias "normais" (mas não se deve esquecer que em Portugal faltou pouco, em 1974-1975, para que o poder fosse tomado por um PC com uma sustentação ínfima na população). Os PCs são obrigados, portanto, a seguir táticas sinuosas e tortuosas, que cobrem toda a extensão do espectro (desde a participação no governo até a guerra civil). Entre essas táticas está a proclamação, em certos casos, de que aceitam as regras da democracia parlamentar. Isso poderá ser rediscutido assim que se tiver visto um partido comunista instalado no poder organizar eleições democráticas, perdê-las e retirar-se. Até lá, daria na mesma discutir *Branca de Neve e os sete anões*.

QUESTÕES 9, 10 e 11: *Como você avalia o futuro das forças da esquerda francesa? E do socialismo na Europa Ocidental? Alguém escreveu que a verdadeira libertação das energias nacionais na França, e a explosão dessas mesmas energias, passa pela marginalização ou isolamento do* PCF. *Você está de acordo com isso?*

C.C.: Repito que não me ocupo de "previsões" políticas, e não creio que se possa fazê-las seriamente, a menos que sejam banais. Mas, através de sua pergunta, é todo o problema político dos países industriais e liberais que é levantado. É claro que as ideologias *tradicionais* da "esquerda" estão falidas, e que as pessoas cada vez mais se apercebem disso. É isso que propicia, em certos casos (Reagan e Thatcher são os mais evidentes e os mais importantes), essa recuperação de forças de uma direita que está, também ela, ideologicamente falida, e que é igualmente incapaz de ter uma idéia "reacionária" nova. Mas é claro que esses são apenas sintomas de alguma coisa bem mais profunda, que é a crise da decomposição das sociedades ocidentais. Uma manifestação (ao mesmo tempo efeito e causa) bem mais importante dessa crise é a privatização das pessoas, sua despolitização, o desaparecimento do verdadeiro *conflito* social e político, a transformação completa da *política* em enfrentamentos e compromissos entre *lobbies,* etc. Nessa evolução, todos os partidos políticos existentes, de "esquerda" ou de "direita" (tais termos já há muito perderam seu sentido), não apenas são arrastados, mas figuram entre seus agentes mais ativos. Uma autêntica libertação de energias, na França e em outras partes, passa pela marginalização de *todos* os partidos políticos existentes; pela criação, por parte do povo, de novas formas de organização política, fundadas na democracia, na participação de todos, na responsabilidade de cada qual em face dos assuntos comuns — em suma, pelo renascimento de um autêntico pensamento e sentimento político, e que seria ao mesmo tempo lúcido perante os resultados da história dos dois últimos séculos. Nada indica que isso vá inevitavelmente ocorrer; mas nada indica, tampouco, que se trate de algo impossível. Na ausência de um tal renascimento, as sociedades ocidentais cairão, na pior das hipóteses, sob o jugo da Rússia: na melhor delas, em um pesadelo cada vez mais sufocante.

# Cinco anos depois[22]

Quero começar expressando a minha gratidão para com os amigos poloneses que se decidiram a efetuar a tradução e publicação, em polonês, deste primeiro volume de *Diante da guerra*. É também a seu pedido que redigi as páginas que se seguem, nas quais tento fazer um breve sumário do que ocorreu nestes cinco anos que nos separam da publicação do livro. Espero que o leitor polonês não estranhe o fato de eu praticamente não mencionar a Polônia: seria muita pretensão de minha parte.

Acrescentarei apenas isto: quando ocorreu o golpe de Estado de Jaruzelski, muitas pessoas disseram-me: isso confirma até à caricatura as suas teses sobre a estratocracia, ou seja, sobre a evolução da Rússia em direção a um novo tipo de regime, no qual o papel dominante pertence à "sociedade militar" (Exército, Aparelho da indústria militar, setores do Partido a eles ligados). Mas essa interpretação apenas revela uma total incompreensão de minhas idéias, como o leitor atento descobrirá sem dificuldade nas páginas que se seguem. A evolução do regime comunista para um regime estratocrático é algo específico à Rússia e se prende às particulares condições sociais, históricas e outras, desse país. A Polô-

---

22. Prefácio à edição polonesa de *Diante da guerra* (vol. I, Londres, Aneks, 1985). Uma tradução espanhola deste prefácio foi publicada em *El País* (Madri) de 19 de maio de 1985.

nia de hoje não é, e dificilmente poderia tornar-se, uma sociedade estratocrática. Em contrapartida, o que o golpe de Estado de dezembro de 1981 confirma é a outra metade de minhas teses: o total apodrecimento do regime, como na Rússia; o estado pré-cadavérico do Partido Comunista; sua completa incapacidade de se auto-reformar e mesmo de se aproveitar de um imenso movimento social para, *em seu próprio interesse,* modificar-se um pouco; a redução de sua "ideologia" a um rosário de palavras desprovidas de sentido que até os porta-vozes oficiais pronunciam sem a menor convicção.

No final de 1979, o Exército russo invadiu o Afeganistão e em poucos dias ocupou as suas principais cidades e vias de comunicação. Em agosto de 1980, as greves na Polônia desencadearam um processo que havia de culminar na demissão de Gierek e no reconhecimento oficial do *Solidariedade*. Em novembro de 1980, Ronald Reagan foi eleito presidente dos Estados Unidos. No dia 13 de dezembro de 1981, o general Jaruzelski proclamou o "estado de guerra" (guerra contra seu próprio povo, teria dito Hannah Arendt) e mandou para a prisão milhares de oponentes do regime. Andropov sucedeu a Brejnev em novembro de 1982 e, em fevereiro de 1984, Tchernenko sucedeu a Andropov. Em novembro de 1984, Reagan sucedeu a si mesmo e, em março de 1985, Gorbatchev sucedeu a Tchernenko.

Terá havido em qualquer lugar — excetuando-se a Polônia — alguma mudança importante durante este período? Minha resposta é que, do ponto de vista da confrontação russo-americana, na verdade nada mudou, e que as mesmas tendências profundas continuam a agir e a modelar a realidade.

Nenhuma evolução no sistema russo. Ou, mais exatamente, esse sistema se aferra cada vez mais às características que se tornaram suas desde a eliminação de Khruchtchev. Houve, no Ocidente, "sovietólogos" e "kremlinólogos" ridículos o bastante para proclamar, por ocasião do advento de Andropov, que ia abrir-se um grande período de reformas econômicas e políticas. A. Adler em *Libération* ou Jerry Hough nos diários americanos explicavam, para quem quisesse ouvi-los, que a longa carreira de Andropov à testa do KGB fazia dele o homem mais indicado para uma liberalização política da Rússia, do mesmo modo que seu papel de proa no esmagamento da Revolução Húngara de 1956 predestinava-o a introduzir na Rússia a "variante húngara" do socialismo.

Curiosamente os comentários de todos os que apostavam na "mudança de gerações" foram bem mais prudentes por ocasião da subida ao poder do adolescente Gorbatchev.

Contudo, o que tentou fazer Andropov, e que é provavelmente o que Gorbatchev está em via de fazer, nada tem de transcendente. Não se trata de "reformar" o sistema, mas sim de manejar um pouco melhor a cenoura e o porrete — sobretudo o porrete — para limitar-lhe um pouco os absurdos. Não se pode pensar em "reformar" o sistema. Deixando-se de lado qualquer consideração quanto às capacidades ou às ambições de Gorbatchev, ou de quem quer que seja, faltam para uma tal reforma tanto as idéias como os quadros e as possibilidades sociais. Como proceder, temos vontade de perguntar a todos esses fornecedores de conselhos gratuitos, como vocês procederiam para "reformar" um regime como o regime russo? Será que vocês têm alguma idéia a propor? E com a ajuda de quem? Onde estariam afinal escondidos os milhões de quadros ardentes de desejo de mudar o sistema, e que só estariam aguardando o sinal verde para fazê-lo? E como vencer a sabotagem, a oposição silenciosa mas aguerrida a qualquer "reforma", que viria não apenas das dezenas de milhões de burocratas privilegiados mas na verdade de todo mundo, de alto a baixo do sistema, visto que cada qual, tendo-se virado como pôde e tendo cavado seu nicho, teme qualquer mudança?

O sistema é irreformável. Ele pode explodir sob efeito de uma revolta popular. A rigor, ele pode implodir — desabar — se o desregramento da sociedade não militar acabar ultrapassando todos os limites. Ele não pode se auto-reformar pacificamente: é o que mostra a análise teórica; é o que atestam os sucessivos fracassos de Malenkov e Khruchtchev.

Mas, sobretudo, a idéia de que o regime "quereria" ou "tenderia a" se reformar é uma ingênua projeção ocidental (e, como toda projeção, sustentada por um desejo). Reformar-se para quê, tendo em vista qual fim? Para dar maior liberdade às pessoas? Mas o regime execra a liberdade, é construído *para* torná-la impossível. Para promover o bem-estar das massas? Mas para que fazer isso? Para que elas aprendam depois a exigir mais, ou outra coisa? Será assim tão difícil ver que a miséria (organizada e administrada como é na Rússia) é um magnífico instrumento de controle e de corrupção — bem como uma arma quase absoluta de dissuasão política, pois o oponente potencial, antes mesmo de ser posto no hospital psiquiátrico ou no campo de concentração, vê-se privado do que comer? Para melhorar a produção? Mas, no lugar onde a quantidade e qualidade da produção importam mesmo ao regime — no setor militar —, faz-se tudo o que é preciso para que ela funcione bem: benefícios diretos e indiretos concedidos aos empregados das "empresas fechadas", rígidos controles de qualidade, responsabilidade dos dirigentes da produção, etc.

É verdade que o sistema não é "perfeito", longe disso, relativamente a seus próprios objetivos. Mas, considerado em relação a estes, ele não tem necessidade nem possibilidade de se reformar. Sua única meta, sua única perspectiva possível, é o aumento de sua dominação. Com a decrepitude de sua ideologia e o desmascaramento mundial de sua monstruosa realidade, o meio que veio a tornar-se central para tanto é a Força Bruta. Daí a completa subordinação da produção, da economia, da vida social russas à acumulação de força militar e à política externa.

A Força Bruta como fim em si, a Força Bruta pela Força Bruta, tornou-se o "valor" central dessa sociedade, sua significação imaginária dominante. Isso não vale apenas para o exterior, mas também para o interior. O "poder", grande ou ínfimo, torna-se simultaneamente o único objetivo da existência e o único meio de satisfazer as necessidades, sejam quais forem, do indivíduo. E é assim, evidentemente, que o regime tende a produzir o tipo antropológico de indivíduo que lhe corresponde, indivíduo definido pelo cinismo, pela falta de qualquer escrúpulo, pela sede de poder (não faz a menor diferença que seja secretário-geral do Partido ou chefe de turma numa fábrica). Que ele conseguiu produzir tais indivíduos às dezenas de milhões, é fora de dúvida; caso contrário, há muito tempo teria desabado. Que já tenha conseguido isso quanto ao essencial da população russa, é outra questão, que deve permanecer em aberto, mas da qual também depende, em boa parte, nosso próprio futuro.

Tampouco os cinco anos de administração Reagan conseguiram, apesar das aparências e da retórica do "grande comunicador" (isto é, do grande *gaffeur*), mudar o que quer que seja de essencial na situação do mundo ocidental; ao contrário, os sinais de seu processo de decomposição vêm-se multiplicando. Entre esses sinais — ou esses símbolos — contam-se, sem dúvida, a triunfal reeleição do próprio Reagan, assim como, de maneira mais geral, a farsa medíocre que é representada, sob o nome de "política", pelos diferentes *scapins*[23] que "dirigem" os países ocidentais.

Depois de enfrentar seus dois piores anos do pós-guerra em 1981-1982 (com uma taxa de desemprego de 10,5%, o que significa 20% no caso dos negros e 40 a 50% no caso dos negros jovens), a economia americana entrou de novo em expansão a partir de 1983. Mas em razão de quê? Sob a capa de uma monótona litania contra o keynesianismo, por meio de uma política ultra-keynesiana, que elevou o déficit orçamentário a alturas (cerca de 6% do produto nacional) com que o mais fanático keynesiano jamais ousaria sonhar. No entanto, mesmo com um déficit orçamentário dessa ordem, o desemprego nos Estados Unidos permanece em torno de 7,5%. Com a exceção do Japão, os outros países capitalistas estão com suas economias estagnadas e não é possível ver como o desemprego, que já atinge 12% em média nos países do Mercado Comum, não continuará a aumentar. O sistema monetário e financeiro internacional está mais frágil do que nunca. Na maioria dos países do Terceiro Mundo — onde se trava o verdadeiro confronto com a Rússia — a miséria e a fome aumentam.

Mas não vou estender-me aqui acerca dos aspectos econômicos e políticos da decomposição das sociedades ocidentais (tratarei disso em pormenor no segundo volume de *Diante da guerra*). Limito-me a considerar os aspectos político-militares da confrontação russo-americana.

Fez-se enorme alarido em torno do rearmamento americano sob Reagan, e é certo que as *despesas* militares dos Estados Unidos têm aumentado bastante. Deixarei de lado as "comparações" com as *despesas* militares russas — comparação que, como já mostrei em *Diante da guerra*, não tem nenhum sentido. A questão é: para onde vão e para que servem essas despesas? Esqueçamos também o fato de que os jornais americanos trazem diariamente à tona novos escândalos (que, visivelmente, não são sequer vistos como tais por uma América já embotada) relativos ao *aprovisionamento* militar americano. Quem poderá jamais calcular que parcela dos créditos militares dos Estados Unidos foi gasta

---

23. A alusão é ao personagem do criado astuto e inescrupuloso em *Les fourberies de Scapin* [*As malandragens de Scapin*], de Molière. *(N. do T.)*

na compra de assentos de vasos sanitários para aviões a 800 dólares cada, de martelos faturados a 200 dólares (os mesmos que custam 1 ou 2 dólares no armazém da esquina), ou em honorários de advogados que defendem as empresas produtoras de material militar contra as acusações de malversação ou de contabilização fraudulenta em detrimento do Estado americano? O balanço do "rearmamento" americano sob Reagan é simples: excetuando-se alguns buracos parcialmente tapados nos setores de peças de reposição, de munição e de treinamento de pessoal (em 1980, a situação das Forças Armadas americanas era, sob esses três aspectos, lastimável), e um crescimento da Marinha desprovido de qualquer sentido estratégico (cf. E. N. Luttwak, "Le navalisme dans la politique de défense du président Reagan", em *Stratégie navale et Dissuasions*, Paris, CNRS, 1985), o que se vê é uma expansão das encomendas de material que não obedece a nenhum plano de conjunto, a nenhuma concepção estratégica. Trata-se sempre do imaginário capitalista (e marxista, bem-entendido): (1º) *todo* problema pode ser resolvido com um número suficiente de dólares, pois (2º) com os dólares pode-se comprar (ou produzir) a técnica e (3º) com a técnica tudo se resolve. Há uma total diferença entre dispor de uma política e de uma estratégia, provendo-lhe os meios apropriados, e empilhar os meios (ou melhor, os créditos orçamentários) sem nenhuma idéia política e estratégica. O caso do míssil MX, cuja construção, planos e especificações foram decididos, depois cancelados, depois modificados ao menos uma dezena de vezes, e que está por fim em vias de ser fabricado, embora apenas na metade da quantidade inicialmente prevista e seguindo um modo de desenvolvimento que contradiz radicalmente as justificações iniciais de sua produção, é, sob este aspecto, um caso típico e até caricatural. Como disse Luttwak com muita pertinência, as despesas militares americanas "resultam mais de um fenômeno cultural que estratégico".

A administração Reagan não "corrigiu" o desequilíbrio entre a Rússia e os Estados Unidos. No plano convencional, a situação não se modificou; no plano nuclear, ela não é modificável. (Não levo a sério a "guerra nas estrelas", a não ser como fonte de lucros para as empresas que já se beneficiam de verbas e concessões.) Na frente européia, a superioridade convencional dos russos é esmagadora, e não resulta apenas de considerações numéricas. Para mencionar apenas alguns elementos: a Rússia tem a enorme vantagem de poder agir "segundo suas linhas interiores". Para avaliarmos corretamente o que isso significa na prática (e para se reconhecer a mistificação alimentada continuamente pelos jornalistas e "especialistas"), basta notar que os cômputos de forças comumente realizados misturam alhos com bugalhos, as divisões turcas, gregas, italianas, portuguesas e norueguesas com as estacionadas na Alemanha. Como se fosse possível que as primeiras um dia chegassem a participar de uma batalha sobre o rio Elba! Como se fosse possível, igualmente, que as divisões inglesas, canadenses ou americanas que ainda não estão na Europa pudessem ser para lá transportadas — ao passo que bastaria um pequeno número de bombas de pequena potência, ou mesmo alguns decisivos bombardeamentos estritamente convencionais sobre Hamburgo, Roterdã, Antuérpia, Le Havre e Bordeaux para que o continente ficasse completamente isolado. Em segundo lugar há *um único* Exército russo, diante de um mosaico tão multicolorido quanto possível de divisões "atlânticas", dotadas de armamentos diferentes e não "interoperacionais". (Ver "International Institute for Strategic Studies", *The Military Balance 1984-1985,* p. 148-51"). Em terceiro, conhecendo-se o "moral" atual das populações européias, é inevitável nutrir grandes dúvidas quanto ao comportamento em combate das divisões estacionadas na Alemanha. É costume mencionar os demais países do Pacto de Varsóvia, fora a Rússia, para se dizer que seus soldados não estariam muito dispostos a lutar. Mas isso é esquecer que o Estado-maior russo não tem nenhuma razão para utilizá-los em operações diversas do simples policiamento de seus respectivos países — como é o caso, já, do Exército polonês. Silencia-se, por fim, constantemente, sobre o fato de que o "posicionamento" aliado na Alemanha representa o exemplo mesmo do que não se deve fazer: ao menos desde Clausewitz, essa "defesa em cinturão" tem sido condenada como a mais estúpida forma de defesa. Ora, esse posicionamento é imposto ao comando da OTAN pelas convenções com a Alemanha Federal, que proíbem às forças da OTAN o abandono voluntário de qualquer porção do território alemão. O que equivale a obrigar um boxeador a lutar tendo os pés cimentados ao ringue.

É evidente que não há nenhum interesse em considerar a hipótese de uma verdadeira guerra limitada aos meios convencionais — mesmo que estes estivessem consideravelmente aperfeiçoados. Pois, ou bem os Estados Unidos não aceitarão por preço algum que a Europa caia nas mãos dos russos — o que equivalerá a uma escalada nuclear imediata e fulgurante — ou então eles recuarão ante essa eventualidade, e as operações na Europa, se é que as haverá, terão duração extremamente curta.

É evidente também que a questão do confronto entre a Rússia e o que se convencionou chamar o "Ocidente" nunca foi uma questão estritamente militar, ao menos desde que a Rússia também passou a dispor de armas nucleares. A confrontação essencial é política, sociológica e psicológica, e sob esse aspecto, o único decisivo, nada mudou após 1980. De um lado, há um Império que se esforça por todos os meios para obter poder e expandir-se (sem se importar com suas contradições internas nem com a resistência dos povos a ele submetidos). De outro, há uma falsa "aliança", corroída por dissensões internas, cujos membros querem, acima de tudo, ser protegidos pelos Estados Unidos, fazendo eles mesmos o mínimo possível e, ao mesmo tempo, protestando e reclamando contra essa "proteção". Basta refletir sobre este simples fato: a França e a Alemanha, provavelmente, e a Grã-Bretanha, certamente, não teriam nenhuma necessidade da "proteção" dos Estados Unidos caso se dispusessem a realizar efetivamente o que é necessário para enfrentar a Rússia. Mas, ao mesmo tempo em que tanto se fala sobre a unidade da Europa, a CEE atravessa duas crises por ano por causa de algumas toneladas de peixe ou de alguns centavos no preço do leite — subvencionando generosamente, enquanto isso, as exportações de manteiga para a Rússia.

Mas neste plano, o plano político, e sem falar das tentações "finlandesas" de boa parte das camadas dominantes da Europa, o essencial está sendo jogado no Terceiro Mundo — e aí a falência total dos governos ocidentais é flagrante. Se o Fundo Monetário Internacional fosse um instrumento do KGB, ele seguiria exatamente a mesma política que segue agora: jogar as populações dos países subdesenvolvidos no desemprego e na fome. A resistência afegã está praticamente abandonada a si mesma e a Rússia, nesse país, consegue aquilo que nenhuma potência imperial jamais conseguiu: controlar as cidades e as vias de comunicação. Pode ser que os russos não tenham ganho no Líbano, mas os ocidentais, nesse país, foram completamente derrotados. O mesmo começa a acontecer nas Filipinas. Após os pretensos acordos de retirada simultânea, admite-se agora que os líbios jamais abandonaram a metade setentrional do Chade. E seria necessário lembrar que os governos ocidentais reagiram com meras palavras à instauração da ditadura militar na Polônia?

A incapacidade, a miopia, a quase cegueira histórica das camadas dirigentes dos países ocidentais carregam-se ainda mais de significação histórica pelo fato de se acompanharem de uma despolitização e privatização cada vez mais acentuada das populações, de uma evanescência do conflito social e político nos países industriais, que deixa o caminho livre para a irracionalidade do sistema e para a irresponsabilidade dos dirigentes.

Haveria alguma esperança? E onde?

Na história, não são possíveis previsões acerca dos assuntos essenciais. O que significa, *igualmente*, que não podemos dar a humanidade contemporânea por perdida, decidir que ela aceitou definitivamente a escravidão explícita da estratocracia russa ou, mais sutil e disfarçada, a de um pesadelo climatizado — cada vez mais pesadelo, e cada vez menos climatizado. A Polônia, há cinco anos — como há trinta anos —, nos mostra isso. A resistência do povo afegão também. Vimos recentemente no Brasil populações pobres, desempregadas, pouco "cultivadas", preferindo se manifestar pela liberdade, mais do que por salários e empregos. Em toda a América Latina há sinais seguros de que as pessoas começam a abandonar o falso dilema em que as duas superpotências, com uma perfeita cumplicidade objetiva, conseguiram até agora mantê-las: se você quer lutar contra o *statu quo,* é preciso aliar-se aos comunistas e à Rússia; se você não quer os comunistas e a Rússia, é necessário perfilar-se ao lado dos proprietários e da América.

A falência desde já comum das ideologias marxista e liberal é de uma extensão bem mais geral — e talvez ainda mais intensa nos países industrializados. Ela se dissimula, nos dias de hoje, por trás do falso renascimento de um "liberalismo" que tem sua origem na tentativa das camadas dominantes, após a inflação, a crise do petróleo e os abalos do sistema monetário internacional, de recuperar um relativo controle sobre sua economia e remodelar a distribuição do produto nacional em detrimento dos assalariados; e esse "liberalismo" tem sido consideravelmente reforçado pela reação das populações contra a estatização e a burocratização crescentes da vida social. (Foi preciso o gênio político dos "socialistas" franceses para não conseguirem compreender esta significação comum há vinte anos aos movimentos tanto "de direita" como "de esquerda", e para acabarem de se destruir diante da opinião pública graças à sua tentativa de acentuar o controle estatal do sistema escolar.) Tal liberalismo, no entanto, dificilmente conseguirá sobreviver a seus resultados, quando estes começarem a aparecer claramente: aumento da miséria na maioria dos países subdesenvolvidos, aumento do desemprego nos países industrializados, ameaça permanente de um colapso do sistema monetário e financeiro internacional.

A primeira grande incógnita diz respeito ao que acontecerá às populações dos países industrializados, quando a fumaça do reaganismo, do thatcherismo e de suas diversas imitações se dissipar. Terão elas força para criar um novo movimento político, para eliminar a burocracia capitalista e socialista, e avançar no caminho do autogoverno?

A segunda grande incógnita diz respeito, evidentemente, ao povo russo. Até quando ele suportará a opressão e a miséria que o regime lhe impõe? Em que medida já estaria ele completamente atomizado, ou integralmente absorvido pelo chauvinismo grão-russo que o regime busca por todos os meios fazer reviver?

Apesar da enorme diferença de sua situação tanto em relação ao primeiro como ao segundo desses casos, a incrível resistência do povo polonês e sua capacidade de inventar, nas piores condições, os meios para impedir que Jaruzelski consolide seu domínio sobre o país mostram que a luta pela liberdade preserva ainda o seu sentido pleno — que não temos de esperar a liberdade, mas de trabalhar e lutar por ela.

*Paris, 5 de maio de 1985.*

# KOINÔNIA

# Reflexões sobre o "desenvolvimento" e a "racionalidade"[1]

## 1. FORMULAÇÃO DA QUESTÃO

Já faz algum tempo que o "desenvolvimento" tornou-se tanto um *slogan* quanto um tema da ideologia oficial e "profissional" — bem como das políticas dos governos. Pode ser útil recordar sumariamente sua genealogia.

O século XIX celebrou o "progresso", a despeito das críticas acerbas e amargas de adversários do capitalismo triunfante. A I Guerra Mundial, depois, após curto interlúdio, a Grande Depressão, a ascensão do fascismo e do nazismo na Europa e a manifesta inevitabilidade de uma nova

---

1. Texto apresentado no colóquio de Figline-Valdarno sobre "La crise du développement" (13-17 de setembro de 1974). Redigido em inglês, traduzido para o francês por Mme. de Venoge e publicado sob esta última forma em *Esprit* (mai. 1976), a seguir em *Le mythe du développement*, organizado por Cândido Mendes (Paris, Seuil, 1977), no volume que contém as atas do colóquio. Reproduzo aqui, também, minhas intervenções no decorrer da mesa-redonda realizada dois anos mais tarde em Paris, por iniciativa de Jean-Marie Domenach, para discutir os "modelos socialistas" de desenvolvimento, que praticamente não tinham sido mencionados em Figline-Valdarno (*Le mythe du développement, op. cit.*, p. 111-40). Fui levado, assim, a reconstituir parte das intervenções dos participantes da mesa-redonda, sem as quais o que eu digo não seria inteligível; eu lhes agradeço antecipadamente pela compreensão, e recomendo ao leitor interessado que se reporte, para a totalidade da discussão, à obra coletiva acima citada.

guerra mundial, todos parecendo demonstrar que o sistema era ingovernável, provocaram um colapso da ideologia oficial. A "crise do progresso" era o tema dos anos 30.

No mundo do pós-guerra, os poderes estabelecidos preocuparam-se de início e sobretudo com a reconstrução, e com os novos problemas criados pela luta entre os Estados Unidos e a Rússia. No Ocidente, o sucesso da reconstrução econômica ultrapassou todas as expectativas, e uma longa fase de expansão teve início. Quando, com o fim da guerra da Coréia, o antagonismo russo-americano pareceu se atenuar; quando também, a despeito de algumas sangrentas exceções, a "questão colonial" pareceu estar em via de solução mais ou menos pacífica, a opinião oficial começou a sonhar que havia sido encontrada, por fim, a chave dos problemas humanos. Essa chave era o crescimento econômico, que se poderia realizar sem dificuldade graças aos novos métodos de regulação da demanda, e as taxas de crescimento do PNB por habitante forneciam a resposta para todas as questões. É verdade que o conflito potencial com o bloco oriental continuava ameaçador; mas difundia-se também a idéia de que, quando esses países atingissem a maturidade industrial e fossem invadidos pelo consumismo, seus governantes seriam levados a seguir uma política internacional menos agressiva e, talvez, a introduzir algum grau de "liberalização" interna. É verdade também que a fome era (como ainda continua sendo) realidade quotidiana para uma parte enorme da população do planeta, e o Terceiro Mundo *não* apresentava nenhum crescimento econômico, ou então um crescimento demasiado débil e lento. Mas isso ocorria porque os países do Terceiro Mundo não se "desenvolviam". O problema consistia, então, em desenvolvê-los, ou fazê-los se desenvolver. A terminologia internacional oficial foi, por conseguinte, adaptada. Esses países, que antes eram denominados, com brutalidade sincera, "atrasados", depois "subdesenvolvidos", passaram a chamar-se, educadamente, "menos desenvolvidos" e, por fim, "países em via de desenvolvimento" — agradável eufemismo que de fato significava que esses países *não* se desenvolviam. Como foi diversas vezes formulado nos documentos oficiais, desenvolvê-los significava: torná-los capazes de entrar na fase do "crescimento auto-sustentado".

Mas a nova ideologia, tão logo foi introduzida, passou a sofrer ataques de todos os lados. O sistema social estabelecido começou a ser criticado não porque ele seria incapaz de assegurar o crescimento, nem porque distribuía desigualmente os "frutos do crescimento" — tradicionais críticas da esquerda —, mas porque ele se preocupava *apenas* com o crescimento e promovia *apenas* o crescimento — um crescimento de tipo determinado, com um conteúdo específico, que acarretava determinadas conseqüências humanas e sociais. Limitadas, no início, ao interior de um círculo bastante estreito de pensadores sociais e políticos heterodoxos, essas críticas vieram a difundir-se amplamente, dentro de poucos anos, junto aos jovens, e começaram a influenciar tanto os movimentos estudantis dos anos 60 como o comportamento efetivo de diversos indivíduos e grupos, que decidiram abandonar a "corrida dos ratos"[2] e buscaram estabelecer para si mesmos novas formas de vida comunitária. Com insistência crescente, começou-se a levantar a questão do "preço" que os seres humanos e as coletividades tinham de "pagar" pelo crescimento. Quase simultaneamente, "descobria-se" que esse "preço" envolvia um elemento importantíssimo, que até então tinha passado em silêncio, e cujas conseqüências muitas vezes não diziam respeito diretamente às gerações presentes. Tratava-se do acúmulo maciço e talvez irreversível de danos infligidos à biosfera terrestre, resultante da interação destrutiva e cumulativa dos efeitos da industrialização; efeitos desencadeadores de reações ambientais que continuam, para além de um certo ponto, desconhecidas e imprevisíveis, e que poderiam eventualmente desembocar em uma avalanche catastrófica final, ultrapassando toda possibilidade de "controle". Do afundamento de Veneza nas águas até a morte talvez iminente do Mediterrâneo; da eutrofização dos lagos e rios até a extinção de dúzias de espécies vivas; das primaveras silenciosas até o eventual derretimento das calotas polares; da erosão da Grande Barreira de Coral até a multiplicação por mil da acidez das águas pluviais — as conseqüências virtuais ou efetivas de um "crescimento" e de uma industrialização desenfreados começavam a delinear-se, imensas. A recente "crise da energia" e a escassez de matérias-primas surgiram no momento apropriado para lembrar aos homens que não era nem mesmo certo que eles poderiam continuar por muito tempo a destruir a Terra.

---

2. *Rat's race*: expressão que se tornou corrente nos Estados Unidos, após os anos 50, para designar o modo de vida dominado pela tentativa, por parte de todos, de subir na hierarquia e na escala do consumo.

Como era de se prever, as reações dos poderes estabelecidos estiveram de acordo com a natureza destes. Já que o sistema tinha sido criticado por preocupar-se unicamente com a quantidade de bens e serviços produzidos, novos organismos burocráticos foram estabelecidos para cuidar da "qualidade de vida". Como parecia haver aí um problema ambiental, ministérios, comissões e conferências internacionais foram organizados para resolvê-lo. Tais organismos, na verdade, resolveram de maneira eficaz certos problemas muito graves, tais como, por exemplo, o de encontrar postos ministeriais para políticos que precisavam ser acomodados em cargos sem importância política, ou o de inventar razões para manter e aumentar os créditos orçamentários concedidos a organizações nacionais e internacionais moribundas ou desocupadas. Os economistas imediatamente descobriram um terreno novo e promissor para seus agradáveis exercícios de álgebra elementar — sem se deterem um só instante para questionar seu quadro conceitual. Os indicadores econômicos foram completados pelos "indicadores sociais ou indicadores de bem-estar", e novas linhas e colunas foram acrescidas às matrizes das transações interindustriais. A questão ambiental só era discutida do ponto de vista dos "custos" e dos "rendimentos", e do possível impacto das medidas de controle da poluição sobre as taxas de crescimento do PNB; esse impacto corria o risco de ser negativo, mas, supunha-se esperançosamente, isso poderia muito bem vir a ser, afinal, compensado pelo crescimento da nova "indústria de controle da poluição". Quase não é preciso acrescentar que a frase *"trabalho pioneiro em matéria de controle da* poluição" logo assumiu lugar eminente na publicidade dos maiores poluidores, as gigantescas companhias industriais. O aspecto mais intensamente discutido era a questão de saber se e como se poderia e se deveria "internalizar" os custos do controle da poluição[3]. A idéia de que

---

3. Ou seja, fazer com que esses custos recaiam sobre as empresas poluidoras, e não sobre o público (o Estado). As "economias externas", ou "externalidades" (positivas ou negativas), que serão mencionadas mais à frente, englobam todos os efeitos das atividades de uma empresa sobre outras empresas e sobre a sociedade (como também os efeitos das atividades de outras empresas, etc., sobre uma empresa determinada) que diminuem (ou aumentam) os custos de produção destas. Dentro da conceituação econômica reinante, a destruição do ambiente aparece — e não poderia deixar de aparecer — como uma "economia (negativa) externa" resultante do funcionamento da empresa.

o problema, em seu conjunto, ultrapassava de longe a questão dos "custos" e dos "rendimentos", na prática jamais chegou à mente dos economistas e políticos.

Mesmo as reações mais "radicais" que vieram à luz no interior das camadas dominantes não questionavam, de fato, as premissas mais profundas das perspectivas oficiais. Uma vez que o crescimento criava problemas incontroláveis e, ainda mais, uma vez que qualquer processo de crescimento exponencial devia inevitavelmente chocar-se, mais cedo ou mais tarde, com limites físicos, a resposta que se deu foi "não ao crescimento", ou "crescimento zero". Nenhuma consideração foi dedicada ao fato de que, nos países "desenvolvidos", o crescimento e os *gadgets* eram tudo o que o sistema tinha para oferecer às pessoas, e que uma interrupção do crescimento era inconcebível (sob pena de levar a uma violenta explosão social), a menos que a organização social em seu conjunto, aí incluída a organização psíquica dos homens e das mulheres, viesse a sofrer uma radical transformação.

Os dramáticos aspectos internacionais da questão tampouco eram levados a sério. Será que deveria ser mantido o fosso entre países que apresentam um PNB anual de 6 mil dólares por habitante, e outros que apresentam um de 200 dólares? Será que estes últimos aceitariam a manutenção de uma tal disparidade, tendo em conta suas carências físicas imperativas, o "efeito de demonstração" que neles é exercido continuamente pelo exemplo da vida nos países ricos e, *last but not least,* a política de poder e o desejo de poder das camadas dominantes de todos os países? (Haveria um único presidente de um único "país em via de desenvolvimento" que não desse de boa vontade a vida de metade de seus súditos para chegar a possuir sua própria bomba H?) E, caso se devesse cobrir esse fosso — isto é, se, *grosso modo,* a totalidade da população do planeta devesse ser alçada a um PNB anual de 6 mil dólares *per capita* (12 mil dólares em 1985) —, como se poderiam conciliar as conclusões e os raciocínios subjacentes à idéia do "crescimento zero" com a triplicação [e muito mais] do "produto mundial bruto" requerida para essa equalização (triplicação que exigiria ainda um quarto de século de "crescimento" mundial a taxas compostas de 4% ao ano, supondo-se uma população *estática*), como também com a continuação subseqüente indefinida de uma produção no nível anual de cerca de 25 mil bilhões de dólares a preços de 1970 — ou seja, aproximadamente 25 vezes o PNB atual dos Estados Unidos e, portanto, também aproximadamente 25 vezes seu presente consumo de energia, de matérias-primas, etc.[4]? Enfim, dadas as estruturas políticas e sociais existentes, será que os países "desenvolvidos" aceitariam tornar a ser uma minoria impotente ante os países asiáticos, africanos e latino-americanos tão ricos quanto eles e bem mais populosos? Será que a Rússia toleraria a existência de uma China três vezes mais forte que ela? Aceitariam os Estados Unidos a existência de uma América Latina duas vezes mais forte que eles próprios? Como sempre, o reformismo pretende ser realista, mas, quando se chega às questões verdadeiramente importantes, ele se revela como uma das maneiras mais ingênuas de tomar os desejos pela realidade.

## 2. Os "obstáculos ao desenvolvimento"

As questões aqui levantadas evidentemente se ligam de forma muito estreita à organização social em seu todo, tanto no nível nacional como no nível internacional. E se ligam ainda mais às idéias e às concepções fundamentais que dominam e conformam a vida, a ação e o pensamento do Ocidente há seis séculos, e mediante as quais o Ocidente conquistou o mundo, e o terá conquistado ainda que venha a ser materialmente vencido. "Desenvolvimento", "economia", "racionalidade" são apenas alguns dos termos que podem ser utilizados para designar este complexo de idéias e de concepções, que em sua maior parte permanecem não conscientes, tanto para os políticos como para os teóricos.

Assim, ninguém, ou quase ninguém, se detém para se perguntar: *o que é* o "desenvolvimento", *por que* o "desenvolvimento", "desenvolvimento" *de que* e em *direção a quê*? Como já se notou, o termo "desenvolvimento" começou a ser empregado quando se tornou evidente que o "pro-

---

4. Estas cifras — correspondendo aproximadamente aos dados estatísticos oficiais para 1973 e 1974 — têm acima de tudo valor ilustrativo, mas representam corretamente as ordens de grandeza das variáveis em causa.
Para o ano de 1985, e em dólares correntes, seria preciso falar em aproximadamente 12 mil dólares por habitantes e por ano, no caso dos países desenvolvidos", contra os mesmos 200 dólares por habitantes e por ano dos países em "via de desenvolvimento". As outras cifras desta passagem deveriam ser reajustadas de maneira correspondente; exercício escolar.

gresso", a "expansão", o "crescimento" não eram virtualidades intrínsecas, inerentes a todas as sociedades humanas, cuja efetivação (realização) se pudesse considerar como inevitável, mas propriedades específicas — dotadas de um "valor positivo" — das sociedades ocidentais. Estas foram consideradas, então, como sociedades "desenvolvidas", entendendo-se com isso que elas eram capazes de produzir um "crescimento auto-sustentado"; e o problema parecia consistir unicamente nisto: conduzir as demais sociedades à famosa "etapa de decolagem". Desse modo, o Ocidente se concebia, e se propunha, como modelo para o mundo inteiro. O estado normal de uma sociedade, o que era considerado como o estado de "maturidade" e que se designava por esse termo que aparentemente não exigia elucidação, consistia na capacidade de crescer indefinidamente. Os outros países e sociedades eram naturalmente considerados como menos maduros ou menos desenvolvidos, e seu principal problema era definido como a existência de "obstáculos ao desenvolvimento".

Durante algum tempo, considerou-se que esses obstáculos eram puramente "econômicos" e de caráter negativo: a ausência de crescimento se devia à ausência de crescimento — o que, para um economista, não é uma tautologia, já que o crescimento constitui um processo autocatalítico (basta que um país inicie o crescimento para que continue a crescer cada vez mais rapidamente). Em conseqüência, dizia-se que injeções de capital estrangeiro e a criação de "pólos de desenvolvimento" eram as condições necessárias e suficientes para conduzir os países menos desenvolvidos à etapa de "decolagem". Em outras palavras, o essencial era importar e instalar máquinas. Muito rapidamente foi-se obrigado a constatar que são os homens que fazem funcionar as máquinas, e que esses homens deviam possuir as qualificações apropriadas; assim, a "assistência técnica", a formação técnica e a aquisição de qualificações profissionais tornaram-se moda. Mas, afinal, foi preciso reconhecer que as máquinas e os operários qualificados não bastavam e que muitas outras coisas "estavam faltando". As pessoas não estavam sempre e em toda a parte dispostas e capacitadas a renunciar ao que tinham sido para se tornarem meras engrenagens do processo de acumulação — mesmo quando, constrangidas pela fome, "deveriam tê-lo" feito. Algo não ia bem, nos "países em via de desenvolvimento": eles estavam repletos de pessoas que, elas mesmas, não estavam "em via de desenvolvimento". De maneira completamente natural e característica, identificou-se, então, o "fator humano" com a falta de uma "classe de empresários". Essa falta foi profundamente lamentada — mas os economistas não tinham muitos conselhos a dar sobre como proceder para desenvolver uma "classe de empresários". Os mais cultivados dentre eles tinham algumas vagas recordações relativas à ética protestante e o nascimento do capitalismo — mas não podiam se transformar de missionários do crescimento em apóstolos da ascese intramundana.

Assim, começou-se a perceber, obscuramente, que não existiam "obstáculos ao desenvolvimento" particulares e discerníveis e que, para que o Terceiro Mundo pudesse "desenvolver-se", era preciso se modificarem as estruturas sociais, as atitudes, a mentalidade, as significações, os valores e a organização psíquica dos seres humanos. O crescimento econômico não era algo que pudesse ser "acrescentado" a esses países, como os economistas tinham pensado; e menos ainda poderia ser simplesmente superposto a suas outras características. Para que tais sociedades viessem a "desenvolver-se", seria preciso que sofressem uma transformação global. O Ocidente devia afirmar não que havia encontrado um truque para produzir mercadorias em maior quantidade, mais rapidamente e com menor custo, mas que havia descoberto o modo de vida apropriado a todas as sociedades humanas. Foi uma sorte para os ideólogos ocidentais que o desconforto que eles poderiam vir a sentir a esse respeito tenha sido aliviado pela precipitação com que as nações "em via de desenvolvimento" procuraram adotar o "modelo" ocidental de sociedade — mesmo quando não dispunham de sua "base" econômica. E seu azar foi que a crise das "políticas de desenvolvimento" em um sentido real embora limitado, o fracasso do desenvolvimento dos "países em via de desenvolvimento", tenha coincidido com uma crise bem mais ampla e profunda em suas próprias sociedades, a desagregação interna do modelo ocidental e de todas as idéias que ele representava.

## 3. O "DESENVOLVIMENTO" COMO SIGNIFICAÇÃO IMAGINÁRIA SOCIAL

Que é o desenvolvimento? Um organismo se desenvolve à medida que progride em direção à sua maturidade biológica. Desenvolvemos uma idéia à medida que explicitamos tanto quanto possível o que nós pensamos que essa idéia "contém" implicitamente. Em suma: o desenvolvimento é o processo da efetivação do virtual, da passagem da *dunamis* à *énergéia*, da *potentia* ao *actus*. O que implica, é evidente, que *há* uma *énergéia* ou um *actus* que podem ser determinados, definidos, fixados, que *há* uma norma referente à essência daquilo que se desenvolve; ou, como teria dito Aristóteles, que essa essência é o tornar-se-conforme a uma norma definida por uma forma "final": a *entéléchéia*.

Nesse sentido, o desenvolvimento implica a definição de uma "maturidade" e, além disso, a de uma *norma natural:* o desenvolvimento não passa de um sinônimo para a *phusis* aristotélica. Pois a natureza contém suas próprias normas, enquanto *fins* em direção aos quais os seres se desenvolvem, e que efetivamente atingem. "A natureza é fim (*télos*)", diz Aristóteles. O desenvolvimento é definido pelo fato de atingir esse fim, enquanto norma natural do ser considerado. Também nesse sentido, o desenvolvimento constituía uma idéia central para os gregos — e não apenas relativamente às plantas, aos animais ou aos homens enquanto simples seres vivos. A *paidéia* (criação/adestramento/educação) é desenvolvimento: ela consiste em conduzir o pequeno monstro recém-nascido ao estado próprio de um ser humano. Se isso é possível, é porque *existe* um tal estado próprio, uma norma, um limite (*péras*), a norma encarnada pelo cidadão, ou pelo *kalos kagathos*, que, se são atingidos, *não podem* ser ultrapassados (ultrapassá-los seria simplesmente tombar novamente para trás). "Morre agora, Diágoras, pois não subirás ao Olimpo." Mas a questão: como, e com base em quê, um tal estado próprio pode ser determinado, uma vez que a constituição da *polis* (que estabelece a norma do desenvolvimento dos cidadãos individuais) foi posta em questão, e teve reconhecido o seu caráter relativo; em que sentido se pode dizer que há uma *phusis* da *polis*, um estado próprio e único da cidade — tal questão devia necessariamente permanecer, para os grandes pensadores gregos, apesar ou por causa de sua incessante preocupação com a *dikaiosunè* e a *orthè politéia*, um ponto obscuro na fronteira de sua reflexão. Da mesma maneira, e por essas mesmas profundas razões, a *technê* devia permanecer de fato não definida, flutuando em algum lugar entre a simples imitação da natureza (*mimèsis*) e a criação propriamente dita (*poièsis*) — entre a repetição de uma norma já dada e, como Kant deveria dizer 25 séculos mais tarde, a instauração efetiva de uma nova norma, encarnada na obra de arte[5].

O *limite* (*péras*) define ao mesmo tempo o ser e a norma. O ilimitado, o infinito, o sem-fim (*apeiron*) é, seguramente, inacabado, imperfeito, menos-ser. Assim, para Aristóteles, só há um infinito virtual, não um infinito efetivo; e, reciprocamente, à medida que uma coisa qualquer contém virtualidades não realizadas, ela é infinita, já que, por isso mesmo e na mesma proporção, ela é inacabada, indefinida, indeterminada. Por isso, não pode haver desenvolvimento sem um ponto de referência, um estado definido que deve ser atingido; e a natureza fornece, para todo ser, um estado "final" desse tipo.

Com a religião e a teologia judaico-cristãs, a idéia do ilimitado, do sem-fim, do infinito adquire um sinal positivo — embora permaneça, por assim dizer, sem relevância social e histórica durante mais de dez séculos. O Deus infinito está *alhures; este* mundo é finito; para cada ser existe uma norma intrínseca, correspondendo à sua natureza tal como ela foi determinada por Deus.

A mudança ocorre quando o infinito invade *este* mundo. Seria ridículo tentar resumir aqui, em poucas linhas, a massa imensa de fatos históricos bem conhecidos, e menos bem conhecidos do que se pensa, relativos a tantos países e tantos séculos. Busco somente reunir alguns desses fatos em uma perspectiva particular, eliminando as explicações-justificações "racionais" de sua sucessão que normalmente se propõem (explicações e justificações que constituem, evidentemente, uma auto-"racionalização" do racionalismo ocidental, tendendo a provar que há razões racionais que explicam e justificam o triunfo da espécie de "Razão" exibida no Ocidente).

O importante, aqui, é a "coincidência" e a convergência, constatadas a partir, digamos, do século XIV, entre o nascimento e a expansão da burguesia, o interesse obsessivo e crescente pelas invenções e descober-

---

5. Para uma discussão mais ampla deste problema, o leitor poderá se reportar a meu estudo: "Valeur, egalité, justice, politique: de Marx à Aristote et d'Aristote à nous", (*Textures*, nº 12-13, 1975); reimpresso agora em *Les carrefours du labyrinthe* (Paris, Seuil, 1978). [Ver *As encruzilhadas do labirinto I*, Rio de Janeiro, Paz e Terra, 1987.] Cf. também *A instituição imaginária da sociedade* (*op. cit.*).

tas, a progressiva dissolução da representação medieval do mundo e da sociedade, a Reforma, a passagem "do mundo fechado ao Universo infinito", a matematização das ciências, a perspectiva de um "progresso indefinido do conhecimento" e a idéia de que o emprego apropriado da Razão é condição necessária e suficiente para que nos tornemos "senhores e possuidores da Natureza" (Descartes).

Não teria interesse nem sentido tentar explicar "causalmente" a ascensão do racionalismo ocidental através da expansão da burguesia, ou vive-versa. Temos de considerar estes dois processos: de um lado, a emergência da burguesia, sua expansão e sua vitória final são acompanhadas pela emergência, a difusão e a vitória final de uma nova "idéia", a idéia de que o crescimento ilimitado da produção e das forças produtivas é, *de fato*, o objetivo central da vida humana. Esta "idéia" é o que eu chamo uma *significação imaginária social*[6]. A ela correspondem novas atitudes, valores e normas, uma nova definição social da realidade e do ser, daquilo que *conta* e daquilo que *não conta*. Numa palavra: de agora em diante, o que conta é o que pode ser contado. Por outro, filósofos e cientistas impõem uma nova e específica torsão ao pensamento e ao conhecimento: não há limites para os poderes e as possibilidades da Razão, e a Razão por excelência, ao menos quando se trata da *res extensa*, é a matemática: *Cum Deus calculat, fit mundus* ("À medida que Deus calcula, o mundo se faz" — Leibniz). Não nos esqueçamos de que Leibniz acalentava igualmente o sonho de um cálculo das idéias.

O casamento — provavelmente incestuoso — dessas duas correntes dá origem, de diversas maneiras, ao mundo moderno. Ele se manifesta na "aplicação racional da ciência à indústria" (Marx) — bem como na aplicação (racional?) da indústria à ciência. Ele se exprime em toda a ideologia do "progresso". Uma vez que não há limites para a progressão de nosso conhecimento, tampouco os há para a progressão de nosso "poder" (e de nossa "riqueza"); ou, dizendo de outro modo, os limites, onde quer que se apresentem, têm um valor negativo e devem ser ultrapassados. Certamente, o que é infinito é inesgotável, de modo que ja-

---

6. Cf. *A instituição imaginária da sociedade*, op. cit.

mais atingiremos, talvez, o conhecimento "absoluto" e o poder "absoluto"; mas aproximamo-nos deles sem cessar. Daí a curiosa idéia, ainda hoje compartilhada pela maioria dos cientistas, de uma progressão assintótica do conhecimento em direção à verdade absoluta. Não pode existir, portanto, nenhum ponto fixo de referência para nosso "desenvolvimento", um estado definido e definitivo a atingir; mas esse "desenvolvimento" é um movimento com uma *direção* fixa e, bem entendido, esse próprio movimento pode ser medido sobre um eixo no qual ocupamos, a cada instante, uma abscissa de valor crescente. Em suma, o movimento se dirige para o cada vez mais; mais mercadorias, mais anos de vida, mais casas decimais nos valores numéricos das constantes universais, mais publicações científicas, mais pessoas com um título de doutor — e o "mais" é o "bom". "Mais" alguma coisa de positivo e, naturalmente, de forma algébrica, "menos" alguma coisa de "negativo". (Mas o que é positivo ou negativo?)

Chegamos desse modo à situação presente. O desenvolvimento histórico e social consiste em abandonar *qualquer* estado definido, em atingir um estado que não é definido por nada exceto pela capacidade de atingir novos estados. A norma é que não há norma. O desenvolvimento histórico e social é um desdobramento indefinido, sem fim (nos dois sentidos da palavra *fim*). E, à medida que a indefinição nos é insuportável, a definição é fornecida pelo crescimento das quantidades.

Repito que não estou buscando resumir em algumas linhas séculos de ações e pensamentos. Mas afirmo que há um estrato de verdade histórica que somente se pode representar pelo bizarro corte transversal aqui esboçado, que atravessa, digamos, Leibniz, Henry Ford, a IBM e as atividades de algum desconhecido "planejador", em Uganda ou no Casaquistão, que jamais ouviu falar em Leibniz. Isto constitui, evidentemente, um apanhado panorâmico que seria severamente criticado pela maioria dos filósofos e historiadores. Mas precisamos renunciar ao espetáculo dos vales e ao odor das flores se quisermos "ver" que os Alpes e o Himalaia pertencem à "mesma" cadeia de montanhas.

Foi assim, finalmente, que o desenvolvimento chegou a significar um crescimento indefinido, e a maturidade, a capacidade de crescer sem fim. Assim concebidos, enquanto ideologias mas também, num nível mais profundo, enquanto significações imaginárias sociais, eles eram e continuam a ser consubstanciais a um grupo de "postulados" (teóricos e práticos) dos quais os mais importantes parecem ser:

- a "onipotência" virtual da técnica;
- a "ilusão assintótica" relativa ao conhecimento científico;
- a "racionalidade" dos mecanismos econômicos;
- diversos lemas sobre o homem e a sociedade, que se modificaram no correr do tempo mas que implicam, todos, seja que o homem e a sociedade estão "naturalmente" predestinados ao progresso, ao crescimento, etc. (*homo oeconomicus*, a "mão invisível", o liberalismo e as virtudes da livre-concorrência), seja — o que é bem mais apropriado à essência do sistema — que eles podem ser manipulados de diversas maneiras para ser conduzidos até esse ponto (*homo madisoniensis Pavlovi*, "engenharia humana" e "engenharia social", organização e planejamento burocrático enquanto soluções universais aplicáveis a todo e qualquer problema).

A crise do desenvolvimento é também, evidentemente, a crise desses "postulados" e das correspondentes significações imaginárias. E isso exprime simplesmente o fato de que as instituições que encarnam essas significações imaginárias sofrem um brutal abalo na realidade efetiva. (O termo "instituição" é utilizado aqui no sentido mais amplo possível: no sentido, por exemplo, em que a linguagem é uma instituição, do mesmo modo que a aritmética, o conjunto de utensílios de qualquer sociedade, a família, a lei, os "valores".) Esse abalo, por sua vez, deve-se essencialmente à luta que os homens que vivem sob o sistema travam contra esse mesmo sistema — o que equivale a dizer, novamente, que as significações imaginárias das quais falamos são cada vez menos aceitas socialmente. Este é o principal aspecto da "crise do desenvolvimento", que não posso, entretanto, examinar aqui[7].

---

7. Permito-me enviar o leitor a meus livros *La Société bureaucratique* (vol. I e II), e *L'expérience du mouvement ouvrier* (vol. I e II, Paris, UGE, 1973 e 1974 Coleção "10/18"). [Ver, para este último, *A experiência do movimento operário*, São Paulo, Brasiliense, 1985.]

Mas esses postulados também se desagregam em si mesmos e por si mesmos. Buscarei ilustrar sumariamente a situação, discutindo alguns aspectos da "racionalidade" econômica e da "onipotência" da técnica[8].

## 4. A FICÇÃO DE UMA ECONOMIA "RACIONAL"

Talvez não seja difícil compreender por que a economia é considerada, há dois séculos, como o reino e paradigma da "racionalidade" nos assuntos humanos. Seu tema é isso que passou a ser a atividade central da sociedade; seu propósito é provar (e, para os oponentes, como Marx, refutar) a idéia de que essa atividade se realiza da melhor maneira possível no quadro do sistema social vigente e por meio dele. Mas também — feliz "acidente" — a economia forneceu a possibilidade aparente de uma matematização, pois ela se refere ao único campo de atividade humana no qual os fenômenos parecem mensuráveis de maneira tão trivial, no qual essa "mensurabilidade" parece mesmo ser — e é efetivamente, até um certo ponto — o aspecto essencial aos olhos dos agentes humanos envolvidos. A economia trata de "quantidades" e, quanto a este ponto, todos os economistas sempre estiveram de acordo (se bem que tenham sido forçados, de vez em quando, a discutir a questão: quantidades *de quê?*). Assim, os fenômenos econômicos pareciam prestar-se a um tratamento "exato", capaz de ser realizado através da aplicação do instrumental matemático — cuja formidável eficácia vinha sendo demonstrada quotidianamente na física.

A identificação do *maximum* (ou *extremum*) com o *optimum* parecia, nesse campo, a coisa óbvia a se fazer — e foi feita sem demora. Havia um produto a maximizar, e custos a minimizar. Havia, portanto, uma diferença a maximizar: o produto líquido vendável pela empresa, o "excedente" líquido para a economia global ("excedente" que aparecia

---

8. Discuti em outros textos certos aspectos do problema da ciência moderna, entre os quais a "ilusão assintótica": "Le monde morcelé" (*Textures*, nº 4-5, 1972), que depois desenvolvi em "Science moderne et interrogation philosophique" (*Encyclopaedia Universalis*, vol. XVII, Organum, 1974); agora republicado em *As encruzilhadas do labirinto I* (*op. cit.*).

sob a forma de "bens" ou de crescimento dos "lazeres", e era medido pelo "tempo livre", sem se levar em consideração o uso ou o conteúdo desse "tempo livre").

Mas o que é esse "produto", e que são os "custos"? As bombas H estão incluídas no produto líquido — pois o economista "não se ocupa dos valores de uso". Nele estão igualmente incluídas as despesas de publicidade mediante as quais as pessoas são induzidas a comprar quinquilharias que de outro modo provavelmente não comprariam; e também, é claro, essas próprias quinquilharias. Estão igualmente incluídas as despesas efetuadas para limpar Paris da fuligem industrial; e, a cada acidente de percurso, o produto nacional líquido aumenta de diversas maneiras. Ele aumenta, também, cada vez que uma empresa decide nomear um vice-presidente suplementar, com um salário substancial (pois, *ex hypothesi*, a empresa não o teria nomeado se seu produto marginal líquido não fosse ao menos igual a seu salário). De forma mais geral, a "medida" do produto reflete as avaliações de diversos objetos e de diversos tipos de trabalho feitas pelo sistema social vigente — avaliações que, é claro, refletem elas próprias, por sua vez, a estrutura social existente. O PNB é o que é *também* pelo fato de que um dirigente de empresa ganha vinte vezes mais que um varredor. No entanto, mesmo que tais avaliações fossem admitidas, a mensurabilidade dos fenômenos econômicos, deixando de lado as banalidades, não passa de uma aparência enganosa. O "produto", seja qual for sua definição, é mensurável "instantaneamente", no sentido de que sempre é possível somar, para o conjunto da economia e para um momento determinado, as quantidades de bens produzidos multiplicadas pelos respectivos preços. Mas, se os preços relativos e/ou a composição do produto se modificam (o que, na verdade, sempre ocorre), as "medidas" sucessivas efetuadas em diferentes momentos no tempo não podem mais ser comparadas (do mesmo modo que tampouco podem sê-lo as medidas efetuadas em países diferentes). Rigorosamente falando, a expressão "crescimento do PNB" é desprovida de sentido, salvo no caso em que haja apenas uma expansão homotética de todos os tipos de produtos, e nada mais além disso. Em particular, em uma economia sofrendo transformações técnicas, o "capital" não pode ser medido de maneira que faça sentido — exceto com a ajuda de hipóteses *ad hoc* altamente artificiais e contrárias aos fatos.

Uma decorrência imediata disso é que tampouco é possível medir adequadamente os "custos" (já que os "custos" de um são, na maior parte, "produtos" de outro). Os "custos" não podem ser medidos também por outras razões: porque a idéia clássica de *imputação* de tal parcela do produto líquido a tal ou qual "fator de produção", e/ou de tal produto a tal agrupamento de meios de produção, é inaplicável. A imputação de parcelas a "fatores de produção" (trabalho e capital) envolve postulados e decisões que ultrapassam de longe o domínio da economia. A imputação de custos a um determinado produto não pode ser efetuada em razão de diversos tipos de indivisibilidade (que os economistas clássicos e neoclássicos tratam como exceções, embora estejam presentes em toda a parte), e em razão da existência de "externalidades" de todas as espécies. As "externalidades" significam que o "custo para a empresa" e o "custo para a economia" não coincidem, e que um excedente (positivo ou negativo) não imputável aparece. E, o que é ainda mais importante, as "externalidades" não estão confinadas ao interior da economia enquanto tal.

Era costume considerar-se a maior parte do meio ambiente (ele todo, com exceção de terras em regime de propriedade privada) como um "dom gratuito da natureza". Da mesma maneira, a ordem social, os conhecimentos gerais, o comportamento e as motivações dos indivíduos eram tratados implicitamente como "dons gratuitos da história". A crise ambiental limitou-se a tornar manifesto o que foi sempre verdade (Liebig já o sabia há mais de um século): um "estado apropriado" do meio ambiente *não* é um "dom gratuito da natureza" em quaisquer circunstâncias e sem consideração do tipo e da expansão da economia considerada. E ele tampouco é um "bem" para o qual se poderia fixar um "preço" (efetivo ou "dual") — pois ninguém, por exemplo, sabe qual será o custo de uma reglaciação das calotas glaciais polares, se porventura elas vierem a se derreter. E o caso dos países "em via de (não-)desenvolvimento" mostra que não se pode tratar o judaísmo, o cristianismo e o xintoísmo como "dons gratuitos da história" — pois a história também "doou" a outros povos o hinduísmo ou o fetichismo, os quais até agora têm aparecido, ao contrário, como "obstáculos ao desenvolvimento" fornecidos gratuitamente pela história.

Por trás de tudo isso se encontra a hipótese oculta da *separabilidade total*, tanto *no interior* do campo econômico, como *entre* esse campo e os processos históricos, sociais e mesmo naturais. A economia política supõe o tempo todo que é possível separar, sem incorrer em absurdos, as conseqüências resultantes da ação x da empresa A e o fluxo total de processos econômicos internos e externos a essa empresa; e, também, que os efeitos da presença ou da ausência de um certo "total" de "capital" e de "trabalho" podem ser separados do restante da vida humana e natural, de um modo tal que ainda faça sentido. Mas, quando essa hipótese é abandonada, a idéia de um cálculo econômico nos casos não triviais entra em colapso — e, com ela, a idéia da "racionalidade" da economia no sentido aceito do termo (como obtenção de um *extremum*, ou de uma família de *extrema*), tanto no nível teórico (da compreensão dos fatos) como no nível prático (de definição de uma política econômica "otimizadora").

O que está em questão aqui não é simplesmente a "economia de mercado" e o "capitalismo privado", mas a "racionalidade", no sentido indicado acima, da economia (de toda economia em expansão) enquanto tal. Pois as idéias que fundamentam o que acabo de afirmar se aplicam na mesma medida, quer literalmente, quer *mutatis mutandis*, às economias "nacionalizadas" e "planificadas".

Para ilustrar este último ponto, utilizarei outro exemplo, que diz respeito à questão fundamental do *tempo*. O tempo só é levado em conta pela economia política à medida que pode ser tratado como não-tempo, como *medium* neutro e homogêneo. Uma economia em expansão implica a existência do investimento ("líquido"), e o investimento está intimamente ligado ao tempo, já que, no investimento, o passado, o presente e o futuro são postos em relação. Ora, as decisões relativas ao investimento jamais podem ser racionais", exceto no nível da empresa e com a condição de nos atermos a uma perspectiva bastante estreita. Isso ocorre por diversas razões, das quais mencionarei apenas duas. Em primeiro lugar, *não* apenas "o futuro é incerto", mas *o presente é desconhecido* (coisas estão continuamente ocorrendo em toda a parte, outras empresas estão em via de tomar decisões, a informação é parcial e custosa, e isso em graus diversos para os diversos agentes, etc.). Em segundo lugar, como já foi dito, os custos e o produto não podem ser efetivamente medidos. O primeiro fator poderia, teoricamente, ser eliminado no caso de uma economia "planificada". Mas não o segundo fator.

Em qualquer dos casos, no entanto, surge uma questão muito mais importante: qual é a taxa *global* correta de investimento? Deveria a sociedade consagrar ao investimento ("líquido") 10, 20, 40 ou 80% do produto ("líquido")? A resposta clássica, para o caso das economias "privadas", era que "a" taxa de juros constituía o fator de equilíbrio entre a oferta e a demanda de poupança, e, por conseguinte, o "regulador" apropriado da taxa de investimento. Tal resposta, como se sabe, é puro *nonsense*. (Não existe "a" taxa de juros; é impossível admitir que a taxa de juros é o determinante principal da poupança total, que o nível dos preços é estável, etc.) Von Neumann demonstrou, em 1934, que, mediante certas hipóteses, a taxa de juros "racional" deveria ser igual à taxa de crescimento da economia. Mas qual *deveria* ser essa taxa de crescimento? Supondo-se que a taxa de crescimento é função da capacidade de produção, e sabendo-se que essa capacidade depende da taxa de investimento, retornamos à questão inicial: qual deveria ser a taxa de investimento? Façamos a hipótese adicional de que os "planejadores" se proponham o objetivo de maximizar o "consumo final" por um período dado. A questão se torna, então: qual é a taxa de investimento que maximizaria (com o auxílio de hipóteses complementares relativas à "produtividade física" do capital adicional) em um "estado permanente" (ou "estacionário": *steady state*) a integral do "consumo final" (individual ou público, de "bens" ou de "lazeres")? O valor dessa integral depende, é claro, do intervalo de integração — isto é, do horizonte temporal que os "planificadores" decidiram levar em consideração. Se o consumo a ser maximizado é o consumo "instantâneo" (horizonte temporal nulo), a taxa de investimento apropriada é evidentemente zero. Se o consumo deve ser maximizado "para sempre" (horizonte temporal infinito), a taxa apropriada de investimento é quase 100% do produto ("líquido") — supondo-se que a "produtividade física marginal" do capital permaneça positiva para todos os correspondentes valores de investimento. As respostas que "têm sentido" estão evidentemente situadas entre esses dois limites; mas onde exatamente, e *por quê?* Não existe nenhum "cálculo racional" que possa mostrar que um horizonte temporal de cinco anos seja (para a sociedade) mais ou menos "racional" que um horizonte temporal de cem anos. A decisão deverá ser tomada em bases diversas das bases "econômicas".

Isto não significa que tudo o que se passa na economia seja "irracional" em um sentido positivo, e menos ainda que seja ininteligível; mas sim que não podemos tratar o processo econômico como um fluxo homogêneo de valores, cujo único aspecto pertinente seria o fato de que eles são mensuráveis e devem ser maximizados. *Este* tipo de "racionalidade" é secundário e subordinado. Podemos servir-nos dele para desbastar uma parte do terreno, eliminar alguns absurdos flagrantes. Mas os fatores que, hoje, condicionam efetivamente a realidade, e entre eles as decisões de governos, empresas e indivíduos, não podem ser submetidos a este gênero de tratamento. E, em uma nova e diferente sociedade, eles apresentariam uma natureza totalmente diversa.

## 5. A técnica moderna como veículo da ilusão de onipotência

A questão da técnica tem sido discutida há muito tempo no interior de quadros míticos que se sucedem uns aos outros. A princípio, o "progresso técnico" era naturalmente considerado como bom e como não podendo deixar de sê-lo. A seguir, o progresso técnico passou a ser bom "em si mesmo", embora mal utilizado (ou utilizado para o mal) pelo sistema social existente; em outras palavras, a técnica era considerada como um puro meio, em si mesmo neutro quanto aos fins. Essa continua sendo, até hoje, a posição de cientistas, de liberais e de marxistas; nada há, por exemplo, a dizer contra a indústria moderna como tal: o que está errado é que ela é utilizada para o benefício e/ou o poder de uma minoria, em vez de sê-lo para o bem de todos. Essa posição se apóia na combinação de duas falácias: a falácia da total separabilidade de meios e fins, e a falácia da composição. O fato de que o aço possa ser utilizado para fabricar, indiferentemente, arados ou canhões, *não* implica que o sistema total de máquinas e técnicas hoje existentes possa ser utilizado, indiferentemente, para "servir" uma sociedade alienada e uma sociedade autônoma. O sistema tecnológico de uma sociedade não pode ser separado, idealmente ou realmente, daquilo que essa sociedade é. E estamos nos aproximando, agora, de uma posição que se situa precisamente nos antípodas da posição inicial: aumenta cada vez mais o número de pessoas que julgam que a técnica é intrinsecamente má.

Devemos tentar penetrar mais profundamente na questão. A ilusão não consciente da "onipotência virtual" da técnica, ilusão que tem dominado os tempos modernos, apóia-se em outra idéia não tematizada, e dissimulada: a idéia de *poder* (*puissance*). Uma vez que compreendamos isto, fica claro que já não basta perguntar simplesmente: poder *para fazer o quê*, o poder *para quem*? A questão é: que *é* o poder e, até mesmo, em que sentido não trivial *há* alguma vez realmente poder?

Por trás da idéia de poder jaz a aspiração ao controle total, a subordinação de todos os objetos e de todas as circunstâncias à vontade e ao desejo. Essa aspiração, a bem da verdade, sempre esteve presente na história humana, seja "materializada" na magia, etc., seja projetada em alguma imagem divina. Contudo, de forma assaz curiosa, sempre houve também a consciência de certos limites interditados ao homem — como mostra o mito da Torre de Babel, ou a *hubris* grega. Que a idéia de controle total, ou melhor, de dominação total seja intrinsecamente absurda, todo mundo admitirá sem problemas. Mas, apesar disso, é a idéia de dominação total que constitui o motor oculto do desenvolvimento tecnológico moderno. O flagrante caráter absurdo da idéia de dominação total fica camuflado pelo absurdo menos brutal da "progressão assintótica". A humanidade ocidental vive há séculos apoiada no postulado implícito de que sempre é possível e realizável a consecução de mais poder. O fato de que, em tal domínio particular e com tal objetivo particular, se poderia fazer "mais" é visto como significando que, em todos os domínios tomados em conjunto e para todos os objetivos imagináveis, o "poder" pode ser aumentado sem limites.

O que agora sabemos com certeza é que os fragmentos de "poder" sucessivamente conquistados continuam sempre sendo locais, limitados, insuficientes e, o que é muito provável, intrinsecamente inconsistentes, para não dizer decididamente incompatíveis entre si. Nenhuma "conquista" técnica importante está livre da possibilidade de ser utilizada de maneira diversa da que foi originalmente especificada, nenhuma está desprovida de efeitos laterais "indesejáveis", nenhuma deixa de interferir com o restante — nenhuma, em todo o caso, dentre as produzidas pelo tipo de técnica e de ciência que *nós* "desenvolvemos". Quanto a isto, *o aumento do "poder" constitui também*, ipso facto, *aumento de impotência, ou mesmo de "antipoder", poder de fazer surgir o contrário daquilo a que se visava;* e quem calculará o balanço líquido, em que termos, com base em quais hipóteses, para qual horizonte temporal?

Aqui, mais uma vez, a condição operante da ilusão é a idéia de separabilidade. "Controlar" as coisas consiste em isolar fatores separados e em circunscrever com precisão os "efeitos" de sua ação. Isto funciona, até certo ponto, no caso dos objetos correntes da vida cotidiana; é assim que se procede para consertar o motor de um veículo. Contudo, quanto mais nós avançamos, com maior clareza vemos que a separabilidade não passa de uma "hipótese de trabalho" com validade local e limitada. Os físicos contemporâneos começam a dar-se conta do verdadeiro estado de coisas e a suspeitar que os impasses aparentemente insuperáveis da física teórica se devem à idéia de que existiriam coisas tais como "fenômenos" separados e singulares, e se perguntam se o Universo não deveria ser tratado, antes, como uma entidade única e unitária[9]. Os problemas ecológicos, de uma outra maneira, nos obrigam a reconhecer que a situação é similar ao que diz respeito à técnica. Também neste caso, quando se ultrapassam certos limites, não se pode considerar que a separabilidade seja auto-evidente; e esses limites permanecem desconhecidos até o momento em que a catástrofe surge como ameaça.

A poluição e os mecanismos que visam a combatê-la fornecem uma primeira ilustração deste ponto — ilustração banal e fácil de se contestar. Há mais de vinte anos, dispositivos contra a poluição estão sendo instalados nas chaminés das fábricas, etc., para reter as partículas de carbono contidas na fumaça. Tais dispositivos se mostraram bastante eficazes, e a atmosfera em torno das cidades industriais contém, atualmente, muito menos $CO_2$ que em épocas anteriores. Todavia, no decorrer do mesmo período, a acidez da atmosfera multiplicou-se por 1.000 (mil vezes), e a chuva que cai em certas regiões da Europa e da América do Norte é hoje tão ácida quanto puro suco de limão ocasionando graves efeitos, que já são perceptíveis, sobre o crescimento das florestas —, pois o enxofre contido na fumaça, e que antes era fixado pelo carbono, agora se desprende livremente e se combina com o oxigênio e o hidrogênio atmosférico para formar ácidos[10]. Pode parecer ridículo que os engenheiros, os homens de ciências, os governos não tenham previsto em seus cálculos que isso iria acontecer; mas aconteceu. A resposta será: "Da próxima vez estaremos informados e agiremos melhor". Quem sabe.

---

9. Cf. os belos artigos de Wigner, d'Espagnat, Zeh e Bohm em *Foundations of Quantum Mechanics* (d'Espagnat (org.), Nova York e Londres, 1971). E, neste próprio volume, "A lógica dos magmas".

10. *International Herald Tribune*, 14 jun. 1974.

Consideremos agora a questão da pílula anticoncepcional. As discussões e as preocupações sobre seus eventuais efeitos colaterais indesejáveis estiveram centradas na questão de saber se as mulheres que utilizam a pílula poderiam engordar, ou contrair câncer. Admitamos que se demonstre que tais efeitos não ocorrem, ou que é possível evitá-los. Mas tenhamos a coragem de admitir que esses são aspectos microscópicos da questão. Deixemos de lado o aspecto talvez mais importante da pílula, o aspecto psicológico, do qual praticamente ninguém fala: que poderia acontecer aos seres humanos se eles começassem a se considerar como senhores absolutos da decisão de gerar ou não gerar a vida, sem nada ter a pagar por esse novo "poder" (a não ser 20 francos por mês)? Que poderia acontecer aos seres humanos se eles se arrancassem de sua condição e de seu destino animais, relativos à produção da espécie? Não estou dizendo que algo de "mau" iria necessariamente ocorrer. Digo apenas que todo mundo considera como auto-evidente que esse "poder" suplementar só pode ser "bom" — e mesmo, simplesmente, que ele é verdadeiramente um "poder". Tratemos do aspecto propriamente biológico. A pílula é "eficaz" porque interfere em processos de regulação fundamentais, profundamente ligados às funções mais importantes do organismo, acerca das quais praticamente nada "sabemos". Ora, quanto a seus eventuais efeitos deste ponto de vista, a questão pertinente não é: que pode acontecer a uma mulher se ela tomar a pílula durante dez anos? A questão pertinente é: que poderá acontecer à espécie, se as mulheres tomarem a pílula durante mil gerações (vejam bem: mil gerações), isto é, daqui a 25 mil anos? Isso equivale a um experimento com uma cultura de bactérias *durante mais ou menos três meses*. Ora, é claro que 25 mil anos são um lapso de tempo "privado de sentido" para nós. Em conseqüência, nós agimos como se o fato de não nos preocuparmos com os possíveis resultados de que fazemos fosse "pleno de sentido". Em outras palavras: embora nos tenha sido dado um tempo linear e um horizonte temporal infinito, nós agimos como se o único intervalo de tempo significativo fosse o de alguns anos à frente.

No país de onde venho, a geração de meus avós jamais ouvira falar em planejamento a longo prazo, em externalidades, deriva dos continentes ou expansão do Universo. No entanto, mesmo durante a velhice, eles continuavam a plantar oliveiras e ciprestes, sem indagarem acerca dos custos e rendimentos. Sabiam que teriam de morrer e que era preciso deixar a terra em bom estado para os que viriam depois deles; ou, talvez, pensassem apenas na própria terra. Eles sabiam que, fosse qual fosse o "poder" a seu dispor, ele somente poderia trazer resultados benéficos se eles obedecessem às estações, prestassem atenção aos ventos e respeitassem o imprevisível Mediterrâneo, se podassem as árvores na época certa e dessem ao mosto do ano o tempo necessário para fermentar. Eles não pensavam em termos de infinito — possivelmente não compreenderiam o sentido da palavra; mas agiam, viviam e morriam em um tempo verdadeiramente *sem um*. Evidentemente, o país ainda não se tinha desenvolvido.

## 6. Questões para concluir

Aconteceu que, neste planeta, ao longo de bilhões de anos, desdobrou-se um biossistema equilibrado comportando milhões de espécies vivas diferentes; durante centenas de milhares de anos, as sociedades humanas chegaram a criar para si um *habitat* material e mental, um nicho biológico e metafísico, alterando o meio ambiente sem danificá-lo. Apesar da miséria, da ignorância, da exploração, da superstição e da crueldade, essas sociedades chegaram a criar não apenas maneiras de viver bem adaptadas como também mundos coerentes de significações imaginárias, de uma riqueza e variedade que nos deixam estupefatos. Pousemos nosso olhar sobre a vida no século XIII, percorramo-lo de Chartres a Borobudur e de Veneza aos maias, de Constantinopla a Pequim e de Cublai-Cã a Dante, da casa de Maimônides em Córdoba até Nara e da Magna Carta até os monges bizantinos copiando Aristóteles; comparemos essa diversidade fantástica com a presente situação do mundo, onde os países não diferem verdadeiramente uns dos outros em função de seu presente — o qual, enquanto tal, é por toda parte *o mesmo* —, mas somente em função dos restos de seu passado. *É isso,* o mundo "desenvolvido".

Mas as serventias do passado são limitadas. Apesar da simpatia que se pode sentir pelos movimentos "naturalistas" da atualidade, e pelo que eles tentam exprimir, seria ilusório, é claro, pensar que nós poderíamos restabelecer uma sociedade "pré-industrial", ou que os que hoje detêm o poder o abandonariam espontaneamente se fossem confrontados com uma hipotética deserção crescente da sociedade industrial. E esses movimentos caem, eles próprios, em contradição. Raras foram as "comunidades" sem música gravada, e um gravador magnético pressupõe a totalidade da indústria moderna.

Seria igualmente catastrófico compreender mal, interpretar mal e subestimar o que foi trazido pelo mundo ocidental. Através e para além de suas criações industriais e científicas, e os correspondentes abalos da sociedade e da natureza, ele destruiu a idéia de *phusis* em geral e, em particular, sua aplicação aos assuntos humanos. Isso, o Ocidente fez mediante uma interpretação e uma efetivação, "teórica" e "prática", da "Razão" — interpretação e efetivação específicas, levadas a seu limite. Ao cabo desse processo, ele atingiu uma posição onde não há mais, nem poderia haver, qualquer ponto de referência ou estado fixo, qualquer "norma".

À medida que esta situação induz à vertigem da "liberdade absoluta", ela pode provocar a queda no abismo da escravidão absoluta. E, a partir de agora, o Ocidente é escravo da idéia da liberdade absoluta. A liberdade, outrora concebida como "consciência da necessidade" ou como postulado da capacidade de agir segundo a pura norma ética, tornou-se liberdade nua, liberdade como puro arbitrário (*Willkür*). O arbitrário absoluto é o vazio absoluto; o vazio deve ser preenchido, e é preenchido com "quantidades". Mas o aumento sem fim de quantidades tem um fim — não só de um ponto de vista externo, já que a Terra é finita, mas de um ponto de vista interno, porque "mais" e "maior" doravante não mais "diferem", e o "mais" se torna qualitativamente *indiferente*. (Um crescimento do PNB de 5% em um ano significa que, qualitativamente, a economia está no mesmo estado que no ano precedente; as pessoas consideram que sua situação piorou se o seu "nível de vida" não se tiver "elevado", e não consideram que ela melhorou a menos que esse "nível" tenha se elevado segundo a porcentagem "normal".) Tudo isso já era perfeitamente conhecido por Aristóteles e Hegel. Mas, como é tão freqüente ocorrer, a realidade se segue ao pensamento com um atraso considerável.

Entretanto, a menos de uma reação religiosa, mística ou irracional de qualquer natureza — reação improvável, mas não impossível —, o resultado principal dessa destruição da idéia de *phusis* não mais poderá ser escamoteado. Pois é *verdade* que o homem não é um ser "natural" — se bem que tampouco seja um animal "racional". Para Hegel, o homem era "um animal doente". Dever-se-ia dizer, antes, que o homem é um animal louco que, por meio de sua loucura, inventou a razão. Sendo um animal louco, ele naturalmente fez dessa sua invenção — a razão — o instrumento e a expressão mais metódica de sua loucura. Isso nós podemos saber agora, mas apenas porque ela foi inventada.

Em que medida pode esse conhecimento nos ajudar em nossas presentes adversidades? Muito pouco, e muito. Muito pouco, pois a transformação do estado atual da sociedade mundial não é, evidentemente, uma questão de conhecimento, de teoria ou de filosofia. Muito pouco, ainda, pois não podemos renunciar à razão, bem como não podemos separar livremente "a razão enquanto tal" de sua realização histórica efetiva. Seríamos insensatos se pensássemos, por nossa vez, que poderíamos considerar a razão como um "instrumento" que deveria ser mais bem empregado. Uma cultura não é um cardápio no qual podemos escolher aquilo de que gostamos e negligenciar o resto.

Mas esse conhecimento pode nos ajudar em muito se ele nos tornar capazes de denunciar e destruir a ideologia racionalista, a ilusão da onipotência, a supremacia do "cálculo" econômico, o caráter absurdo e incoerente da organização "racional" da sociedade, a nova religião da "ciência", a idéia do desenvolvimento pelo desenvolvimento. Isso nós podemos fazer se não renunciarmos ao pensamento e à responsabilidade, se considerarmos a razão e a responsabilidade na perspectiva apropriada, se formos capazes de reconhecer nelas criações históricas do homem.

Pois a crise atual avança rumo a um ponto no qual, ou seremos confrontados com uma catástrofe natural ou social, ou então, antes ou depois disso, os homens reagirão de uma maneira ou de outra e tentarão estabelecer novas formas de vida social que tenham um sentido para eles. Isto nós não podemos fazer por eles e em lugar deles; assim como tampouco podemos dizer como isso poderia ser feito. O que podemos fazer é destruir os mitos, os quais, mais que o dinheiro e as armas, constituem o mais formidável obstáculo no caminho de uma reconstrução da sociedade humana.

*Julho de 1974.*

# Comunicação e
# resposta às críticas[11]

De início, uma observação sobre os comentários de Cândido Mendes quanto à "linguagem imperial" de Domenach e à "falta de linguagem" dos bárbaros*. Eles me recordam um belo poema de Kaváfis que se intitula, justamente, *Os bárbaros;* as pessoas de uma cidade do Império, tendo sido avisadas de que os bárbaros chegariam naquele mesmo dia, reúnem-se no Forum; elas aguardam os bárbaros, esperando que alguma coisa, enfim, venha arrancá-las de seu tédio, de seu *"mal du siècle"*. Os cônsules e os pretores trajam, na ocasião, suas togas bordadas e ostentam seus ornatos mais belos; pode-se supor que os velhos esperam ser degolados e as mulheres aguardam o estupro. Mas o dia passa, começa a cair a noite — e, subitamente, todos se dispersam, em meio ao mal-estar e à confusão. É que acabam de chegar mensageiros vindos da fronteira, anunciando que não há mais bárbaros. "Sem bárbaros o que será

---

11. Faço seguir esta exposição oral, apresentada no colóquio, de minhas respostas a algumas observações formuladas durante a discussão. O leitor não terá dificuldade em reconstituir o conteúdo dessas observações.

* Após a comunicação oral de Jean-Marie Domenach, Cândido Mendes, um dos organizadores do colóquio, criticou-o por usar uma "linguagem imperial" ante a "marginalidade dos bárbaros" e "a da periferia".

de nós? Ah! eles eram uma solução."[12] Estes são os dois últimos versos do poema.

Se eu também estivesse à espera dos bárbaros — o que não é o caso — eu deveria dizer que não os vejo — pelo menos, não aqui. Vejo apenas Cândido Mendes, que não consigo distinguir de um ocidental ultradecadente, e que, por meio de uma linguagem cujo esmero repousa sobre quarenta séculos de cultura e cujos recursos são por ele explorados de forma erudita e completa, pretende passar por bárbaro — o que, evidentemente, é uma idéia de "civilizado". Mas suponhamos que os bárbaros existam e que apareçam por aqui. Que poderíamos fazer? Ou bem os bárbaros querem efetivamente nos degolar, e a única questão que se levanta é a da relação de forças: ou eles nos degolam ou nós os degolamos; ou bem uma discussão é possível, e nesse caso é preciso se ater a certas regras do uso da linguagem, e não procurar, na discussão, a vitória pela violência do discurso, mas a elucidação de questões; a "civilização" não é nada mais que isto.

Cândido Mendes amavelmente provocou Domenach a propósito do Ocidente, e Domenach respondeu que efetivamente acreditava que, em certo sentido, existia uma superioridade do Ocidente. Quanto a mim, eu recuso esses termos (constatando, ao mesmo tempo, que aqueles que se pretendem bárbaros falam, de fato, uma linguagem ocidental). Há *uma particularidade* do Ocidente que nos interessa aqui: a cultura ocidental (greco-ocidental: pois isso começa ao menos com Heródoto) é a única que se interessou pela existência de outras culturas, que se interrogou sobre elas e, finalmente, que se pôs a si mesma em questão, que se relativizou em função desse conhecer as outras culturas. Isso foi o que os greco-ocidentais fizeram — e é a partir disso que pensamos. Se podemos hoje discutir o problema do desenvolvimento como um problema mundial, ou seja, um problema que interessa a todos os que vivem neste planeta, independentemente da cultura particular à qual pertençam, é graças a isso: tal é a condição de fato e de direito da nossa discussão. Para

---

12. Com o título "À espera dos bárbaros", esse poema de Konstantinos Kaváfis foi traduzido por José Paulo Paes, de quem aproveitamos os dois últimos versos — estando tanto em K. Kaváfis, *Poemas* (Rio de Janeiro, Nova Fronteira, 1982, p. 107), quanto em José Paulo Paes, *Poesia moderna da Grécia* (Rio de Janeiro, Guanabara, p. 54). (*N. do R.*)

além disso, não há, a meu ver, nem superioridade, nem inferioridade do Ocidente. Há simplesmente um fato: um planeta que foi unificado pela violência ocidental. No plano dos fatos, o Ocidente foi e continua sendo vitorioso — e não só pelas armas: ele é vitorioso pelas idéias, pelos "modelos" de crescimento e de desenvolvimento, pelas estruturas estatais, etc., que, criadas por ele, hoje estão reproduzidas em toda a parte.

Uma segunda observação sobre a relação entre a filosofia e a "ciência", a partir de uma frase de Attali, que disse: "O filósofo acompanha o cientista, que é quem abre as portas". Erro gravíssimo. O cientista abre as portas utilizando as chaves que são fabricadas a partir de um certo número de idéias, de idéias filosóficas. Se, no início do século, tivéssemos dito a um físico: tudo o que você faz se fundamenta na *idéia* de causalidade, ele riria em nossa cara. Alguns anos depois, a casa dos físicos explodia, e os cacos continuam a cair-lhes na cabeça. A "evidência" da causalidade tornou-se de novo problemática, e os físicos são obrigados a discutir filosofia. O mesmo ocorre na política. Causa aflição ver jovens militantes alienando-se em um ativismo irrefletido e proclamando que o que lhes interessa é a ação, não a filosofia. Pois, quando se observa em que consiste sua ação e de que são feitas as idéias de seus prospectos e cartazes, constata-se que elas não passam de subprodutos de escritos de um filósofo-sociólogo alemão do século XIX, chamado Karl Marx. E, quando olhamos mais de perto os escritos de Marx, encontramos neles Hegel e Aristóteles.

Chego agora ao problema do "desenvolvimento". Ele nos faz retornar à origem desse termo e dessa idéia. O desenvolvimento é o processo mediante o qual o germe, o ovo, o embrião se desdobra, se abre, se estende — em que o vivente em geral atinge seu estado de "maturidade". Falar em desenvolvimento é referir-se, ao mesmo tempo, a um "potencial" que já está lá e a uma realização, um acabamento, um ato, uma *enérgeia* dados, definidos, determinados; é opor uma "matéria" já rica em determinações não explicitadas à *forma* que ela vai assumir — e essa forma é uma norma. Esta é a linguagem de Aristóteles, da ontologia aristotélica, mas essa ontologia, de um modo ou de outro, sustenta todo o pensamento ocidental. Assim, quanto ao problema que nos ocupa: fala-se do "desenvolvimento" dos países do Terceiro Mundo postulando-se que existe um estado de maturidade definível que eles deveriam atingir. Do mesmo modo, quando Marx falava em "faculdades que desde o início estavam adormecidas no homem produtor", ele falava a linguagem de Aristóteles. Dizer, nessa linguagem, que alguma coisa existe é dizer que sua forma corresponde a uma norma, que seu *eidos* é definido por seu *télos*, e que ela só *existe* "verdadeiramente" ou "plenamente" na medida em que está acabada, determinada, definida. É isso que guia, ainda hoje, o cientista quando ele se dedica ao conhecimento da natureza: ele busca traduzir em seu domínio esta idéia, a idéia de que o que existe deve ser perfeitamente determinado.

Mas, da Grécia antiga aos tempos modernos, o conteúdo desta determinação se modifica. Para os gregos, determinado significa finito, acabado, e infinito significa menos-determinado, in-acabado, e assim, finalmente, menos-ser. Com o cristianismo (e o neoplatonismo) os sinais são trocados: o ser verdadeiro é Deus, e Deus é infinito. Mas esse Deus infinito está longe, está alhures: este nosso mundo continua sendo, se podemos dizê-lo, aristotélico. A verdadeira reviravolta ocorreu quando o infinito invadiu este mundo. Como, então, a determinidade, a concepção do ser como ser determinado poderá ser salva, se existe o infinito "em ato"? Ela pode sê-lo se a determinidade for pensada como matemática, e, de fato, como determinação quantitativa: o ponto de referência fixo é fornecido pela possibilidade de calcular aquilo de que se está tratando.

Esta reviravolta está condicionada pela confluência, convergência, coincidência de dois grandes fatores históricos, se é que é possível distingui-los. Um é o nascimento e o desenvolvimento da burguesia, e a instauração, por ela, de um novo universo de significações imaginárias sociais. O outro é a revolução filosófica e científica que pode ser simbolizada por alguns nomes. Por exemplo, Descartes, para quem sua filosofia e sua matemática eram indissociáveis, e de quem devemos recordar que o objetivo que ele atribuía ao conhecimento (fazer de nós senhores e possuidores da natureza) é nada mais, nada menos, que a aspiração programática dos tempos modernos. E também, por exemplo, Leibniz: *Cum Deus calculat fit mundus* — frase decisiva para a nova ontoteologia, mas também para a economia contemporânea. O Deus de Leibniz calcula os *maxima* e os *minima,* de forma mais geral: os *extrema* — que sempre resultam ser os *optima;* ele pensa o cálculo diferencial e o cálculo de variações, e enquanto isso o mundo toma forma. O que o economista moderno pretende calcular são, igualmente, esses *extrema* e esses *optima;* o que ele busca determinar são os braquistócronas do desenvolvimento.

Nesse mundo, ao mesmo tempo infinito e (pretensamente) submetido ao cálculo, não subsiste mais nenhuma forma/norma física, exceto aquelas que a própria quantidade, enquanto calculável, faz surgir.

Assim, a evolução do próprio saber científico é vista cada vez mais como uma seqüência de "aproximações crescentes", em termos de uma precisão cada vez maior (das leis, das constantes universais, etc.). Do mesmo modo, nos assuntos humanos, sociais, o ponto de vista quantitativo do crescimento, da expansão, torna-se absolutamente decisivo: a forma/norma que orienta o "desenvolvimento" social e histórico é a das quantidades crescentes.

Mas por que recordar, tão rápido e tão mal, tudo isso? Para sublinhar o mais fortemente possível que o paradigma de "racionalidade", sob o qual todos vivem hoje, e que domina também todas as discussões acerca do "desenvolvimento", não passa de uma particular criação histórica, arbitrária, contingente. Procurei mostrá-lo de maneira um pouco mais detalhada nos parágrafos de minha exposição escrita relativos à economia, de um lado, e à técnica, de outro. Só acrescentarei aqui que, se esse paradigma tem conseguido "funcionar", e com a relativa porém aterradora "eficácia" que se sabe, é porque ele não é completamente "arbitrário": há, na verdade, um aspecto não trivial daquilo que existe, que se presta à quantificação e ao cálculo; e há uma dimensão inelimínável de nossa linguagem, e de toda e qualquer linguagem, que é necessariamente "lógico-matemática", que encarna de fato aquilo que é, sob sua forma matemática pura, a teoria dos conjuntos. Não podemos conceber uma sociedade incapaz de contar, de classificar, de distinguir, de utilizar o princípio do 30 excluído, etc. E, em um certo sentido, a partir do momento em que se compreende que se pode contar para além de qualquer número dado, toda a matemática já está virtualmente presente, e, a seguir, as possibilidades de sua aplicação; de qualquer modo, essa "virtualidade" hoje está desenvolvida, desdobrada, realizada, e já não podemos voltar para trás, nem agir como se ela não o estivesse. Mas a questão é como reinserir isso em uma vida social sem que ele seja, como hoje, o elemento decisivo e dominante. Devemos pôr em questão a grande loucura do Ocidente moderno, que consiste em estabelecer a "razão" como soberana, em entender "razão" como racionalização, e a racionalização como quantificação. É esse espírito, sempre em ação (mesmo aqui, como mostrou o debate), que precisamos destruir. Precisamos reconhecer que a "razão" não passa de um aspecto ou dimensão do pensamento, e que ela enlouquece quando se autonomiza.

Que há de se fazer, então? O que há para ser feito, e que está diante de nós, é uma radical transformação da sociedade mundial, que não diz nem pode dizer respeito somente aos países chamados "subdesenvolvidos". É ilusório acreditar que alguma mudança essencial poderia produzir-se nos países "subdesenvolvidos", sem que ela se produzisse também no mundo "desenvolvido"; o que fica evidente se considerarmos quer as relações brutas, militares e econômicas, quer as "ideológicas". Se uma transformação essencial tiver lugar, ela não poderá deixar de envolver as duas partes do mundo. E uma tal transformação será necessariamente, antes de mais nada e acima de tudo, uma transformação *política* — que, de minha parte, só posso conceber como a instauração da democracia, democracia que atualmente não existe em parte alguma. Pois a democracia não consiste em eleger, no melhor dos casos, um Presidente da República a cada sete anos. A democracia é a soberania do *dèmos*, do povo, e só é soberano quem o é 24 horas por dia. Além disso, a democracia exclui a delegação de poderes, ela é poder direto dos homens sobre todos os aspectos sociais da vida e da organização, a começar pelo trabalho e pela produção.

A instauração da democracia assim concebida — ultrapassando as formas de vida "nacionais" da época presente — só pode provir de um imenso movimento da população mundial, que por sua vez só pode ser concebido no quadro de um período histórico inteiro. Pois um tal movimento — que supera de longe tudo o que tem sido habitualmente pensado como "movimento político" — não poderá existir se não questionar igualmente todas as significações instituídas, as normas e valores que dominam o sistema atual e são consubstanciais a ele. Ele só poderá existir enquanto transformação radical daquilo que os homens consideram como importante e como sem importância, como dotado e como desprovido de valor — em suma, enquanto uma transformação psíquica e antropológica profunda, acompanhada da criação paralela de novas formas de vida e de novas significações em todos os domínios.

Talvez estejamos muito longe disso. Talvez não. A mais importante transformação social e histórica da época contemporânea, que todos nós pudemos observar durante a última década (pois foi então que ela se tornou verdadeiramente manifesta, embora estivesse já em curso há três quartos de século), não foi nem a Revolução Russa, nem a revolução burocrática na China, mas a mudança na condição da mulher e de seu papel na sociedade. Tal mudança, que não estava no programa de nenhum partido político (para os partidos "marxistas", uma mudança como essa só poderia constituir o subproduto, um dos numerosos subprodutos secundários de uma revolução socialista), não foi produzida por esses partidos. Ela foi efetuada de modo coletivo, anônimo, cotidiano, pelas próprias mulheres, sem que elas sequer figurassem explicitamente tais objetivos; durante três quartos de século, 24 horas por dia, em casa, no trabalho, na cozinha, na cama, na rua, perante os filhos, perante o marido, elas gradualmente transformaram a situação. Os planejadores, os técnicos, os economistas, os sociólogos, os psicólogos, os psicanalistas não apenas não conseguiram prever essa mudança: eles nem mesmo puderam enxergá-la quando já começava a se esboçar.

A mesma coisa vale, *mutatis mutandis,* para a mudança da condição e das atitudes dos jovens — e agora, até mesmo das crianças — que não resultou de nenhum programa político, e que os políticos não foram capazes de reconhecer quando começou a explodir-lhes na cara. Eis aí, entre parênteses, em que consiste a utilidade das "ciências humanas" de hoje. Creio, de minha parte, que em todos os domínios da vida, e tanto na parte "desenvolvida" como na parte "não desenvolvida" do mundo, os seres humanos estão em via de liquidar as antigas significações e, talvez, de criar novas. Nosso papel é demolir as ilusões ideológicas que surgem como obstáculos a essa criação.

RESPOSTA: É claro que a matemática ultrapassa a mera quantificação. O que não impede que a quase totalidade das *aplicações* da matemática ao real se fundam em ramos da matemática nos quais se trata da quantidade e da medida (álgebra, análise, etc.). E é nessas aplicações, em física, notadamente, e após Newton, que a matemática demonstrou o que se poderia denominar sua "eficácia irrazoável". Esses sucessos desencaminharam os estudiosos das ciências sociais, os economistas em primeiríssimo lugar. Faz um século que a economia política tenta imitar a física matemática — com resultados praticamente nulos. Quanto aos esforços mais recentes para aplicar a formalização matemática "não quantitativa" às ciências sociais, como o estruturalismo, seus resultados são extremamente pobres: o único domínio em que parecem possuir uma certa validade é o dos aspectos mais elementares da linguagem (fonologia), onde, aliás, não se pode nem mesmo falar de uma genuína formalização, mas do emprego de uma *ars combinatoria* rudimentar. No que me diz respeito, penso que a dimensão essencial dos fenômenos sociais e históricos ultrapassa o poder dos instrumentos matemáticos, sejam estes quais forem; por exemplo, não creio que uma matematização ou formalização qualquer do inconsciente freudiano seja possível ou tenha sentido.

Não faço, e nunca fiz, nenhuma apologia da inação. *Aqui*, nossa ação é o discurso. Eu falo em meu próprio nome, e me reservo o direito de criticar e de propor. E não será pelo simples fato de criticarmos a ideologia oculta no termo "desenvolvimento" e sua utilização atual que os governos suspenderão sua ajuda (ou sua não-ajuda) ao desenvolvimento. Os governos continuarão a fazer o que fazem, pelas razões que lhes concernem e que nada têm a ver, de resto, com o fato de que pessoas morrem de fome: elas dizem respeito unicamente ao jogo de poder em escala mundial.

Eu não "confundo", como foi dito, ciência e religião; trata-se apenas de compreender que a ciência hoje ocupa o lugar da religião. Você diz: "A crise do desenvolvimento é a crise da fé". Você chama isso, então, de fé; talvez essa seja sua herança, mas não é a minha. A ciência ocupa hoje o lugar da religião porque a religião desmorona e porque a crença se torna crença na ciência. Do modo como ela existe hoje, essa crença na ciência é tão irracional quanto qualquer crença religiosa. A grande maioria dos homens atuais, inclusive os cientistas, não mantém uma atitude racional perante a ciência: eles *crêem;* trata-se efetivamente de uma espécie de fé. E é essa crença que é preciso abalar, a crença que se traduz na idéia de que os médicos, os engenheiros, os físicos, os economistas possuem a resposta para todos os problemas com os quais a humanidade se defronta.

Enfim, nas entrelinhas de muitas das propostas aqui apresentadas, aparece uma idealização do mundo chamado subdesenvolvido. De minha parte, eu digo: vocês são como os outros, nem melhores nem piores. Vocês podem perfeitamente degolar-se uns aos outros e, na realidade, freqüentemente o fazem. Na França, eu pertenci à frágil minoria que tentou lutar contra a guerra da Argélia. Mas sempre tive a certeza de que, se as posições estivessem trocadas e os argelinos dominassem a França, eles se teriam comportado, em geral, tal como os franceses se comportaram na Argélia. Creio, portanto, que é preciso abandonar este tipo de polêmica e consagrar a discussão às questões de fundo que temos diante de nós.

## Discussão sobre o "modelo socialista" de desenvolvimento

CORNELIUS CASTORIADIS: Gostaria de prosseguir diretamente na linha da intervenção de Bianco: sem entrar em uma discussão terminológica ou lexicográfica, e menos ainda filosófica, eu contesto a terminologia utilizada[13]. Parece que se está afiançando a idéia de que existiria um "modelo socialista" encarnado pelos "países socialistas". Pode-se fazer o que se quiser com as palavras, mas socialismo, afinal, sempre significou a abolição da exploração. Suponho que em todos esses países ditos por antífrase "socialistas" continua a existir a exploração do homem pelo homem — ou então o contrário, como se conta em uma bem conhecida historieta tcheca —, e, por conseguinte, recuso-lhes absolutamente o qualificativo de "socialista". Os jornalistas de *Le Monde* e de outros jornais muito sérios são livres para falar constantemente de "socialismo" e de "revolução" a propósito de todo e qualquer acontecimento. Basta que um cabo em não importa qual país tome o poder, e que se diga "socialista" (e que outra coisa ele poderia se dizer?), para que topemos com artigos sobre "a nova face do socialismo senechadiano", por exemplo. Os coronéis na Grécia, também eles, mencionavam "a Revolução Nacional" — e a situação chegou a um ponto tal que, nos jornais gregos da atualidade, a palavra "revolução" significa o regime de Papadopoulos. Há cinco ou seis anos, todo mundo falava em "socialismo árabe" e em "revolução socialista árabe": tratava-se, na verdade, do regime do cidadão Nasser. As coisas estão um pouco mais claras agora; com o cidadão Sadat já não se fala mais em "socialismo árabe", mas mesmo assim não estou completamente seguro.

RENÉ DUMONT: *Com Sadat continua a existir um partido denominado União Socialista Árabe.*

C.C.: E também há o "socialismo" e a "revolução" de Amin Dada. Mas passemos às coisas mais importantes. Tem sido igualmente utiliza-

---

13. As intervenções anteriores (de Edgar Morin, René Dumont e Lucien Bianco) não puseram em questão a aplicação do termo "socialismo" à Rússia, à China, etc.

do o termo "modelo"; eu o recuso igualmente, pois não existe modelo. Há uma nebulosa ideológica-imaginária, com um único núcleo firme: o poder de um aparelho burocrático. É a única característica que se mantém constante para todos os países em questão. Esses aparelhos burocráticos sem dúvida estruturam-se diferentemente em um país e em outro: o PC russo e o PC chinês não são exatamente similares, e a situação é ainda diversa em Cuba e diversa na Líbia. O mais comum é que esse aparelho se forme em torno de um partido político, mas ele pode, no limite, estar composto pelo próprio exército. Não o exército de Tamerlão, mas o exército tal como conhecemos ao menos desde Roma, em todo o caso, tal como a Europa o impôs a todos os países.

Burocracia não significa, evidentemente, os *"bureaux"* administrativos — e menos ainda os empregados atrás dos guichês dos correios e companhias telefônicas. Trata-se de um aparelho de gestão-direção fortemente hierarquizado, onde a área de competência de cada instância está delimitada, onde essa competência diminui à medida que se percorre a escala hierárquica em sentido descendente; onde há, portanto, uma divisão interna do trabalho de direção e de comando. Este aparelho dirigente se opõe a uma massa de executantes que teoricamente formam sua base, mas que lhe são, na realidade, exteriores.

Assim, o que podemos distinguir como característica comum a todos os países de que se tratou é, de um lado, esse núcleo firme de um aparelho burocrático que dirige a sociedade, e, de outro, a ideologia do desenvolvimento. Pois não podemos falar como se houvesse algo de incontestável em seu conteúdo e em suas finalidades, que consistiria simultaneamente no Belo, no Bom e no Verdadeiro, e que seria o Desenvolvimento com D maiúsculo. O que nós constatamos ao considerar os países supostamente "socialistas" é que eles buscam um desenvolvimento no sentido capitalista-ocidental — mesmo que isso se faça através de uma "planificação" centralizada ou "descentralizada", etc. Entendo com isso que, nesses países, o tipo de civilização no sentido mais amplo do termo, o tipo de cultura, se se preferir, o tipo de indivíduos que a sociedade visa a produzir, o tipo de produtos fabricados ou de utensílios empregados, o tipo de arranjo espaço-temporal das atividades humanas, o tipo de relações dos homens entre si, seja qual for a nebulosa ideológica-imaginária que os envolve, são os tipos que o Ocidente capitalista criou há cinco ou seis séculos.

Que haja no planeta um enorme problema de fome e miséria material é uma evidência, um sólido e trágico fato; que isso seja utilizado para falar e agir como se a única resposta consistisse em implantar nos países não ocidentais o modelo capitalista cuja substância — o produtivismo, a pseudo-"racionalização", etc. — está disfarçada por uma fraseologia socialista, é algo completamente diferente. O "desenvolvimento" é o desenvolvimento de tipo ocidental capitalista; não houve outro até agora, e não se conhece qualquer desenvolvimento de outro tipo.

Pode-se, quanto a este ponto, acrescentar uma nota sobre certos aspectos da política da burocracia chinesa, que pareceu por alguns momentos pretender seguir caminhos diferentes: um número menor de grandes fábricas, menos urbanização, menos medicina centralizada — discutia-se isso um ano atrás com Ivan Illich. A discussão desse ponto exigiria um aprofundamento; quanto a mim, noto de um lado que, relativamente a todos esses pontos, a burocracia chinesa retornou, mais cedo ou mais tarde, aos caminhos tradicionais e, de outro, que tudo isso revela simplesmente o uso de métodos mais flexíveis e mais eficazes, do ponto de vista da burocracia, para mobilizar a população e utilizá-la a serviço de uma política e de um projeto que são, afinal, apenas o "desenvolvimento" da China, no sentido em que os Estados Unidos e a Rússia são "desenvolvidos". Sabe-se, de resto, que até a organização dos campos de concentração chineses é bem mais "inteligente" e sutil, bem menos brutal e grosseira que a dos campos russos sob Stalin. Do mesmo modo, a exploração do campesinato, a mobilização dos cidadãos do bairro, etc., são feitas com mais flexibilidade e "eficácia". As "mobilizações" públicas na Rússia stalinista dos anos 30, por exemplo, eram grotescas representações teatrais; na China elas bem que aparentam possuir uma certa "eficácia" sob a ótica dos objetivos do regime. Contudo, os objetivos que se procura alcançar, em cada caso, são precisamente os mesmos que em outros lugares, embora a burocracia chinesa aceite maior lentidão e empregue mais astúcia em sua realização.

R.D.: *Atenção, a sociedade que está construindo a China é fundamentalmente diferente da sociedade ocidental, ao menos em um ponto essencial, o das desigualdades sociais. Persistem na China privilégios e desigualdades, mas sua ordem de grandeza é fundamentalmente distinta da nossa, e a China se constrói segundo um modelo conscientemente diferente.*

LUCIEN BIANCO: *Sim, as desigualdades materiais são infinitamente mais reduzidas na China que na França ou na URSS, por exemplo. Mas é preciso levar em consideração, a este respeito, a pobreza do país.*

EDGAR MORIN: *Esse argumento não é decisivo; nos países pobres sempre houve o luxo de uma pequena minoria.*

L.B.: *É verdade: comparando a Índia à China, teremos de reconhecer que a sociedade chinesa é muito mais igualitária. Mas, mesmo na China pré-revolucionária, as "grandes" propriedades eram de lato minúsculas e seu rendimento muito medíocre, a ponto de Sun Yat-sen ter dito: "Na China só há duas classes sociais: os muito pobres e os menos pobres".*

C.C.: Os elementos de que disponho não me fazem pensar que as desigualdades sejam "infinitamente menores" na China que em outros lugares. Mas isto não é o essencial. Quando se fala na Índia, país capitalista — onde, é verdade, o capitalismo experimenta dificuldades para se desenvolver —, como quando se fala na França, não se deve esquecer de que a desigualdade dos rendimentos desempenha, no contexto capitalista, uma função não individual, uma função "social": o financiamento da acumulação, dos investimentos. Na Rússia ou na China, essa função não é realizada através dos rendimentos privados, mas mediante o recolhimento direto de uma parte do produto social para o Plano, etc. O que se deve comparar não é o que o sr. Dassault ganha e o que ganham os srs. Brejnev e Mao; pois a maior parte dos rendimentos do sr. Dassault é investida, ao passo que os srs. Brejnev e Mao não investem nada. O que se deve comparar é o que o sr. Dassault consome e o que os srs. Brejnev e Mao consomem. Ora, a resposta é simples: eles consomem o mesmo tanto, pois consomem tudo o que têm vontade de consumir.

JULLIETTE MINCES: *Ao empregar o termo consumo tratando de chefes de Estado ou de Partido, eu creio que você mistura muitas coisas. Citarei um exemplo que muito me impressionou quando estive na Guiné em 1962. Nós conhecemos Sekou Touré que, a título pessoal, consumia relativamente muito pouco. Isso não o interessava em demasia. O que ele consumia era o poder, isso é que era o mais importante. Assim, quando você fala de consumo, não posso concordar. Além do mais, há uma distinção que você não assinalou. Em toda a parte os aparelhos de Estado são privilegiados; mas não se caracterizam todos por um aspecto parasitário.*

C.C.: Falávamos em desigualdades econômicas. Não creio que René Dumont quisesse dizer que a desigualdade do ponto de vista do poder é infinitamente menor na China que na França; creio que, a este respeito, estamos todos de acordo. Mas falávamos em desigualdades "materiais", buscando descobrir como julgar essas desigualdades, e é sob este aspecto, colocando-me no estrito ponto de vista do economista, que eu dizia que, seja qual for o juízo político que fizermos, quando falamos da renda obtida por um capitalista numa sociedade capitalista liberal, não podemos esquecer que ela tem duas funções, das quais a menos importante é o consumo individual do capitalista e a mais importante é a acumulação. Um capitalista não é essencialmente alguém que consome, mas sim alguém que investe em fábricas. Na Rússia, na China, nas "democracias populares", essas fábricas são construídas por conta do orçamento geral, a destinação de parte do rendimento social se faz diretamente, não sendo mediatizada por nenhuma renda "individual", como no Ocidente — eis toda a diferença. Resta-me, assim, comparar os 37 automóveis de Brejnev e suas *datchas* com os Rolls e as *villas* em Saint-Tropez dos ricos daqui — e, é claro, o número de privilegiados lá e aqui.

Mas não estaremos constantemente postulando aquilo que se deve demonstrar[14]? Falamos em progressão da produção e estou pronto a reconhecer que essa progressão foi mais rápida na China que na Índia. Mas como se poderia fazer desse aumento o critério supremo, ou um critério indiscutível, sem dar um aval a todo o universo de vida e de pensamento capitalista? O que conduz a outro aspecto, que é negligenciado nessas comparações e que as falsifica: fala-se como se a estrutura social e antropológica do mundo chinês e do mundo hindu fossem inicialmente idênticas. Ora, sem entrar em um culturalismo fácil, é preciso levar em conta a enorme importância da diferença entre esses mundos. Numerosos países "não desenvolvidos" estavam, não obstante,

---

14. A discussão, nesse ínterim, tinha se dirigido para os "méritos comparados" dos desenvolvimentos da Índia e da China; em particular, para a comparação de suas taxas de crescimento.

devido a razões históricas profundas, infinitamente mais "próximos" do mundo capitalista, ou mais "preparados" para um desenvolvimento capitalista, que outros. Por exemplo, mesmo em seus períodos mais pobres, a Grécia sempre "fez parte" do Ocidente, em um certo sentido: e a Grécia está em via de se desenvolver — ao passo que a Turquia encontra muito mais dificuldades. O mesmo ocorre com a Espanha: a Espanha já é quase a França; isto pode agradar ou não, mas, em quinze anos, a Espanha de Franco realizou um "desenvolvimento" tão rápido quanto o de qualquer outro país. E não creio que a situação seja essencialmente distinta na América Latina, se bem que as dificuldades do "desenvolvimento" capitalista sejam ali muitíssimo maiores. Vejo o horror que é o atual regime brasileiro, mas não encontro nisso nenhuma impossibilidade de princípio para uma decolagem capitalista no Brasil; essa decolagem já desponta, já está ocorrendo. Mas o fato é que todos os países que acabo de mencionar fazem parte de uma certa área antropológica, cultural, social-histórica. Ora, na Ásia, por exemplo, há uma área desse tipo, à qual pertencem os chineses e os japoneses (e, sem dúvida, também os povos da Indochina) — e uma outra, completamente distinta, a dos hindus (e, ainda, dos indonésios). Não se pode esquecer tão facilmente três mil anos de história chinesa, os chineses são pessoas que, como diz uma expressão grega, sempre souberam extrair gordura de moscas.

R.D.: *E utilizar os excrementos.*

C.C.: Sim, utilizar os excrementos humanos, a isso se referia Victor Hugo nesse livro admirável que se chama *Os miseráveis*, quando já denunciava o fato de que apenas Paris, através de seus esgotos, lançava cada dia ao mar quinhentos milhões de francos-ouro da época, ao passo que, dizia ele, a terra chinesa está sempre tão fecunda como no primeiro dia da Criação, pois os chineses confiam a ela seus excrementos. O mesmo vale para os japoneses: será que o Japão representa um "modelo socialista"? Em um século, ele tornou-se a segunda potência industrial do mundo.

JEAN-MARIE DOMENACH: *Mas os motoristas de táxi japoneses dormem em seus veículos.*

C.C.: É exatamente o que digo: o importante é "economizar", "produzir", "ganhar". O mesmo ocorre em Hong Kong: ao chegar à meianoite ao aeroporto você lá encontrará emissários de alfaiates, que lhe oferecem um terno sob medida, com a prova às cinco horas da manhã e a entrega às oito horas, permitindo que você prossiga seu vôo às nove horas, etc. São artesãos — e que não estão passando fome. Mas, quando estive na Índia, eu aluguei os serviços de um motorista de táxi hindu para visitar os admiráveis templos ao redor de Madras: ao cabo de longas conversações amigáveis, ele me disse que tinha conseguido guardar uma soma considerável de dinheiro. Eu lhe perguntei, estupidamente: você irá, sem dúvida, comprar um segundo táxi? De modo algum, ele me respondeu: há cinco anos que estamos preparando a grande peregrinação de toda a família a um grande templo (creio que se tratava do Ramesvaram), e esse dinheiro é exatamente o necessário para isso. O que pode parecer uma simplificação, mas ilustra em uma frase a estrutura antropológica hindu e os "obstáculos" que ela opõe ao "desenvolvimento" capitalista. E, sob este aspecto, a situação é idêntica na África — se bem que a Índia seja uma sociedade "histórica" e as sociedades africanas, como tais, sejam sociedades "pré-históricas".

J.-M.D.: *A estrutura antropológica chinesa consistia em que havia milhões de pessoas que morriam de fome. Agora não é mais a mesma coisa. Que mudou, então?*

C.C.: Houve um período de decomposição da sociedade chinesa tradicional, como tinha havido periodicamente, infinitamente agravado, no último século, pela invasão do imperialismo ocidental. O novo regime "reorganizou" o país, mas só pôde fazê-lo em função de uma atitude já existente e profundamente arraigada no povo chinês: produzir, economizar, arranjar, pôr em ordem, aproveitar os menores pedaços aproveitáveis. Essa é a atitude dos chineses, e é a dos japoneses; mas não é a dos hindus.

Eu gostaria de comentar alguns outros pontos, mas as últimas formulações de Bianco fazem-me voltar ao que me impressiona nesta discussão[15]. Fala-se como se criar uma nação necessariamente fosse algo

---

15. "A criação e a consolidação da nação chinesa é (...) o que há de mais incontestável no balanço dessa revolução", afirmara Lucien Bianco em sua intervenção imediatamente anterior (*Le mythe du développement, op. cit.*, p. 134).

"positivo". De minha parte, tenho-me batido contra o nacionalismo desde que entrei na vida política. Ocorre, deste ponto de vista, aquilo que Edgar Morin descrevia tão justamente agora há pouco, ao falar da "vergonha" dos intelectuais ocidentais. Eles se sentem culpados de criticar o "desenvolvimento" à moda ocidental, pois qualquer pessoa proveniente do Terceiro Mundo — e nós as encontramos em Figline-Valdarno — poderá dizer: ah, mas isso tudo são críticas de pessoas supersaciadas. O mesmo vale para a idéia de nação: tudo se passa como se houvesse o temor de que as pessoas dissessem: talvez para vocês a idéia de nação seja uma idéia ultrapassada, mas para nós a nação significa não mais estar sob as botas de sargentos franceses ou ingleses. Mas elas continuam sob as botas de um sargento, ainda que dos seus: de Amin Dada, de Kadhafi ou de Boumedienne.

Em segundo lugar, livrar-se da opressão estrangeira (que, é verdade, se manifesta também como opressão "nacional", mais precisamente, opressão do indígena enquanto indígena) não é em absoluto equivalente à criação de "nações" artificiais, tal como sucede atualmente na África — o que eu diria na frente de qualquer africano. Basta olhar um mapa para ver o aspecto grotesco da coisa: as fronteiras dessas "nações" seguem exatamente, na maior parte dos casos, os meridianos e paralelos do mapa, elas são as fronteiras fixadas para os territórios outrora conquistados pela Inglaterra, pela França, etc., unicamente em função de seus tratados de partilha ou da conveniência de suas administrações, e graças ao espírito cartesiano, já que é mais fácil delimitar um território por meio de linhas retas coincidentes com os meridianos e paralelos. O que isso traz para as populações envolvidas nós vimos muito bem durante estes últimos anos: trouxe a Nigéria e Biafra, trouxe as sangrentas lutas tribais no ex-Congo Belga, ou o Senegal contemporâneo, com quatro ou cinco etnias diferentes, das quais algumas também existem nos países vizinhos, e que estão prontas a exterminar-se umas às outras.

A idéia de "nação" é atualmente um dos ingredientes essenciais da ideologia burocrática, mediante o qual a luta contra a exploração e a opressão imperialista é apropriada por uma burocracia nascente. O aparelho burocrático se apresenta às massas indígenas como a instância que vai "criar-lhes" ou "dar-lhes" uma nação e que, ao mesmo tempo, encarna essa nação e garante sua existência. É dessa mesma maneira que se opera a transformação da luta das massas contra a opressão em luta "nacional", ou seja, em luta pela criação de um Estado "nacional", com tudo o que a criação de um Estado implica. Estendi-me longamente sobre este ponto, pois choca-me constatar o grau em que as pessoas, como as que estão aqui reunidas, podem estar contaminadas por esta monstruosa dialética da história dos últimos cem anos, que tornou equívocas todas as palavras e todas as significações, e que fez delas, em seu uso corrente, instrumentos de mistificação.

> E.M.: *Mas esse vazio deixado pelo colonialismo refluente ou escorraçado é preenchido pela nação, e não se vê, nas condições atuais, que outra coisa poderia vir a preenchê-lo.*

C.C.: Estamos de acordo. Mas que alguma coisa devesse preenchê-lo não significa que tenhamos que dar a ela nosso aval. O último filósofo da história morreu há 145 anos. Se eu falasse enquanto filósofo da história, teria dito, como ele: tudo o que foi real foi racional, ponto, parágrafo, nada mais há para se dizer. Mas eu falo como político; que aquilo que ocorreu ocorreu em função de certas causas, faz parte, para mim, da discussão, mas não a esgota. Dizia-se há pouco que, em política, as "ilusões" contam tanto quanto a realidade, se não mais — o que é evidente: de outro modo não teria havido, por exemplo, as duas grandes guerras. Ora, falar hoje do pretenso modelo do pretenso desenvolvimento pretensamente socialista e denunciá-lo não é fazer trabalho de filósofo, é fazer trabalho de político, é denunciar e tentar dissolver essas "ilusões" tão importantes em sua ação "real"; e é justamente isso o que vemos quando constatamos que todas essas palavras e todos esses termos veiculam representações, motivam atividades, justificam realidades radicalmente opostas às que temos em mente ou que estaríamos — eu, em todo caso — prontos a defender. Jean-Marie Domenach perguntava há pouco: por que razões esses países adotam o "modelo socialista"? Uma dessas razões, que não é a menor, encontra-se precisamente nessas "ilusões" e em sua força. O mesmo vale para a "nação".

Retorno à questão da burocracia e à minha velha querela com Edgar [Morin] sobre o assunto. Nenhuma dúvida pode persistir, segundo vejo, quanto à especificidade, à originalidade da organização burocrática contemporânea, quanto ao fato de que ela faz parte do mundo moderno, ainda que seja possível encontrar muitos de seus núcleos, de seus gérmens no passado — na China, na Roma imperial, na Igreja cristã oficializada, etc. Mas a verdadeira origem, as fontes sociais-históricas da burocracia moderna estão em outra parte — e essas fontes são em número de três. A primeira é a evolução espontânea, *a lógica interna do capitalismo ocidental:* concentração e centralização, organização da empresa, ligação crescente entre a economia e o Estado, etc. A segunda é *a degenerescência das próprias organizações operárias* e da Revolução de 1917: a classe operária russa, por razões que não precisamos discutir agora, não chegou a assumir, a exercer efetivamente o poder, nem na produção, nem na política; o partido bolchevique, que se preparava para tal, emerge, açambarca o poder, torna-se camada dominante e núcleo em torno do qual se cristaliza a nova classe dominante e exploradora. A terceira fonte — que mostra a incapacidade do marxismo para dar conta da história contemporânea, já que as duas primeiras podem bem ou mal ser interpretadas nos esquemas marxistas — é o que denominei *a emergência da burocracia no vazio* e a partir do vazio: a sociedade tradicional, pré-capitalista, se desagrega em contato com o capitalismo; o imperialismo se revela incapaz de continuar a impor-se, seja diretamente, seja por intermédio de uma burguesia nacional; a crise da sociedade e a luta das massas se amplificam, uma sob a influência da outra. Essa situação pode durar muito tempo — durou no mínimo cinqüenta anos na China, por exemplo; mas, se e quando ela é ultrapassada, constatamos que, em essência, ela sempre o é da mesma maneira. O aparelho que, na sociedade considerada, apresentava as "estruturas de recepção" mais apropriadas (ou as menos estranhas) à criação de uma sociedade capitalista burocrática, que possuía os elementos de "organização" e de "informação" no sentido biológico, o ADN, que lhe permitiam empreender uma catálise social, esse aparelho põe-se a proliferar e a estender sua influência e poder, e finalmente torna-se a instância que "resolve" a crise dessa sociedade. Um aparelho desse tipo, evidentemente privilegiado para um tal papel, é um partido "marxista", "comunista", etc., porque ele já possui uma organização interna "moderna"; uma "mensagem", como diz Edgar, ou uma ideologia e um sistema de explicação do mundo, enfim, modelos já acabados de estratégia e de tática (cf., aliás, Portugal após abril de 1974); ele já existe, totalmente pronto para esse papel.

Mas nós constatamos também que, em outros países igualmente numerosos, a "sopa primordial" criada pela decomposição da sociedade tradicional não permite o nascimento ou o desenvolvimento de um partido desse tipo. Este é o caso de quase todas as sociedades africanas; é também o caso da Índia, onde o (ou os) partido comunista se acha diante de uma mina de ouro riquíssima, e não consegue extrair dela o que quer que seja; por que será? E é, enfim, o caso de quase todos os países muçulmanos. Não quero voltar à antropologia, mas estou certo de que ela tem muito a dizer a este respeito. Em todos esses casos, quando alguma coisa acontece, constata-se que um outro aparelho desempenha, é verdade que com eficácia geral muito menor, o papel do aparelho do Partido: o aparelho militar, no limite, a pessoa do sr. Amin Dada e seus soldados. Esse aparelho, evidentemente, necessita também ele de uma ideologia — ou de uma fraseologia — "socialista", pelas razões já discutidas e de resto evidentes,

Uma última palavra, enfim, acerca da questão "positiva" da política propriamente dita, no sentido de: o que fazer? Esta é, efetivamente, a questão decisiva, mas há uma questão preliminar: de que lugar falamos, e em que qualidade? Somos porventura sócios de alguma empresa de "Consultores para o Desenvolvimento com Horror Atenuado"? Iremos traçar as linhas de contorno que maximizam a produção de trigo minimizando a população concentracionária? De minha parte. eu não aceito isso. Não sou consultor em desenvolvimento com horror minimizado.

E.M.: *Será que você não é obrigado a sê-lo em certas ocasiões?*

C.C.: Não vejo, no momento, o que poderia vir a obrigar-me a isso, e não entrarei nessa espécie de discussão. Volto, contudo, ao que Edgar dizia: talvez fosse preciso um pouco disto, um pouco daquilo, um pouco de autogestão, etc. Não estou ironizando, é claro que isso não está "errado", e que é preferível ser operário numa fábrica iugoslava do que numa fábrica da Índia. Mas pequenas doses disto e daquilo não podem triunfar sobre esse poder terrível da totalidade da sociedade, da sociedade como instituição global e, no caso, como sociedade burocrática. E isso se vê, por exemplo, na Iugoslávia, onde a coação exercida pelo aparelho de Estado e do Partido é complementada de modo muito eficaz, exatamente por meio da "autogestão descentralizada", pela coação dos mecanismos econômicos, da demanda, do mercado mundial, etc.

Aquilo que há muito tempo considero como essencial em toda a questão do "desenvolvimento" é que os países do Terceiro Mundo tinham, e talvez ainda tenham, a possibilidade de oferecer uma contribuição positiva original à necessária transformação da sociedade mundial. É esta possibilidade que é totalmente escamoteada nas discussões habituais sobre o desenvolvimento; e é ela que é destruída pelo "desenvolvimento" capitalista-burocrático daqueles países — e também por isso o ódio que podemos sentir pelas burocracias que neles se criam é forçosamente maior. Falando de maneira esquemática, podemos dizer que na maior parte desses países as formas tradicionais de cultura não estavam ainda, e ainda não estão hoje, completamente dissolvidas, nem o tipo tradicional de ser humano completamente destruído. É desnecessário frisar que essas formas tradicionais, na maior parte do tempo, vinham acompanhadas pela exploração, pela miséria, por toda uma série de fatores negativos: mas elas preservavam alguma coisa que, no Ocidente, foi destruída no e pelo desenvolvimento capitalista: um certo tipo de sociabilidade e de socialização, e um certo tipo de ser humano. Há muito tempo que eu considero que a solução dos atuais problemas da humanidade deverá passar pela conjunção desse elemento com a contribuição que o Ocidente pode trazer; entendo com isso a transformação da técnica e do saber ocidentais de tal modo que possam ser postos a serviço da preservação e do desenvolvimento das formas autênticas de sociabilidade que subsistem nos países "subdesenvolvidos" — e, em troca, a possibilidade, para os povos ocidentais, de aprender lá alguma coisa que foi esquecida, e de se inspirarem neles para fazer reviver formas de vida genuinamente comunitária.

# O regime social da Rússia[16]

## NOTA PRELIMINAR

*Este texto resume e articula os resultados de mais de trinta anos (1944-1977) de reflexão e de trabalho sobre a "questão russa", suas intermináveis implicações teóricas, suas incalculáveis repercussões reais. Pouco tempo depois de terminá-lo, a invasão russa do Afeganistão levava-me a retomar, prolongar e completar essas análises; o que fiz no artigo "Devant la guerre" (Libre, nº 8, mai. 1980), e depois no livro com o mesmo título, cujo primeiro volume foi publicado em maio de 1981 (Fayard)[17] e do qual espero publicar o segundo volume dentro em breve.*

---

16. Texto introdutório à quarta e última jornada do seminário histórico realizado em Veneza por ocasião da Bienal consagrada à dissidência nos países do Leste (15-18 de novembro de 1977). As limitações de tempo obrigaram-me a apresentar sob a forma de teses, neste relatório, algumas das idéias que eu vinha elaborando desde 1946 sobre a "questão russa e suas implicações". O desenvolvimento e a argumentação dessas teses serão encontrados nos escritos cuja lista é dada no fim deste texto e que são referidos pela indicação de sua data.

Este relatório foi publicado na revista *Esprit* (jul.-ago. 1978), e depois, em forma de brochura, pelos *Cahiers du vent du ch'min* (Saint Denis, 1982).

17. Ver *Diante da guerra*, vol. I: *As realidades*. São Paulo, Brasiliense, 1982. (*N. do E.*)

*A publicação de* Diante da guerra *produziu diversos resultados objetivamente curiosos, entre os quais um que era, para mim, completamente previsível: os "pacifistas" de diferentes espécies puseram-se a acusar-me de apoiar o rearmamento ocidental e de inflar deliberadamente as quantidades de armamentos russos (mostrando-se com isso, como de costume, mais realistas que o rei, já que na verdade os russos nunca contestaram, por ocasião das discussões acerca da redução de armamentos, os números que estabelecem a "paridade" nuclear já atingida por eles entre 1970 e 1975). Menos previsível era esse outro resultado: as pessoas se puseram a falar de (e a escrever sobre) minha "teoria da estratocracia russa" como se eu nunca houvesse escrito* nada mais *acerca da Rússia além de* Diante da guerra — *ou então, na melhor das hipóteses, como se as novas análises desse livro significassem o abandono de minhas análises precedentes ou implicassem que estas teriam ficado obsoletas. Aí está uma curiosa maneira de ler.* Diante da guerra *se baseia explicitamente em meus escritos anteriores relativos ao capitalismo burocrático total e totalitário, escritos que são repetidamente citados nesse livro e dos quais ele utiliza os resultados. Se esses resultados não continuassem válidos, a análise da sociedade russa como estratocracia perderia seus fundamentos sociais, assim como históricos. O problema que eu me propus — o leitor se convencerá facilmente disso ao ler neste volume, mais à frente, "Os destinos do totalitarismo" — foi o de dar conta da evolução do regime, de sua dinâmica particular, a partir do momento em que o fracasso da tentativa de auto-reforma da burocracia (Khruchtchev, 1964) liberou definitivamente o curso do processo de necrose do Partido e de sua ideologia. A esse problema — bem como ao fato de que, por mil razões, a evolução da Rússia é fortemente* singular — *não se responde declamando-se monotonamente, da manhã até a noite, "totalitarismo, totalitarismo" ou "ideocracia, ideocracia". Ideocracia em 1921 e 1985? Totalitarismo na Rússia de Stalin e na Hungria de Kádár? A contínua incapacidade de pensar aquilo que é* histórico *traduz-se pela impotência de fazer qualquer coisa a não ser aplicar uma única e mesma abstração sobre realidades que mudam continuamente há quase setenta anos, e que se referem a sociedades tão marcadamente distintas, na origem, como a Etiópia e a Alemanha Oriental, a Tchecoslováquia e o Vietnã, Cuba, a China e a própria Rússia. E como a cada dia que passa essa abstração vai ficando, se se pode dizer, mais abstrata, o resultado é que se perde de vista aquilo que assegura a verdadeira unidade da história da Rússia desde 1917 — ou o verdadeiro parentesco entre os regimes comunistas, seja qual for a região em que estejam enxertados.*

Novembro de 1985.

1. A sociedade russa *é* uma sociedade dividida, que se submete à dominação de um grupo social particular, e na qual reinam a exploração e a opressão. Isto é de uma evidência imediata em vista dos fatos mais elementares e bem conhecidos. A apresentação do regime russo como "socialista", ou como exemplo de "Estado operário", com a cumplicidade praticamente universal da "esquerda" e da "direita"; ou mesmo simplesmente a discussão de sua natureza por referência ao socialismo, para identificar em que pontos e em que grau existiria uma discrepância, representam uma das mais formidáveis operações de mistificação já realizadas na história. O persistente sucesso desse empreendimento levanta, obviamente, uma questão de primeira magnitude acerca da função e da importância da ideologia no mundo contemporâneo.

I

2. A sociedade russa, como as sociedades dos países da Europa Oriental, da China, etc., é uma sociedade dividida de maneira assimétrica e antagônica — uma "sociedade de classes", para usar a terminologia tradicional. Ela está submetida à dominação de um particular grupo social, a burocracia, cujo núcleo efetivo é a burocracia política do PCUS. Esta dominação se concretiza como exploração econômica, opressão política, sujeição espiritual da população pela — e em proveito da — burocracia. Mas nem por isso a burocracia exerce um domínio absoluto sobre a sociedade, não mais do que qualquer outra camada dominante em não importa qual sociedade. Ela deve fazer frente ao conflito que a opõe à população, conflito cujas manifestações o regime totalitário sufoca sem conseguir suprimir. Ela está sujeita às antinomias e às

irracionalidades inerentes ao moderno regime burocrático. Enfim, a burocracia é dominada, ela própria, por seu sistema, pela instituição da sociedade de que ela é correlativa e pelas significações imaginárias sociais que essa instituição traz consigo. A sociedade russa é, também ela, uma sociedade alienada ou heterônoma, em que "todas as classes se confundem".

3. Na Rússia, as relações de produção são relações antagônicas, que dividem e opõem dirigentes e executantes. Elas acarretam a exploração de produtores (operários, camponeses, pessoal de "serviços") e sua sujeição a um processo de trabalho e de produção que foge inteiramente de seu controle. A "nacionalização" (estatização) dos meios de produção e a "planificação" burocrática não implicam de modo algum a abolição da exploração, e nada têm a ver com o socialismo. A supressão da "propriedade privada" deixa inteiramente em aberto a questão: *quem dispõe efetivamente*, agora, dos meios de produção e da própria produção? Ora, na Rússia (assim como nos países da Europa Oriental, na China, etc.), é a burocracia (das empresas, da economia, do Estado e sobretudo do PCUS) que dispõe (*verfügt*) coletivamente dos meios de produção, do tempo da população trabalhadora, dos resultados da produção. Sob a cobertura da fórmula jurídica da "propriedade nacionalizada" (estatal), a burocracia dispõe do *jus fruendi, utendi et abutendi* dos meios de produção. A estatização e a "planificação" burocrática constituem os instrumentos necessários e adequados para essa disposição. Os meios de produção e a produção estão disponíveis para a burocracia, "estaticamente", a cada instante. Ela faz deles "o que ela quiser", física e economicamente, tanto quanto ou mais ainda do que um capitalista que "faz o que ele quer" de seu capital. Mas, sobretudo, ela dispõe deles "dinamicamente". Ela decide os meios pelos quais um excedente é extraído da população trabalhadora, a taxa desse excedente e sua destinação (sua repartição entre consumo burocrático e acumulação, bem como a orientação dessa acumulação). O "capital" russo, hoje, nada mais é, em sua "essência", que o excedente acumulado pela exploração do povo russo há sessenta anos, e, na sua forma física, o resultado sedimentado de decisões da burocracia e do funcionamento de seu sistema nesse mesmo período [1946, 1947*a*, 1947*b*, 1949*a*, 1949*b*, 1949*c*, 1957*a*, 1958*b*, 1960*a*].

4. Essa natureza das relações de produção, e do regime social, está inscrita na materialidade dos meios de produção e é sustentada por estes. Enquanto instrumentos de trabalho — pela forma e pelo conteúdo que imprimem ao processo de trabalho —, esses meios visam a garantir a sujeição dos produtores ao processo de trabalho, tanto pela natureza do trabalho que impõem como pelo tipo de organização de trabalho e da empresa que deles decorre. Enquanto instrumentos de produção — pela natureza dos produtos que estão destinados a fabricar — eles representam a orientação que a burocracia impõe à vida social, seus objetivos específicos, os valores e significações aos quais a própria burocracia se submete. A produção de armamentos, de bens de consumo destinados à burocracia, o tipo e a natureza dos itens de consumo popular e, sobretudo, a produção de máquinas destinadas a reproduzir o mesmo tipo de produção e as mesmas relações de trabalho e de produção ilustram amplamente a correspondência entre a natureza do regime social e os "meios" produtivos que ele desenvolve. A total identidade entre estes e os inventados e implementados pelo capitalismo ocidental atesta o parentesco profundo dos dois regimes. Ela cria, igualmente, problemas idênticos no plano político. Longe de poder simplesmente beneficiar-se de um "desenvolvimento das forças produtivas" e de uma tecnologia pretensamente neutra que poderia ser posta a serviço do socialismo, uma revolução social na Rússia precisará enfrentar a base material-técnica da produção e transformá-la, tanto quanto nos países ocidentais [1957c].

5. Nestes sessenta anos, a condição e o destino efetivo do trabalhador russo ligado à produção são essencialmente idênticos ao que sempre foram sob o capitalismo. O escamoteamento deste fato, levado a cabo pela quase totalidade das correntes "marxistas", inclusive as de "oposição" (trotskistas, por exemplo), defensoras autoproclamadas da classe operária, é altamente revelador. A submissão dos trabalhadores ao trabalho não é um "defeito", secundário ou importante, do sistema, nem simplesmente um traço desumano a se lamentar. Nela se denuncia, tanto no plano mais concreto como no plano filosófico, a essência do regime russo como regime de alienação. Considerando-se estritamente o processo de trabalho e de produção, a classe operária russa encontra-se na condição de "assalariada", tanto quanto outra classe operá-

ria qualquer. Os operários não dispõem dos meios nem do produto de seu trabalho, nem de sua própria atividade de trabalhadores. Eles "vendem" seu tempo, suas forças vitais, sua vida à burocracia que dispõe delas segundo seus interesses. O esforço constante da burocracia é no sentido de aumentar ao máximo o rendimento do trabalho, ao mesmo tempo em que comprime a remuneração, empregando para tanto os mesmos métodos adotados no Ocidente. A divisão cada vez mais pronunciada das tarefas, a especificação destas de modo a tornar o trabalho cada vez mais controlável e impessoal e o trabalhador cada vez mais substituível, a mensuração e o controle dos gestos do trabalhador, a remuneração segundo o número de peças produzidas e segundo o rendimento, a "quantificação" de todos os aspectos do trabalho e da própria personalidade do trabalhador repousam, lá como aqui, em uma tecnologia que, longe de exprimir uma "racionalidade" neutra, destina-se a sujeitar o trabalhador a um ritmo de produção independente dele, a romper os grupos "informais" que se constituem entre os trabalhadores, a expropriar o trabalho vivo de qualquer autonomia e a transferir a instância de direção da atividade, por pequena que seja, aos conjuntos mecânicos de um lado e ao Aparelho burocrático que dirige a empresa de outro [1958a].

6. Esta análise (que seria, na verdade, a autêntica análise marxiana) é todavia incompleta e insuficiente, por ser abstrata. Ao considerar a produção em si mesma e ao separá-la do conjunto da vida e da organização social, ela conduziria à assimilação pura e simples da condição do operário russo à do operário ocidental. Mas o fato de que nada, fora da esfera da produção, seja deixado ao operário e à população em geral não é um traço adicional, mas um componente essencial de sua condição. Desprovida de direitos políticos, civis e sindicais; recrutada à força para "sindicatos" que não são mais que simples apêndices do Estado, do Partido e do KGB, submetida a um permanente controle policial, à delação nos locais de trabalho e fora deles, ao sistema de passaportes internos e de cadernetas de trabalho; assediada constantemente pela voz onipresente de uma propaganda oficial mentirosa, a classe operária russa sofre os efeitos de um projeto de opressão e controle totalitários, de expropriação mental e psíquica que ultrapassa indiscutivelmente os modelos fascista e nazista, e que só conheceu alguns aperfeiçoamentos suple-

mentares na China maoísta. Situação sem paralelo nos países capitalistas "clássicos", nos quais muito cedo a classe operária pôde conquistar direitos civis, políticos e sindicais e contestar, de maneira explícita e aberta, a ordem social vigente — ao mesmo tempo em que exerce constantemente uma decisiva pressão sobre a evolução do sistema, pressão essa que terminou sendo o principal fator limitativo à irracionalidade deste [1953a, 1959, 1960b, 1973, 1974]. A diferença é fundamental, mesmo do ponto de vista estreito e abstrato da produção e da economia. No regime capitalista clássico, a classe operária negocia explicitamente o nível nominal dos salários e outros pontos ainda mais importantes do contrato de trabalho (duração diária, semanal, anual e "vital" do trabalho, condições de trabalho, etc.). O "contrato de trabalho" é, de fato, uma fórmula jurídica — mas não é uma fórmula *vazia*, pois a classe operária pode lutar, e luta, explicitamente, pela sua modificação. Sem uma classe de trabalhadores "livres", nos dois sentidos do termo, teríamos talvez conhecido um "capitalismo escravagista" ou um "capitalismo de servidão" — e não o capitalismo tal como efetivamente veio a existir. Através dessas lutas e dessa liberdade que seria estúpido chamar de simplesmente "formal", a classe operária vem conseguindo, nos últimos 175 anos, reduzir a duração do trabalho, impedir o aumento da taxa de exploração, limitar o desemprego, etc. Ora, na Rússia a supressão de toda liberdade e a impossibilidade de qualquer luta declarada fazem precisamente com que o "contrato de trabalho" torne-se, lá, uma fórmula vazia, e impedem que se continue a falar, nesse caso, de "assalariados", a não ser em sentido formal. A conseqüência disso não é apenas uma exploração do trabalho bem mais pesada que em outros lugares. Ao se suprimir qualquer possibilidade de que a classe operária e a população em geral venham a exercer abertamente uma pressão sobre os acontecimentos, abre-se o caminho para o desdobramento da irracionalidade burocrática que desemboca no monstruoso desperdício de trabalho humano e de recursos produtivos gerais, característico da economia russa (sem falar no Gulag, que levanta problemas que vão muito além destas considerações).

7. Por isso é impressionante notar que a opressão totalitária se revela incapaz de sufocar a luta implícita permanente dos operários (e camponeses) contra o sistema, na produção. Sob o regime russo, assim como

no Ocidente, o ponto de partida e o objetivo principal dessa luta são o nível de taxas efetivas de remuneração/rendimento (relação entre salário recebido e trabalho efetivamente fornecido). Nos dois casos, contudo, longe de ser simplesmente "econômica", essa luta traduz a resistência dos trabalhadores à opressão e à alienação às quais as relações de produção estabelecidas tendem a submetê-los. Na Rússia, essa luta se exprime de modo particularmente agudo pela crise permanente da produtividade quantitativa e qualitativa, pelo absenteísmo, pelos estouros crônicos do "plano de salários" de empresas, etc. [1949*b*, 1949*c*, 1956*b*, 1957*c*, 1958*a*, 1960*b*].

8. A condição última dessa luta é a contradição fundamental do capitalismo burocrático. Na produção, como em todas as esferas da vida social, o regime visa a privar os indivíduos e os grupos da direção de suas atividades e a transferi-la para um Aparelho burocrático. Esse Aparelho, sendo exterior a essas atividades e enfrentando a oposição dos executantes, torna-se incapaz, na maior parte do tempo, de dirigi-las ou de controlá-las, e até mesmo de saber realmente o que se passa. Ele é obrigado, portanto, a apelar constantemente para a participação desses mesmos executantes que ele desejaria excluir, para a iniciativa daqueles que ele gostaria de transformar em robôs. Esta contradição poderia cristalizar-se numa simples oposição entre dois grupos, em uma sociedade estática. Mas as drásticas e contínuas alterações de meios e métodos de produção, que o próprio regime precisa introduzir, fazem dela um conflito sem solução [1956*b*, 1957*c*, 1958*a*, 1960*b*, 1963].

9. Esta contradição fundamental e a própria natureza do aparelho burocrático fazem com que a "planificação" burocrática seja essencialmente caótica e irracional, inclusive do ponto de vista dos objetivos que ela pretende atingir. Marx, considerando a sociedade capitalista de sua época, opunha o despotismo nas oficinas à anarquia na sociedade. Mas o capitalismo burocrático, tanto a Leste como a Oeste, conjuga o despotismo e a anarquia, na oficina e na sociedade. Os enormes desperdícios e absurdos da "planificação" burocrática, amplamente conhecidos há muito tempo, não são de forma alguma um aspecto acidental ou corrigível, mas sim o resultado das mais importantes características da organização burocrática. A simples existência do Aparelho burocrático leva

a opacidade social a um grau até então desconhecido, fazendo com que as informações requeridas para uma planificação — da economia, ou mesmo da produção de uma grande empresa — estejam constantemente em falta. A massa de executantes esconde a verdade das vistas do Aparelho. A condição vital de existência de qualquer setor da burocracia é a falsificação dos fatos aos olhos do restante da burocracia. O Aparelho procura resolver o problema através da multiplicação de controles e instâncias burocráticas, que somente conseguem multiplicar os fatores que dão origem ao problema. O Aparelho não só é meio cego, como também meio desmiolado. "Perícia", "saber", "competência" da burocracia são engodos ideológicos. Num sistema burocrático-hierárquico moderno (em oposição a um sistema burocrático-hierárquico tradicional) não existe nem pode existir nenhum dispositivo ou procedimento "racionais" de nomeação e promoção de burocratas. Por conseguinte, grande parte da atividade destes tem por objetivo a tentativa de resolver, por todos os meios, seu problema pessoal. A luta entre clãs e quadrilhas torna-se, assim, um fator sociológico essencial que domina a vida do Aparelho e vicia profundamente seu funcionamento, fazendo com que, na maior parte do tempo, as opções objetivas se reduzam a pontos nos quais se concentra a disputa entre tais clãs e quadrilhas. Criando, pela sua própria existência, uma cisão radical na sociedade, fragmentando-a mais e mais a fim de melhor controlá-la, introduzindo inevitavelmente em seu próprio seio a mesma fragmentação, a mesma divisão do trabalho e de tarefas que ele impõe a todos, o Aparelho pretende ser o lugar da síntese, da recomposição da vida social — mas só consegue sê-lo ficticiamente. As instâncias burocráticas particulares atolam constantemente em sua própria inércia. As brutais intervenções da Cúpula do Aparelho devem resolver, sempre *in extremis* e arbitrariamente, os problemas que não podem mais ser adiados [1956*b*, 1960*b*, 1976].

10. A industrialização da Rússia — e a extensão do regime burocrático sobre 1,3 bilhão de indivíduos — não atenuou em nada os conflitos e antinomias que dilaceram a sociedade russa, e tampouco reduziu o poder da burocracia. É verdade que o grau e os métodos do terror policial sofreram mudanças desde a morte de Stalin, simultaneamente à tentativa feita pela burocracia de ingressar na via da "sociedade de consumo". Mas tanto o conteúdo como o malogro do khruchtchevismo

mostram os limites das tentativas de auto-reforma da burocracia e as contradições com que elas se deparam. Um certo grau de "democratização" aparece, portanto, como um requisito para que sejam superados os traços mais irracionais do sistema. Contudo, até mesmo tentativas tímidas nessa direção arriscam-se a provocar explosões (acontecimentos de 1965 na Europa Oriental), ou então abrem as portas para uma utilização dos "direitos" concedidos que rapidamente se torna intolerável para a burocracia (dissidência de intelectuais nos últimos quinze anos). Isto porque qualquer possibilidade de pôr em questão o poder do Partido significa o suicídio da burocracia, e qualquer "democratização", mesmo limitada, do Partido significaria o suicídio da instância que encarna, personifica e exerce o poder, a saber, a Cúpula do Aparelho. Do mesmo modo, a necessidade de reformar a gestão da economia em todos os níveis, para limitar seus absurdos, choca-se com a necessidade, para fazê-lo, de reduzir o papel e os poderes discricionários da burocracia — ou seja, de proceder a uma automutilação da camada dominante. Isso aconteceria caso se tentasse injetar "mecanismos de mercado" no sistema atual; mas também caso se quisesse proceder a uma "cibernetização" da economia, a qual — sendo aliás irrealizável na situação russa — exigiria a eliminação da maior parte da burocracia "produtiva" e econômica existente e apenas levaria à proliferação de novas instâncias burocráticas. Assim, as "reformas" econômicas da burocracia se traduzem essencialmente por oscilações recorrentes entre tentativas de maior ou menor centralização [1956b, 1957b]. Um regime burocrático mais "elástico" não é, certamente, inconcebível, nem de direito nem de fato (cf. a Iugoslávia). São as condições concretas da Rússia que tornam essa eventualidade extremamente improvável: o risco de desmoronamento do Império russo (cf. também os acontecimentos de 1956, bem como a invasão da Tchecoslováquia em 1968) e a situação virtualmente explosiva existente no próprio país.

11. Na realidade, os problemas fundamentais que afligiam o Império dos czares e que provocaram sua queda não apenas não foram resolvidos como se acham consideravelmente agravados. Problema agrário: até bem pouco tempo atrás, os camponeses viviam em estado jurídico de servidão, ligados de direito à gleba (e privados de passaporte interno), e sem dúvida continuam, de fato, nessa condição; a Rússia, celeiro

da Europa já antes dos tempos de Heródoto, tem dificuldades para alimentar sua própria população, ao passo que os países ocidentais subvencionam o setor agrícola para que ele não produza; a "organização" da agricultura volta constantemente a ser posta em discussão, sem nenhum resultado tangível. Problema do desenvolvimento industrial: o sistema nem sempre consegue atender a demanda solvente da população por objetos de uso corrente; a fabricação de produtos de qualidade satisfatória e constante continua sendo uma questão insolúvel; o equilíbrio militar com os Estados Unidos só é mantido consagrando-se uma proporção exorbitante dos recursos produtivos (provavelmente de três a quatro vezes maior que nos Estados Unidos) à produção de armamentos, e à custa de um considerável subdesenvolvimento em todos os setores civis; depois de sessenta anos de "socialismo" e de superexploração da população, o produto nacional por habitante é da mesma ordem de grandeza que o da Espanha, se não o da Grécia. Esse regime "socialista" não conseguiu até agora resolver o problema que os seres humanos resolveram desde o neolítico: assegurar o suprimento entre uma colheita e a colheita seguinte; nem este outro, solucionado ao menos desde os fenícios: fornecer, aos que estão dispostos a pagar o preço correspondente, as mercadorias que eles solicitam. Questão nacional: chauvinismo grão-russo e anti-semitismo tão fortes como nunca chocando-se invariavelmente com o ódio por parte de nacionalidades fechadas à força na prisão modernizada dos povos; a Rússia continua sendo o único país importante e "desenvolvido" onde nações inteiras são mantidas na servidão. Questão política: independentemente da radical exclusão do povo de todo o controle e de toda informação sobre os assuntos públicos, a burocracia não conseguiu e não consegue encontrar nenhum modo de funcionamento regular para resolver o problema de sua própria direção, a não ser a luta entre bandos e clãs e as intrigas de corte. As mudanças na Cúpula devem ser o mais possível espaçadas, sob pena de um abalo fatal de todo o edifício, e a gerontocracia é a conseqüência inevitável dessa situação. O Estado e o Partido, que é a sua alma, ao pretenderem regulamentar todos os aspectos da vida social e resolver todos os problemas em lugar dos próprios interessados, só fazem multiplicar esses problemas, pela sua própria existência e pelo seu modo de operação. Seu monstruoso inchaço testemunha o extremo aguçamento da cisão antagônica da sociedade. A persistência e o agravamento desses problemas surgem acompanhados de uma verdadeira involução cultural. O povo que produziu Dostoievski, Mussorgski, Maiakovski, é obrigado a suportar o cretinismo, a pomposidade e a assustadora esterilidade da cultura "oficial". Ao mesmo tempo, a ideologia do Estado se decompõe. A invocação do "marxismo-leninismo" tornou-se um mero ritual [1956a]. A burocracia condena a cultura russa à esterilidade, porque ela própria está condenada ao mutismo. É-lhe impossível falar ou consentir que se fale sinceramente de seu pecado original, de seu nascimento sangrento em meio ao, e por meio do, terror de Stalin — a quem ela não ousa nem condenar nem reabilitar plenamente; é-lhe impossível apagar pura e simplesmente trinta ou quarenta anos de história russa, visto que esta continua sem alteração essencial. Do mesmo modo, é-lhe impossível deixar que se apresente uma imagem verídica, ainda que artística, de seu presente, ou aceitar uma discussão sobre o estado da sociedade russa, ou tolerar investigações e iniciativas que escapariam a seu controle. O resultado disso é o desgaste, para não dizer o total desaparecimento, de sua influência sobre as novas gerações, em especial, mas também sobre uma parte crescente da população. Na realidade, o único cimento da sociedade burocrática russa, excetuando-se a repressão, é, doravante, o cinismo. A sociedade russa é a primeira sociedade *cínica* da história. Mas não se conhece, na história, exemplo de sociedade que tenha podido sobreviver muito tempo no cinismo puro e simples; não é, portanto, por acaso que o chauvinismo e o nacionalismo grão-russos tornam-se mais e mais pronunciados. Represados pelo terror burocrático, tais conflitos só podem explodir com enorme violência quando a ocasião se apresenta (cf. os exemplos descritos por Soljenitsin ou Pliuchtch). Dentre os países industrializados, a Rússia continua sendo a mais forte candidata a uma revolução social.

12. O regime russo é parte integrante do sistema mundial contemporâneo de dominação. Juntamente com os Estados Unidos e a China, ele constitui um dos três pilares desse sistema; ele é, solidariamente com os outros, o administrador e fiador da manutenção do *statu quo* social e político em escala planetária. Essa solidariedade e cumplicidade, que normalmente funcionam nos bastidores, manifestaram-se de maneira flagrante quando, por exemplo, os Três puseram-se de acordo para ajudar o governo do Ceilão a esmagar o levante de 1971; da mesma forma

que seria extremamente provável que Estados Unidos e Rússia se pusessem de acordo para sufocar uma revolução na Europa ou noutra parte, desde que estivessem convencidos de que não poderiam controlá-la ou utilizá-la. Paralelamente, o antagonismo imperialista dos Três permanece agudo e continua tendo como horizonte uma guerra mundial que de modo algum se tornou impossível, como afirma a propaganda oficial, por efeito do equilíbrio do terror nuclear.

## II

13. Chamemos *regime social* um tipo determinado de instituição da sociedade, à medida que exceda a simples sociedade singular. O termo e a noção de "modo de produção" têm validade quando se trata de caracterizar a produção como tal, mas não uma sociedade ou uma classe de sociedades. Isso só poderia ocorrer se produção e "modo de produção" determinassem necessária e suficientemente o conjunto da organização e da vida sociais — o que não é nem mesmo falso, mas desprovido de sentido. A própria relação entre a produção (e as relações de produção) e a organização global da sociedade é sempre uma característica específica do *regime social* em questão, da instituição dada da sociedade, e faz parte dessa instituição [1964*b*, 1974*a*, 1975]. O regime social da Rússia (e dos países da Europa Oriental, da China, etc.) é o *capitalismo burocrático total;* o regime social dos países industrializados do "Ocidente" é o *capitalismo burocrático fragmentado* [1949*a*, 1949*b*, 1976].

14. A emergência da moderna burocracia e do capitalismo burocrático, total ou fragmentado, levanta um número imenso de problemas, dos quais só poderemos, aqui, tocar ligeiramente em alguns. A reflexão acerca desses problemas faz explodir as concepções herdadas sobre a sociedade e a história; o advento histórico da burocracia e o funcionamento da sociedade burocrática permanecem inapreensíveis no quadro das grandes teorias tradicionais [1949*a*, 1963, 1964*a*, 1964*b*, 1973, 1975]. O mundo contemporâneo existe apoiado em representações da sociedade e da história, que, prontas já em 1848, nada mais têm a dizer sobre a situação contemporânea. Isso se torna de imediato evidente no caso das concepções "liberais" e "neoliberais", tanto no aspec-

to econômico como sociológico. Aos olhos dessas concepções, o regime burocrático, com suas habituais transgressões a "racionalidade econômica", não pode passar de um infeliz acidente, contrário à natureza humana. E a transformação de cidadãos em engrenagens da máquina estatal só pode ser entendida por elas como um inexplicável ressurgimento, no seio da "democracia" e da "difusão de conhecimentos", da forma trans-histórica da tirania. No que se refere à concepção de Marx, a situação é diferente, em parte, desde que seja quebrada sua ossatura sistemática-dogmática, que sejam reconhecidos seus limites e que ela seja posta em relação com as alterações da realidade histórica. *O capital* deve ser estudado tendo em mente a Rússia, e não a Rússia tendo em mente *O capital*. Os "marxistas" contemporâneos, pelo fato de continuarem subordinados não tanto ao pensamento de Marx, mas à porção desse pensamento que eles transformaram em um esquema mecânico, tornaram-se incapazes de dizer qualquer coisa de pertinente sobre o mundo moderno. Em particular, no caso da burocracia e do regime burocrático, eles permanecem francamente impossibilitados de tomá-los como objetos de pensamento.

15. Assim, para a quase totalidade de correntes e autores marxistas (deixando de lado, é óbvio, os comunistas ortodoxos), tudo o que há para se dizer parece resumir-se na caracterização do regime russo como produto da degenerescência da Revolução de Outubro, causada, por sua vez, pelo "atraso" do país e pelo "isolamento" do novo poder. Uma coisa é reconhecer que o regime russo tem sua origem em uma revolução que reivindicava o socialismo e na qual os operários e os camponeses tiveram papel decisivo e, em larga medida, autônomo. Mas que se possa, invocando essa origem, esvaziar a questão da natureza presente desse regime, do produto final dessa "degenerescência", é outra coisa, completamente diferente. A conjuntura histórica na qual um regime se instaura tem, por certo, sua importância — mas não é, em absoluto, suficiente para caracterizá-lo. Um capitalismo estabelecido mediante a fusão pacífica da burguesia com a antiga aristocracia, ou mesmo a simples transformação desta última em classe capitalista (Japão), não difere essencialmente, sob este aspecto, de um capitalismo que se instaura após a violenta eliminação da aristocracia pela burguesia. O próprio termo "degenerescência" não corresponde ao que está em questão aqui.

Ao "duplo poder" do Governo Provisório e dos sovietes entre fevereiro e outubro de 1917, sucedeu o "duplo poder" do partido bolchevique e das organizações de trabalhadores (essencialmente, as comissões de fábrica), cujo segundo membro foi gradualmente reprimido e definitivamente eliminado em 1921 [1949*a*, 1958*b*, 1960*a*, 1964*a*]. A explicação do surgimento do regime burocrático pela degenerescência de uma revolução torna-se insustentável em face da ascensão da burocracia na China e em outros lugares. A interpretação da própria degenerescência como efeito do "atraso" e do "isolamento" — ridiculamente superficial, e cuja função é mascarar a problemática *política* de uma revolução socialista e o caráter desde o início burocrático-totalitário do partido bolchevique — tornou-se totalmente anacrônica, já que a industrialização da Rússia e a extensão do Império burocrático em nada diminuíram o domínio da burguesia. Se o efeito persiste mesmo após o desaparecimento das supostas causas, e se o mesmo efeito se produz em situações onde essas causas não estão presentes, é forçoso reconhecer que tal efeito tem um enraizamento na realidade distinto das circunstâncias vigentes quando de sua primeira aparição. Continuando a invocar Marx — que escreveu: "ao moinho manual corresponde a sociedade feudal, ao moinho a vapor a sociedade capitalista" —, essas concepções afirmam implicitamente que à linha de montagem corresponde, aqui, o capitalismo, e lá, o "socialismo" ou "Estado Operário". Incapazes de refletir sobre essa nova entidade social-histórica que é a burocracia moderna, elas só conseguem falar da Rússia, da China, etc. tomando como referência uma sociedade socialista, da qual esses regimes representariam deformações. Portanto elas só conservam de Marx, na realidade, seu esquema metafísico-determinístico da história: existiria uma etapa predeterminada da história da humanidade, o socialismo, que sucederia necessariamente ao capitalismo. Como conseqüência, tudo o que não for "capitalismo" (concebido, aliás, da maneira mais superficial, a partir da "propriedade privada", da "mercadoria", etc.) só poderá ser socialismo, embora deformado, degenerado, muito degenerado, etc. O socialismo, porém, não é uma etapa necessária da história. Ele é o projeto histórico de uma nova instituição da sociedade, cujo conteúdo é o autogoverno direto, a direção e a gestão coletiva, pelos seres humanos, de todos os aspectos de sua vida social, e a auto-instituição explícita da sociedade. Ao reduzir o socialismo a uma questão puramente "econômica", e a realidade econômica às formas jurídicas da propriedade; ao apresentar como socialistas a estatização e a "planificação" burocrática, tais concepções cumprem a função social de mascarar a dominação da burocracia e de ocultar suas raízes e condições, de modo a justificar a burocracia instalada ou camuflar os desígnios de burocratas "revolucionários" candidatos ao poder.

16. A burocracia moderna pode, até um certo ponto, ser pensada no interior do referencial marxiano; entretanto, além desse ponto, ela o faz explodir. Ela constitui, num certo nível de abstração (como percebeu Max Weber, mas não Marx), a culminação imanente da evolução "ideal" do capitalismo. Do estrito ponto de vista produtivo-econômico a evolução tecnológica, a organização concomitante da produção e o processo de concentração do capital acarretam a eliminação do capitalismo individual "independente" e a emergência de um estrato burocrático que "organiza" a atividade de milhares de trabalhadores nas empresas gigantes, assume a gestão efetiva da empresa e de complexos de empresas e responsabiliza-se pelas incessantes modificações de instrumentos e métodos de produção (e nisso difere radicalmente de toda burocracia "tradicional", que gere um sistema *estático*). Tendo alcançado seu pleno desenvolvimento, esse estrato se apropria de uma parte do excedente produzido (sob a forma de "salários", etc.) e decide a destinação da outra parte desse excedente através de mecanismos que não incluem a "propriedade privada do capital" como sua condição necessária ou suficiente. O capitalista ou os capitalistas "proprietários", se ainda os houver, só podem desempenhar um papel na empresa moderna em função do lugar que ocuparem na pirâmide burocrática. Se, como pensava Marx, a concentração do capital "não se detém até que todo o capital social se ache concentrado nas mãos de um único capitalista ou grupo de capitalistas", esse solitário capitalista ou grupo de capitalistas não poderia dominar pessoalmente centenas de milhões de trabalhadores; uma tal situação não é concebível sem a emergência e a proliferação de um estrato que controle, gerencie, dirija efetivamente a produção e dela disponha de fato, e do qual esse próprio capitalista passa a depender. Na história efetiva dos países capitalistas clássicos, a concentração não atinge (e não poderia atingir) seu "limite ideal" por essas vias (como função exclusiva da evolução econômica). Mas as tendências que acabamos de

descrever estão neles amplamente realizadas, e bastam para que se possa definir o regime social dos países ocidentais como *capitalismo burocrático fragmentado*. A burocracia moderna torna-se então interpretável, no referencial de Marx, como o produto orgânico da evolução da produção capitalista e da concentração do capital, como a "personificação do capital" numa certa etapa de sua história, como um dos pólos da relação de produção capitalista, a divisão dirigentes/executantes, e o agente ativo da realização, da difusão, da penetração cada vez mais profunda dessa relação nas atividades de produção (e em todas as outras). A separação entre a direção e a produção imediata, o deslocamento da direção da atividade de trabalho para uma instância exterior ao trabalho e ao trabalhador; a pseudo-"racionalização"; o "cálculo" e a "planificação" estendida a segmentos cada vez maiores da produção e da economia, etc. — nenhuma dessas funções poderia ser realizada por "pessoas" e por meio, simplesmente, da "propriedade do capital". Exclui-se, igualmente, que elas sejam realizadas pelo "mercado", a menos que este seja entendido de acordo com a mitologia da economia política (na qual Marx, afinal, acreditava). Elas só podem ser levadas a cabo pela burocracia e mediante a criação do Aparelho burocrático [1949*a*, 1959*a*, 1960*b*]. E a dominação da burocracia surge como a forma adequada, por excelência, da dominação do "espírito" do capitalismo (aqui, mais uma vez, Max Weber viu as coisas bem mais claramente que Marx) — ou seja, do magma de significações imaginárias sociais que é posto em cena pela instituição do capitalismo.

17. A cegueira de Marx ante as implicações de sua própria concepção, correta, acerca da concentração do capital não é acidental (e deve-se às mesmas razões que a indigência da maior parte das outras abordagens teóricas da burocracia moderna). A concentração, levada ao seu limite, implica não apenas a eliminação de "capitalistas individuais", mas a abolição do "capital" enquanto tal e da "economia" enquanto setor efetivamente separado do resto da vida social. Concentração e monopolização acarretam a redução crescente do "mercado", a alteração essencial do caráter daquilo que dele resta, sua substituição pelo condomínio dos oligopólios e monopólios e, por fim, por uma organização "integrada" ("planificada") da produção e da economia. No limite da concentração total (e, na verdade, muito antes que esta última seja atin-

gida), não há mais autêntico "mercado", nem "preço de produção", nem "lei do valor", nem, enfim, "capital" no sentido que Marx dava a esse termo (que contém como momento ineliminável a idéia de uma massa de "valores" em processo de auto-expansão). Na melhor das hipóteses, a "lei do valor" se transformaria, nesse caso, em uma regra (norma, prescrição) de comportamento subjetivo "racional", do capitalista solitário ou da burocracia. Mas, então, não apenas nada garante que essa regra vá ser seguida como, ao contrário, tudo leva a crer que ela não poderá sê-lo [1948, 1953a]. Sob o capitalismo burocrático total, não se pode mais falar em "leis econômicas", salvo meras trivialidades (os condicionantes físicos e técnicos não são "leis econômicas"). É por isso, também, que são desprovidas de conteúdo as concepções que vêem na Rússia um "capitalismo de Estado", e supõem que as "leis econômicas do capitalismo" continuam em vigor nesse país, tendo-se substituído, apenas, a "classe capitalista" pelo "Estado".

18. Contudo, a nos contentarmos com essa interpretação da burocracia, estaremos negligenciando dimensões essenciais de sua realidade — precisamente as que põem em questão a concepção marxiana e a tornam, por fim, insustentável. Mesmo nos países capitalistas "clássicos", a emergência e o crescimento da burocracia não são de modo algum redutíveis à concentração do "capital" e à burocratização concomitante da produção e da empresa. De fato, a organização industrial ocidental, desde suas origens, modela-se na organização burocrática-hierárquica secular dos Estados e Exércitos, que ela modifica para atender a suas próprias conveniências — não apenas adaptando-a às necessidades da produção, mas, especialmente, tornando-a instrumento e suporte da "mudança", ao contrário da burocracia "estática" tradicional. Posteriormente, o modelo burocrático "industrial" foi adotado pelo Estado, o Exército e os Partidos. A burocratização das sociedades capitalistas "clássicas" ganha forte impulso com a considerável expansão do papel e funções do Estado, tanto as gerais como as propriamente econômicas, independentemente de qualquer "estatização" formal da produção (cf. os Estados Unidos), o que acarreta não só a proliferação do estrato burocrático e a ampliação de seus poderes, como também a multiplicação de mecanismos institucionais não mercantis de integração e de gerência de atividades sociais. Enfim, outro impulso importante para essa burocra-

tização provém da evolução do movimento operário. A constituição de uma burocracia sindical e política "operária" significa a adoção do modelo capitalista por parte das organizações operárias e sua aceitação pelos associados [1959]; ou seja, o prolongamento da dominação das significações imaginárias do capitalismo e dos correspondentes dispositivos institucionais (divisão dirigentes/executantes, hierarquia, especialização, etc.) sobre a classe operária fora da esfera de produção e nos próprios instrumentos por ela criados para lutar contra o capitalismo.

19. Já se vê, portanto, que a evolução de uma sociedade capitalista "clássica" rumo ao capitalismo burocrático fragmentado não pode ser interpretada apenas em termos de produção e de economia. Mas o mais importante é que também a emergência e a dominação da burocracia na Rússia não resultam de uma evolução "orgânica" desse tipo, mas sim da ruptura representada pela Revolução de 1917 e de um processo essencialmente político. A primeira burocracia moderna a se constituir como camada dominante — e que serviu de catalisadora e aceleradora do processo mundial de burocratização — não é a burocracia "canônica" que o capitalismo tradicional teria engendrado, mas uma burocracia que nasce quando o capitalismo tradicional é destruído e resulta dessa destruição [1964a, 1964b]. O caso dos países pré-capitalistas, especialmente a China, é ainda mais esclarecedor. Nesse país, a burocracia, ascendendo ao poder através de um processo político e instaurando em seu benefício relações de dominação, cria praticamente *ab ovo* as "relações de produção capitalistas" e a correspondente infra-estrutura material. Não é a burocracia chinesa o produto da industrialização da China, mas a industrialização da China que é obra da burocracia chinesa. A mediação efetiva e concreta entre o sistema mundial de dominação e a transformação burocrática da China não foi fornecida pelas "infra-estruturas", salvo num sentido negativo, já que a penetração e o impacto do capitalismo haviam desarticulado na China a organização tradicional; o que sucedeu também em outros lugares sem que o resultado fosse o mesmo. O suporte "material" das condições da transformação burocrática da China foram os catecismos "marxistas" e o modelo político-militar bolchevique, não as máquinas nem mesmo os fuzis (Tchang Kai-chek também os tinha, e até em maior quantidade). A mediação concreta entre o capitalismo mundial e a transformação burocrática da

China deu-se com a penetração, na China, das significações imaginárias sociais do capitalismo e dos correspondentes tipos de instituição e organização (ideologia "marxista", partido político, "progresso", "produção", etc.). E é nesse sentido — e não porque nela haveria dominação do "capital" — que a China, assim como a Rússia, etc., faz parte do mesmo universo social-histórico que os países "ocidentais", a saber, o universo do capitalismo burocrático.

20. O capitalismo burocrático total não é, portanto, nem uma simples variante do capitalismo tradicional, nem uma etapa da evolução "orgânica" deste último. Embora pertencendo ao universo social-histórico do capitalismo, ele representa igualmente uma ruptura e uma nova criação histórica; assim como também é nova a própria relação entre o que se altera e o que não se altera quando se passa do capitalismo tradicional para o capitalismo burocrático integral [1964a, 1964b, 1975]. Tal ruptura fica evidente ao se considerar o grupo social concreto que exerce, nos dois casos, a dominação; e também ao se considerar a instituição específica do regime social, notadamente os mecanismos e dispositivos explícitos e implícitos, formais e informais, mediante os quais se realiza e assegura a dominação de um grupo social particular sobre o conjunto da sociedade. A instituição nuclear e germinal do capitalismo — *a empresa* — continua sendo o elo entre as duas fases. Mas a "propriedade" (ou melhor, a *disposição*) "privada" do "capital", o "mercado" enquanto mecanismo de integração econômica, a distinção formal entre "Estado" e "sociedade civil", essenciais para a existência do capitalismo tradicional, desaparecem sob o capitalismo burocrático total, o qual se caracteriza pela extensão universal do Aparelho burocrático-hierárquico moderno, o "plano" como mecanismo de integração, a dissolução da distinção formal entre a "sociedade civil" e o "Estado". A relação entre a camada dominante e esses mecanismos é distinta, evidentemente, nos dois casos — do mesmo modo que, em todos os regimes sociais, a relação entre a camada dominante e os mecanismos instituídos correspondentes a sua dominação é sempre *sui generis,* parte própria e específica da instituição *desse* regime social. A incompreensão acerca do regime russo também provém, em boa medida, do fato de que sempre se busca entender a relação entre a burocracia e os mecanismos instituídos partindo-se do modelo da relação entre a burguesia e a propriedade do

capital e o mercado (seja para afirmar que as duas relações são idênticas, seja para concluir, de sua diferença, que não há exploração na Rússia). Mas a relação entre os proprietários de escravos e os mecanismos do regime escravagista, entre os senhores e os mecanismos do regime feudal, entre os burgueses e os mecanismos do regime capitalista, é sempre diferente e faz parte do modo de instituição dos regimes sociais correspondentes [1964b, 1974, 1975].

Do mesmo modo, é tão falso pensar o grupo social dominante como simples "personificação" de mecanismos e dispositivos instituídos (como faz Marx, no caso dos capitalistas e do "capital"), quanto é falso conceber esses mecanismos como um simples "instrumento" desse grupo (como fazem a maioria dos marxistas, no caso do Estado). Essa relação não é pensável através das categorias da "instrumentalidade", da "personificação" ou da "expressão"; é uma relação sem análogo em parte alguma, que deve ser entendida em si mesma. E é tão falacioso, do ponto de vista político, falar do poder e omitir o fato de que ele sempre é poder de um grupo sobre os outros, quanto falar de grupos ou de classes e omitir os sistemas instituídos que lhes correspondem. No capitalismo burocrático total, a imbricação do "econômico", do "político", do "ideológico", etc. adquire um caráter novo relativamente às sociedades capitalistas "clássicas"; há uma *outra* instituição das esferas da atividade social e de sua articulação. É absurdo imaginar, nesse caso, que subsistam inalteradas as categorias sociais estabelecidas e instituídas como separadas por sociedades de outros tipos, e sobretudo pela sociedade capitalista "clássica" — economia, direito, Estado, "cultura", etc. [1964b, 1974, 1975].

21. O advento do capitalismo burocrático total confirma o que o estudo das sociedades pré-capitalistas já poderia mostrar: não é na produção, e através dela, que se formam, em geral, as classes [1964b, 1974]. A instituição de um regime social dividido assimétrica e antagonicamente equivale à instauração de uma relação de dominação entre um grupo social e o restante da sociedade, e a essa dominação corresponde um conjunto de instituições "secundárias" [1975, p. 495-96 (N. do E.: ed. bras., p. 416)]. Tais são as instituições que encarnam e realizam, na esfera estritamente política e coercitiva, o poder do grupo dominante, e notadamente o do Estado; as que possibilitam a criação de um *excedente*

econômico e sua apropriação pelo grupo dominante; e, finalmente, as que asseguram a dominação de mitos, crenças religiosas, idéias, em suma, representações e significações sociais correspondentes à instituição da sociedade, sua interiorização pelos indivíduos, e a fabricação ilimitada de indivíduos adequados a essa instituição. Assim, por exemplo, relações de produção antagônicas não podem existir lógica nem realmente, a não ser como momento e dimensão de relações de dominação. Elas *são* intrinsecamente relações de dominação na esfera específica da produção e do trabalho: relações de dominação exteriores ao próprio processo de trabalho no caso de regimes escravagistas ou feudais, mas penetrando nele cada vez mais sob o regime capitalista [1949, 1964*b*]. E elas implicam a constituição de um poder sobre a sociedade e sua apropriação por um grupo social particular. A origem e o fundamento da unidade desse grupo não se acham necessariamente na idêntica posição, relativamente à produção, dos indivíduos que o compõem, mas em sua participação nesse poder sobre o restante da sociedade — poder que deve, naturalmente, traduzir-se também como "poder econômico", isto é, como possibilidade de dispor do tempo das pessoas e destinar parte desse tempo a atividades que servem ao grupo dominante ou de cujo resultado este se apropria. Pode ocorrer que um tal poder já se ache historicamente constituído na sociedade considerada, e que uma categoria social formada a partir da produção/economia (ou mesmo de outro modo) dele se apodere e transforme-o, mais ou menos extensamente, para chegar à dominação plena. Esse foi o caso da burguesia — extrapolado erroneamente por Marx para todo o conjunto da história. Mesmo neste caso, entretanto, seria um erro conceber o poder do Estado como algo que se sobrepõe a uma estrutura produtiva-econômica permanecendo exterior a ela, ou como um simples instrumento da camada social em via de alcançar a dominação. Mas pode ocorrer, também, que um grupo social (etnia conquistadora, grupo "político") crie e imponha as relações de produção que correspondem a essa dominação e permitem sua reprodução social, através da instauração direta de uma nova relação de dominação e de uma nova forma de poder. Foi essa, muito plausivelmente, a origem das sociedades escravagistas, e, com certeza, a origem mais freqüente dos regimes feudais; e é essa a origem dos regimes burocráticos contemporâneos na Rússia, na China, ou na Europa Oriental.

22. Sob o capitalismo burocrático total, a abolição da "economia" enquanto esfera separada e relativamente autônoma faz parte de uma mudança essencial na relação entre "sociedade civil" e Estado. Na verdade, essa própria distinção — que permanece atulhada de consideráveis elementos ideológicos, correspondendo ao ponto de vista da burguesia clássica sobre a sociedade — deve ser reexaminada. A realidade das relações entre a "sociedade civil" e o Estado jamais coincidiu com sua apresentação pelas construções teóricas (incluindo-se aí Hegel e Marx). Mas a sociedade burguesa, em todo caso, vive e se desenvolve no contexto da distinção entre uma esfera privada, uma esfera pública "civil" e uma esfera pública estatal. Tal distinção já se encontra abalada pela evolução que conduz ao capitalismo burocrático fragmentado: a ampliação das atividades do Estado restringe cada vez mais o domínio público "civil", e a própria esfera "privada" tende a tornar-se, sob múltiplas formas, "pública" [1960b, 1963]. Com o capitalismo burocrático total, um salto qualitativo se produz. Apaga-se a distinção entre a esfera pública "civil" e a esfera pública estatal, e reduz-se a um mínimo a esfera "privada" (no limite, às funções biológicas dos indivíduos). Não há, portanto, dominação do Estado *como tal* sobre a sociedade — nem "absorção da sociedade civil pelo Estado". O próprio Estado é dominado por um organismo "político" separado — no caso mais típico e freqüente, pelo Partido, instância última de decisão e de poder, e, no próprio interior do Partido, pela Cúpula do Aparelho. O Partido, organização e meio unificador do grupo dominante, somente pode identificar-se (em palavras) com a sociedade enquanto exerce o terror sobre ela — terror que, reduzindo-a ao silêncio, anula essa identificação. E ele não poderia "absorver" a sociedade sem deixar de ser o que é, e que seu nome indica claramente: uma *parte* da sociedade, um corpo *particular* no interior dela. Além disso, a supressão formal da distinção entre sociedade civil e Estado não significa nem a "absorção" daquela por este, nem uma "unificação" da sociedade. A pretensão à unificação e homogeneização da sociedade (formulada na ideologia do Partido) só é real sob um único ângulo: enquanto submissão indiferenciada de todos ao poder ilimitado e ao arbítrio da Cúpula do Aparelho. Fora disso, ele não consegue ocultar a persistência de uma diferenciação social (e não simplesmente "profissional") tão pronunciada como no capitalismo tradicional (citadinos/camponeses, trabalhadores manuais/trabalhadores intelectuais,

homens/mulheres, etc.); de uma divisão assimétrica e antagônica da sociedade entre dirigentes e executantes (que se torna cada vez mais complexificada pela interpenetração recíproca das diversas pirâmides burocrático-hierárquicas); enfim, das clivagens e conflitos no seio da própria burocracia. Mais ainda, essa pretensão faz surgir uma nova oposição, entre a existência formal de um Estado, que deveria recobrir a totalidade do social e coincidir com ele, e a realidade do social, que escapa constantemente a esse Estado e dele difere tanto por excesso (fazendo alguma coisa a mais, ou diversa, do que lhe caberia fazer) quanto por falta (não fazendo tudo, bem ao contrário, do que lhe caberia fazer). A essa oposição corresponde, quando se considera o Estado em si mesmo, uma nova cisão entre sua aparência e sua realidade. A vida "pública civil" tornou-se estatal. Mas a vida estatal não é nada pública; seu desdobramento precisa ser ocultado nos menores detalhes, e coisas que em outros lugares são "públicas" sem nenhum problema transformam-se, na Rússia, em segredos de Estado (desde as estatísticas econômicas mais banais até os catálogos telefônicos e as plantas do metrô de Moscou).

23. O regime russo faz parte do universo social-histórico do capitalismo porque o magma das significações imaginárias sociais que animam sua instituição e se realizam nela e através dela é o mesmo que surge na história com o capitalismo e por meio dele. O núcleo desse magma pode ser descrito como a expansão ilimitada do domínio "racional". Trata-se, naturalmente, de um domínio em grande parte ilusório, e da pseudo-"racionalidade" do entendimento e da abstração [1955, 1957c, 1960b, 1964a, 1964b, 1973, 1974b, 1975]. É esta significação imaginária que constitui o ponto de junção central de idéias que se tornam forças e processos efetivos dominando o funcionamento e a evolução do capitalismo: a expansão ilimitada das forças produtivas; a obsessiva preocupação com o "desenvolvimento", o "progresso técnico" pseudo-racional, a produção, a "economia"; a "racionalização" e o controle de todas as atividades; a divisão cada vez mais pronunciada das tarefas; a quantificação universal, o cálculo, a "planificação"; a organização como fim em si, etc. Os correlatos dessas idéias são as formas institucionais da empresa, do Aparelho burocrático-hierárquico, do Estado e do Partido modernos, etc. Muitos desses elementos — significações e formas institucionais — são criados no decorrer de períodos históricos anteriores

ao capitalismo. Mas é a burguesia, durante sua transformação em burguesia capitalista, que, retomando-os, altera-lhes o sentido e a função, e os acopla e subordina à significação da expansão ilimitada do domínio "racional" (tema explicitamente formulado desde Descartes e que continua absolutamente central em Marx, razão pela qual o pensamento deste continua ancorado no universo capitalista). E essa significação, mediatizada pela transformação do marxismo em ideologia e pela organização política do Partido, reúne, unifica, inspira e guia a burocracia em seu acesso à dominação da sociedade, na instituição específica de seu regime e na gestão deste último.

24. A "realização" desta significação imaginária social é profundamente antinômica. Este é um traço decisivo das sociedades modernas, que as opõe radicalmente às sociedades tradicionais, arcaicas ou "históricas", nas quais não aparece nenhuma antinomia desse tipo [1960*b*, 1964*b*, 1975]. A sociedade moderna, embora vise apenas à "racionalidade", só produz, maciçamente, a "irracionalidade" (do ponto de vista daquela mesma "racionalidade"). Ou ainda: em nenhuma outra sociedade conhecida o sistema de representações de si mesma que a sociedade se faz está em tão flagrante e violenta oposição com a realidade dessa sociedade como no caso do regime do capitalismo burocrático. É perfeitamente lógico que essa antinomia atinja um paroxismo delirante sob as formas extremas do totalitarismo "marxista", sob o reino de Stalin e Mao.

25. Um tal sistema de representações tende cada vez mais, nas sociedades modernas, a reduzir-se à ideologia. A ideologia é a elaboração "racionalizada-sistematizada" da parte emersa, explícita, das significações imaginárias sociais que correspondem a uma dada instituição da sociedade — ou ao lugar e aos objetivos de uma camada social particular no interior dessa instituição. A ideologia não pode aparecer, portanto, nem nas sociedades "míticas" nem nas "simplesmente" religiosas. Ela só encontra seu verdadeiro desenvolvimento a partir da instituição do capitalismo, o que e fácil de compreender. Nele, ela assume importância crescente pelo próprio fato de que a significação imaginária central do capitalismo é a pretensa racionalidade, e pelo fato de que seu próprio conteúdo exige essa forma de expressão "racional" que é a ideologia. A ideologia, portanto, deve tornar tudo explícito, transparente, explicável

e racionalizável — ao mesmo tempo que sua função é tudo ocultar. Sujeita a essa contradição intrínseca, e em frontal oposição à realidade social, a ideologia é obrigada a banalizar todas as coisas e a si mesma, tornando-se forma vazia e condenando-se a um acelerado desgaste interno. O que é ilustrado de forma gritante e extrema pela situação atual do "marxismo-leninismo" na Rússia e na China.

*Outubro de 1977*

## Referências

1946: "Sur le régime et contre la défense de l'URSS", *Boletim interno do PCI*, nº 31, ago. 1946; reeditado em *la Société bureaucratique*, vol. I, Paris, UGE, 1973, pp. 63-72, coleção "10/18".

1947a: "Le problème de l'URSS et la possibilité d'une troisième solution historique", em *L'URSS au lendemain de la guerre*, material de discussão preparatória ao II Congresso Mundial da IV International, t. III, fev. 1947; reeditado em *la Société bureaucratique*, vol. I, *op. cit.*, p. 73-90.

1974b: "Sur la question de l'URSS et du stalinisme mondial", *Boletim interno do PCI*, nº 41, ago. 1947; reeditado em *la Société bureaucratique*, vol. I, *op. cit.*, p. 91-100.

1948: "La concentration des forces productives", inédito (mar. 1948); publicado em *La Société bureaucratique*, vol. I, *op. cit.*, p. 101-13.

1949a: "Socialisme ou barbarie", *Socialisme ou Barbarie*, nº 1, mar. 1949; reeditado em *La Société bureaucratique*, vol. I, *op. cit.*, p. 139-84.

1949b: "Les rapports de production en Russie", *Socialisme ou Barbarie*, nº 2, mai. 1949; reeditado em *La Société bureaucratique*, vol. I, *op. cit.*, p. 205-81.

1949c: "L'exploitation de la paysannerie sous le capitalisme bureaucratique", *Socialisme ou Barbarie*, nº 4, out. 1949; reeditado em *La Société bureaucratique*, vol. I, *op. cit.*, p. 283-312.

1953a: "Sur la dynamique du capitalisme, I", *Socialisme ou Barbarie*, nº 12, ago. 1953.

1953b: "Sartre, le stalinisme et les ouvriers", *Socialisme ou Barbarie*, nº 12, ago. 1953; reeditado em *L'Expérience du mouvement ouvrier*, vol. I, Paris, UGE, 1974, p. 178-248, Coleção "10/18".

1955: "Sur le contenu du socialisme, I", *Socialisme ou Barbarie*, nº 17, jul. 1955; reeditado em *le Contenu du socialisme*, Paris, UGE, 1979, Coleção "10/18" (Ver *Socialismo ou barbárie: o conteúdo do socialismo*, São Paulo, Brasiliense, 1983, p. 48-73.)

1956a: "Khrouchtchev et la décomposition de l'idéologie bureaucratique", *Socialisme ou Barbarie*, nº 19, jul. 1956; reeditado em *La Société bureaucratique*, vol. II, Paris, UGE, 1973, p. 189-209, Coleção "10/18".
1956b: "La révolution prolétarienne contre la bureaucratie", *Socialisme ou Barbarie*, nº 20, dez. 1956; reeditado em *La Société bureaucratique*, vol. II, *op. cit.*, p. 267-337.
1957a: "Bilan, perspectives, tâches", *Socialisme ou Barbarie*, nº 21, mar. 1957; reeditado em *L'Expérience du mouvement ouvrier*, vol. I, *op. cit.*, p. 383-408. (Ver *A experiência do movimento operário*, São Paulo, Brasiliense, 1985, p. 79-93.)
1957b: "La voie polonaise de la bureaucratisation", *Socialisme ou Barbarie*, nº 21, mar. 1957; reeditado em *La Société bureaucratique*, vol. II, *op. cit.*, p. 339-71.
1957c: "Sur le contenu du socialisme, II", *Socialisme ou Barbarie*, nº 22, jul. 1957; reeditado em *Le Contenu du socialisme*, *op. cit.*, p. 103-221. (Ver *Socialismo ou barbárie: o conteúdo do socialismo*, *op. cit.*, p. 74-156.)
1958a: "Sur le contenu du socialisme, III", *Socialisme ou Barbarie*, nº 23, jan. 1958; reeditado em *L'Expérience du mouvement ouvrier*, vol. II, Paris, UGE, 1974, p. 9-88, Coleção "10/18". (Ver *A experiência do movimento operário*, *op. cit.*, p. 94-146.)
1958b: "Sur la dégénérescence de la révolution russe", *L'école émancipée*, abr. 1958; reeditado em *La Société bureaucratique*, vol. II, *op. cit.*, p. 373-93.
1959: "Prolétariat et organisation, I", *Socialisme ou Barbarie*, nº 27, abr. 1959; reeditado em *L'Expérience du mouvement ouvrier*, vol. II, *op. cit.*, p. 123-87. (Ver *A experiência do movimento operário*, *op. cit.*, p. 147-87.)
1960a: "Conceptions et programme de *Socialisme ou Barbarie*", *Études*, nº 6, Bruxelas, out. 1960; reeditado em *La Société bureaucratique*, vol. II, *op. cit.*, p. 395-422.
1960b: "Le mouvement révolutionnaire sous le capitalisme moderne", *Socialisme ou Barbarie*, nºs 31, 32 e 33, dez. 1960, abr. e dez. 1961; reeditado em *Capitalisme moderne et révolution*, vol. II, Paris, UGE, 1979, p. 47-203, Coleção "10/18".
1963: "Recommencer la révolution", *Socialisme ou Barbarie*, nº 35, janeiro de 1964; reeditado em *l'Expérience du mouvement ouvnier*, vol. II, *op. cit.*, p. 307-365.
1964a: "Le rôle de l'idéologie bolchevique dans la naissance de la bureaucratie", *Socialisme ou Barbarie*, nº 35, jan. 1964; reeditado em *L'Expérience du mouvement ouvrier*, vol. II, *op. cit.*, p. 385-416. (Ver *A experiência do movimento operário*, *op. cit.*, p. 226-46.)
1964b: "Marxisme et théorie révolutionnaire", *Socialisme ou Barbarie*, nº 36-40, abr. 1964-jun. 1965; reeditado como primeira parte de *L'Institution imaginaire de la société*, Paris, Seuil, 1975, Coleção "Esprit". (Ver *A instituição imaginária da sociedade*, Rio de Janeiro, Paz e Terra, 1982, 2.ed., 1986, p. 17-197.)

1973: "Introduction", em *La Société bureaucratique*, vol. I, *op. cit.*

1974a: "La question de l'histoire du mouvement ouvrier", em *L'Expérience du mouvement ouvrier*, vol. I, *op. cit.* (Ver *A experiência do movimento operário, op. cit.*, p. 11-78.)

1974b: "Réflexions sur le 'développement' et la 'rationalité'", relatório apresentado ao colóquio de Figline-Valdarno, em setembro de 1974; publicado em *Esprit*, mai. 1976 e, agora, em *Le Mythe du développement*, Paris, Seuil, 1977, p. 205-40.

1975: "L'imaginaire social et l'institution", em *L'institution imaginaire de la société, op. cit.*

1976: "The Hungarian Source", *Telos*, Saint Louis, Miss., outono de 1976; versão francesa em *Libre*, 1, Paris, Payot, 1977; reeditado em *Le Contenu du socialisme, op. cit.*, p. 367-411. (Ver *Socialismo ou barbárie e conteúdo do socialismo, op. cit.*, p. 257-87.)

# Os destinos
do totalitarismo[18]

Não se honra um pensador louvando-se ou mesmo interpretando-se seu trabalho, mas sim discutindo-o, mantendo-o portanto vivo e demonstrando, na prática, que ele desafia o tempo e conserva sua pertinência.

Essa pertinência revela-se, a nosso ver, nas duas dimensões principais da obra de Hannah Arendt: a análise do totalitarismo e a tentativa de reconstruir o pensamento político sobre uma nova base. Deve parecer evidente a profunda conexão entre essas duas dimensões. Foi a experiência do totalitarismo — e o desmoronamento concomitante da concepção liberal, tanto quanto da concepção marxista — que levou Hannah Arendt a procurar um referencial novo para o pensamento político.

Se me proponho a discutir hoje a questão do totalitarismo, é porque, em primeiro lugar, o assunto está no centro de minhas preocupações atuais (que deveriam — ouso dizer — ser as preocupações de todos). Mas é também por uma razão menos conjuntural. Este é o cam-

---

18. Texto de uma conferência realizada em 3 de outubro de 1981 na Universidade de Nova York, por ocasião de um simpósio sobre a obra de Hannah Arendt, organizado pelo Empire State College, o Bard College, a New School for Social Research e a Universidade de Nova York. O original em inglês foi publicado em *Salmagundi* (Skidmore College, Saratoga Springs, NY), nº 60, primavera-verão de 1983. Traduzido por mim para o francês.

po em que Hannah Arendt teve a audácia de tratar de uma coisa nova e, de fato, incompreensível (com e sem aspas), *enquanto* nova e *enquanto* incompreensível:

> A convicção de que tudo o que acontece no mundo deve ser compreensível para o homem pode levar a interpretar a história por meio de lugares-comuns. Compreender não significa negar o insuportável, deduzir a partir de precedentes aquilo que não tem precedente, ou explicar os fenômenos por meio de analogias e generalidades que amortecem o impacto da realidade e o choque da experiência. Significa, antes de tudo, examinar e assumir conscientemente o fardo que nosso século colocou sobre nós — sem negar sua existência nem vergar servilmente sob seu peso. Compreender significa, em suma, enfrentar a realidade de maneira atenta e sem premeditação, e resistir-lhe — seja qual for essa realidade[19].

Na análise que Hannah Arendt faz do totalitarismo, está implícito o postulado de que nos defrontamos, neste caso, com uma coisa que não excede apenas as "teorias da história" que recebemos do passado, mas *qualquer* "teoria". Na verdade, porém, a esse respeito o totalitarismo é apenas a exemplificação extrema, monstruosamente privilegiada, de algo que é válido para o conjunto da história e para todos os tipos de sociedade.

Podemos, é certo, "explicar" a história parcialmente — muito parcialmente. Seria um enorme eufemismo dizer que nossas explicações são limitadas ou incompletas. Elas registram, na melhor das hipóteses, algumas conexões muito parciais, fragmentárias, condicionais. Isso ocorre não apenas devido à "desproporção grotesca entre causa e efeito", assinalada por Hannah Arendt no caso do imperialismo (*ibid.*); mas também em função do fato fundamental da *sinergia*: encadeamentos de fatos ou eventos "sem relação interna", mas externamente coexistentes, levam à emergência de fenômenos que se situam em outro nível.

Mas há também outra razão, bem mais profunda, para que isso ocorra. A história é criação de sentido — e não pode haver "explicação" de uma criação, mas apenas uma compreensão *ex post facto* de seu senti-

---

19. *The Origins of Totalitarianism*, 1.ed., Nova York, Harcourt, Brace and Co., 1951, p. viii. Passagem traduzida por mim para o francês, bem como as citadas na nota seguinte.

do. Isso vale, em especial, quando se trata da criação maciça de sentidos originais e irredutíveis que estão no cerne de diversas formas de sociedade e de diversas culturas — de suas significações imaginárias sociais e das instituições nas quais essas significações se acham incorporadas.

Ora, o que Hannah Arendt percebeu muito claramente é que, com o totalitarismo, defrontamo-nos com alguma coisa ainda mais diferente: a criação do *in-sensato*. Isto se evidencia, com toda a força, na terceira parte de *As origens do totalitarismo* e, em especial, no capítulo XII ("O totalitarismo no poder").

A história enquanto tal não é "sensata"; ela não "tem" um "sentido". A história é o campo onde se cria sentido, onde emerge sentido. Os humanos — os *anthrôpoi* — criam sentido; e podem igualmente criar o que é completamente in-sensato. "Jamais alguém, naquela época [das revoluções americana e francesa], poderia ter previsto que a 'natureza' do homem, definida e redefinida por dois mil anos de filosofia, pudesse ainda conter possibilidades imprevisíveis e desconhecidas." Essas possibilidades imprevisíveis e desconhecidas deviam conduzir à criação do absolutamente insensato — que Hannah Arendt ousou denominar o mal absoluto:

> os regimes totalitários revelaram, sem o saber, que há crimes que o homem não pode punir nem perdoar. Quando o impossível se tornou possível, ele passou a ser o mal absoluto, impunível e imperdoável, que não podia mais ser compreendido e explicado pelas más motivações do interesse egoísta, da avidez, da inveja, do ressentimento, do desejo de poder e da pusilanimidade; e que, por essa razão, não podia ser vingado pela cólera, nem suportado pelo amor, nem perdoado pela amizade[20]

O que Hannah Arendt denomina o mal absoluto, eu prefiro chamar o monstruoso. O *anthrôpos* cria o sublime, mas é capaz de criar, igualmente, a monstruosidade. Podemos compreender o Partenão ou *Macbeth*, mas não há, nem pode haver, "compreensão" no caso de Auschwitz ou do Gulag.

A tese que pretendo defender aqui é que a monstruosidade inicial do totalitarismo "clássico", do totalitarismo estudado por Hannah Arendt (o nazismo até 1945, o stalinismo até 1951) cedeu lugar a um tipo novo

---

20. *Op. cit.*, p. 433 e 435.

e diferente de monstruosidade — a estratocracia russa — à qual já não se aplica o essencial da análise "clássica". Mas, antes de entrar em meu assunto, quero assinalar que a mesma recusa de "enfrentar a realidade" denunciada por Hannah Arendt, a mesma redução a banalidades e a mesma tentativa de deduzir a partir de precedentes o que não teve precedente aconteceu e continua a acontecer com relação ao regime russo. O totalitarismo, de fato, foi "digerido" como algo pertencente ao passado, tema de filmes de sucesso para a TV, ou filão para exploração literária. A comercialização de seus horrores serve, por assim dizer, para fazer retroceder cada vez mais ao passado as possibilidades do monstruoso, e para fugir da monstruosidade que hoje está diante de nós. Racionalizações ocas — como a "teoria da convergência" — são propostas com o objetivo essencial de evitar olhar de frente os fatos. Isso pode ser parcialmente explicado pelas categorias mentais do homem ocidental, seja ele especialista ou simples cidadão: a incapacidade de reconhecer o novo na história ou mesmo de admitir sua existência, incorporada na metafísica dominante da história, a influência pervasiva dos esquemas liberal e marxista, esquemas gêmeos nos quais, rigorosamente falando, não há lugar nem estatuto para um regime como o regime russo. Mas, em um nível mais profundo, existe uma cegueira voluntária, que resulta do fato de não se querer aceitar que a história possa produzir algo completamente in-sensato, o monstruoso.

A questão de que pretendo tratar é esta: o que acontece a um regime totalitário quando sua duração alcança dois terços de século, ou mais? E, já que de nada serve falar em termos genéricos, como se houvesse toda uma classe de regimes totalitários de vida tão longa: o que aconteceu ao regime russo desde a morte de Stalin?

Penso que, de modo geral, todos estaremos de acordo em dizer que após 1953 muitos traços do regime russo, muitas de suas características distintivas — que assumiam, na concepção de Hannah Arendt, uma importância decisiva, e que não eram apenas traços descritivos mas manifestavam a própria essência do totalitarismo — desapareceram, modificaram-se ou perderam muito de sua intensidade. Apresentarei uma lista esquemática, sem elaboração, de uma série de aspectos que reputo evidentes, entre os quais certamente há uma conexão íntima e profunda. Comparo a situação de 1981 com a dos anos 30, ou mesmo com a de 1945-1953.

1. Desaparecimento do terror *de massa* e dos campos de trabalho *de massa*. O terror e os campos de trabalho continuam ainda a existir, por certo — mas, como Lenin tinha o hábito de dizer, a quantidade tem uma qualidade que lhe é própria. A repressão tornou-se uma atividade "racional" e, por assim dizer, "eficiente" ("produtiva"): o *quantum* de obediência social por cadáver, ou por homem-ano de campo aumentou enormemente. Interessantes inovações tecnológicas (como a utilização da psiquiatria) foram introduzidas nessa área.

2. Desaparecimento do delírio em geral e, em particular, das proclamações de "objetivos" delirantes. De fato, *todos* os objetivos não triviais proclamados desapareceram, com uma única exceção: a dominação mundial ("vitória mundial do socialismo").

3. Em especial, não há mais aquele completo desprezo pela eficiência, característico do período de Stalin, sobre o qual Hannah Arendt insistiu com muita razão. O setor militar funciona com um alto grau de *eficácia* — embora sua *eficiência* seja bem menor que nos Estados Unidos. Quanto ao setor não militar, é certo que ele rasteja em um estado de crise contínua. Mas não é mais sacudido e profundamente abalado, periodicamente, por expurgos ou "reformas" delirantes.

4. Em íntima relação com os dois pontos precedentes, não há mais o que Hannah Arendt denominava a construção de uma realidade fictícia. A imagem oficial da realidade continua, é claro, muito distante da realidade pura e simples. Mais uma vez, porém, a diferença não é de grau mas de qualidade. A propaganda oficial produz uma torrente desconexa de mentiras menores — mas não é capaz de erigir um mundo de ficção grandioso e paranoicamente estanque.

5. Decomposição e, potencialmente, morte da ideologia. Não se deve confundir a ideologia com o vocabulário ou a retórica, pois não é toda e qualquer concatenação arbitrária de palavras que forma uma ideologia. Se corretamente compreendida, a ideologia deve, por um lado, exibir algumas pretensões à racionalidade e à universalidade e, por outro, exercer um certo papel na formação da realidade social. E isso sucede cada vez menos na Rússia, com pequenas ressalvas. O que as camadas dominantes russas conservam do "marxismo", e mesmo do "leninismo", são alguns elementos de "realismo" político transformados em cinismo vulgar e em "maquiavelismo". (Além, é claro, da retórica propagandística destinada à exportação e ao consumo externo.) Não se faz nenhuma ten-

tativa, ainda que desajeitada, para "desenvolver" o marxismo-leninismo, que se tornou um cadáver rígido. Quanto à modelagem da realidade social, tampouco conserva o "marxismo-leninismo" qualquer eficácia (menos ainda, qualquer eficiência). Como empregar o "marxismo-leninismo" para resolver o problema da produção agrícola, ou para superar o lamentável estado da produção industrial não militar?

6. Ligado, ainda, de maneira estreita ao ponto anterior, está o fim da tentativa de estabelecer um *controle ideológico positivo total* (que atingiu o ápice sob Jdanov, embora já estivesse em pleno andamento mesmo antes do final dos anos 20). É bem verdade que os artistas autenticamente criativos, por exemplo, continuam a sofrer embaraços e são impedidos de editar ou apresentar seu trabalho. Mas já se permite a publicação de obras literárias "neutras" e mesmo nem tão "neutras" — por exemplo, russonostálgicas ou eslavofilóides. Parece, de fato, que as normas positivas uniformes foram quase em toda parte abandonadas (veja-se o caso dos grupos de *rock*), salvo em matéria de política, filosofia, sociologia e economia.

7. O regime visivelmente renunciou ao controle dos corações e mentes das pessoas. A perseguição aos que "pensam de maneira diferente" — ou seja, os dissidentes — obviamente continua mas apenas se estes se manifestam. Quanto aos outros, o regime tornou-se completamente pavloviano-skinneriano: contenta-se em obter o controle do comportamento manifesto. Os que se conformarem estarão em segurança.

8. Exceto no nível mais superficial, o regime renunciou à hipersocialização forçada das pessoas. Ninguém mais é levado à força a manifestações políticas para gritar: "Morte aos cães trotskistas-zjnovievistas-bukharjnjanos", "Viva o nosso bem-amado secretário-geral", etc., e nas quais ninguém se atrevia a não aplaudir, por medo de tornar-se suspeito. Ao contrário: o que hoje ocorre equivale a um processo oficialmente encorajado de *privatização*. As pessoas são incentivadas a cultivar suas carreiras, sua vida privada, seus jardins (se os têm) — ou a consumir vodca.

9. Desaparecimento do *Führerprinzip* — o "Líder" de Hannah Arendt, o "Egocrata" de Soljenitsin. A divisa de Stalin, como havia notado Trotski, era efetivamente: *a sociedade sou eu*. Nada há de parecido em Brejnev (e em seus sucessores). O importante, quanto a isto, não é a realidade ou não da "direção coletiva", o árduo equilíbrio entre diferentes clãs e facções da burocracia quanto à sua parcela de poder, etc., mas sim que a

imagem de um líder não tem mais o papel que antes possuía. Hoje, o secretário-geral é a plena encarnação da "tediosa obstinação" (para empregar as palavras de Hannah Arendt a propósito de Molotov).

Tais fatos, tomados em conjunto, destroem a coerência do totalitarismo *"clássico"* e indicam profundas mudanças na textura do regime. Deparamo-nos, portanto, com ao menos duas questões fundamentais: Como se produziu a mudança? E o que representa o regime russo *atual* — ou: que é que mantém hoje a coesão da sociedade russa?

Penso que a resposta à primeira questão pode ser encontrada na dupla falência do totalitarismo "clássico" originário: a falência de sua forma inicial, e a falência das tentativas de modificá-la para que "funcione" — em resumo, a falência do Partido.

A falência da forma inicial, "clássica", do totalitarismo consiste meramente nisto: o regime não conseguiu reproduzir-se em sua forma "clássica"; ele não foi capaz de gerar um Stalin II, ao mesmo tempo em que se revelou incapaz de dar continuidade à sua construção de uma realidade delirante. Por quê?

Não penso que haja ou possa haver uma "explicação" desse fato, nem que exista um conjunto de condições necessárias e suficientes que possamos enumerar e que tomariam o resultado "inevitável". Mas a evolução certamente está ligada a dois fatores sobre os quais parece útil nos determos um pouco. Esses dois fatores, por sua vez, levantam novas questões, que não posso discutir aqui.

Inicialmente, pode-se duvidar de que o estado de coisas vigente sob Stalin fosse realmente sustentável a longo prazo — em um ambiente mais ou menos "pacífico". O totalitarismo, tal como foi concretizado e simbolizado pelos reinados de Hitler e Stalin, e tal como corretamente o descreveu Hannah Arendt, estava necessariamente ligado à guerra: tanto à guerra externa quanto à "guerra contra seu próprio povo", na penetrante caracterização de Arendt. O totalitarismo "clássico" tem como ingrediente necessário não tanto a "economia de guerra permanente", mas, muito mais, a *psicologia de guerra permanente*. (O que George Orwell mostrou, com admirável profundidade, em seu *1984*, cuja publicação precedeu em dois anos *As origens do totalitarismo*.) Somente uma tal psicologia pode sustentar a mobilização e a hipersocialização permanentes que são inerentes ao totalitarismo clássico e fornecer tanto o cimento de coerência paranóica como a "explicação em última instância" constantemente exigidos pelo delírio totalitário; em resumo, a guerra total e permanente corresponde simultaneamente às paixões, desejos e representações do homem totalitário, considerado enquanto tipo antropológico.

O totalitarismo hitlerista foi esmagado na guerra; o totalitarismo stalinista saiu da guerra vitorioso e, graças a ela, teve uma substancial expansão. O período 1945-1953 pode ser descrito como o de um difícil e instável compromisso entre a necessidade intrínseca do regime de estar em guerra, qualquer tipo de guerra, e a constatação, por parte de Stalin, de que, na hipótese de um confronto total e aberto com os Estados Unidos nuclearmente armados, ele seria certamente esmagado. Foi este segundo fator que impediu uma guerra aberta. (Apesar da produção, em 1949, da primeira bomba A russa, os Estados Unidos conservaram uma "significativa" superioridade nuclear ao menos até o começo dos anos 60.) O primeiro fator materializou-se na "guerra fria", que começou *antes* do fim da II Guerra Mundial (Grécia, dezembro de 1944) e prosseguiu no Vietnã, Malásia, novamente a Grécia, Berlim, a Iugoslávia e a Coréia; ele materializou-se igualmente nos expurgos ocorridos nos países do Leste Europeu, e ainda nos que Stalin estava em via de promover, logo antes de sua morte.

Não obstante, uma espécie de "paz" foi imposta ao regime russo mediante o *containment* americano e devido à inferioridade militar global da Rússia. E, após a morte de Stalin, a sociedade russa tinha de continuar — continuar a *viver*.

Além disso, a dominação de Stalin *não* conseguiu destruir a sociedade russa — é aqui que encontra seu limite a análise do totalitarismo proposta por Hannah Arendt. A profunda lógica do absurdo, que ela tão admiravelmente dissecou, e sua exposição da apavorante racionalidade do irracional não são simples construções brilhantes cerebrais; elas se materializaram plenamente no *Crepúsculo dos demônios* — a *Teufeldämmerung* germânica de 1945, na destruição física da Alemanha. Se essa destruição não chegou a ser completa, certamente não foi por culpa de Hitler, nem mesmo dos alemães, que continuaram a matar-se até o último dia. Na Rússia, esse ponto extremo jamais foi atingido. Só posso indicar aqui dois fatores que aclaram um pouco a especificidade da evolução russa, embora eles mereçam ser mais elaborados.

Em primeiro lugar, parece-me claro que o stalinismo na Rússia jamais alcançou, em profundidade ou extensão, o grau de adesão popular que o nazismo conseguiu obter na Alemanha. Por que foi assim, essa é outra questão. Penso que tal fato está ligado tanto às trágicas condições econômicas impostas à população russa quanto à banalidade e ao vazio particularmente pronunciados da "ideologia" stalinista. Seja como for, em 1941 os camponeses russos estavam a ponto de juntar-se aos alemães para lutar contra seu próprio governo. Por volta de 1952, no mais tardar, o que a juventude russa sentia, perante o regime, era um profundo mal-estar (Cf. *O pavilhão dos cancerosos*, de Soljenitsin). Na época da morte de Stalin, a situação era uma mescla de apatia e de oposição (conforme atestam as explosões de violência e as revoltas no campo).

Em segundo, uma análise da evolução da Rússia depois de 1917 feita *exclusivamente* em termos de totalitarismo poderia induzir a erro e seria, no fim das contas, falsa. Paradoxalmente, a "pureza" do totalitarismo nazista (e a razão pela qual a análise de Hannah Arendt convém bem mais a ele do que a seu congênere russo) provém do fato de que ele se desenvolve dentro de uma sociedade plenamente desenvolvida e bem articulada, que atingira uma fase de crise e desorientação profundas. Uma vez no poder, o nazismo nada precisa *construir:* ele se nutre do corpo existente e organizado da sociedade, ao mesmo tempo que começa a destruí-lo. Na Rússia, o processo é radicalmente distinto. Após a guerra, a revolução e a guerra civil, a sociedade em 1920-1921 está em ruínas. Dessa época até 1931, ou mesmo 1939, uma nova sociedade é construída, ou antes, criada. O nazismo pôde simplesmente utilizar um aparelho industrial capitalista existente, e o mesmo vale para o aparelho do Estado ou o Exército. O comunismo, por sua vez, precisou construir o aparelho industrial — na verdade, teve de importar para a Rússia a essência "material" do capitalismo (máquinas, métodos de produção, organização do trabalho), de destruir e reconstruir as formas da produção agrícola, de estabelecer um aparelho de Estado e um Exército. Estas dimensões produtivas, econômicas, administrativas e sociológicas da instauração do poder comunista na Rússia não podem ser deixadas de lado; é precisamente por estarem negligenciadas na análise de Hannah Arendt que fica impossível compreender a evolução russa após 1953 em termos dessa análise.

A melhor maneira de entender o regime que se implantou na Rússia após a vitória final do partido bolchevique é ver nele o efeito da sinergia de (ao menos) três fatores importantes: o capitalismo (instrumentos, métodos, organização e relações de produção, por um lado; a significação imaginária da expansão ilimitada do domínio "racional", por outro); a criação por Lenin do totalitarismo propriamente dito (já na sua concepção do Partido e, depois, na sua construção do Partido/Estado); enfim, as fortes influências residuais do passado russo (czarista), reemergindo após uma interrupção de 65 anos devido a um processo de europeização (que se deteve em suas primeiras fases). Denomino esse regime capitalismo burocrático total e totalitário, pelas razões que expliquei em outro lugar[21].

Como se sabe, a instauração do novo regime caminhou estreitamente ligada à emergência de uma nova camada social privilegiada e, num certo sentido, dominante — a burocracia — e teria sido impossível sem esta última. Tratava-se de uma formação social nova — até mesmo quanto aos indivíduos que a compunham, mas nova, sobretudo, do ponto de vista sociológico —, englobando os dirigentes da produção e da economia, os membros do aparelho de Estado e dos organismos culturais, os militares e, é evidente, em posição superior e dominando todos os outros, o aparelho político do Partido, núcleo e alma do conjunto.

Por que dizer que a burocracia constituía a camada dominante — mas apenas em um certo sentido? Porque, desde o início, e mesmo antes da ascensão de Stalin ao poder total, sua dominação sempre esteve submetida ao controle último e incontrolado da Cúpula do Aparelho político do Partido. Com a vitória final de Stalin sobre seus rivais, no final dos anos 20, os traços historicamente originais da situação conheceram uma acentuação monstruosa: a própria vida dos burocratas mais poderosos passou a depender dos caprichos do Amo absoluto, de quem também dependiam as decisões sobre todo e qualquer assunto, desde as técnicas de colheita e a localização de fábricas até o destino de teorias cosmológicas, biológicas ou lingüísticas.

---

21. Ver, atrás, "O regime social da Rússia".

Criou-se, desse modo, uma situação historicamente original e muito embaraçosa para os sociólogos (especialmente os marxistas). A burocracia era, de fato, a classe privilegiada: a produção excedente extraída da população trabalhadora mediante uma impiedosa exploração beneficiava a burocracia, sob a forma de níveis de consumo bastante elevados e, ao mesmo tempo, de uma acumulação orientada exclusivamente para a expansão do poderio do Estado/ Partido. A burocracia também fazia o papel de classe dominante nas relações de produção, assumindo o encargo de dirigir o processo de produção e de extrair o excedente. E contudo, o poder absoluto de Stalin não significava, apenas, que a burocracia era mera "camada dominante", em vez de "camada dirigente" ou "camada governante"; ou, mesmo, que a posição e até a vida de qualquer burocrata individual não tinha o menor valor. Ele significava — principalmente — que não havia nenhum mecanismo impessoal, instituído, que pudesse assegurar a correspondência, a médio e longo prazo, entre os "interesses reconhecidos" da burocracia e as decisões do Autocrata; e, mais ainda, que essas decisões podiam contrariar aqueles interesses numa multiplicidade de casos cruciais, como de fato aconteceu (o exemplo mais chocante foi a quase destruição do Exército durante os expurgos de 1937-1938). Para resumir, falando da maneira mais prosaica possível: os "interesses reconhecidos" da burocracia teriam exigido, uma vez esta no poder, um sistema de dominação e exploração "razoável". O "sistema" imposto por Stalin, ao contrário, era um sistema — sem qualquer metáfora — delirante.

Essa antinomia residia lá, na própria realidade. Nenhuma tentativa de eliminá-la por meio de teorizações poderia dar qualquer resultado. Esse é o caso da abordagem seguida pelos marxistas críticos — Trotski, por exemplo — ao apresentarem Stalin como um "instrumento" ou "representante" da burocracia. A lógica dessa abordagem levou recentemente alguns a defenderem a tese ridícula de que, por volta do final dos anos 30, Stalin já não detinha mais nenhum poder real em suas mãos. Inversamente — embora não de forma simétrica —, a exclusiva atenção ao poder absoluto de Stalin e/ou às semelhanças com o totalitarismo nazista constitui, como já disse, a principal fraqueza da análise de Hannah Arendt.

A antinomia foi solucionada com a morte de Stalin. Não se permitiu o surgimento de um Stalin II. Pode-se dizer, num certo sentido, que a sociologia banal reafirmou seus direitos. Prestou-se uma espécie de juramento tácito entre confrades — doravante não mais nos mataremos uns aos outros — que foi efetivamente respeitado pelos burocratas (a única exceção foi a desventura de Béria). O poder absoluto da Cúpula foi limitado por meio de uma série de difíceis compromissos entre clãs e bandos burocráticos (compromissos disfarçados sob o pomposo nome de "direção coletiva"). Por fim, introduziu-se um certo número de reformas parciais — cujos efeitos principais já resumi acima — e que significaram o fim do delírio totalitário clássico.

Pensou-se durante muito tempo — e muitos pensam ainda hoje — que essas mudanças representavam a chegada da burocracia à idade adulta, sua autodomesticação, a evolução da sociedade russa rumo ao que se considera no Ocidente, tanto entre os pesquisadores quanto entre os cidadãos comuns, como uma situação "normal": a imposição da "racionalidade econômica", uma sociologia de "interesses" e de "grupos de interesse", a instauração de uma espécie de "legalidade". Os acontecimentos dos períodos Malenkov e Khruchtchev (1953-1964), embora contraditórios, pareciam dar apoio a essa opinião. Mas a queda de Khruchtchev em 1964 marcou o fim do período de "reformas". Depois disso, raras são as "reformas" introduzidas que tenham alguma importância, e nenhuma delas é verdadeiramente importante. Ao mesmo tempo, embora se terminasse rapidamente com todas as tendências "liberalizantes", não se produziu *nenhum retorno* a um tipo de regime à Stalin. Melhor dizendo, foi um outro processo que começou a se afirmar. Mas, antes de considerá-lo, *é* necessário discutir brevemente por que razão fracassaram as tendências "reformistas".

O Partido fracassou em sua tentativa de auto-reforma. Esse revés pode ser, até certo ponto, "explicado" mediante considerações sociológicas e históricas. Nessa medida, seu insucesso foi o resultado "necessário" de fatores existentes e inteligíveis.

Notemos, inicialmente, que uma autêntica reforma equivaleria à autoliquidação de enorme parcela da burocracia instalada. Em segundo lugar ela exigiria *idéias* — a última coisa do mundo que o Partido seria capaz de produzir. Por fim, ela teria necessidade de centenas de milhares, e mesmo de milhões de novos quadros de um tipo não existente até aqui, dotados de disposição e capacidade para levar adiante sem tréguas as medidas de reforma, de quaisquer que fossem, em meio aos pantanais intermináveis da Rússia burocrática.

Nenhuma dessas condições existia então, como não existe agora; e a probabilidade de que possam alguma vez realizar-se a um só tempo é virtualmente nula. O que não quer dizer, é claro, que haja uma necessidade estrita, uma inevitabilidade do resultado garantida por uma lei física. É teoricamente concebível, no limite, que Khruchtchev — ou um Khruchtchev "mais inteligente" — tivesse tido sucesso. No fim das contas somos obrigados a dizer: *o caso foi — sunébè,* diria Aristóteles — que ele não teve sucesso.

Entretanto, por trás desse *sumbébèkos,* desse "aconteceu que...", está um outro fator: a emergência da subsociedade militar como agente cada vez mais autônomo, e a posição dominante que ela adquiriu quanto às orientações básicas do regime. Entendo por subsociedade militar a burocracia militar propriamente dita e o imenso complexo de indústrias a ela interligadas. Temos provas positivas do papel decisivo dos militares na derrota de Malenkov em 1954 (Malenkov queria aumentar a produção de bens de consumo às custas de algumas limitações na "indústria pesada", isto é, na produção de armamentos). Não podemos considerar isoladamente o papel dos militares na queda de Khruchtchev, mas sabemos que existia um conflito aberto e quase público entre sua linha e a linha do Exército — e que foi esta a linha plenamente implementada após 1964.

Muitos elementos subjazem a essa evolução — se bem que, mais uma vez, seria vão tentar encontrar aqui uma explicação "causal" nítida e clara. A partir do final dos anos 40, o aparelho militar sofreu considerável transformação. O Exército de Stalin era um Exército de tubos de aço, de tratores, de milhões de soldados de infantaria. Hoje, o Exército russo é um Exército de engenharia nuclear, de eletrônica e de especialistas. Isso acarretou um formidável desenvolvimento técnico-industrial, envolvendo quase todos os ramos da indústria, mas limitado essencialmente, para não dizer exclusivamente, ao setor de produtos militares. Podemos decifrar claramente os sinais disso comparando os resultados da produção militar com os da não militar. A Rússia enfrenta bem a competição internacional no que se refere a bomba H, submarinos nucleares, mísseis autoguiados "inteligentes", satélites e guerra anti-satélite, aviões militares — mas *em nenhum outro domínio.* De fato, como é público e notório, a produção não militar, seja ela agrícola ou industrial, acha-se em estado lamentável. Mercadorias comuns estão em falta, ou são escassas ou de qualidade muito baixa — ao passo que se produzem em abundância armas que incorporam, cada qual em sua categoria, o estado-da-arte mundial.

Como foi possível alcançar tais resultados, e como se poderia explicar tão grande diferença *qualitativa* entre as produções militar e não militar? É verdade que recursos enormes — da ordem de 15% do PNB — foram destinados ao Exército, e que as necessidades da produção militar são absolutamente prioritárias. Estes são fatos já muito eloqüentes: pois trata-se de decisões *políticas* fundamentais, e não há nenhum "interesse reconhecido" da burocracia que possa explicar por que ela teria de seguir esse caminho — que, com a finalidade única de acumular uma força bélica voltada contra o mundo exterior, aumenta consideravelmente (ao menos em teoria) os riscos de uma explosão interna. Por outro lado, contudo, a simples *quantidade* de recursos consagrados à produção militar não explica a diferença *qualitativa* entre o funcionamento do setor militar e o do setor não militar. A resposta se acha essencialmente na relativa *separação* dos dois setores. Pelos meus cálculos, o subsetor militar emprega por volta de vinte milhões de pessoas. O recrutamento destas se faz pela incorporação da nata do contingente anual de novos cientistas, engenheiros, etc. — e da melhor parte da mão-de-obra qualificada. Essas pessoas trabalham nas "empresas fechadas" (familiarmente designadas, na Rússia, por meio de uma palavra que significa tanto "caixa" como, na fala popular, "caixão"), onde recebem um salário substancialmente mais elevado que em qualquer outro lugar e, o que é ainda mais importante, gozam de vantagens não monetárias — em troca de que abandonam o único "direito" de um trabalhador russo: o direito de mudar de empresa. Mas a diferença não diz respeito apenas aos privilégios materiais. Esses trabalhadores operam as melhores máquinas e instrumentos, e estão positivamente motivados: seu trabalho é "interessante" e eficaz, as coisas são feitas — ao contrário do que acontece em uma fábrica não militar — e eles estão, ao que tudo indica, embebidos de patriotices nacionalistas e de idéias imperialistas estilo Grande-Rússia.[22]

Esta subsociedade militar é a única *força viva* real na Rússia: o único setor vigoroso e eficaz da sociedade russa. Na Rússia jamais acon-

---

22. Ver *Devant la guerre*, I, Paris, Fayard, 1981, p. 97-212. (N. do E.: cf. *Diante da guerra*, I, São Paulo, Brasiliense, 1982, p. 96-208.)

tece nada — a não ser o desenvolvimento de novos recursos militares e as "manobras" de política internacional. Esta subsociedade militar existe simbioticamente — melhor: em comensalidade — com um Partido que é um cadáver ambulante, totalmente inapto para qualquer papel social e histórico (excetuada a repressão).

O Partido malogrou definitivamente em suas tentativas de "autoreforma". Malogrou definitivamente, ainda, com relação a todos os seus objetivos declarados — mesmo aqueles que, tomados em si mesmos, não exprimiam o delírio totalitário. Não apenas foram esquecidas a "transformação stalinista da natureza", a "criação de um novo tipo de ser humano", etc.; não apenas a "realização do comunismo em 1980", inscrita no Programa do Partido, terminou suprimida no XXVI Congresso, de março de 1981; até mesmo o objetivo de "alcançar e ultrapassar os Estados Unidos" (em si mesmo mais que razoável) deixa de ser mencionado. O Partido, de fato, compreendeu que devia abandonar até mesmo os objetivos mais modestos, relativos ao "desenvolvimento" social e econômico da Rússia. A declaração de Brejnev, segundo a qual "o socialismo avançado realmente existente" representa um período histórico de duração *indefinida* intercalado entre o "socialismo" e o "comunismo", corresponde ao reconhecimento oficial desse malogro e constitui uma dura e audaciosa clarificação deste ponto, dirigida a todos os súditos do Império: não esperem nada de melhor ou de diferente, amanhã tudo será exatamente igual a hoje.[23]

A estagnação interna é completa e o regime se acha diante de um impasse, não apenas de natureza econômica e sociológica, mas também histórica e, se se puder dizer, filosófica. Ele não pode implementar ne-

---

23. Nada disso sofreu a menor mudança com os "objetivos" visivelmente irrealizáveis apresentados agora (novembro de 1985) por Gorbatchev para... o ano 2000. Podemos apostar, sem medo de onerar indevidamente a herança de nossos filhos, que tais "objetivos" também serão cancelados, quando chegarmos ao ano 2010. Quanto às ilusões que continuam a ser propagadas pelos remanescentes companheiros de viagem, e outros nostálgicos (precocemente aposentados) de um "bom" comunismo, a saber, que com a chegada dos "jovens" ao poder tudo vai mudar, podemos notar apenas que, à primeira contagem regressiva iniciada em 1953 (sobre a possibilidade de auto-reforma da burocracia após a morte do "monstro"), junta-se agora uma segunda (sobre a reforma que será introduzida pelos "jovens") iniciada em fevereiro de 1985. Veremos daqui a dez anos.

nhum objetivo, nenhum projeto, nenhuma atividade significativa visando o futuro — salvo a expansão externa no horizonte da dominação mundial. É somente neste último aspecto que a "ideologia comunista" conserva alguma pertinência: como mercadoria de exportação, especialmente para os mercados do Terceiro Mundo.

Contudo, embora se reconheça essa utilidade parcial e instrumental da "ideologia" para fins externos, o portador e vetor principal da expansão é — realmente, porém ainda mais virtualmente — a Força, a Força Bruta. E o depositário real da Força, tanto do ponto de vista interior como do exterior, é o Exército — a subsociedade militar.

Podemos agora arrematar os diversos fios de nossa exposição. O Exército é o portador natural e necessário do único projeto que mantém coeso o regime russo. Ele representa o único setor vivo e eficaz da sociedade russa. E toda a vida dessa sociedade, todo seu funcionamento estão subordinados e, de fato, sacrificados ao desenvolvimento ilimitado da subsociedade militar. À medida que considerarmos que a dominação, ou o poder, exercido sobre uma sociedade consiste na capacidade de influenciar de maneira decisiva as orientações fundamentais da vida social, e não na gestão de assuntos triviais, deveremos dizer que a subsociedade militar emergiu, durante os últimos vinte anos, como o setor dominante da sociedade russa. E este fato, é claro, independe totalmente da composição pessoal dos órgãos que, oficial e formalmente, "governam". O Exército não precisa nem deseja ter o máximo possível de marechais no Politburo. O que ele precisa é que as grandes decisões políticas dêem sustentação, de forma contínua e coerente, a seu desenvolvimento e a seus projetos. E é isso que elas fazem — de forma contínua e coerente.

Temos aqui diante de nós um novo tipo de formação social-histórica: uma *estratocracia* (*stratos* = Exército). Dadas as numerosas e significativas especificidades da situação histórica e do quadro social onde ela emergiu, esta formação social não pode mais ser assimilada aos casos já conhecidos de sociedades nas quais "os militares" desempenharam papel notável, do mesmo modo que a burocracia comunista russa não pode ser assimilada à burocracia imperial chinesa, nem seu regime ao do "despotismo oriental". Entre essas especificidades, duas exigem aqui rápida menção. A primeira, bastante visível, é a coalescência substancial e muito profunda do Aparelho militar propriamente dito com a tecnologia e a indústria contemporânea. A segunda, bem mais importante e muito mais difícil de apreender, refere-se às significações imaginárias sociais incorporadas nessa nova formação social-histórica. É preciso distinguir, deste ponto de vista, uma multiplicidade de níveis. No nível mais superficial — o nível da simples retórica e do palavreado —, é claro que o *vocabulário* "comunista" continua (e continuará) em uso. De todos seus termos, há ainda um que, uma vez decodificado, guarda uma certa relação com a realidade: a "vitória mundial inevitável do socialismo", em outras palavras, o projeto de dominação mundial. Mas dominação por parte de quem, e para fazer o quê? A "resposta" é, em um nível um pouco menos superficial: por parte da Rússia. Assim, a sociedade militar (bem como o próprio Partido) mobiliza o chauvinismo e o nacionalismo grão-russos. Contudo, como já procurei explicar em outro lugar, esse nacionalismo hoje está oco, quase vazio.[24] Atinge-se assim o núcleo desse imaginário: trata-se da dominação por parte da Força Bruta e no interesse da Força Bruta. E descobrimos, no final das contas, que aí reside, igualmente, o "princípio" último que governa a vida interna da sociedade russa: a Força Bruta pela Força Bruta.

Devemos voltar agora à questão do totalitarismo. Antes disso, entretanto, devemos realçar, com toda a firmeza, um fato aliás evidente: esta sociedade — a sociedade russa atual — evidentemente *não* é homogênea. Ela está, na verdade, em situação caótica, e é dilacerada por conflitos. Existe o *regime* — e existe a *sociedade* (ou: o povo); é impossível identificá-los. E mesmo o regime é, num certo sentido, dual: a subsociedade militar e o Partido em sentido estrito. Por sua vez, a própria sociedade é, também, múltipla. Há diversas camadas sociais, as diferentes nacionalidades — e há, por assim dizer, *correntes* que atravessam as fronteiras das camadas e das nacionalidades. Uma resistência aberta muito limitada; uma enorme, quase universal, resistência passiva; algumas greves; uma "segunda economia" e uma "segunda sociedade" em plena expansão, o nacionalismo (anti-russo e russo) e uma pervasiva privatização.

Em tal caos, em tal sociedade sem fé nem lei, a subsociedade militar é o único fator coerente, e que se propõe um objetivo. Eis por que ela tornou-se a força que, *de facto,* domina. O que acabamos de dizer

---

24. Ver *Diante da guerra, op. cit.*, p. 252-61.

mostra, porém, que não ocorre nem "homogeneização", nem "unificação" da sociedade, sequer no nível mais superficial — a "homogeneização" e a "unificação" que o totalitarismo "clássico" tinha procurado concretizar.

E então: cabe ainda falar em totalitarismo? Se não estivermos utilizando esse termo como simples adjetivo depreciador, mas com toda a profundidade de significação política, antropológica, sociológica e filosófica que ele adquiriu devido, especialmente, ao trabalho de Hannah Arendt; se levarmos a sério os caracteres do totalitarismo "clássico" que mencionei mais acima, vendo neles não traços descritivos exteriores mas expressões necessárias da essência do sistema — então a resposta *é* um *não* categórico. A estratocracia russa é uma criação original, um animal histórico novo. Ela partilha, certamente, com o totalitarismo "clássico" do qual nasceu, uma característica fundamental; o impulso para a expansão ilimitada da dominação. Mas esse impulso teve de sofrer uma mudança essencial. O objetivo continua sendo a dominação mundial — mas como dominação *externa*. O projeto totalitário originário e, se podemos usar esse termo, autêntico, o projeto de dominação *total* teve de ser abandonado. O totalitarismo "clássico", na sua versão russa, fracassou naquilo que era seu fim central: assimilar totalmente os seres humanos — ou destruí-los.

Isso se mostrou impossível, e *essa impossibilidade se expressa na decadência do Partido e na emergência do Exército*. A Força Bruta pela Força Bruta é perseguida como um objetivo puramente material e externo, sem hinos de glória, sem confissões nem auto-acusações. Imagino que todos se lembrem da terrível última frase de *1984*, do último sentimento de Winston Smith sentado no Café das Castanheiras: "Ele amava o Big Brother". Não há mais Big Brother, há apenas um aparelho sem face, que não mais exige sentimentos ou pensamentos, mas somente um mínimo de atos.

O totalitarismo "clássico" foi possível e real: isso quer dizer que o monstruoso projeto de dominação e assimilação totais é uma das possibilidades que a sociedade humana criou e realizou. O totalitarismo "clássico" ou foi vencido a partir do exterior ou estiolou-se internamente; nenhum desses destinos era inevitável e fatal. E aconteceu que, *na Rússia,* uma estratocracia emergiu em seu lugar, a qual abandonou o projeto de dominação total, aprofundada, mas não o da dominação extensiva apoiada apenas na Força Bruta. Projeto não menos monstruoso que o precedente, e que talvez comporte possibilidades de sucesso ainda maiores.

O combate não terminou — longe disso. E o fracasso do projeto inicial do totalitarismo, assim como a resistência constantemente renovada das populações contra a dominação da estratocracia russa e de seus representantes locais, como na Polônia, mostram que existem vastas possibilidades de luta — pelo que *não* entendo, *certamente*, o alinhamento ao lado dos políticos e generais do Ocidente.

*Setembro de 1981.*

# O imaginário: a criação
# no domínio social-histórico[25]

Meu assunto diz respeito ao domínio social-histórico. Mas, antes de iniciar a sua abordagem, devo fazer algumas asserções decididamente dogmáticas.

Em primeiro lugar, "o Ser" não é um sistema, não é um sistema de sistemas e não *é* um "grande encadeamento". O Ser é Caos, ou Abismo, ou o Sem-Fundo. Caos dotado de uma estratificação não regular: isto é, que comporta "organizações" parciais, sempre específicas dos diversos estratos que descobrimos (descobrimos/construímos, descobrimos/criamos) no Ser.

Segundo, o Ser não existe simplesmente "no" Tempo, mas pelo Tempo (por meio do Tempo, em virtude do Tempo). Em essência, o Ser é Tempo. (Ou ainda, o Ser está, essencialmente, por-Ser.)

Terceiro, o Tempo não é nada, ou é criação. O Tempo, rigorosamente falando, é impensável sem a criação; caso contrário, o Tempo seria apenas uma quarta dimensão espacial supranumerária. Criação, aqui, significa evidentemente criação autêntica, criação ontológica, a criação

---

25. Conferência pronunciada no Simpósio Internacional de Stanford "Desordem e ordem" (14 a 16 de setembro de 1981). Traduzida por mim do inglês. Original publicado em *Disorder and Order,* Proceedings of the Stanford International Symposium, Paisley Livingstone (org.), Stanford Literature Studies 1, Anima Libri, Saratoga, 1984.

de novas Formas ou novos *eidè*, para utilizar o termo platônico. Seja dito, aliás, que a criação como tal, no sentido próprio, jamais foi considerada pela teologia. Em termos filosóficos, a "criação" teológica é só uma palavra — um nome errado para aquilo que é, na verdade, simplesmente produção, fabricação ou construção. A "criação" teológica segue sempre o modelo do *Timeu*, e é obrigada a segui-lo: Deus é um Construtor, um Artesão, que contempla os *eidè* (Formas) pré-existentes e os utiliza como modelos ou paradigmas ao modelar a matéria. Mas Deus não cria o *eidos*, nem em Platão, nem em qualquer outra teologia racional.[26]

Quarto, estes fatos fundamentais relativos ao Ser, ao Tempo e à criação foram encobertos pela ontologia tradicional (e, na sua esteira, pela ciência) porque essa ontologia sempre procedeu, em sua vertente principal, por meio da hipercategoria fundamental da *determinidade* (*péras*, em grego; *Bestimmtheit*, em alemão). A determinidade leva à negação do tempo, à atemporalidade: se algo está verdadeiramente determinado, está determinado desde sempre e para sempre. Se esse algo se modifica, os modos de sua mudança e as formas que essa mudança pode produzir estão já determinados. Os "acontecimentos" não são, então, nada mais que a realização de leis, e a "história" nada mais que o desdobramento, ao longo de uma quarta dimensão, de uma "sucessão" que não passa de uma simples coexistência para um Espírito Absoluto (ou para a teoria científica acabada). Nesse caso também o Tempo é pura repetição de instanciações de leis, se não de "acontecimentos". Para essa ontologia, a negação do Tempo como possibilidade permanente da emergência do Diferente é uma questão de vida ou morte. E são também razões profundamente ligadas a esse referencial de determinidade que levam a onto-

---

26. Digo explicitamente teologia *racional*. Mantenho, de fato, que a idéia de uma "contingência" absoluta de todo *eidos* e de toda relação lógica e a afirmação do caráter criado das "verdades eternas" são um recurso desesperado, incompatível, além disso, com tudo o que a teologia *racional* visa a estabelecer. Voltarei a isto na primeira parte da *La création humaine*. Em Platão, Deus é artesão (demiurgo) de formas "intermediárias" — o "leito" da *República*, X, 597 a-C, o mundo inteiro e tudo que ele contém, no *Timeu* —, mas não é nem *poderia* ser criador dos *eschata*, como dirá Aristóteles (*Metafísica*, 3, 1069 b 37-38): da matéria nua e dos *eidè*, formas últimas, elementos matemáticos do *Timeu*, nem tampouco do "Eterno Vivente". De resto, o Deus do *Gênese* também não é quem dá forma à confusão preexistente.

logia tradicional a limitar os tipos possíveis de ser a três, e somente três categorias: substâncias (na verdade, "coisas"), sujeitos e conceitos ou idéias — e os conjuntos, combinações, sistemas e hierarquias de conjuntos possíveis de substâncias, sujeitos e idéias.

Quinto, a questão: "Que é, naquilo que conhecemos, que provém do observador (de nós) e que é que provém daquilo que existe?", em última análise, é e permanecerá para sempre indecidível.

A ligação entre o que tenho a dizer e as preocupações dos que se aplicam às ciências "duras" pode ser encontrada — ao menos eu o espero — no esforço aqui realizado para elucidar alguns aspectos algo incertos destas duas questões gêmeas: que é uma forma; como ela *emerge*? Tentarei fazê-lo discutindo estas duas questões tal como aparecem no domínio social-histórico, o domínio do homem (*anthrôpos*, tanto homem como mulher: a espécie).

É preciso justificar isso? Pode ser que o homem não seja mais (embora tampouco seja menos) um ser do que uma galáxia é um ser, ou a espécie *escherichia coli* é um ser. As "singularidades" possíveis do homem devem aumentar, e não diminuir, o interesse relativo de suas maneiras de ser, ainda que fosse apenas pelo fato de que elas podem vir a abalar, ou refutar, concepções gerais sobre "o Ser" colhidas em outros domínios. "*Dois*" não deixa de ser um número primo pelo fato de apresentar a singularidade de ser o único número primo que é par. E é um número primo singularmente importante, pois é apenas dada sua existência que se pode refutar uma proposição que é verdadeira em uma infinidade enumerável de casos, a saber: "Todo número primo é ímpar". Talvez o mesmo possa ocorrer no caso do homem.

O homem não nos interessa apenas porque somos homens. O homem deve nos interessar porque, dado tudo que sabemos, o fantástico nó de questões ligadas à existência do homem e ao tipo ontológico de ser por ele representado não é redutível à física ou à biologia. Se me for permitido dizer algo que, a meu ver, não é apenas um gracejo, eu diria que chegou a hora, talvez, de inverter o procedimento tradicional. Em vez de tentar descobrir em que medida é possível explicar o que sucede ao homem por meio da física e da biologia e, por exemplo, prosseguir supondo que uma idéia, um mito, um sonho não são nada mais que resultados epifenomenais de um certo estado do sistema nervoso que seria, por sua vez, redutível a, digamos, um certo arranjo de elétrons, poderíamos talvez tentar, com finalidades heurísticas, inverter o procedimento. Todos se recordam que, quase sempre, os filósofos começam dizendo: "Quero saber o que é o Ser, o que é a realidade. Ora, eis aqui uma mesa; que é que esta mesa me exibe como traços característicos de um ser real?". Jamais qualquer filósofo começou dizendo: "Quero saber o que é o Ser, o que é a realidade. Ora, eis aqui minha lembrança de meu sonho da noite passada; que é que ela me exibe como traços característicos de um ser real?". Nenhum filósofo principia dizendo: "Seja o *Requiem* de Mozart como paradigma do Ser; comecemos por aqui". Por que não poderíamos começar postulando um sonho, um poema, uma sinfonia como instâncias paradigmáticas da plenitude do Ser, e considerar o mundo físico como um modo *deficiente* do Ser — em vez de ver as coisas de maneira inversa, em vez de ver, no modo imaginário (isto é, humano) de existência, um modo de ser deficiente ou secundário?

O homem só existe na e pela sociedade — e a sociedade sempre é histórica. A sociedade como tal é uma forma, e cada sociedade dada é uma forma particular e mesmo singular. A forma implica a organização, em outras palavras, a ordem (ou, se assim se preferir, a ordem/desordem). Não tentarei definir estes termos — forma, organização, ordem. Vou procurar, antes, mostrar que eles adquirem um sentido não trivialmente *novo* no domínio social-histórico e que a confrontação desse sentido com o que é atribuído a esses termos na matemática, na física ou na biologia poderia se revelar benéfica para todas as partes interessadas.

Duas questões fundamentais surgem no domínio social-histórico.

*Primeiro*, o que mantém uma sociedade coesa? Em outras palavras: qual é a base da unidade, do nexo e da diferenciação organizada desse tecido fantasticamente complexo de fenômenos que observamos em toda sociedade?

Somos igualmente confrontados, porém, com a multiplicidade e a diversidade das sociedades, e com a dimensão histórica interna de cada sociedade que se exprime como *alteração* da ordem social dada e que pode eventualmente conduzir ao fim (súbito ou não) da "ordem antiga" e à instauração de uma nova ordem. De modo que devemos perguntar:

*Segundo*, o que faz surgir formas de sociedade diferentes e novas? Permitam-me notar brevemente as razões pelas quais não vou lançar-me aqui à discussão e refutação dos pontos de vista tradicionais relativos à sociedade e à história, inclusive os mais recentes dentre eles (como, por exemplo, o funcionalismo e o estruturalismo; pois o marxismo, na verdade, é uma variante do funcionalismo). Na quase totalidade das vezes, essas doutrinas concebem a sociedade como uma coleção ou reunião de "indivíduos" ligados entre si e todos juntos ligados às "coisas". Eis aí uma forma de supor, de antemão, a questão como resolvida, pois indivíduos e coisas são criações sociais — tanto em geral como sob a forma particular que eles assumem em cada sociedade particular dada. Aquilo que, nas "coisas", não é social é o estrato do "mundo físico" que um "símio humano" perceberia, e *tal qual* ele o perceberia. Isto nós não conhecemos e não é relevante para o nosso problema. E aquilo que, no "indivíduo", não é social — excetuando-se um animal degenerado, inábil e incapacitado à vida — é o núcleo da psique, a mônada psíquica que seria totalmente incapaz de sobreviver (quero dizer, sobreviver psiquicamente) sem a imposição violenta, sobre ela, da forma social "indivíduo". Nem necessidades biológicas "permanentes", nem "pulsões", "mecanismos" ou "desejos" psíquicos eternos poderiam dar conta da sociedade e da história. Causas constantes não poderiam produzir efeitos variáveis[27].

Passo, agora, à minha primeira questão. Aquilo que mantém uma sociedade reunida é evidentemente sua instituição, o complexo total de suas instituições particulares, aquilo que chamo a "instituição da sociedade como um todo" — tomando aqui a palavra instituição no sentido mais amplo e mais radical: normas, valores, linguagem, instrumentos, procedimentos e métodos de fazer frente às coisas e de fazer coisas e ainda, é claro, o próprio indivíduo, tanto em geral como no tipo e na forma particular que lhe dá a sociedade considerada (e em suas diferenciações: homem/mulher, por exemplo).

---

27. Para uma discussão detalhada destes pontos, cf. *A instituição imaginária da sociedade* (em particular o capítulo IV) e *As encruzilhadas do labirinto I*.

Como se impõem as instituições — como podem elas assegurar sua validade efetiva? De modo superficial, e apenas em alguns casos, mediante a coerção e as sanções. Menos superficialmente, e de forma mais ampla, mediante a adesão, o apoio, o consenso, a legitimidade, a crença. Contudo, em última análise: por meio e através da moldagem (fabricação) da matéria-prima humana em indivíduo social, no qual estão incorporados tanto as próprias instituições como os "mecanismos" de sua perpetuação. Não pergunte: como é possível que a maioria das pessoas não venham a roubar, ainda que tivessem fome? Não pergunte nem mesmo: como é possível que elas continuem a votar em tal ou qual partido mesmo após terem sido repetidamente enganadas? Pergunte-se, antes: qual é a parcela de todo o meu pensamento e de todas as minhas maneiras de ver as coisas e de fazer coisas que *não está* condicionada e co-determinada, em um grau decisivo, pela estrutura e pelas significações de minha língua materna, pela organização do mundo que essa língua carrega consigo, pelo meu primeiro ambiente familiar, pela escola, por todos os "faça" e "não faça" com que freqüentemente fui assediado, pelos meus amigos, pelas opiniões correntes a meu redor, pelos modos de fazer que me são impostos pelos inumeráveis artefatos que me cercam, e assim por diante. Se você puder verdadeiramente responder, com toda a sinceridade, mais ou menos 1%, você será com certeza o pensador mais — original que já existiu. Não temos certamente nenhum mérito por não "ver" uma Ninfa habitando cada árvore ou cada fonte (nem seríamos doentes, ou deficientes, se a víssemos). Somos todos, em primeiro lugar, fragmentos ambulantes da instituição de nossa sociedade — fragmentos complementares, suas "partes totais", como diria um matemático. A instituição produz indivíduos conforme suas normas, e estes indivíduos, dada sua construção, não apenas são capazes de, mas obrigados a, reproduzir a instituição. A "lei" produz os "elementos" de tal modo que o próprio funcionamento desses "elementos" incorpora e reproduz — perpetua — a "lei".

A instituição da sociedade, no sentido geral que atribuo aqui a esse termo, é feita, evidentemente, de muitas instituições particulares. Estas formam, e funcionam como, um todo coerente. Mesmo nas situações de crise, em meio a conflitos e guerras internas as mais violentas, uma sociedade é ainda *essa mesma* sociedade; se ela não o fosse, não haveria nem poderia haver nela uma luta em torno dos mesmos objetos, ou objetos comuns. Há, portanto, uma *unidade* da instituição total da sociedade; observando-a mais de perto, descobrimos que essa unidade é, em última instância, a unidade e coesão interna do tecido imensamente complexo de *significações* que impregnam, orientam e dirigem toda a vida daquela sociedade e todos os indivíduos concretos que, corporalmente, a constituem. Esse tecido é o que eu chamo o *magma* das *significações imaginárias sociais* trazidas pela instituição da sociedade considerada, que nela se encarnam e, por assim dizer, a animam. Tais significações imaginárias sociais são, por exemplo: espíritos, deuses, Deus; *polis,* cidadão, nação, Estado, partido; mercadoria, dinheiro, capital, taxas de juros; tabu, virtude, pecado, etc. Mas também: homem/mulher/criança, tais como são especificados numa sociedade dada. Para além das definições puramente anatômicas ou biológicas, homem, mulher e criança são o que são mediante as significações imaginárias sociais que os fazem ser assim. Um homem romano e uma mulher romana eram e são algo completamente diferente do homem americano e da mulher americana de hoje. "Coisa" é uma significação imaginária social, do mesmo modo que "instrumento" (*"outil"*). O "caráter instrumental" (*"outilité"*) puro e simples do instrumento é uma significação imaginária particular, específica sobretudo às modernas sociedades ocidentais. Sociedades nas quais os instrumentos são considerados como simples instrumentos são raras, se é que alguma vez existiram; basta pensar nas armas de Aquiles ou na espada de Siegfried.

Denomino imaginárias essas significações porque elas não correspondem a — e não se esgotam em — referências a elementos "racionais" ou "reais", e porque são introduzidas por uma *criação*. E as denomino sociais pois elas somente existem enquanto são instituídas e compartilhadas por um coletivo impessoal e anônimo. Quanto ao termo "magma", voltarei a ele mais adiante.

Qual é a fonte, a raiz, a origem desse magma e de sua unidade? Podemos perceber claramente, quanto a este ponto, os limites da ontologia tradicional. Nenhum "sujeito" ou "indivíduo" (ou "grupo" de sujeitos e indivíduos) poderia jamais ter sido essa origem. Não apenas o saber ecológico, sociológico, psicanalítico, etc., tanto teórico como aplicado, necessário para erigir, por exemplo, a organização de uma tribo primitiva, desafia nossa imaginação, tanto em quantidade como em complexidade, e, de qualquer maneira, encontra-se muito além de nosso alcance; mas também, de modo bem mais radical, os "sujeitos", os "indivíduos" e seus "grupos" são eles mesmos os produtos de um processo de socialização, sua existência pressupõe a existência de uma sociedade instituída. Tampouco podemos encontrar essa origem nas "coisas"; a idéia de que os mitos ou a música são o resultado (tão mediatizado quanto se queira) da operação das leis da física é simplesmente desprovida de sentido. E, por fim, tampouco podemos reduzir as diferentes instituições das sociedades que conhecemos e as correspondentes significações a "conceitos" ou a "idéias" (Hegel). Devemos reconhecer que o campo social-histórico é irredutível aos tipos tradicionais de ser, e que nós observamos aqui as obras, a criação do que eu chamo o *imaginário social* ou a *sociedade instituinte* (por oposição à sociedade instituída) — tomando muito cuidado para não fazermos dela mais uma "coisa", mais um "sujeito", ou mais uma "idéia".

Se considerarmos, para uma dada sociedade, como "operam" seu magma de significações imaginárias sociais e as correspondentes instituições, perceberemos, entre a organização social e a organização biológica, uma similaridade em um aspecto preciso: quanto à *clausura* (*clôture*), para empregar o termo de Francisco Varela[28]. Tanto a organização social como a organização biológica exibem uma clausura organizacional, informacional e cognitiva.

Toda sociedade (como todo ser ou espécie viventes) *instaura, cria seu próprio mundo,* no qual, evidentemente, ela "se" inclui. Do mesmo modo que para o ser vivo, é a "organização" própria (significações e instituição) da sociedade que postula e define, por exemplo, o que é para a sociedade considerada, "informação", o que *é* "ruído" e o que não é absolutamente nada; ou a "relevância", o "peso", o "valor" e o "sentido" da "informação"; ou o "programa" de elaboração de — e de resposta a — uma "informação" dada, etc. Em suma, é a instituição da sociedade que determina o que é e o que não é "real", o que "tem um sentido" e o

---

28. Francisco Varela. *Principles of Biological Autonomy.* Amsterdã, North Holland, 1980. (Uma edição francesa extensamente modificada desta obra deve aparecer em breve pelas Éditions du Seuil.) Cf. também "Ciência moderna e interrogação filosófica" — (orig. 1973) — em *As encruzilhadas do labirinto I.* A idéia inicial deve-se a M. Maturana.

que é desprovido dele. A feitiçaria era real em Salem três séculos atrás, e hoje não mais o é. "O Apolo de Delfos era, na Grécia, uma força tão real quanto qualquer outra" (Marx). Seria até mesmo superficial e insuficiente dizer que toda sociedade "contém" um sistema de interpretação do mundo. Toda sociedade é um sistema de interpretação do mundo; e, ainda aqui, o termo "interpretação" é medíocre e impróprio. Toda sociedade é uma construção, uma constituição, uma criação de um mundo, de seu próprio mundo. Sua própria identidade nada mais é que esse "sistema de interpretação", esse mundo que ela cria. É por isso que (da mesma forma que qualquer indivíduo) ela percebe como um perigo mortal qualquer ataque a esse sistema de interpretação; ela o percebe como um ataque contra sua identidade, contra ela mesma.

Nesse sentido, o "si-mesma" de uma sociedade, sua *ecceitas,* como diriam os escolásticos, o fato de que ela é *esta* sociedade e não outra qualquer, pode ser aproximado daquilo que Varela denominou a "autonomia" do ser vivo, e das especificações dessa "autonomia". Mas as diferenças são igualmente essenciais, e não apenas descritivas. Eis algumas delas.

1. Como se sabe muito bem, a fixação dos "caracteres" de uma sociedade não possui uma base física (como o genoma) que garantiria (ainda que de maneira "probabilística") sua conservação no decorrer do tempo, sua transmissão; não há, aqui, o equivalente de qualquer código genético (ainda que, como já disse Atlan[29], este código não funcione da maneira como há dez anos se supunha).

2. Para a sociedade, não há, propriamente falando, "ruído". Tudo que aparece a uma sociedade, tudo que lhe sucede, deve *significar* alguma coisa para ela — ou deve ser explicitamente declarado como "desprovido de significação".

3. Embora pareça haver, no ser vivo, uma redundância não negligenciável dos processos que produzem a informação, no caso da sociedade essa produção e elaboração da informação aparece como virtualmente ilimitada e vai muito além de qualquer caracterização "funcional".

---

29. Henri Atlan. "Disorder, Complexity and Meaning", em *Disorder and Order, op. cit.,* p. 109-28.

4. A finalidade (ou, como prefere denominá-la a mais recente vaga de pudicícia científica: a "teleonomia") parece constituir uma categoria inevitável, quer se trate do ser vivo ou da sociedade. Mas (e sem esquecer que a "finalidade" *final* do ser vivo está envolta em denso mistério) pode-se afirmar que os processos que se desenvolvem no ser vivo são governados pela "finalidade" de sua conservação, esta última sendo governada, por sua vez, pela "finalidade" da conservação da espécie, e esta, ainda, governada pela "finalidade" da conservação da biosfera, do biossistema como um todo. No caso da sociedade, embora a maior parte das "finalidades" que nela observamos sejam evidentemente governadas por um tipo de "princípio de conservação", essa "conservação" é, afinal de contas, conservação de "atributos arbitrários" e específicos a cada sociedade — suas significações imaginárias sociais.

5. Tudo o que *existe* para um ser vivo pode ser associado pelo metaobservador a um correlato físico. Esse não é, de modo algum, o caso da sociedade, que cria maciçamente e em larga escala seres sem correlato físico: os espíritos, os deuses, as virtudes. os pecados. os "direitos do homem", etc. — e para a qual este tipo de ser é sempre de uma ordem mais elevada que o ser "puramente físico".

6. A sociedade cria um novo tipo de auto-referência: ela cria seus próprios meta-observadores (e todos os embaraçosos problemas criados por estes últimos).

Não há, é claro, nem poderia jamais haver, "solipsismo" biológico ou social. O ser vivo organiza para si uma parte ou estrato do mundo físico, ele o reconstrói para formar seu próprio mundo. Ele não pode transgredir as leis físicas, nem ignorá-las, mas ele introduz leis novas, suas leis. A situação é até um certo ponto a mesma, no caso da sociedade. Mas o tipo de relação que a sociedade cria e institui com o mundo "pré-social" — que eu chamo de primeiro estrato natural — é diferente. É uma relação de *escoramento* (*Anlehnung*). As operações "lógicas/ físicas" por meio das quais toda sociedade se relaciona com o primeiro estrato natural, organiza-o e dele faz uso, estão sempre na dependência de significações imaginárias sociais que são ao mesmo tempo "arbitrárias" e radicalmente diferentes entre as diversas sociedades. As coerções impostas pelo mundo físico à organização do ser vivo nos fornecem parte essencial de nossa compreensão dessa organização. Mas aquilo que o mundo físico como tal impõe ou proíbe inapelavelmente à sociedade — e, portanto, a todas as sociedades — é, em toda a sua extensão, trivial e nada nos pode ensinar.

Tudo o que dissemos acima diz respeito à demarcação da sociedade relativamente ao vivente e em oposição a este. Mas a tarefa mais importante é a da caracterização *intrínseca* da organização da sociedade.

Comecemos mencionando alguns fatos banais. Não há sociedade sem aritmética. Não há sociedade sem mito. (Na sociedade contemporânea, a aritmética tornou-se, evidentemente, um dos principais mitos. Não existe, nem poderia existir, um fundamento "racional" para o predomínio da quantificação na sociedade contemporânea. A quantificação é apenas a expressão de uma das significações imaginárias dominantes dessa sociedade: não se leva em conta o que não pode ser contado.) Mas podemos dar um passo além. Não há mito sem aritmética — nem aritmética sem mito. Notemos, entre parênteses, que o essencial para o mito não é, como quer o estruturalismo, que por meio dele a sociedade organize *logicamente* o mundo. O mito não se reduz à "lógica" (ainda que, bem entendido, ele contenha lógica) e menos ainda à lógica binária dos estruturalistas. O mito é essencialmente um modo pelo qual a sociedade investe de significações o mundo e sua própria vida no mundo — um mundo e uma vida que, de outro modo, seriam evidentemente desprovidos de sentido.

Estas observações conduzem a uma proposição central relativa à organização da sociedade, caracterizando-a de maneira intrínseca e positiva.

A instituição da sociedade e as significações sociais que nela estão incorporadas desenrolam-se sempre em duas dimensões indissociáveis: a dimensão conjuntista-identitária ("lógica") e a dimensão estritamente ou propriamente imaginária.

Na dimensão conjuntista-identitária, a sociedade opera ("age" e "pensa") com e mediante "elementos", "classes", "propriedade" e "relações" postulados como *distintos* e *definidos*. O esquema dominante, aqui, é o da *determinação* (determinidade ou determinabilidade, *péras*, *Bestimmtheit*). A exigência, aqui, é de que tudo o que é concebível esteja submetido à determinação e às implicações ou conseqüências que dela decorrem. Do ponto de vista desta dimensão, a existência é a determinidade.

Na dimensão propriamente imaginária, a existência é significação. As significações podem ser *demarcadas,* mas não determinadas. Elas se conectam indefinidamente umas às outras, sob o modo fundamental do *remetimento (renvoi).* Toda significação remete a um número indefinido de outras significações. Elas não são nem "distintas" nem "definidas" (para retomar os termos de Cantor em sua "definição" de elementos de um conjunto), e não estão tampouco interligadas por condições e razões necessárias e suficientes. O remetimento (a relação de remetimento), que cobre aqui igualmente uma "*quasi*-equivalência" e um "*quasi*-pertencimento", opera essencialmente por meio de um *quid pro quo,* um "x está em lugar de y", que, nos casos não triviais, é "arbitrário", vale dizer, instituído. Este *quid pro quo* é o núcleo daquilo que denomino *relação signitiva* — a relação entre o signo e aquilo de que ele é signo, que está nos alicerces da linguagem. Como todos sabem, não há nem pode haver uma razão necessária e suficiente que faça com que "cão" esteja em lugar de *canis* ou que "sete" tenha a ver com "Deus". Mas a relação de *quid pro quo* ultrapassa em muito a linguagem propriamente dita.

Pode-se ilustrar o que tenho em mente com o exemplo da linguagem. Na linguagem, a dimensão conjuntista-identitária corresponde ao que denomino *código* (não confundir com o "código" de Saussure, que significa simplesmente "sistema"). A dimensão propriamente imaginária se manifesta através do que denomino *língua*. Assim, num certo contexto, frases como: "Passe-me o martelo", ou "Em todo triângulo, a soma dos ângulos é igual a dois ângulos retos", pertencem ao *código*. Frases do tipo: "Na noite do Absoluto, todas as vacas são negras" ou "Assentei a Beleza sobre meus joelhos, achei-a amarga e a insultei", pertencem à *língua*. A distinção entre código e língua — de forma mais geral, entre a dimensão conjuntista-identitária e a dimensão propriamente imaginária — não é, evidentemente, uma distinção de "substância", mas de utilização e operação. (Desde que os conheço, tenho considerado os enunciados: "Todo corpo finito é comutativo", ou: "O espectro de todo operador hermitiano é necessariamente real" como estando entre os mais belos versos já escritos.) As duas dimensões são, para empregar uma metáfora topológica, ubiquamente densas na linguagem e na vida social. Isto quer dizer: "tão perto quanto se queira" de qualquer "ponto" da linguagem, existe um "elemento" pertencente à dimensão conjuntista-identitária — como também um "elemento" pertencente à dimensão propriamente imaginária. O mais louco poema surrealista ainda contém "lógica" numa quantidade indefinida — mas, "através" dessa "lógica", ele materializa o Diferente da "lógica". Em Bach, a aritmética e a matemática estão em toda a parte; mas não é por conter a aritmética e a matemática que o *Cravo bem temperado* é aquilo que é.

Assim, as significações imaginárias sociais em uma dada sociedade nos apresentam um tipo de organização desconhecido até aqui em outros domínios. Chamo esse tipo de um *magma*. Um magma "contém" conjuntos — e mesmo um número indefinido de conjuntos —, mas *não é redutível* a conjuntos ou a sistemas de conjuntos, por mais ricos e complexos que estes sejam. (Esta redução é o empreendimento irrealizável do funcionalismo e do estruturalismo, do causalismo e do finalismo, do materialismo e do racionalismo no domínio social-histórico.) E um magma tampouco pode ser "analiticamente" reconstituído, a saber, por meio de categorias e operações conjuntistas. A "ordem" e a "organização" sociais são irredutíveis às noções habituais de ordem e organização em matemática, em física e mesmo em biologia — ao menos do modo como essas noções têm sido até agora concebidas. Mas o que importa aqui não é esta negação, mas a asserção positiva: o social-histórico *cria* um novo tipo ontológico de ordem (de unidade, coesão e diferenciação organizada).

Permitam-me acrescentar um corolário. Se aceitarmos o seguinte lema (a meu ver evidente): teorias deterministas só podem existir como sistemas conjuntistas identitários de enunciados, capazes de induzir uma organização conjuntista-identitária exaustiva de seu "domínio de objetos", ficará claro, então, que nenhuma teoria determinista do social-histórico pode pretender mais que uma validade bastante parcial e fortemente condicional. (Entendo por teorias "deterministas", evidentemente, também as teorias "probabilistas" no sentido estrito, isto é, teorias que atribuem probabilidades *definidas* aos acontecimentos ou classes de acontecimentos.)

Passando agora à minha segunda questão: o social-histórico não cria apenas, de uma vez por todas, um novo tipo ontológico de ordem, característica do gênero "sociedade". Esse tipo é, a cada vez, "materializado" por meio de diferentes *formas*, das quais cada uma encarna uma *criação*, um novo *eidos* de sociedade. Afora a existência de instituições e de significações imaginárias sociais, e outras trivialidades que se pode pôr de lado, nada há de substancial em comum à moderna sociedade capitalista e a uma sociedade "primitiva". E, se o que se disse até aqui é verdadeiro, não há nem pode haver "leis" ou "procedimentos" determinados mediante os quais uma forma dada de sociedade possa "produzir" uma outra sociedade ou "causar" sua aparição. As tentativas visando "derivar" as formas sociais a partir de "condições físicas", de "antecedentes" ou de características permanentes do "homem" naufragam sempre — e, pior ainda, são desprovidas de sentido. A ontologia e a lógica que herdamos são, aqui, vãs, pois estão condenadas a ignorar o ser próprio do social-histórico. Não apenas essa lógica e essa ontologia só conseguem enxergar na criação uma palavra, e que palavra obscena (salvo em um contexto teológico, no qual porém, como indicamos acima, o que se leva em conta é apenas uma pseudocriação), mas elas são ainda forçadas, irresistivelmente forçadas, a perguntar: criação *por parte de quem?* A criação, contudo, enquanto obra do imaginário social, da sociedade *instituinte* (*societas instituans*, e não *societas instituta*), é o modo de ser do campo social-histórico mediante o qual esse campo *existe*. A sociedade é autocriação que se desdobra como história. E é claro que reconhecer isso e deixar de colocar questões privadas de sentido acerca dos "sujeitos" e das "substâncias", ou das "causas", requer uma conversão ontológica radical.

O que não quer dizer que a criação histórica tenha lugar sobre uma tábula-rasa. E René Thom não precisa tampouco temer que eu esteja fazendo uma apologia da preguiça; ao contrário: como mostram os próprios princípios da "economia de pensamento" e da "simplicidade", o determinismo é a metodologia, por excelência, da preguiça. Quando se possui a "lei" geral deste acontecimento particular, não há necessidade alguma de se pensar sobre ele... E, se pudéssemos escrever a hiperequação global e última do Universo, poderíamos repousar na beatitude pelo resto dos tempos. Há sempre uma massa fantástica e fantasticamente complexa de coisas existentes e de condições parciais, e é em seu interior que tem lugar a criação histórica. E há, ainda, uma investigação útil e rica de sentido, investigação imensa e de fato interminável, sobre a questão: o que havia no "antigo" que, de um modo ou outro, "preparava o novo" ou se referia a ele? Aqui, porém, o princípio da "clausura" intervém com toda a força. Em poucas palavras: *o antigo entra no novo com a significação que o novo lhe dá, e não poderia entrar nele de outra maneira.* Para nos convencermos disso, basta lembrar como idéias e elementos gregos antigos, ou cristãos, foram, no correr dos séculos, continuamente "redescobertos" e re-modelados (re-interpretados) no mundo ocidental, com o fito de satisfazer aquilo que se denomina — mal — as "necessidades", quer dizer, na verdade, os esquemas imaginários, do "presente". Durante muito tempo tivemos filólogos e investigadores trabalhando sobre a Antigüidade clássica. Temos, há algum tempo, uma nova disciplina científica (que é chamada, por vezes, "historiografia") a estudar as mudanças das concepções do Ocidente acerca da Antigüidade clássica. Quase não é necessário acrescentar que esses estudos nos informam muito mais sobre os séculos XVI ou XVIII ou XX do Ocidente do que sobre a Antigüidade clássica.

Ao mesmo tempo, não podemos abrir mão da tentativa de estabelecer, na medida do possível, as conexões e regularidades "causais" ou "*quasi*-causais" que aparecem no domínio social-histórico, trazidas pela sua dimensão conjuntista-identitária. Mas basta mencionar, quanto a isto, o estado e o destino da economia política para mostrar os limites particularmente estreitos deste tipo de abordagem, mesmo naquele que seria o seu domínio "natural" e privilegiado, e a necessidade de levar rigorosamente em conta todo o magma da realidade social-histórica no qual se acham imersas as relações econômicas quantificáveis e determinadas, se quisermos compreender alguma coisa delas.

Nossa segunda questão era: como emergem as novas formas sociais-históricas? A resposta é, simplesmente: pela criação. Contra essa resposta, a mentalidade tradicional replicaria, sarcástica: "Tudo o que você nos propõe é uma palavra". Eu proponho uma palavra para um fato — uma classe de fatos — que esteve, até aqui, encoberto, mas que deve, doravante, ser reconhecido. Ocorre que nós temos, em certa medida, uma experiência "direta" desses fatos: temos sido, por assim dizer, testemunhas indiretas ou mesmo diretas da emergência de formas sociais-históricas novas. Por exemplo, da criação da *polis* democrática na Grécia antiga; ou, mais ainda, do capitalismo ocidental; ou, ainda mais — *de visu* —, da burocracia totalitária na Rússia após 1917. Em cada um desses casos, muito há a dizer, e um interminável trabalho a ser feito, sobre as condições que precederam e envolveram essas emergências. Podemos *elucidar* esses processos; mas não "explicá-los". Uma "explicação" implicaria ou bem a derivação de significações a partir de não-significações, o que é carente de sentido; ou então a redução de todos os magmas de significações que aparecem na história às diversas combinações de um pequeno número de "elementos de significação" já presentes "desde o início" na história humana, o que é manifestamente impossível (e conduziria novamente à questão: como surgiram, então, esses "primeiros elementos"?).

Tomemos um exemplo particular, e um esquema explicativo específico (e em moda): consideremos a emergência do capitalismo, e uma possível abordagem neodarwiniana da questão que ele levanta. Nós *não* observamos na Europa Ocidental, entre, digamos, os séculos XII e XVII, uma produção "aleatória" de um grande número de variedades de sociedades, e a eliminação de todas menos uma dessas variedades como "inaptas", selecionando-se o capitalismo como a única forma social "apta". O que observamos é a emergência de uma nova significação imaginária social: a expansão ilimitada da dominação "racional" (que se instrumenta, para começar, na expansão ilimitada das forças produtivas), associada à operação de um enorme número de fatores de extrema diversidade. Não podemos deixar de admirar, *ex post,* e uma vez de posse de seu resultado, a incrível e enigmática *sinergia* desses fatores na "produção" de uma forma, o capitalismo, que não era "visada" por nenhum ator ou grupo de atores, e que certamente não poderia ser "construída" por uma reunião aleatória de "elementos" preexistentes. No entanto, desde que fixemos a atenção sobre essa significação imaginária social nova e emergente, a expansão ilimitada da dominação "racional", podemos compreender muito mais: esses "elementos" e esses "fatores" entram na instituição capitalista da sociedade se e quando puderem ser "utilizados" por ela, ou inserir-se em sua instrumentalidade — e isso se dá, muitíssimas vezes, porque eles são, por assim dizer, atraídos para dentro da esfera capitalista de significações, e por isso se vêem investidos de um novo sentido. Um belo exemplo disso é a criação, pela monarquia absoluta, do aparelho do Estado moderno e centralizado, o que Tocqueville descreve *n'O antigo regime e a revolução*: esse aparelho, concebido e constituído para servir ao poder absoluto do Monarca, tornou-se o portador ideal da dominação impessoal da "racionalidade" capitalista.[30]

---

30. Cf. "Marxisme et théorie révolutionnaire", *Socialisme ou Barbarie,* nº 37, (jul.-set. 1964), p. 32-43; agora em *A instituição imaginária da sociedade, op. cit.*

Da mesma forma, não acredito que os princípios de "ordem a partir do ruído" ou "organização a partir do ruído" possam ajudar a elucidar a emergência de novas formas sociais. Como já afirmei acima, não vejo cabimento em falar de "ruído", no sentido rigoroso, a propósito de uma sociedade. Nem mesmo o termo "desordem" é apropriado, aqui. O que aparece como "desordem" no interior de uma sociedade é, na verdade, algo interno à sua instituição, algo *significativo e negativamente avaliado* — e isto é uma coisa completamente diferente. Os únicos casos em que poderíamos corretamente falar de "desordem" são, penso eu, os de um "velho sistema em crise", ou "a caminho da destruição". Como exemplos, o mundo romano tardio — ou várias sociedades do Terceiro Mundo de hoje. No primeiro caso, um novo "princípio unificador", um novo magma de significações imaginárias sociais emergiu finalmente com o cristianismo. Não vejo nenhuma relação da precedente "desordem" com essa emergência, a não ser enquanto uma sua "condição negativa". No segundo caso — o dos países do Terceiro Mundo —, nenhum novo "princípio unificador" parece emergir, e o processo de desagregação da antiga ordem prossegue incessante — salvo nos casos (que *não* são os mais freqüentes) em que "princípios unificadores" são importados, com sucesso, do estrangeiro. Para tomar um exemplo diferente, que esclarece um diferente aspecto da questão: quando a protoburguesia começa a emergir no quadro geral da sociedade feudal (séculos XII-XIII), temos um fenômeno que não poderia, com sentido, ser tratado como "ruído" ou "desordem"; isso somente seria legítimo, no máximo, de um ponto de vista "feudal". Pois esse "ruído" ou "desordem" é, desde os seus primeiros inícios, portador de uma (nova) ordem e de (novas) significações, e não pode *materialmente* existir *a não ser enquanto* portador delas.

Parece-me no entanto que, acima de tudo, o que estabelece a diferença radical entre o mundo biológico e o mundo social-histórico é a emergência, no seio deste último, da *autonomia* — ou de um novo sentido da autonomia. Segundo o uso que Varela faz dessa palavra (e do qual discordo, como já me permiti dizer-lhe), a "autonomia" do vivente é sua clausura — seu fechamento organizacional, informacional, cognitivo. Esse enclausuramento significa que o funcionamento do "si mesmo" vivo e sua correspondência com os diversos "isso" ou "coisas" que lhe são exteriores estão governados por regras, princípios, leis e sentidos que são estabelecidos pelo vivente mas que, uma vez estabelecidos, passam a ser dados de uma vez para sempre e sua mudança, quando ocorre, é aparentemente "aleatória". Mas é exatamente isto o que chamaríamos — e que eu chamo — *heteronomia* no domínio humano e social-histórico: o estado no qual as leis, princípios, normas, valores e significações são dados de uma vez por todas, e a sociedade, ou o indivíduo, segundo o caso, não tem nenhuma possibilidade de agir sobre eles. Um exemplo extremo, mas bastante esclarecedor, daquilo que seria a mais completa "autonomia" no sentido de Varela, e a mais completa heteronomia no meu uso do termo, é o da psicose paranóica. O paranóico criou, de uma vez por todas, seu próprio sistema interpretativo, absolutamente rígido e totalmente abrangente, e nada pode jamais penetrar em seu mundo sem ser transformado de acordo com as regras desse sistema. (É claro que, sem uma certa dose de paranóia, nenhum de nós poderia sobreviver.) Mas um exemplo bem mais comum e consistente nos é fornecido por todas as sociedades "primitivas", ou por todas as sociedades religiosas, nas quais as regras, princípios, leis, significações, etc. colocam-se como dados de uma vez para sempre, e seu caráter indiscutido e indiscutível está institucionalmente garantido pela representação instituída de uma origem, de um fundamento e de uma garantia extra-sociais da lei, das significações, etc.: é evidente que não se pode mudar a lei de Deus, nem dizer que essa lei é injusta (este último enunciado seria, numa tal sociedade, impensável e incompreensível — tanto quanto *Big Brother is ungood* o é na fase final do *Newspeak*)[31]. Observamos, neste caso (como também no totalitarismo), a maior "autonomia" possível, o "enclausuramento" mais completo possível do sentido e da interpretação — vale dizer, a mais plena *heteronomia* possível, do nosso ponto de vista.

E qual é a origem de "nosso ponto de vista"? Uma outra criação histórica, uma brecha ou ruptura histórica que ocorreu pela primeira vez na Grécia antiga, depois novamente na Europa Ocidental ao fim da Idade

---

31. *Newspeak* (ou Novilíngua) é a linguagem sintética, de certo modo inspirada no gosto pelas siglas desenvolvido na União Soviética, que se utiliza no Estado totalitário de *1984*, de George Orwell. Nela o Ministério do Amor (que é o da polícia) e o da Paz (que cuida da guerra) se chamam, por exemplo, Miniamo e Minipaz. O enunciado inconcebível citado por Castoriadis traduz-se como "O Grande Irmão é in-bom". (*N. do R.*)

Média, através da qual criou-se, pela primeira vez, a autonomia no sentido próprio: autonomia não como *clausura* mas como *abertura*. Essas sociedades representam, portanto, uma nova forma de ser social-histórico — e, em verdade, de *ser:* pela primeira vez na história da humanidade, da vida e, pelo que sabemos, do Universo, tem-se um ser que questiona, abertamente, sua própria lei de existência, sua própria ordem dada.

Essas sociedades põem em julgamento sua própria instituição, sua representação do mundo, suas significações imaginárias sociais. É isso, evidentemente, que está implicado pela criação da democracia e da filosofia que rompem, ambas, a clausura da sociedade instituída que até então prevalecia, e abrem um espaço no qual as atividades do pensamento e da política levam a pôr e repor em questão, sucessivamente, não apenas a forma *dada* da instituição social e da representação social do mundo, mas os fundamentos possíveis de *toda e qualquer* forma desse tipo. A autonomia assume aqui o sentido de uma auto-instituição da sociedade, auto-instituição que a partir de agora será mais ou menos *explícita:* sabemos que nós fazemos as leis, somos portanto responsáveis por elas e por isso temos constantemente que nos perguntar: por que esta lei e não outra? O que, evidentemente, implica também o surgimento de um novo tipo de ser histórico no plano individual, ou seja, o indivíduo autônomo, que pode *questionar-se* — e igualmente *questionar* em voz alta: "É esta lei justa"? Tudo isso conjuga-se com a luta contra a velha ordem e as velhas ordens heterônomas, luta que — é o mínimo que podemos dizer — está longe de ter chegado ao seu termo.

É esta criação histórica da autonomia, e, repito, de um ser de um novo tipo, capaz de questionar as próprias leis de sua existência, que condiciona para nós não só a possibilidade desta discussão de hoje como também — o que é muito mais importante — a possibilidade de uma ação política digna desse nome, ação visando a uma nova instituição da sociedade, realizando plenamente o projeto de autonomia. Mas esta já é uma outra história.

*Setembro de 1981.*

# POLIS

# Uma interrogação sem fim[1]

EMMANUEL TERRÉE: *Um espectro ronda hoje a Europa dos intelectuais: o do totalitarismo. Ele faz com que os europeus que possuem uma experiência democrática se voltem, trêmulos, para dentro de si mesmos, e que se sintam confrontados por um Terceiro Mundo que foi visto, durante tanto tempo, como portador de suas esperanças, mas hoje aparece suspeito de todas as tentações e desvios totalitários. Além disso, ao intelectual engajado, carregado de certezas mas também, tantas vezes, de generosidade, sucede hoje um intelectual mais reservado, porém mais preocupado com as questões éticas. O que você pensa desse duplo movimento de recuo?*

CORNELIUS CASTORIADIS: A Europa não pode fechar-se sobre si mesma. Isso é uma ilusão, é a política do avestruz. Não será o "recuo" de alguns intelectuais que modificará alguma coisa na realidade contemporânea, que é, em essência, mundial. Além disso, essa é uma atitude totalmente "antieuropéia". Há uma e uma só singularidade qualitativa da Europa, do mundo greco-ocidental, que importa para nós: a criação da universalidade, a abertura, o questionamento crítico de si mesmo e de sua própria tradição.

---

1. Discussão com Emmanuel Terrée e Guillaume Malaurie, realizada em 1º de julho de 1979 e publicada em *Esprit* (set.-out. 1979).

Os "intelectuais de esquerda" têm tentado, há muito tempo, esquivar-se do genuíno problema político. Constantemente procuraram encontrar em algum lugar uma "entidade real" que fizesse o papel de salvadora da humanidade e redentora da história. Inicialmente, pensaram tê-la encontrado em um proletariado ideal e idealizado, depois, no Partido Comunista que o "representaria". Depois, sem fazerem uma análise das razões do fracasso — provisório ou definitivo, pouco importa — do movimento operário revolucionário nos países capitalistas, riscaram do mapa esses países e transferiram suas esperanças para os países do Terceiro Mundo. Retendo o esquema de Marx em seus aspectos mais mecânicos, pretenderam substituir o proletariado industrial pelos camponeses africanos ou vietnamitas, fazendo-os desempenhar o mesmo papel. Hoje, alguns desses "intelectuais" — nesse movimento pendular de sim a não com que disfarçam a ausência de reflexão — cospem no Terceiro Mundo com base em razões tão estúpidas quanto as que o fizeram adorá-lo. Antes, diziam que a democracia, a liberdade, etc. eram mistificações ocidentais e burguesas, das quais os chineses não tinham necessidade; hoje, insinuam que aqueles bárbaros ainda não estão maduros para desfrutar de bens tão preciosos. Bastou, porém, uma pequena brecha na armadilha totalitária, há alguns meses, em Pequim, para vermos — oh milagre — que, apesar de Peyrefitte, Sollers e Kristeva, os chineses não são assim tão diferentes de nós nesse particular, e que, uma vez que tenham a oportunidade de fazê-lo, também eles reivindicam direitos democráticos.

E.T.: *Parece que os intelectuais romperam com o engajamento e voltam-se mais para a ética. Como você vê a possibilidade de que eles cheguem a estabelecer uma conexão entre si mesmos e o movimento da sociedade?*

C.C.: O "voltar-se para a ética" é, na hipótese mais caridosa, uma "falsa conclusão" extraída da experiência do totalitarismo, e hoje funciona como uma mistificação. O que mostra — o que mostrava, já há muito tempo — a experiência dos países do Terceiro Mundo? Que as revoltas populares — as quais, nesses países, provocam ou acompanham o desmoronamento das sociedades tradicionais — sempre foram até agora canalizadas e recuperadas por uma burocracia (o mais das vezes de tipo "marxista-leninista", se bem que agora seja possível supor que também surjam burocracias monoteístas) que delas se aproveita para alçar-se ao poder e instalar um regime totalitário. Ora, isto introduz o problema *político* do totalitarismo — tal como esse problema se apresentou na Europa, segundo outras linhas de evolução. É bastante evidente que, em face desse problema, todas as concepções por nós herdadas, tanto o marxismo como o liberalismo, se acham em estado de total falência, no Terceiro Mundo como aqui. É este o problema que devemos enfrentar, quer no plano teórico como no prático. O "voltar-se para a ética" constitui, por este mesmo prisma, uma fuga e sinal de desprezo pela própria ética. Pois não há ética que se confine à vida do indivíduo. A partir do momento em que a questão social e política se apresenta, a ética passa a interligar-se com a política. O "devo fazer isto" não se refere nem poderia se referir apenas à minha existência individual, mas à minha existência enquanto indivíduo participante de uma sociedade na qual não há acomodamento histórico, mas está explicitamente colocado o problema de sua organização, de sua instituição. Esse problema se apresenta tanto nos países "democráticos" como nos totalitários. É a própria experiência do totalitarismo, e o fato de que ele continua a ser possível, que mostra a urgência do problema político enquanto problema da instituição do conjunto da sociedade. Sem dúvida, pretender dissolver esse problema em atitudes supostamente "éticas" equivale a uma mistificação.

Agora, ao refletirmos sobre o papel e a função dos intelectuais na sociedade contemporânea, temos de estabelecer certas distinções, e evitar as simplificações e superficialidades que começam a se propagar. Tende-se, atualmente, a fazer dos intelectuais uma "classe" à parte, supondo-se até mesmo que eles estejam a caminho de alçar-se ao poder. Retoma-se outra vez o mesmo desgastado esquema marxista, remendando-o com a introdução dos "intelectuais" na posição de "classe ascendente". O que é uma variante da "tecnocracia" ou da "tecnoestrutura", e tão banal quanto estas. Nos dois casos, efetivamente, elimina-se a especificidade daquele que é o fato moderno *par excellence* quanto a esse aspecto: a emergência e o predomínio do *Aparelho burocrático*, que faz da "tecnicidade" ou da "teoria" um véu para seu poder, embora nada tenha a ver com uma ou outra.

Pode-se ver isso claramente nos países ocidentais: não são os técnicos que dirigem a Casa Branca, ou o Eliseu, ou as grandes firmas capitalistas, ou os Estados. Se eles alcançam posições de poder, não é devido à sua competência enquanto técnicos mas sim às suas capacidades de maquinação e intriga (Giscard não vale nada como "economista" mas, quando se trata de golpes "políticos" rasteiros, é mais que astucioso).

E o mesmo pode ser visto em todos os partidos e países de orientação "marxista" ou "marxista-leninista". A questão das relações entre a "teoria" e o movimento efetivo da classe operária constitui uma das farsas burlescas da história e mostra quão ridículo é substituir a análise social e histórica pela simples pesquisa da filiação das idéias. É bem conhecida a concepção de Kautski-Lenin, segundo a qual são os intelectuais pequeno-burgueses que introduzem o socialismo, a partir de fora, na classe operária. Tal teoria já foi corretamente criticada por muitos, eu entre eles. É preciso notar, porém, que ela é paradoxalmente ao mesmo tempo verdadeira e falsa. Falsa porque tudo o que já houve de socialismo foi produzido pelo proletariado e não por uma "teoria" qualquer, e também porque, se as concepções socialistas tivessem que ser "introduzidas a partir de fora" no proletariado, elas não teriam, *justamente por isso mesmo*, nada mais a ver com o socialismo. Mas ela também é "verdadeira", se entendermos por "socialismo" o marxismo, já que, no caso deste, realmente foi preciso inoculá-lo, introduzi-lo de fora, impô-lo, enfim, quase à força ao proletariado. Ora — outro entrecho da farsa —, em nome dessa concepção, os partidos marxistas sempre pretenderam ser *os* partidos da classe operária e representá-la "essencial" ou "exclusivamente", *mas* enquanto detentores de uma teoria que, enquanto teoria, somente pode ser dominada por intelectuais. Só isto já seria cômico o bastante, mas o melhor é que, nesses partidos, não são de fato nem os operários *nem os intelectuais* enquanto tais que têm detido ou detêm o controle, mas um novo gênero de homem, o *apparatchik* político, que nunca foi um intelectual, mas um semi-analfabeto — como Thorez na França, ou Zachariadis na Grécia. Na III Internacional havia talvez um único intelectual que ainda pode ser lido hoje em dia: Lukács, que nela não era nada. Stalin, que escreveu coisas pueris e ilegíveis, era tudo. Aí temos as relações *eletivas* entre a teoria e a prática, através das múltiplas inversões que sofrem na *camera obscura* da história.

Na sociedade contemporânea, onde a "produção" e a utilização do "saber" assumiram uma importância efetiva enorme, ocorre uma proliferação de "intelectuais"; mas, enquanto partícipes dessa produção e utilização, esses intelectuais têm apenas uma especificidade muito restrita; em sua grande maioria, eles se integram nas estruturas de trabalho e de remuneração existentes, o mais das vezes nas estruturas burocrático-hierárquicas. E, por isso mesmo, eles deixam de ter, seja de fato ou de direito, uma posição, uma função, uma vocação específica. Não é porque alguém é especialista em informática, ou em um certo ramo da biologia, da topologia algébrica ou da história dos incas, que ele terá, necessariamente, alguma coisa de especial a dizer sobre a sociedade.

A confusão ocorre porque existe uma outra categoria de pessoas, numericamente muito restrita, que tratam, ainda que a partir de uma especialização, das "idéias gerais" e, com base nisso, reivindicam ou podem reivindicar uma outra função — uma função "universal". Esta é uma tradição tenaz, ao menos no continente europeu. Ela começa, evidentemente, já na Antigüidade, quando o filósofo deixa de ser filósofo-cidadão (Sócrates) e, "retirando-se" de sua sociedade, passa a falar *sobre* ela (Platão). Sabe-se como essa tradição foi retomada no Ocidente, e o apogeu que alcançou durante o Século das Luzes (mas também depois, com Marx). Na França, ela tornou-se uma espécie de pecadilho nacional, chegando a ter formas ridículas: qualquer candidato à docência em filosofia parte para a vida com a idéia de que carrega, em sua pasta escolar, o bastão de Voltaire ou de Rousseau. Os últimos 35 anos têm-nos fornecido uma lista mais do que hilariante de tais exemplos.

Isto posto, é evidente que o problema da sociedade e da história — e da política — não pode ser repartido entre uma série de especialistas e, portanto, que alguns, a partir ou não de uma especialização, devem tomá-lo como objeto de sua preocupação e de seu trabalho. Ao falarmos destes, devemos compreender a relação estranha, ambígua, contraditória que eles mantêm com a realidade social e histórica, a qual constitui, de resto, seu objeto privilegiado. O que caracteriza essa relação é, evidentemente, a distância que os separa do movimento efetivo da sociedade. Essa distância os capacita a não se enredarem nas coisas, a tentarem deslindar as grandes linhas, as tendências. Mas, ao mesmo tempo, ela os torna mais ou menos alheios ao que efetivamente se passa. E, até agora, nessa relação ambígua, contraditória, entre dois termos antinômicos, um deles tem sido sobrecarregado, em decorrência de todo o legado teoricista inaugurado por Platão, que se transmitiu através dos séculos e do qual o próprio Marx é herdeiro, apesar de algumas tentativas feitas para desvencilhar-se dele. O intelectual que se ocupa das idéias gerais é levado, em função de toda a sua tradição e todo o seu aprendizado, a privilegiar sua própria elaboração teórica. Ele julga que pode encontrar a verdade sobre a sociedade e sobre a história na Razão, ou na teoria — não no movimento efetivo da própria história e na atividade viva dos seres humanos. Assim, ele começa por ocultar o movimento histórico enquanto criação. Ele pode, por isso, chegar a ser extremamente perigoso para si mesmo e para os outros. Mas não creio que a condição de intelectual envolva um impasse absoluto. Pois também o intelectual pode *participar* desse movimento, com a condição de que compreenda o que isso significa: não significa nem inscrever-se em um partido para seguir-lhe docilmente as ordens, nem simplesmente assinar petições. Mas, sim, *agir* enquanto *cidadão*.

E.T.: *Você declarou a* Esprit, *em fevereiro de 1977, que não pode existir um saber rigoroso acerca da sociedadei*[2]. *Assistimos, desde então, a uma hecatombe dos saberes globalizantes (o marxismo, a psicanálise, a filosofia do desejo), o que vem confirmar sua afirmação. Permanece, entretanto, a questão de pensar o presente, um presente que está urdido por crises. Seria possível pensar essas crises de maneira não globalizante, mas mesmo assim satisfatória? Ou devemos aceitar um pensamento em crise? Mas, nesse caso, como pensar?*

C.C.: Vamos evitar os mal-entendidos. Que não haja saber rigoroso sobre a sociedade não quer dizer que não haja *nenhum saber* sobre a sociedade, que se possa falar qualquer coisa, que tudo dê na mesma. Existe uma série de saberes parciais e "inexatos" (no sentido em que isso se opõe a "exatos") que estão, não obstante, longe de serem desprezíveis quanto à contribuição que podem fornecer à nossa tentativa de elucidar o mundo social-histórico.

---

2. Discussão com Olivier Mongin, Paul Thibaud e Pierre Rosanvallon, realizada em julho de 1976, publicada em *Esprit* (fev. 1977) e agora incluída em *Le Contenu de socialisme, op. cit.*, tradução brasileira sob o título *Socialismo ou barbárie: o conteúdo do socialismo, op. cit.*, p. 227-56: "A exigência revolucionária". (*N. do E.*)

Há um outro ponto que se arrisca a ser mal compreendido: você utiliza o termo "globalizante" com uma conotação evidentemente crítica ou pejorativa. Estamos de acordo em condenar a idéia de um saber globalizante, no sentido de um saber total ou absoluto; isto posto, quando *pensamos* a sociedade (não falo mais de saber, mas de pensar), esse movimento de pensamento visa, ainda assim, o todo da sociedade.

A situação não é diferente na filosofia. Um pensamento filosófico é um pensamento que necessariamente visa o todo de seu objeto. Renunciar à ilusão do "sistema" não significa renunciar a pensar o ser, ou o conhecimento, por exemplo. Ora, neste caso, a idéia de uma "divisão de trabalho" é manifestamente absurda. Seria possível conceber filósofos decidindo: você vai pensar este aspecto do ser e eu vou pensar este outro? Ou um psicanalista dizendo a um paciente: você vai falar-me de seus problemas relativos à analidade — quanto à oralidade, vou encaminhá-lo a meu colega X? O mesmo vale para a sociedade e a história: uma totalidade efetiva já está presente, por si mesma, e é ela que é visada. A questão primordial do pensamento sobre o social — como já formulei em *A instituição imaginária da sociedade* — é: o que é que mantém unida uma sociedade, o que faz com que haja *uma* sociedade, e não espalhamento ou dispersão? Mesmo quando há espalhamento ou dispersão, trata-se, ainda assim, de um espalhamento, uma dispersão *sociais,* algo distinto do que ocorre com as moléculas de um gás contido num recipiente que acabamos de perfurar.

Visar o conjunto é indispensável quando se pensa a sociedade; é isto o que *constitui* esse pensamento. E o mesmo vale quando pensamos a sociedade segundo uma perspectiva política e não de um ponto de vista teórico. O problema político é o da instituição global da sociedade. Ao nos situarmos nesse nível, e não no das eleições européias, por exemplo, somos obrigados a considerar as questões da instituição, da sociedade instituinte e da sociedade instituída, da relação entre ambos, da concretização de tudo isso na fase presente. Temos de ultrapassar a oposição entre a ilusão de um saber global sobre a sociedade e a ilusão de que poderíamos nos contentar com uma série de disciplinas especializadas e fragmentárias. O que deve ser destruído é o próprio terreno sobre o qual se ergue essa oposição.

Pensamento sobre a crise, ou pensamento em crise: devemos, com efeito, pensar a crise da sociedade e, já que nosso pensamento não é exterior a essa sociedade, estando enraizado — quando tem algum valor — nesse mundo social-histórico, este pensamento, é claro, não pode deixar de estar também em crise. Compete a nós *fazer* dele alguma coisa.

E.T.: *E a sociedade francesa? É ela o que mais nos preocupa. Segundo o que você diz, existe um projeto revolucionário que já conta dois séculos de existência; e há homologia de significações entre todas as revoltas ligadas a esse projeto. Onde estão as revoltas de hoje, na sociedade francesa? Fala-se muito, quanto a isso, na luta das mulheres, nos imigrantes, na experimentação social, nas lutas antinucleares. Mas estes pontos de tensão, essas áreas de enfrentamento não corresponderiam, antes, a deficiências do sistema social, susceptíveis de regulação e mesmo de eliminação num prazo determinado?*

C.C.: Vou começar por uma observação mais geral. A principal lição que podemos tirar da experiência do último século, do destino do marxismo, da evolução do movimento operário — que, aliás, não é de modo algum original — é que a história é o domínio do risco e da tragédia. As pessoas têm a ilusão de que podem escapar desse domínio, e exprimem-na pela seguinte exigência: exiba-me um sistema institucional que se possa *garantir* que não se desencaminhará; mostre-me que uma revolução não irá jamais se degenerar, ou que um certo movimento nunca será absorvido pelo regime existente. Formular essa exigência, entretanto, é permanecer na mais completa mistificação. É acreditar que poderia haver disposições, no papel, capazes — independentemente da atividade efetiva dos homens e mulheres na sociedade — de assegurar um futuro pacífico, ou a liberdade e a justiça. O mesmo ocorre quando se busca — esta é a ilusão marxiana — na história um fator que seria *positivo e apenas positivo;* isto é, na dialética marxiana, *negativo e apenas negativo,* portanto jamais recuperável, jamais positivizável pelo sistema instituído. Esta posição, atribuída por Marx ao proletariado, ainda domina, e muito, o espírito das pessoas, seja positivamente (como quando certas feministas parecem dizer que há, no movimento das mulheres, uma radicalidade inatacável e incorruptível), seja negativamente, ao se dizer: para darmos crédito a tal movimento, será preciso que nos mostrem que ele é, por natureza, irrecuperável pelo sistema.

É claro que não existem movimentos com tais características. Mas ainda há muito mais a ser dito. Qualquer movimento parcial não apenas pode ser recuperado pelo sistema como ainda contribui, de algum modo, durante todo o tempo em que o sistema não é abolido, para que este sistema continue em funcionamento. Já mostrei isso há muito tempo, tomando o exemplo das lutas operárias[3]. O capitalismo, a contragosto, conseguiu funcionar *graças* às lutas operárias, e não *apesar* delas. Mas não podemos nos limitar a esta constatação; sem essas lutas não viveríamos na sociedade em que vivemos, mas numa sociedade fundada sobre o trabalho de escravos industriais. E essas lutas trouxeram o questionamento de significações imaginárias centrais do capitalismo: propriedade, hierarquia, etc.

Podemos dizer o mesmo do movimento das mulheres, do movimento dos jovens e, apesar de sua extrema confusão, do movimento ecológico. Eles põem em questão significações imaginárias centrais da sociedade instituída e, ao mesmo tempo, *criam* algo. O movimento das mulheres tende a destruir a idéia de uma relação hierárquica entre os sexos; ele exprime a luta de indivíduos de sexo feminino pela sua autonomia; dado que as relações entre os sexos são nucleares em qualquer sociedade, ele afeta toda a vida social, e suas repercussões são incalculáveis. O mesmo vale para a mudança nas relações entre gerações. E, ao mesmo tempo, mulheres e jovens (bem como, do mesmo modo, homens e pais) são *obrigados* a continuar vivendo, portanto, a viver *de modo diferente,* a fazer, a buscar, a criar alguma coisa. É verdade que o que fazem necessariamente continua integrado no sistema, durante todo o tempo em que este existir: isto é uma tautologia. (A indústria farmacêutica lucra com os anticoncepcionais; e daí?) Mas, ao mesmo tempo, o sistema é abalado em seus pontos de sustentação fundamentais: nas formas concretas da dominação, e na própria *idéia* de dominação.

---

3. Cf. "Sobre o conteúdo do socialismo, III" (1958), "Proletariado e organização, 1" (1958), "A questão da história do movimento operário" (1973), incluídos agora em *A experiência do movimento operário, op. cit.*; e "Le mouvement révolutionnaire sous le capitalisme moderne", incluído em *Capitalisme moderne et Révolution,* vol. II, *op. cit.*

Volto, agora, ao primeiro item da sua questão: poderiam esses movimentos ser unificados? Em nível abstrato, é evidente que eles devem sê-lo. Mas o fato, extremamente importante, é que eles não se unem. E isso não ocorre por acaso: se o movimento das mulheres ou o movimento ecológico se rebelam de tal forma perante o que provavelmente chamariam sua politização, é porque há, na sociedade contemporânea, uma longa experiência da degenerescência de organizações políticas. Não se trata apenas de sua degenerescência organizacional, de sua burocratização; mas também de sua prática, do fato de que as organizações "políticas" não têm mais nada a ver com a genuína política, que sua única preocupação é adentrar o aparelho de Estado, ou conquistá-lo. A presente impossibilidade de unificar esses diversos movimentos traduz um problema infinitamente mais amplo e mais grave: o da atividade política na sociedade contemporânea, e de sua organização.

GUILLAUME MALAURIE: *Isso é visível quando se observa o que acontece com a extrema esquerda francesa, ou a hesitação dos ecologistas em constituir-se num partido...*

C.C.: Não se pede aos ecologistas que se constituam em um partido; pede-se apenas que vejam claramente que suas posições põem em questão, com razão, todo o conjunto da civilização contemporânea, e que o desejo que acalentam só é realizável ao custo de uma transformação radical da sociedade. Sabem eles disso, ou não? Se sabem, e se dizem: "no momento, tudo o que se pode fazer é lutar contra a construção de tal ou qual usina nuclear", então o caso é diferente. Mas, muitas vezes, temos a impressão de que eles não o sabem. Aliás, mesmo em se tratando de uma central nuclear, o problema geral surge imediatamente. Pois ou será preciso o ecologista dizer que também é contra a eletricidade, ou então deverá propor uma política energética diferente, o que é pôr em questão toda a economia e toda a cultura. O esbanjamento cada vez maior de energia está, de resto, *organicamente incorporado* no capitalismo contemporâneo, começando por sua economia e incluindo até o psiquismo dos indivíduos. Conheço ecologistas que não apagam a luz ao sair de um cômodo...

E.T.: *Você escreveu que a sociedade moderna é a sociedade da privatização crescente dos indivíduos, não mais solidários, mas atomizados. Essa privatização, e a passagem de um social fecundo, vivo, para um social inerte não estariam associadas?*

G.M.: *Seria ainda possível uma reviravolta global numa sociedade tão profundamente modificada como a sociedade francesa?*

C.C.: Dizer que um social inerte tomou o lugar de um social fecundo, que toda mudança radical se tornou agora inconcebível, equivaleria a dizer que toda uma fase da história, iniciada, talvez, no século XII, está em via de se encerrar, e que estamos ingressando em não se sabe qual nova Idade Média, caracterizada seja pelo acomodamento histórico (idéia que, à vista dos fatos, parece cômica), seja por violentos conflitos e desintegrações, mas que não apresenta mais nenhuma produtividade histórica: em suma, uma sociedade fechada que se imobiliza, ou que consegue apenas se dilacerar, sem criar nada. (Diga-se, entre parênteses, que esse é o sentido que sempre dei ao termo "barbárie", na expressão: socialismo ou barbárie.)

Não se trata de fazer profecias. Mas não penso, de modo algum, que vivemos em uma sociedade onde nada mais acontece. É preciso notar, em primeiro lugar, o caráter profundamente antinômico do processo. O regime impele os indivíduos à privatização, ele a favorece, subvenciona e assegura. Os próprios indivíduos, à medida que não vislumbram nenhuma atividade coletiva que lhes ofereça uma saída ou que simplesmente *encerre um sentido*, retiram-se para uma esfera "privada". Em contrapartida, o próprio sistema, passado um certo limite, não pode mais tolerar essa privatização, já que a molecularização completa da sociedade levaria ao seu desmoronamento; é por isso que ele realiza, periodicamente, tentativas de atrair novamente as pessoas para as atividades coletivas e sociais. E os indivíduos, por sua vez, sempre que querem lutar, se "coletivizam" de novo.

Em segundo lugar, é preciso reconhecer que questões deste tipo não podem ser julgadas segundo uma perspectiva de curto alcance. A análise aqui apresentada, sobre a privatização e a antinomia de que acabamos de falar, foi por mim formulada pela primeira vez em 1959[4].

---

4. Cf. "Le mouvement révolutionnaire sous le capitalisme moderne", *op. cit.*

Muitos "marxistas", na época e desde então, enxergaram nela apenas a idéia de privatização e apressaram-se a declarar que eu estava liquidando as posições revolucionárias e, posteriormente, que minha análise tinha sido refutada pelos acontecimentos dos anos 60. Mas é óbvio que tais acontecimentos *confirmavam* essas análises, tanto pelo seu conteúdo (e seus portadores) "não clássico" como pelo fato de que eles tropeçaram precisamente no *problema político global*. E os anos 70 —apesar dos grandes choques sofridos pelo regime— foram, mais uma vez, anos de retração das pessoas para a esfera "privada".

G.M.: *Você caracteriza a auto-instituição que está para ser feita como dessacralizada. Trata-se de um* corpus *provisório que a sociedade pode sempre redefinir e transformar como bem quiser.*

*Na verdade, porém, a maioria das grandes civilizações, assim como das grandes revoltas, violenta a história a partir de um mito reconciliador de contradições. Os povos parecem tornar-se forças reais e eficazes quando uma perspectiva escatológica se esboça, e isso, à primeira vista, parece tornar particularmente infundado o recurso à energia crítica. Seria possível mobilizar as pessoas através de um imaginário instituído frágil e provisório? Seria possível estabelecer algum vínculo com a instituição unicamente com base na razão?*

C.C.: A dessacralização da instituição já foi consumada pelo capitalismo desde o século XIX. O capitalismo é um regime que corta, virtualmente, toda relação entre a instituição e uma instância extra-social. A única instância que ele invoca é a Razão, à qual dá um conteúdo bastante particular. Há, deste ponto de vista, uma ambigüidade considerável nas revoluções dos séculos XVIII e XIX: a lei social é apresentada como obra da sociedade e, simultaneamente, supõe-se que ela está fundada sobre uma "natureza" racional, ou uma "razão" natural ou trans-histórica. E, por fim, esta continua sendo *também* a ilusão de Marx. Ilusão que é, ainda, um dos disfarces e das formas da heteronomia: quer ela nos seja ditada por Deus, pela natureza ou pelas "leis da história", a lei nos é sempre *ditada*.

A idéia de que exista uma origem e um fundamento extra-social da lei é uma ilusão. A lei, a instituição, é criação da sociedade; todas as sociedades são auto-instituídas, embora até aqui elas tenham assegurado sua instituição *instituindo* uma origem extra-social para si mesmas e para sua instituição. Aquilo que eu chamo auto-instituição explícita — o reconhecimento, pela sociedade, de que a instituição é obra sua — não implica absolutamente um caráter "frágil" da instituição ou das significações que esta encarna. O fato de que eu reconheça na *Arte da fuga* ou nas *Elegias de Duma*, obras humanas, criações sociais-históricas, não me obriga a considerá-las como "frágeis". Obras humanas; humanas simplesmente? Tudo depende de saber o que se entende por isso. Será que o homem é "simplesmente humano"? Se o fosse, ele não seria homem, não seria nada. Cada um de nós é um poço *sem fundo*, e esse *sem fundo* está, tudo leva a crer, aberto sobre o *sem fundo* do mundo. Nos períodos normais, nós nos agarramos à beira do poço, na qual passamos a maior parte de nossa vida. Mas o *Banquete*, o *Requiem*, o *Castelo* vêm desse *sem fundo* e nos fazem vê-lo. Não preciso de um mito particular para reconhecer esse fato; os próprios mitos, como as religiões, tratam desse *sem fundo*, ao mesmo tempo que procuram mascará-lo: dão-lhe uma *figura* determinada e precisa, que reconhece o *sem fundo* e, ao mesmo tempo, tende efetivamente a ocultá-lo *fixando-o*. O sagrado é o simulacro instituído do *sem fundo*. Não tenho necessidade de simulacros e minha modéstia faz-me pensar que, a esse respeito, aquilo que é possível para mim é possível também para todos os outros. Ora, sua questão tem como pano de fundo a idéia de que apenas um mito poderia fundamentar a adesão da sociedade e suas instituições. Você sabe que essa era já a idéia de Platão: a "divina mentira". Mas a coisa é bastante simples: desde que falemos em "divina mentira", a mentira surge como mentira e o qualificativo de "divina" não a altera em nada.

Isso se torna visível, hoje, nas gesticulações grotescas dos que querem fabricar, sob encomenda, um renascimento da religiosidade, com base em pretensas razões "políticas". Suponho que essas tentativas interesseiras devem provocar a náusea dos que têm uma verdadeira fé religiosa. Camelôs querendo vender-nos esta profunda filosofia de chefe de polícia libertino: de minha parte, sei que o Céu está vazio, mas as pessoas precisam acreditar que ele está cheio, pois, de outro modo, não obedecerão à lei. Quanta baboseira! Enquanto ela existia, enquanto podia existir, a religião era uma outra coisa. Nunca fui religioso; contudo, mesmo hoje, não posso ouvir a *Paixão segundo São Mateus* e permanecer em meu estado normal. Fazer renascer aquilo em virtude de que a

*Paixão segundo São Mateus* veio ao mundo ultrapassa os poderes da Casa Grasset e do truste Hachette. Imagino que crentes e descrentes unirão suas vozes para acrescentar: felizmente.

G.M.: *No entanto, excetuando-se o caso grego, que você freqüentemente toma como exemplo, o fato é que, na história, a adesão da sociedade a suas instituições muitas vezes fundamentou-se em mitos.*

C.C.: Isso é verdade; e não apenas muitas vezes, mas quase sempre. Se enfatizo o caso grego, é porque, tanto quanto sei, é lá que se rompe pela primeira vez esse estado de coisas. Ruptura que permanece exemplar e que só foi retomada no Ocidente no século XVIII, com as Luzes e a Revolução.

O que há de importante na Grécia antiga é o movimento efetivo de instauração da democracia, que é ao mesmo tempo uma filosofia em ato e que acompanha o nascimento da filosofia em sentido estrito. Ao instaurar a democracia, o *dèmos faz* filosofia: ele inaugura a questão da origem e do fundamento da lei, e abre um espaço público (social e histórico) de pensamento, no qual se situam filósofos que, durante muito tempo (até Sócrates, inclusive), continuaram a ser *cidadãos*. E é a partir do *fracasso* da democracia, da democracia ateniense, que Platão elabora uma "filosofia política" — sendo o primeiro a fazê-lo — totalmente fundada no desconhecimento e na ocultação da criatividade histórica da coletividade (que a *Oração fúnebre* de Péricles, em Tucídides, expressa com insuperável profundidade), e que — como *todas* as "filosofias políticas" que vieram a seguir — já não é mais que uma filosofia *sobre* a política, e *exterior* à política, à atividade instituinte da coletividade.

No século XVIII ocorre, é verdade, o movimento da coletividade que veio a assumir proporções fantásticas com a Revolução Francesa. E há o renascimento de uma filosofia política, que é ambígua: de um lado, como se sabe, ela é profundamente *crítica* e liberadora. Mas ao mesmo tempo ela permanece, no seu todo, sob a influência de uma metafísica racionalista, no que concerne tanto a suas teses sobre *o que é* quanto ao fundamento da norma do que *deve ser*. Ela postula, geralmente, um "indivíduo substancial", com determinações rigidamente fixadas a partir de quem ela pretende derivar o social; e ela invoca uma razão, a Razão (pouco importa se ela lhe dá, às vezes, o nome de natureza ou Deus), como fundamento último, e extra-social, da lei social.

A continuidade do movimento radicalmente crítico, democrático, revolucionário, primeiro nas Revoluções do século XVIII e nas Luzes e, a seguir, no movimento operário socialista, apresenta, relativamente à Grécia dos séculos V e VI, consideráveis "prós" e "contras". Os "prós" são evidentes: a contestação, pelo movimento operário, do imaginário social instituído vai muito mais longe, questiona as condições instituídas *efetivas* da existência social — economia, trabalho, etc. — e se universaliza ao visar, de direito, todas as sociedades e todos os povos. Mas não podemos negligenciar os "contras": as ocasiões em que o movimento consegue desprender-se totalmente da esfera de influência da sociedade instituída são raras e, o que é mais importante, o movimento, enquanto movimento organizado, cai, a partir de um certo momento, sob o domínio exclusivo e preponderante, ainda que indireto, do marxismo. Ora, o marxismo, em suas camadas mais profundas, limita-se a retomar e a levar ao extremo as significações imaginárias sociais instituídas *pelo capitalismo:* o caráter centralizado da produção e da economia, a tosca religião do "progresso", a aspiração social à expansão ilimitada do domínio "racional". Estas significações e os correspondentes modelos de organização são reintroduzidos no movimento operário através do marxismo. E, por trás disso tudo, continua presente a mesma ilusão especulativa-teoricista: toda essa análise, toda essa perspectiva apela a "leis da história", a leis que a teoria pretende ter descoberto de uma vez para sempre.

Mas é tempo de falar também "positivamente". A continuação dos movimentos emancipatórios que conhecemos — operários, mulheres, jovens, minorias de todo tipo — subjaz ao projeto de instauração de uma sociedade autônoma: autogerida, auto-organizada, autogovernada, auto-instituída. Assim, aquilo que eu exprimo no plano da instituição e do modo de se instituir, posso também exprimir em relação às significações imaginárias sociais que essa instituição materializará: autonomia social e individual; isto é, liberdade, igualdade, justiça. Será possível chamar tais idéias de *"mitos"*? Não. Elas não são *formas* ou *figuras* determinadas e determináveis de uma vez por todas; elas não fecham o espaço da interrogação, ao contrário, abrem-no. Elas não visam a tampar o poço do qual falei há pouco, conservando, no máximo, uma estreita chaminé; ao contrário, elas lembram insistentemente à sociedade o *sem fundo* interminável em que seu fundo consiste. Consideremos, por exemplo, a idéia de justiça. Não há nem jamais haverá uma sociedade que seja definitivamente justa. Uma sociedade justa é aquela onde a questão efetiva da justiça efetiva sempre está efetivamente aberta. Não há nem jamais haverá uma "lei" que decida em definitivo a questão da justiça, e que seja eternamente justa. Pode ocorrer que uma sociedade se *aliene* de sua lei, uma vez que esta seja promulgada; e pode existir uma sociedade que, reconhecendo o hiato constantemente recriado entre suas "leis" e a exigência de justiça, e sabendo que não pode viver sem leis, saiba também que as leis são de sua própria lavra e que sempre estará em seu poder corrigi-las. O mesmo pode ser dito da exigência de igualdade (que *é estritamente equivalente* à exigência de liberdade, uma vez universalizada). No momento em que eu abandono o domínio puramente "jurídico" e que me interesso pela igualdade *efetiva*, pela liberdade *efetiva*, sou obrigado a constatar que elas dependem da instituição da sociedade *como um todo*. Como pode alguém ser *livre* se existir *desigualdade* de participação *eletiva* no *poder*? E, uma vez isso reconhecido, como deixar de lado todas as dimensões da instituição da sociedade onde se enraízam e se produzem as diferenças quanto ao *poder*? É por essa razão que, diga-se entre parênteses, a "luta pelos direitos do homem", por importante que seja, não apenas *não é* uma política, mas arrisca-se, se ficarmos apenas nisso, a tornar-se um trabalho de Sísifo, um tonel das Danaides, um tecido de Penélope[5].

Liberdade, igualdade, justiça não são mitos, e tampouco são "idéias kantianas", estrelas polares que guiam nossa trajetória, sem que, por princípio, delas possamos nos aproximar. Elas *podem* se realizar efetivamente na história; e *foram realizadas*. Entre o cidadão ateniense e o súdito de uma monarquia asiática existe uma diferença radical e real. Quem diz que elas nunca foram "integralmente" realizadas, nem poderiam sê-lo, mostra uma total incompreensão da maneira pela qual a questão se apresenta, e isso porque permanece prisioneiro da filosofia e da ontologia herdada, isto é, do platonismo (nunca houve outra, na ver-

---

5. Resumo aqui e no que se segue idéias que exponho em uma obra sobre a política, em fase de redação. O leitor interessado encontrará mais indicações sobre o assunto na nova "Introdução" de *Le contenu du socialisme*. "Socialismo e sociedade autônoma", em *Socialismo ou barbárie: o conteúdo do socialismo, op. cit.*, p. 11-34. (*N. do E.*)

dade). Existe, em algum caso, a "verdade integral"? Não. Mas deveríamos ser levados por isso a dizer que não há jamais verdade *eletiva* na história, ou que está abolida a distinção entre o verdadeiro e o falso? Será que a miséria da democracia ocidental elimina a diferença entre a condição efetiva de um cidadão francês, inglês, americano — e a condição efetiva de um servo sob os czares, de um alemão sob Hitler, de um russo ou um chinês sob o totalitarismo comunista?

Por que liberdade, igualdade e justiça não são idéias kantianas e, assim, por princípio, irrealizáveis? Quando se compreende o que está em jogo, do ponto de vista filosófico, a resposta torna-se evidente e imediata: tais idéias não podem estar "fora" da história ou ser-lhe "exteriores" — *porque são criações sociais-históricas*. Paralelo ilustrativo: o *Cravo bem temperado* não é uma aproximação fenomenal e imperfeita de uma "idéia da música". Ele é música, tão música quanto é possível algo ser. E a música é uma criação social-histórica. Trata-se de um paralelo aproximado, é certo: na obra-prima, a arte efetivamente realiza algo a que nada falta e que, num certo sentido, repousa em si próprio. O mesmo, porém, não vale para nossa existência, individual ou coletiva. Mas, quanto ao essencial, o paralelo é válido: a exigência de verdade, ou de justiça, é *nossa* criação; e o reconhecimento do hiato entre essa exigência e aquilo que somos *também* o é. Ora, não poderíamos ter qualquer *percepção* desse hiato — seríamos como os corais do oceano — se não fôssemos *também* capazes de responder efetivamente a essa exigência que fizemos surgir.

Tampouco se trata de "fundamentar" essas idéias "racionalmente — e isso mais ou menos pela mesma razão pela qual não se pode "fundamentar racionalmente" a idéia de verdade: ela já está pressuposta em qualquer tentativa de "fundamentá-la". E, o que é ainda mais importante, não apenas a *idéia* de verdade está pressuposta, mas também uma *atitude* com relação à verdade. Assim como não podemos jamais, em face de um sofista, um mentiroso ou um impostor, "forçá-lo a admitir" a verdade (pois a cada argumento ele responderá com dez novos sofismas, mentiras e impostoras), tampouco se poderia "demonstrar" a um nazista ou a um seguidor de Stalin a excelência da liberdade, da igualdade ou da justiça. A conexão entre os dois casos pode parecer tênue, mas é bastante sólida e completamente distinta do que supõe os kantiano-marxistas que atualmente voltam à cena. Não se pode "deduzir" o socialismo da exigência de verdade — ou da "condição de comunicação ideal" —, não apenas porque os que combatem a liberdade e a igualdade dedicam o mais solene desprezo pela verdade e pela "condição de comunicação ideal", mas também porque essas duas exigências, de um lado a exigência da verdade, da interrogação ilimitada, de outro, a exigência da liberdade e da igualdade, estão conjugadas; elas nascem — são *criadas* — juntas e, finalmente, não *têm sentido* a não ser juntas. Esse sentido só existe para nós, que nos situamos no desaguadouro da primeira criação dessa exigência e queremos transportá-la para um outro nível. Ele somente existe dentro de uma tradição que é a nossa — e que hoje se tornou mais ou menos universal —, a tradição que criou essas significações, essas matrizes de significação, no mesmo momento, aliás, em que criou as significações apostas. Aí reside todo o problema de nossa relação com a tradição — problema que, apesar das aparências, está hoje totalmente obscurecido. Essa relação precisa ser quase que integralmente recriada por nós: fazemos nossa escolha, é certo, dentro dessa tradição, mas isso não é tudo. Nós interrogamos a tradição, e nos deixamos interrogar por ela (o que não é, de modo algum, uma atitude passiva: deixar-se interrogar pela tradição e submeter-se a ela são duas coisas diametralmente opostas). Nós optamos pelo *dèmos* e contra os tiranos ou os *oligoi*, pelos operários reunidos em comissões de fábrica e contra o partido bolchevique, pelo povo chinês e contra a burocracia do PCC.

Você me pergunta, agora: será que essas significações e as instituições que as sustentam podem ser objeto de *investimento* por parte de homens e mulheres? Questão importante e profunda, que se associa a outra, que me foi proposta, em uma discussão análoga, por Paul Thibaud, dois anos atrás: uma sociedade ama suas instituições ou as detesta[6]? Em suma: será que os homens e as mulheres podem se *apaixonar* pelas idéias de liberdade, de igualdade, de justiça — de autonomia? Dir-se-ia que, hoje, estão bem longe disso. Mas é inegável, por outro lado, que tal paixão ocorreu freqüentes vezes na história, a ponto de levá-los a sacrificar a vida àquelas idéias. Desejo, no entanto, aproveitar a oportunidade desta nossa discussão para aprofundar um pouco o problema.

---

6. "L'exigence révolutionnaire", *Esprit*, fev. 1977.

Se a verdade, a liberdade, a igualdade e a justiça não pudessem ser objeto de "investimento", elas não teriam aparecido (ou não teriam sobrevivido através da história). Mas o fato é que elas sempre estiveram ligadas *também* a uma outra coisa: à idéia de uma "vida boa" (o *eu zein* de Aristóteles) que não se esgota nelas e através delas. Dizendo de outro modo: uma sociedade autônoma, uma sociedade que se auto-institui explicitamente, está bem; mas *para fazer o quê?* Para realizar a autonomia da sociedade e dos indivíduos, é claro, já que eu quero minha autonomia e não há vida autônoma a não ser em uma sociedade autônoma (esta é uma proposição fácil de se elucidar). Mas eu quero minha autonomia *tanto* por ela mesma *como* para fazer (e *fazer dela*) alguma coisa. Queremos uma sociedade autônoma porque queremos que haja indivíduos autônomos, e queremos ser indivíduos autônomos. Contudo, se nos detivermos nisso, correremos o risco de nos desviar rumo a um formalismo desta vez genuinamente kantiano: nem o indivíduo nem a sociedade podem viver cultivando simplesmente sua autonomia por si mesma. Em outras palavras, há a questão dos "valores materiais", dos "valores substantivos" de uma nova sociedade: vale dizer, de uma nova criação cultural. Não é a nós, evidentemente, que cabe resolver essa questão, mas algumas reflexões sobre ela não me parecem inúteis.

Uma sociedade tradicional heterônoma — a sociedade judaica, digamos, ou a sociedade cristã —, ao se instaurar como heterônoma, não visa a heteronomia como um *fim*. Sua heteronomia — que ela, é claro, não concebe como tal, ou pelo menos não concebe tal como nós a concebemos — existe para realizar outra coisa, ela aparece em seu imaginário apenas como um aspecto de seu "valor material" central (e de sua significação imaginária central), Deus. Ela é e quer ser escrava de Deus, e se concebe como existindo pela sua graça e para seu serviço, porque "valoriza" ilimitadamente esse ponto de projeção "externo" de si mesma que ela criou, como sendo a significação "Deus". Ou ainda: quando surge a democracia nas cidades gregas, as idéias de liberdade e igualdade são indissociáveis de um conjunto de "valores substantivos" que são o cidadão "belo e bom" (*kalos kagathos*), o renome (*kudos* e *kléos*) e, sobretudo, a *arétè* (virtude).

Mais próximos de nossa época, ao observarmos a longa emergência e ascensão da burguesia no Ocidente, constatamos que ela não instituiu apenas um novo regime econômico e político. Muito antes de alçar-se à posição dominante na sociedade, a burguesia já era portadora de uma imensa criação cultural. Destaquemos, de passagem, um dos pontos ante os quais Marx, da forma mais paradoxal, permanece cego: ele entoa hinos à burguesia porque ela desenvolve as forças produtivas, sem se deter sequer por um instante na consideração de que todo o mundo cultural onde ele vive, as idéias, os métodos de pensamento, os monumentos, os quadros, a música, os livros, tudo isso, com exceção de alguns autores gregos e latinos, é uma exclusiva criação da burguesia ocidental (e as poucas indicações fornecidas por ele fazem pensar que, na sua concepção, a "sociedade comunista" não passa de mera extensão e ampliação *desta mesma* cultura). A "burguesia" — esta sociedade decisivamente co-determinada pela emergência, atividade e expansão da burguesia desde o século XII — criou não só um "modo de produção", o capital, mas também a ciência moderna, o contraponto, a pintura em perspectiva, o romance, o teatro profano, etc. O Ancien Régime não estava prenhe apenas de um "novo modo de produção"; ele estava prenhe também, e mais que prenhe — a burguesia já o tinha dado à luz —, de um enorme universo cultural.

Quanto a este último aspecto, é forçoso admitir, segundo penso, que as coisas têm se passado de forma diversa, nestes últimos 150 anos. Nenhuma nova cultura e nenhuma cultura popular autêntica se opõem à cultura oficial — que parece tudo arrastar em sua decomposição. Há, de fato, algumas coisas acontecendo, mas elas são mínimas. Possibilidades imensas existem, mas muito poucas se atualizam. A "contracultura" não passa de uma palavra. A meu ver, a interrogação acerca dessas questões é tão crítica quanto a pergunta sobre a vontade e a capacidade dos seres humanos de instaurar uma sociedade autônoma. Num certo sentido, ela é, no fundo, a mesma interrogação[7].

Isto posto, parece-me que o que vem ocorrendo na sociedade contemporânea, tanto "positivamente" como "negativamente" — a busca de novas relações humanas, o choque contra o muro da finitude do "mundo disponível" —, vem apoiar o que sempre pensei acerca do "valor" e do desígnio central de uma nova sociedade. É preciso acabar com as

---

7. Cf. "Transformation sociale et création culturelle", em Le contenu du socialisme. Ver Socialismo ou barbárie: o conteúdo do socialismo, op. cit., p. 288-306.

"transformações do mundo" e com as obras exteriores, é preciso conceber como finalidade essencial nossa própria transformação. Podemos conceber uma sociedade que não se proponha como finalidade nem a construção de pirâmides, nem a adoração de Deus, nem o controle e a dominação da natureza, mas sim o próprio ser humano (no sentido, é claro, em que afirmei, mais acima, que o humano não seria humano se não fosse mais que humano).

G.M.: *Você poderia precisar melhor este ponto?*

C.C.: Estou convencido de que o ser humano tem um potencial imenso, que permaneceu até agora monstruosamente confinado. A fabricação social do indivíduo, em todas as sociedades conhecidas, consistiu até hoje em uma repressão extremamente mutiladora da imaginação radical da psique, por meio da imposição forçada e violenta de uma estrutura de "entendimento", ela própria espantosamente unilateral e enviesada. Mas que isso seja assim não se segue de nenhuma "necessidade intrínseca" distinta do ser-assim das instituições heterônomas da sociedade.

Em meu artigo "Marxismo e teoria revolucionária"[8] falei da autonomia, no sentido individual, como instauração de uma nova relação entre o consciente e o inconsciente, relação que não consiste na "dominação" do inconsciente pelo consciente. Lá eu retomava a máxima de Freud: "onde estava isto, eu devo surgir" [*où était ça, je dois devenir, wo Es war, soll Ich werden*], dizendo que era preciso completá-la com a máxima aposta e simétrica: "onde eu estou, isto deve emergir" [*où je suis, ça doit émerger, wo Ich bin, soll Es aultauchen*][9]. Isto nada tem a ver com as imposturas que têm feito sucesso desde então: as "filosofias do desejo", o reino da libido, etc. A socialização da psique — assim como sua simples sobrevivência — exige dela o reconhecimento e a aceitação

---

8. Publicado na revista *Socialisme ou Barbarie* em 1964-1965, agora incluído em *A instituição imaginária da sociedade, op. cit.*
9. Segui à letra a formulação que Castoriadis dá aqui a estas máximas, e que difere ligeiramente da que apareceu ao final do artigo "Psicanálise e sociedade II". Para maior clareza, acrescentei as versões em alemão dessas máximas, tal como Castoriadis as apresenta em *A instituição imaginária da sociedade, op. cit.* (*N. do T.*)

do fato de que o desejo no sentido autêntico, o desejo originário, é irrealizável. Isso é o que sempre foi feito, nas sociedades heterônomas, através do cerceamento coercitivo da representação e do bloqueio de seu fluxo representativo — a imaginação radical. A sociedade, em suma, vem aplicando ao revés o próprio esquema de funcionamento do inconsciente originário: à "onipotência do pensamento" (inconsciente), ela respondeu tentando reduzir esse pensamento — e, portanto, *o pensamento* — à *impotência*, como único meio de limitar os *atos*. Isto é algo que ultrapassa em muito o "super-eu severo e cruel" de Freud, e sempre foi conseguido através de uma *mutilação* da imaginação radical da psique. Estou seguro de que, deste ponto de vista, importantes modificações podem ser tentadas e realizadas. Temos, a nosso alcance, infinitamente mais espontaneidade e lucidez do que somos, no momento, capazes de atingir. E essas duas coisas não apenas não são incompatíveis — elas se requerem mutuamente.

G.M.: *Você fala enquanto psicanalista, ou a partir de considerações sociológicas e históricas?*

C.C.: As duas coisas. Elas são, aliás, indissociáveis. Mas o que vejo em minha experiência de analista impele-me cada vez mais nessa direção. Fico vivamente impressionado vendo como fazemos tão pouco com isto que somos; assim como observando, no decorrer de um processo analítico genuíno, o prisioneiro que vai afrouxando gradualmente os laços que o imobilizavam, até finalmente libertar-se deles.

# A *polis* grega e a criação da democracia[10]

Como é possível orientar-se na história e na política? Como julgar e escolher? Parto dessa questão política — e é com este espírito que me pergunto: a democracia grega antiga apresenta algum interesse político para nós?

É óbvio que a Grécia já é, num certo sentido, um pressuposto desta discussão. A interrogação arrazoada sobre o que é bom e o que é mau, sobre os próprios princípios em virtude dos quais podemos afirmar,

---

10. As principais idéias deste texto foram pela primeira vez apresentadas em uma conferência (29 de outubro de 1979) no seminário do Instituto Max Planck em Starnberg, dirigido por Jürgen Habermas, e do qual participaram, em particular, Johann Arnasson, Ernst Tugendhat e Albrecht Wellmer. Depois disso, elas estiveram no centro do trabalho realizado em meu seminário na École des Hautes Études, de 1980 em diante, e forneceram material, entre outros, para um curso em agosto de 1982 na Universidade de São Paulo, para um seminário em abril de 1985 na Universidade do Rio Grande do Sul (Porto Alegre), e para muitas outras exposições. O texto aqui publicado é o de uma conferência pronunciada em 15 de abril de 1982 em Nova York, por ocasião de um dos *Hannah Arendt Memorial Symposia in Political Philosophy,* organizados pela New School for Social Research, tendo como tema "A origem de nossas instituições". O original em inglês foi publicado no outono de 1983 pelo *Graduate Faculty Philosophy Journal* da New School (vol. IX, nº 2). A tradução francesa, revisada por mim, deve-se a Pierre-Emmanuel Dauzat, a quem devo agradecer pela excelência de seu trabalho. Um longo extrato dela foi publicado em *Te Débat* (nº 38, jan. 1986).

superando as trivialidades e preconceitos tradicionais, que uma coisa é boa ou má, nasceu na Grécia. Nosso questionamento político é, *ipso facto*, uma continuação da atitude grega, ainda que, em mais de um importante ponto de vista, nós certamente a tenhamos ultrapassado e ainda tentemos ultrapassá-la.

As modernas discussões acerca da Grécia têm sido contaminadas por dois preconceitos opostos e simétricos — e, por conseguinte, equivalentes, num certo sentido. O primeiro, que é o que se encontra com mais freqüência nos últimos quatro ou cinco séculos, consiste em apresentar a Grécia como um modelo, um protótipo ou um paradigma eternos[11]. (E um dos modismos atuais é a sua exata inversão: a Grécia seria o antimodelo, o modelo negativo.) O segundo preconceito, mais recente, se resume em uma "sociologização" ou uma "etnologização" completas do estudo da Grécia: as diferenças entre os gregos, os nhambiquaras e os bamilekes são tomadas como puramente descritivas. No plano formal, esta segunda atitude é, sem nenhuma dúvida, correta. Não apenas — é desnecessário dizê-lo — não há nem poderia haver a menor diferença de "valor humano", de "mérito" ou de "dignidade" entre diferentes povos e culturas, como tampouco se poderia fazer a menor objeção à aplicação, ao mundo grego, dos métodos — se os há — aplicados aos arunta ou aos babilônios.

Apesar disto, esta segunda abordagem deixa de lado uma consideração mínima mas ao mesmo tempo decisiva. A interrogação racional acerca das outras culturas, e a reflexão sobre elas, não começou com os arunta nem com os babilônios. E seria possível demonstrar, na verdade, que ela não poderia ter começado entre eles. Antes da Grécia, e fora da tradição greco-ocidental, as sociedades são instituídas segundo um princípio de completa clausura (*clôture*): nossa visão do mundo é a única que tem um sentido e é verdadeira — as "outras" são estranhas, inferiores, perversas, malignas, desleais, etc. Como observava Hannah Arendt, a imparcialidade veio ao mundo com Homero[12], e essa imparcialidade não é sim-

---

11. O próprio Marx escrevia, na *Introdução geral à crítica da economia política* (trad. francesa M. Rubel e L. Évrard, em Karl Marx, *Œuvres 1. Économie*, Paris, Gallimard, 1965, p. 266, Bibliothèque de La Plêiade"), que a arte grega representa um modelo *inacessível*: não insuperável ou intransponível, mas *inacessível*.

12. "Le concept d'histoire", em *La Crise de la culture*. trad. francesa P. Lévy, Paris, Gallimard, 1972, p. 70, Coleção "Idées". [*Entre o passado e o futuro*. Perspectiva, São Paulo, 1972, p. 81 (*N. do E.*)].

plesmente "afetiva" mas diz respeito ao conhecimento e à compreensão. O verdadeiro interesse pelos outros nasceu com os gregos, e não passa de um dos aspectos da atitude crítica e interrogadora que eles mantinham ante suas próprias instituições. Em outras palavras, ele se inscreve no movimento democrático e filosófico criado pelos gregos.

Foi apenas no quadro desta tradição histórica particular — a tradição greco-ocidental — que o etnólogo, o historiador ou o filósofo pôde ter condições de refletir sobre sociedades diferentes da sua, ou mesmo sobre sua própria sociedade. E, de duas uma: ou bem nenhuma dessas atividades tem qualquer privilégio particular perante tal ou qual outra — por exemplo, a advinhação pelo veneno entre os azanda. Neste caso, o psicanalista, por exemplo, é apenas a variante ocidental do xamã, como escreveu Lévi-Strauss; e o próprio Lévi-Strauss, bem como toda a confraria dos etnólogos, não passam também de uma variedade local de feiticeiros que se põem, neste particular grupo de tribos que é o nosso, a exorcizar as tribos estrangeiras ou a submetê-las a algum outro tratamento — a única diferença é que, em vez de aniquilá-las por fumigação, eles a aniquilam por estruturalização.

Ou, então, nós aceitamos, postulamos ou assumimos por princípio uma diferença qualitativa entre a nossa abordagem teórica das outras sociedades e as abordagens dos "selvagens" — e atribuímos a essa diferença um valor bem preciso; limitado, mas sólido e positivo[13]. Começa então uma discussão filosófica. Só então, e não antes. Pois entabular uma discussão filosófica supõe a afirmação prévia de que pensar sem restrições é a única maneira de abordar os problemas e as tarefas. E, dado que sabemos que essa atitude não é de modo algum universal, mas absolutamente excepcional na história das sociedades humanas[14], devemos nos perguntar como, em que condições, por quais vias a sociedade humana se mostrou capaz, num caso particular, de romper a clausura que é, em regra geral, a condição mediante a qual ela existe.

---

13. É ocioso acrescentar que isso não basta para autorizar a menor conclusão "prática" ou "política".

14. Os lingüistas enumeram, ao que consta, cerca de 4 mil línguas faladas hoje em dia. Embora não haja correspondência biunívoca entre a língua e a instituição total da sociedade, isso fornece uma indicação, ainda que muito grosseira, da ordem de grandeza do número de sociedades diferentes que existiram num passado bastante recente.

Neste sentido, se descrever e analisar a Grécia for equivalente a descrever e analisar qualquer outra cultura tomada ao acaso, meditar e refletir sobre a Grécia não o é nem poderia sê-lo. Pois, neste caso, refletimos e meditamos sobre as condições sociais e históricas do próprio pensamento — pelo menos, tal como nós o entendemos e praticamos. Devemos nos desfazer destas duas atitudes gêmeas: ou bem teria existido outrora uma sociedade que permanece para nós como modelo inacessível, ou então a história seria essencialmente nivelada e não haveria diferenças significativas, a não ser descritivas, entre diferentes culturas. A Grécia é o *locus* social-histórico onde foram criadas a democracia e a filosofia e onde se encontram, por conseguinte, nossas próprias origens. Na medida em que o sentido e as potencialidades dessa criação não estejam esgotados — e estou profundamente convencido de que não o estão — a Grécia é para nós um *gérmen:* nem um "modelo", nem um espécime entre outros, mas um gérmen.

A história é criação: criação de formas totais de vida humana. As formas sociais-históricas não são "determinadas" por "leis" naturais ou históricas. A sociedade é autocriação. "Quem" cria a sociedade e a história é a sociedade instituinte, em oposição à sociedade instituída: sociedade instituinte, isto é, imaginário social no sentido radical.

A auto-instituição da sociedade é a criação de um mundo humano: de "coisas", de "realidade", de linguagem, de normas, valores, modos de viver e de morrer, objetivos pelos quais vivemos e outros pelos quais morremos — e, obviamente, em primeiro lugar e acima de tudo, ela é a criação do indivíduo humano no qual a instituição da sociedade está solidamente incorporada.

Nesta criação geral da sociedade, cada instituição particular e historicamente dada da sociedade representa uma criação particular. Criação, no sentido em que a entendo, significa a instauração de um novo *eidos,* uma nova essência, uma nova forma no sentido pleno e forte deste termo: novas determinações, novas normas, novas leis. Quer se trate dos chineses, dos hebreus clássicos, da Grécia antiga ou do capitalismo moderno, a instituição da sociedade é o estabelecimento de diferentes determinações e leis: não apenas leis "jurídicas", mas maneiras obrigatórias de perceber e de conceber o mundo social e "físico", e de nele agir. Em virtude desta instituição global da sociedade, criações específicas aparecem em seu interior: a ciência, por exemplo, tal como a conhecemos e concebemos, é uma criação particular do mundo grego-ocidental.

Segue-se toda uma série de questões cruciais sobre as quais devo contentar-me em esboçar, aqui, algumas reflexões. Para começar, como podemos compreender as instituições da sociedade passadas e/ou "estrangeiras"? (E, a propósito, como e em que sentido podemos pretender compreender nossa própria sociedade?)

No domínio social-histórico, não dispomos de "explicação" no sentido das ciências físicas. Toda "explicação" deste tipo ou é trivial, ou é fragmentária e condicional. As inumeráveis regularidades da vida social — sem as quais, é claro, essa vida não existiria — são o que são porque a instituição desta sociedade particular pôs em cena este complexo particular de regras, leis, significações, valores, instrumentos, motivações, etc. E esta instituição não passa do magma socialmente sancionado (de maneira formal ou informal) de significações imaginárias sociais criadas por esta sociedade particular. Deste modo, compreender uma sociedade significa, em primeiro lugar e principalmente, penetrar nas (ou reapropriar-se das) significações imaginárias sociais que mantêm coesa essa sociedade. Será isto possível? Dois fatos devem ser levados em conta.

O primeiro fato é incontestável: a *quase totalidade* dos membros de uma dada sociedade não compreendem nem poderiam compreender uma sociedade "estrangeira". (Não falo, é óbvio, de obstáculos triviais.) A isto denominei a clausura cognitiva da instituição.

O segundo fato (que pode ser questionado e o é, mas que eu tenho como certo) é que, dadas certas precondições sociais, históricas e pessoais bastante precisas, algumas pessoas podem compreender algo de uma sociedade estrangeira — o que faz supor alguma "universalidade potencial", para os humanos, de tudo o que é humano. Contrariamente aos lugares-comuns herdados, a raiz dessa universalidade não é a "racionalidade" humana (se houvesse racionalidade neste domínio, ninguém jamais teria compreendido coisa alguma do Deus hebreu, nem, por sinal, de qualquer religião), mas a imaginação criadora enquanto componente nuclear do pensamento não trivial[15]. Tudo o que foi imaginado

---

15. A confiança depositada unicamente na "racionalidade" levou, por exemplo, o século XIX a considerar as religiões primitivas e os mitos como puros e simples absurdos ("estupidez primitiva", como escrevia Engels, em carta a K. Schmidt de 27 de outubro de 1890); ela levou também aos leitos de Procusto contemporâneos, estruturalistas e outros.

por alguém com força suficiente para conformar o comportamento, o discurso ou os objetos pode, em princípio, ser reimaginado (representado de novo, *wiedervorgestellt*) por alguma outra pessoa.

Convém insistir aqui em duas polaridades significativas.

Nesta compreensão social-histórica, impõe-se uma distinção — e não apenas num sentido superficial — entre "verdadeiro" e "falso". É possível dizer coisas sensatas sobre as sociedades "estrangeiras", assim como é possível dizer absurdos (exemplos são o que não falta).

O "verdadeiro" não poderia submeter-se, neste caso (como, de modo mais geral, toda vez que se tratar de pensamento), aos procedimentos ordinários de "verificação" ou de "refutação" que hoje são tomados (erradamente, e abusando dos lugares-comuns) como permitindo traçar uma linha de demarcação entre "ciência" e "não ciência". A idéia de Burckhardt sobre a importância do elemento agonístico (*agôn:* luta, combate, rivalidade, competição) no mundo grego (que ocupa lugar de primeiro plano nas reflexões de Hannah Arendt sobre a Grécia), por exemplo, é *verdadeira* — mas não no mesmo sentido que $E=mc^2$. O que quer dizer verdadeiro nesse caso? Que essa idéia unifica uma classe indefinida de fenômenos históricos e sociais da Grécia que, não fosse assim, continuariam desconectados — não necessariamente em sua relação "causal" ou "estrutural", mas em sua *significação;* e que sua pretensão de possuir um *referente* "real" ou "efetivo" (isto é, que não seja simplesmente imaginado, nem uma ficção cômoda, nem mesmo um *Idealtypus,* uma construção racional limite[16] *do observador*) pode ser assunto de uma fecunda discussão, ainda que essa discussão possa ser (e, nos casos decisivos, *deva* ser) interminável. Em suma, ela *elucida,* e inicia um processo de elucidação.

A situação, à primeira vista, assume outro aspecto quando falamos de nossa história ou de nossa tradição, isto é, de sociedades que, embora sejam "outras", não são "estrangeiras", no sentido de que há vínculos genealógicos estreitos entre suas significações imaginárias e as nossas; nós, de uma maneira ou de outra, continuamos a "partilhar" o mesmo mundo, e subsiste alguma intrínseca conexão ativa entre a sua instituição e a nossa. Já que viemos depois dessa criação, mas na mesma conca-

---

16. "Limite central", diriam os matemáticos.

tenação, já que nos encontramos, por assim dizer, água-abaixo, e que vivemos ao menos parcialmente no quadro mental e no universo de seres que elas inauguraram, pareceria que a nossa compreensão de sociedades que são nossas "ancestrais" não deve apresentar nenhum mistério. Mas é desnecessário dizer que outros problemas surgem. Forçosamente, essa "participação comum" é em parte ilusória, ainda que tenhamos muitas vezes tendência a considerá-la como plenamente real. Os "juízos de valor" projetivos adquirem grande importância e interferem em nossa compreensão. A distância adequada entre nós e "nosso próprio passado" é extremamente difícil de estabelecer: as atitudes mencionadas acima perante a Grécia dão testemunho disso. A ilusão da *Selbstverstandlichkeit* pode ser catastrófica: assim, alguns pensam hoje que a democracia ou a investigação racional são auto-evidentes, projetando assim, de maneira ingênua, a excepcional situação de sua própria sociedade para a história em seu conjunto — e, ao fazê-lo, tornam-se incapazes de compreender o que a democracia e a investigação racional podiam significar para a sociedade na qual foram pela primeira vez criadas.

A segunda questão apresenta-se da seguinte maneira: se a história é criação, como podemos julgar e escolher? Esta questão, convém sublinhar, não se apresentaria se a história fosse simples e exclusivamente uma concatenação causal, ou se ela compreendesse sua *phusis* e seu *télos*. É justamente porque a história é criação que a questão do julgamento e da escolha aparece como uma questão radical e não trivial.

A radicalidade da questão deve-se ao fato de que, apesar de uma ilusão ingênua e muito difundida, não há nem pode haver um fundamento rigoroso e último do que quer que seja — nem mesmo do conhecimento, nem mesmo da matemática. Note-se que essa ilusão dos fundamentos nunca foi compartilhada pelos grandes filósofos: nem por Platão ou Aristóteles, nem por Kant ou Hegel. Descartes foi o primeiro filósofo de importância a sucumbir à ilusão do "fundamento" — e foi este um dos domínios em que a sua influência se mostrou catastrófica. Sabe-se, desde Platão, que toda demonstração pressupõe alguma coisa que não é demonstrável. Quero insistir aqui em outro aspecto da questão: os julgamentos que fazemos e as escolhas que efetuamos pertencem à história da sociedade na qual vivemos, e dela dependem. Não que estes atos sejam dependentes de "conteúdos" sociais-históricos particulares (embora isso seja igualmente correto). Mais precisamente, o que quero dizer é que o simples ato de julgar e de escolher pressupõe, em um sentido não trivial, não apenas que nós fazemos parte desta história particular, desta tradição particular onde pela primeira vez tornou-se possível, realmente, julgar e escolher; mas também que, antes de qualquer julgamento ou escolha de "conteúdos", nós julgamos já assertivamente e já escolhemos, sob esse aspecto, esta tradição e esta história. Pois tal atividade e a própria idéia de julgar e escolher são greco-ocidentais, foram criadas deste lado do mundo e em nenhum outro lugar. Tal idéia não ocorreria, nem poderia ocorrer, à mente de um hindu, de um hebreu clássico, de um autêntico cristão ou de um muçulmano. Um hebreu nada tem a escolher. Ele recebeu, de uma vez para sempre. a verdade e a Lei das mãos de Deus — e, se ele se pusesse a julgar e a escolher a esse respeito, não seria mais hebreu. Um verdadeiro cristão tampouco tem o que julgar ou escolher, mas apenas o que acreditar e amar, pois está escrito: *não julgues, e não serás julgado* (Mateus 7,1). Inversamente, um greco-ocidental (um "europeu") que produza argumentos racionais para rejeitar a tradição européia, confirma *eo ipso* essa tradição, bem como a persistência de seu próprio vínculo com essa tradição.

Mas esta tradição tampouco pode nos oferecer algum repouso. Pois, embora ela tenha engendrado a democracia e a filosofia, as revoluções americana e francesa, a Comuna de Paris e os conselhos operários húngaros, o Partenão e *Macbeth,* ela também produziu o massacre dos mélios pelos atenienses, a Inquisição, Auschwitz, o Gulag e a bomba H. Criou a razão, a liberdade e a beleza — mas também a monstruosidade em massa. Nenhuma espécie animal poderia ter criado Auschwitz ou o Gulag: para mostrar-se capaz disso, é preciso ser um ser humano. E essas possibilidades extremas da humanidade no domínio do monstruoso concretizaram-se, *par excellence,* em nossa tradição. O problema do julgamento e da escolha repõe-se, portanto, também nesta tradição que não poderíamos nem por um instante validar *em bloco*. Note-se que esse problema não se apresenta como uma simples possibilidade intelectual. A própria história do mundo greco-ocidental pode ser interpretada como a história da luta entre a autonomia e a heteronomia.

Sabe-se que o problema do julgamento (ou juízo) e da escolha é o assunto da terceira *Crítica* de Kant, e que Hannah Arendt, em seus últimos anos, voltou-se para esta terceira *Crítica* na busca de um fundamento para essas atividades do espírito. Tenho a impressão de que se difunde hoje uma espécie de ilusão entre os discípulos ou comentadores de Hannah Arendt, ilusão que consiste em pensar (*a*) que, de uma maneira ou outra, Kant "resolveu" esse problema na terceira *Crítica*, e (*b*) que sua "solução" poderia ser transposta para o problema político ou, ao menos, facilitar-lhe a elaboração. Ela a facilita, de fato — mas de maneira negativa, somo procurarei mostrar rapidamente.

Considero que todo esse episódio constitui um estranho *chassé-croisé* (freqüente em filosofia) de intuições corretas às quais se chegou por más razões, e isto começa com o próprio Kant. Por que Kant teria sido levado, nove anos após a primeira edição da *Crítica da razão pura*, a formular a questão do *Urteil* e da *Urteilkraft*[17]? As respostas aparentemente sólidas dadas a esta questão no Prefácio e na Introdução à terceira *Crítica* são, a meu ver, reconstruções racionais ou racionalizações, o provimento de uma roupagem sistemática e sistematizante para motivações filosóficas mais profundas e nem sempre plenamente conscientes. A primeira dessas motivações decorre, sem dúvida, do fato de Kant ter percebido que todo o edifício da *Crítica da razão pura* estava suspenso no ar, que nenhum "dado" poderia convir à produção da *Erlahrung* (experiência), que a organização de um "mundo" a partir da *Mannigfaltigkeit* (diversidade) dos dados supõe que essa *Mannigfaltigkeit* já possua um mínimo de organização intrínseca, pois ela deve ser ao menos *organizável*. Nenhuma categoria de causalidade poderia legislar sobre uma *Mannigfaltigkeit* que se conformasse a uma lei como esta: se $y$ sucedeu anteriormente a $x$, então jamais um $y$ sucederá novamente a um $x$[18]. É claro que, num tal mundo "totalmente caótico", a existência de um "sujeito cognoscente" real, efetivo, seria impossível — mas este não é senão um segundo argumento, também muito poderoso, contra a monocracia do transcendentalismo subjetivo. O objeto da legislação

---

17. É verdade que, em seus planos iniciais de 1771, quando projetava uma obra com o título "Limites da sensibilidade e da razão", Kant se propunha a tratar no mesmo quadro a razão teórica, a ética e o gosto. Mas a maneira pela qual o último destes objetivos é realizado no livro de 1790 e, sobretudo, sua ligação com a "teleologia da natureza" parecem justificar, a meu ver, as observações do texto.

18. O problema já foi reconhecido na *Crítica da razão pura*, p. 653-54 (A). Ver "Introdução", V e VI, da *Crítica do juízo* (ou da faculdade de julgar), — onde aparece a expressão "acaso feliz" (*glücklicher Zufall*).

deve aparecer como "legislável"; e o legislador deve realmente "existir". Ambas as condições pressupõem um mundo que não pode ser totalmente caótico.

O "acaso feliz" (*glücklicher Zufall*), o caráter "contingente" da "unidade sistemática" das leis da natureza e de sua faculdade de responder aos imperativos do *Verstand* — que é de fato, num certo sentido, a essência da questão —, não fornece a essa problemática uma resposta filosófica digna deste nome. Daí a passagem a uma teleologia (reflexiva e não constitutiva) da natureza: ainda que não o possamos provar, a natureza funciona como se estivesse organizada segundo certos fins. Esse trabalho da natureza tem um análogo na obra de arte humana, pois podemos ver, nesta, "a imaginação, em sua própria liberdade, como determinável pelo entendimento segundo fins" (§ 59).

A segunda motivação é, justamente, o reconhecimento da especificidade da obra de arte[19]. Kant deve conciliar seu desejo (ou sua necessidade) de apresentar uma "estética" no sentido habitual, uma filosofia do belo e um *locus* filosófico para ela, com seu vago sentimento da especificidade ontológica da arte como *criação*. É neste ponto, evidentemente, que Kant ultrapassa a tradição e a ontologia clássicas. A grande obra de arte não se conforma às regras, ela instaura outras novas — ela é *Muster* e *exemplarisch*. O artista, o gênio, não é capaz de "descrever" ou de "explicar cientificamente" seu produto, mas estabelece a norma "como natureza" (*als Natur*, § 46). Trata-se aqui, é óbvio, da *natura naturans* e não da *natura naturata;* não da natureza da *Crítica da razão pura* mas de uma força de emergência "viva", reunindo a matéria sob a forma. O gênio é *Natur* — e a *Natur* gênio! — *enquanto* livre imaginação determinável segundo a finalidade.

A terceira motivação é o crescente interesse de Kant pelas questões acerca da sociedade e da história — interesse que é visível em seus numerosos escritos do período acerca desses assuntos, e que se exprime na terceira *Crítica* por meio da idéia de um *sensus communis,* e da distinção entre validade universal (*Allgemeingültigkeit*) objetiva e subjetiva.

---

19. Há um útil e informativo estudo acerca do interesse geral manifestado nessa época pela obra de arte e pela imaginação em *The Creative Imagination* (Harvard University Press, 1981), de James Engell.

Antes de chegar às questões levantadas pelo recurso — hoje freqüente — à terceira *Crítica* em conexão com as atividades do julgamento e da escolha, é necessário que nos demoremos num paradoxo de primeira grandeza[20]. Por que recorrer à *Crítica do juízo,* se toda a filosofia *prática* de Kant está explicitamente voltada para a formulação de regras e máximas de juízo e escolha nos assuntos "práticos"? Por que, nas discussões recentes, vemos desdenhadas as bases aparentemente sólidas fornecidas pela filosofia prática de Kant para as questões fundamentais do juízo político — enquanto, uns oitenta anos atrás, elas inspiraram com tanta força os socialistas neokantianos, os austro-marxistas, etc.? Se o imperativo categórico enquanto tal é vazio, se ele não passa da forma elementar da universalidade abstrata, como corretamente viram e afirmaram Schiller e Hegel, se as tentativas de Kant para derivar prescrições positivas e interdições a partir do princípio de contradição deixam a desejar, certamente o mesmo não pode ser dito de seus "imperativos práticos". Seja uma pessoa e respeite os outros enquanto pessoas; respeite a humanidade em todo ser humano; trate os outros como fins e nunca como simples meios — se esses princípios vigem, ficaremos então certamente chocados por Eichmann e o que ele representa, mas não sentiremos nenhuma perplexidade quanto ao cabimento de julgá-lo. Hans Jonas não precisaria mais inquietar-se por se sentir capaz de dizer a Hitler: "matar-te-ei", mas não de dizer: "estás errado"[21].

É óbvio, contudo, que a questão não se resolve dessa forma. Em primeiro lugar, Hitler teria razão em responder: não podes *demonstrar-me* a validade de tuas máximas. Em segundo, ele não daria qualquer resposta desse tipo, pois os nazis, assim como os stalinistas, não argumentam: eles contentam-se em sacar seus revólveres. E, em terceiro, se as máximas escapam à indeterminação, é unicamente porque nós nos ha-

---

20. Richard Bernstein ressaltou, de maneira apropriada e clara, este ponto *in* "Judging — the Actor and the Spectator", estudo apresentado por ocasião do colóquio sobre a obra de Hannah Arendt, organizado em Nova York em outubro de 1981.

21. Ver Michael Denneny, "The Privilege of Ourselves: Hannah Arendt on Judgement", em M. A. Hill (org.), *Hannah Arendt: the Recovery of the Public World*, Nova York, St. Martin's Press, 1979, p. 259 e 273. Ver igualmente, *ibid.*, o debate entre Hans Jonas e Hannah Arendt, p. 311-15.

bituamos a dar um conteúdo (mais ou menos) determinado às noções de "pessoa", "humanidade", etc. Isto não é nenhum subterfúgio filosófico. Não faz muito tempo, a Igreja condenava homens à fogueira a fim de salvar-lhes a "humanidade", as almas. As máximas (ou quaisquer regras similares) só têm valor em e para uma comunidade na qual (*a*) se aceite a discussão razoável (não "racional") como um meio de superar as discordâncias, (*b*) se admita que nem tudo pode ser "demonstrado", e (*c*) exista um grau suficiente de consenso (ainda que apenas tácito) quanto à significação, para além de sua definição lógica, de termos como "pessoa", "humanidade" (ou, no caso, "liberdade", "igualdade", "justiça", etc.). Como se nota, tais termos remetem a significações imaginárias sociais *par excellence*.

São evidentes as semelhanças destes pressupostos com os de qualquer discussão sobre a arte. O que não quer dizer, é claro, que os julgamentos políticos e estéticos procedam da mesma cepa — mas que, *prima facie*, não é descabido estudar as condições sob as quais uma comunidade pode discutir e entender-se acerca de questões que escapam do campo dos procedimentos rigorosos da demonstração.

Não é menos evidente, contudo, que essas condições são tão restritivas que perdem toda utilidade assim que abordamos as questões de fundamento. A terceira *Crítica* de Kant representa, na verdade, não uma solução, mas uma descrição do problema do julgamento. Por importante que seja, ela não é de nenhum auxílio numa busca dos "fundamentos". Enquanto "solução", ela apenas introduz uma petição de princípio do ponto de vista de um lógico, o que equivale a dizer, nos meus próprios termos, que ela descreve, sem o saber, o círculo primitivo da criação social-histórica. É desta questão que pretendo, agora, tratar brevemente.

Note-se desde o início que, tanto quanto eu saiba, o recurso à *Crítica do juízo* em conexão com estes problemas diz respeito unicamente às idéias de "gosto" e de "juízo reflexionante", e de modo algum à idéia de que a grande obra de arte é uma criação. Ao fazê-lo, ignora-se ou dissimula-se uma aporia central (e fatal) da obra de Kant.

Para Kant, o "juízo reflexionante" estético possui uma *Subjektive Allgemeingültigkeit* (uma validade universal subjetiva) — em oposição à validade universal objetiva dos juízos determinantes no campo teórico, por exemplo. Ele se dirige ao *gosto* — e depende da possibilidade, para o sujeito, de pôr-se "no lugar do outro". Nenhuma condição desta natureza é requerida pelos juízos de validade universal objetiva nos quais o "outro", do ponto de vista do *quid juris*, não apresenta o menor interesse.

De onde provém essa validade universal (subjetiva) do juízo de gosto? Do fato de que, no julgamento estético, não digo "isto me agrada" nem "acho que isto é belo", mas "isto é belo". Reivindico, assim, a universalidade de meu julgamento. Todavia, é óbvio que isto não basta. É perfeitamente possível que eu dê (ou seja levado a dar) a forma da universalidade a uma classe de meus julgamentos — sem que nenhum conteúdo corresponda de maneira válida a essa forma. É perfeitamente possível que eu formule uma pretensão à universalidade — e que essa pretensão esteja destinada a permanecer ociosa e vazia.

*A velle ad esse non valet consequentia*. Aqui, o ardil lógico-transcendental não funciona. Quando digo "*P* é verdadeiro" e não "Creio que *P* é verdadeiro", a questão da validade universal de meu juízo pode, em princípio, ser decidida por meio de regras e procedimentos. E, se alguém me diz que "nada jamais é verdadeiro" ou então que "a verdade é uma questão de capricho", ele abandona, *de jure*, o campo da discussão racional. Não tenho por que preocupar-me com ele — e de modo mais geral (aos olhos de Kant) posso dispensar, nas questões teóricas, o assentimento de "outrem" e não tenho tampouco necessidade de observar as coisas do "ponto de vista dele"[22]. Mas este não é o caso do juízo reflexionante, no qual é necessário que eu faça intervir o ponto de vista do outro. Ora, se o outro fosse o "gosto puro" — se existisse algo como um "gosto puro", *ainda que* "transcendentalmente", isto é, no sentido em que deve "existir" o *reiner Verstand* —, tudo isto não passaria de um mero jogo de palavras. Esse outro seria apenas um exemplo concreto a mais do mesmo "universal" (embora esse universal não seja, é claro,

---

22. Na verdade, nem sequer no campo teórico isso é válido: mas eu não tenho meios de abordar, aqui, a questão das condições sociais-históricas do pensamento. Basta notar que a "validade universal objetiva", tal como Kant a concebe, equivale na prática a um isolamento perfeito ou a uma "desencarnação" da "consciência teórica" e, por conseguinte, a uma forma de solipsismo. Kant, por exemplo, faz uma abstração total da inseparabilidade do pensamento e da linguagem enquanto problema *teórico* (e não "psicológico"). Ao mesmo tempo, ele afirma (na terceira *Crítica*), muito curiosamente do ponto de vista "transcendental", que não há conhecimento sem comunicação.

nem lógico nem "discursivo") do qual também eu seria um exemplo. Se existisse de fato o "gosto puro", isso pressuporia que ele nada deve às "particularidades empíricas" dos sujeitos envolvidos, e que ele não é, de modo algum, afetado por estas (não mais do que no caso do conhecimento, ou da ética). Ora, no campo do juízo estético, o outro deve ser tomado em consideração justamente *enquanto outro*. Ele não difere de mim "numericamente", como diriam os escolásticos, mas substantivamente. A despeito das conotações do termo "reflexionante", no juízo reflexionante, o outro não é um espelho. É *porque* ele é outro (diferente em um sentido não trivial) que ele pode desempenhar o papel que Kant lhe atribui. É porque pessoas *diferentes* podem se entender sobre questões de beleza que o juízo estético existe, e é por isso que sua natureza é diversa da do juízo teórico, ou do juízo prático puro (ético). Neste último caso, o acordo é simultaneamente necessário e supérfluo; a universalidade é identificada, aqui, através de "exemplificações" numéricas indefinidas e indiferentes. A "validade universal subjetiva" do juízo estético é, em contrapartida, comunidade através da não-identidade. O outro considera — ou deve considerar — bela *A ronda noturna*, embora ele seja diferente de mim num sentido não trivial.

Mas diferente como, em que medida, até que ponto? Só o bastante, nem mais nem menos. Meu juízo acerca de *Édipo rei* ficaria abalado se um grande número de mandarins Tang, Song ou Ming, extremamente refinados, julgassem a peça repugnante? Devo colocar-me no ponto de vista de Hokusai ao contemplar *As senhoritas de Avinhão*? Kant, é verdade, fala freqüentemente na "educação do gosto". Mas a educação do gosto levanta dois enormes problemas filosóficos (enormes *nesta* perspectiva). Em primeiro lugar, a educação do gosto é impossível a menos (*a*) que a beleza já esteja ali, e (*b*) que ela seja corretamente reconhecida como tal. A partir de quê, por quem, em que base? Quem educará os educadores? Ou a educação do gosto é uma expressão vazia de sentido, ou então a beleza é um *Faktum* histórico (como o é também, de fato, a *Erfahrung*), e seu "reconhecimento" ou "recepção" não poderia "explicar-se", ou ser "compreendido" (e menos ainda estar "fundamentado") mais que sua própria criação (Kant diz "produção", *Erzeugung*). O que descobrimos aqui, outra vez, é o círculo primitivo, originário, da criação: a *criação pressupõe a criação*. Em segundo, se pensarmos em uma educação historicamente eficaz, chegaremos (e chegamos, de fato) à *im-*

*posição* de um "gosto" surgido em uma cultura particular. Em conseqüência, a uniformidade do gosto será mais ou menos "obrigatória", e o juízo reflexionante não fornecerá nada mais [como *output*] que os *inputs* já injetados nos sujeitos históricos.

Além disso, se a beleza é um *Faktum* histórico, não há apenas uma única história desse *Faktum*, mas uma enorme pluralidade de histórias e, portanto, outros tantos gostos. Fomos educados — e continuamos a educar nossa progenitura — nas criações de nossa própria história, e através delas. E, igualmente, foi nossa própria história — e *apenas essa história* — que nos educou de tal modo que podemos apreciar a beleza das esculturas maias, das pinturas chinesas ou da música e da dança balinesas — ao passo que a recíproca não é verdadeira. É certo que alguns dos melhores intérpretes contemporâneos de Mozart são japoneses. Mas, se isso ocorre, é porque eles foram "ocidentalizados": não tanto no sentido de que aprenderam piano, Mozart, etc., mas sim no sentido de que aceitaram essa abertura, esse movimento de aculturação, juntamente com seu corolário — que a música de certos bárbaros não deve ser repelida de antemão, e que pode valer a pena dela se apropriar[23*].

---

23. Uma célebre anedota conta que, há dois séculos, o imperador chinês rejeitou uma proposta de acordo comercial apresentada por uma missão diplomática inglesa dizendo: vejo muito bem por que os bárbaros buscam adquirir nossos produtos, mas não vejo como poderiam nos oferecer em troca algo que valesse a pena.

\* Castoriadis certamente se refere à resposta do imperador Ch'ien Lung, em 1793, à oferta britânica de intercâmbio comercial; citemos apenas alguns trechos: "Tu, ó rei, vives muitos mares longe de nós; contudo, impelido pelo humilde desejo de compartilhar dos benefícios de nossa civilização, enviaste uma missão com um respeitoso pedido. (...) Quanto à tua solicitação para que um de teus patrícios seja acreditado junto à minha Corte Celestial e controle o comércio de teu país com a China, esse pedido é contrário a todos os usos de minha Dinastia. (...) Embora afirmes que tua reverência por Nossa Celestial Dinastia te inspira grande desejo de adquirir nossa civilização, devo dizer que nossas cerimônias e códigos legais diferem tanto das tuas que, ainda que teu Enviado fosse capaz de adquirir os rudimentos de nossa civilização, seguramente não poderias transplantar nossas maneiras e costumes para o teu território. (...) Como o teu Embaixador pode constatar pessoalmente, nós possuímos todas as coisas. Não dou valor algum a objetos estranhos ou engenhosos, e não tenho uso para as manufaturas de teu país" (cit., p. ex., em Arnold Toynbee, *A Study of History*. Oxford, 1962. vol. 1, p. 161). (*N. do R.*)

Se o outro não é uma sombra ou um manequim, ele pertence a uma comunidade social-histórica definida e concreta. Concreta quer dizer particular: uma comunidade particular, e sua "educação" particular — isto é, sua tradição. Mas, então, o recurso a seu ponto de vista flutua perigosamente entre a vacuidade e a tautologia. Ele é vazio se o outro em questão é tomado como pertencendo a uma comunidade não especificada. E é tautológico se apela à nossa própria comunidade: já que apela, então, apenas a que se continue julgando belo aquilo que já julgamos como tal.

Que isso deva ser assim decorre, é claro, do que denominei a clausura cognitiva de diferentes mundos sociais-históricos. E isso se aplica à arte tanto quanto a "ciência", às razões suficientes para morrer tanto quanto às maneiras à mesa. Deve-se fazer, é certo, uma distinção entre a "ciência" e o restante, ou, em todo caso, a arte. Ainda que desdenhemos argumentos pragmáticos do gênero: "a validade universal de nossa ciência, em oposição à magia dos selvagens, é 'provada' pelo fato de que nós matamos os selvagens de modo bem mais eficaz do que eles, pela sua magia, podem nos matar", as chances de uma "validade universal" efetiva da ciência continuam bem superiores às da arte. Pois, no caso da ciência, o componente conjuntista-identitário (*légein* e *teukhein*) é de enorme importância, e esse componente é menos variável entre as culturas[24]. Por exemplo, na medida em que a causalidade é universalmente reconhecida (a própria magia funciona com base em uma espécie de postulado da causalidade), é possível convencer qualquer selvagem, por meio de um pequeno número de operações, de que X é a causa de Y. Mas as chances de conseguir levá-lo a amar *Tristão e Isolda* são infinitamente menores: para isso ele precisaria ser iniciado em muitos séculos de cultura européia. Isso, naturalmente, não ocorre por acaso: a "arte" — que nunca foi "arte" pura, exceto durante um período histórico tão curto quanto recente — está ligada de modo bem mais estreito e profundo ao núcleo de significações imaginárias de uma sociedade do que o "conhecimento das coisas".

Há, é claro, uma resposta kantiana a tudo isso, e essa resposta é (no mínimo) tríplice. Primeiro, a obra de arte se dirige à "parte subjetiva que se pode supor em todo homem (enquanto requerida para o conhe-

---

24. Sobre esses termos, e sobre o problema propriamente dito, ver meu livro *A instituição imaginária da sociedade*, op. cit., cap. V.

cimento possível em geral)" (§ 38); parte essa que se situa na estimulação recíproca entre a imaginação na sua liberdade e o entendimento na sua conformidade a uma lei (*Gesetzmassigkeit*) (§ 35), segundo a proporção conveniente (§ 21). Em segundo lugar, a "necessidade" do juízo de gosto fundamenta-se em um "conceito indeterminado", o "conceito de um substrato supra-sensível de fenômenos" (§ 57). Em terceiro, existe um processo histórico, equivalente a um progresso da educação do gosto — e, certamente, a uma atualização da universalidade efetiva através de um caminho convergente —, que se manifesta no desenvolvimento da civilização em geral e na *Aufklarung* em particular (§ 41).

Não é possível nem necessário discutir aqui estes pontos. Contento-me em notar, em relação ao primeiro, que suas implicações são bem maiores do que parece à primeira vista. Não é difícil conceder que a imaginação, o entendimento e a interação "produtiva" de ambos estejam presentes em todos os homens; a questão do gosto põe em jogo bem mais do que essas "faculdades" universais abstratas, ela se refere à sua especificação histórica concreta (Kant estava plenamente consciente disso, como o mostra seu terceiro ponto; ver também a *Observação* que se segue ao § 38). O que é muito mais importante, porém, é que tais idéias remetem à filosofia kantiana em sua totalidade — tanto à "filosofia pura" quanto à "filosofia da história". Sem isso, a terceira *Crítica* ficaria como que suspensa no ar. É espantoso que os modernos proponentes de um recurso à terceira *Crítica* não pareçam perceber que deveriam aceitar, com o resto da herança, as idéias de um "substrato supra-sensível de fenômenos" (no sentido kantiano do termo "supra-sensível") e de "humanidade", ou ainda a idéia de que a beleza é o "símbolo do bem moral" (§ 59). E é ainda mais espantoso que eles não se tenham dado conta do liame essencial que existe entre a teoria do gosto e do juízo exposta por Kant e o universo histórico — liame que se revela na atitude clara e inequívoca de Kant ante a *Aufklarung*. Se todas as tribos humanas, após seu longo período de perambulação pelas florestas selvagens da pré-civilização, estivessem agora a caminho de se reunir nas clareiras da *Aufklarung*, de onde nós, os primeiros a chegar, as saudaríamos amigavelmente à medida que viessem se aproximando, os problemas certamente seriam bem diferentes. Mas não nos foi explicado, no início, que toda a discussão começou justamente em razão da crise que abalara as idéias e normas da *Aufklarung*?

Passemos agora ao outro núcleo de idéias da terceira *Crítica*. As belas-artes são as artes do gênio; e a obra do gênio é uma *criação* — embora o próprio Kant não empregue esse termo[25]. Ela é nova, não apenas "numericamente", mas essencialmente, dado que estabelece novas normas: ela é um novo *eidos*. Do mesmo modo, ela é igualmente "modelo", "protótipo" (*Muster*).

Mas modelo de quê, e para fazer o quê? O termo é estranho, já que tenderíamos naturalmente a dar a resposta: um modelo a imitar; ora, Kant rejeita e condena a imitação, de maneira severa e fundamentada, e insiste fortemente na originalidade essencial que ele apresenta como a marca distintiva da obra de arte, isto é, do gênio (*ach*, se ao menos tivesse sido possível fazer as pessoas compreenderem, essa identidade arte = gênio, nestes dois últimos séculos...).

Tomando o termo "protótipo" no sentido formal, a obra de gênio é um protótipo de nada e para nada[26]. De dois outros pontos de vista, porém, ela é um protótipo. É um protótipo do "ato" da criação, e se apresenta como "exemplo" não para imitar (*Nachahmung*, ou *Nachmachung*),

---

25. Ele fala apenas uma vez em *schöpferische Einbildungskraft*, ou imaginação criadora (§ 49). Sendo esta última expressão corrente no século XVIII, a insistência de Kant em sempre qualificar a imaginação como *produtiva* não poderia ser fortuita. O termo *Schöpfung* (criação) é, evidentemente, muito utilizado a propósito da "criação do mundo" por "Deus" nos parágrafos finais da terceira *Crítica*, por exemplo § 84, 87, etc.

26. É certo que a obra de arte é também uma "apresentação" do ideal moral. Mas, no contexto presente, esta noção não é de nenhum modo relevante. Além disso, só poderíamos levá-la em consideração sob a condição de aceitarmos a metafísica de Kant. Isso decorre do caráter supra-sensível daquilo que deve ser apresentado (*dargestellt*). Encontramo-nos, enfim, numa situação à primeira vista aporética:

– toda *Darstellung* (por um gênio artístico) é adequada;

– toda série de *Darstellungen* é insuficiente, pois ela jamais esgota, por assim dizer, aquilo que há para apresentar.

Pode-se ver aqui, um outro importante fundamento da dependência da estética de Kant (e de sua teoria do juízo) com relação à sua metafísica — comparável à da *Crítica da razão prática:* a distância infinita ou intransponível entre a humanidade e a Idéia — e a (vã) tentativa de preservá-la e percorrê-la por meio de uma espécie de caminhada infinita. Na *Crítica da razão prática* isso conduz, *inter alia*, à absurda argumentação concernente à imortalidade da alma. Na *Crítica do juízo* (na qual se visualiza claramente uma progressão histórica "imanente"), conduz à idéia de uma série interminável de *Darstellungen*. A diferença mas que pede uma "sucessão" ou uma "continuação" (*Nachfolge*), para que se reencene o feito e a façanha da criação. E ela serve, igualmente, de modelo para a educação do gosto. Nos dois casos, entretanto, reencontramos o círculo da criação histórica, e nenhuma construção "lógica" ou "analítica" nos permitirá sair dessa situação paradoxal. A *obra-prima* não pode servir de modelo para a educação do gosto, a não ser que o gosto já esteja bastante desenvolvido para reconhecer nela uma *obra-prima*. E ela não pode servir de modelo para uma repetição do ato criador a menos que já seja reconhecida como a encarnação de um tal ato.

Por trás da construção aparentemente — como sempre —impermeável de Kant, e para além da constatação de sua natureza, como de hábito, instável, encontramos uma profunda intuição da essência da questão. Enquanto criação, a arte não poderia ser "explicada", como tampouco poderia "ser explicada" a acolhida da grande obra de arte. A função "educativa" do novo e do original é, simultaneamente, um fato e um paradoxo[27]; ela constitui um exemplo do fato e do paradoxo de toda criação histórica.

A teoria da estética de Kant é a única parte de seus escritos fundamentais em que ele é forçado a ir além de sua abordagem estritamente dualista e a levar em consideração aquilo que neokantianos posteriores (Rickert) chamariam *das Zwischenreich des immanenten Sinnes* (a região intermediária do sentido imanente). É aí, também, que ele chega mais perto de reconhecer a criação na história — em sua substância, embora ele não a nomeie nem pudesse nomeá-la. A beleza é criada. Mas é típico, em primeiro lugar, que Kant adote uma idéia "excepcionalista" da criação: só o gênio cria — e ele o faz "como natureza". (Esta nature-

---

é que no primeiro caso (a ação moral) nós somos permanentemente deficitários (ninguém jamais é santo, afirma a *Crítica da razão prática*), ao passo que no segundo caso (a arte) a obra do gênio não é, absolutamente, deficiente. Este ponto mereceria um exame mais aprofundado, que levasse em conta a *Antropologia* kantiana, mas que não posso realizar aqui. Permitam-me acrescentar apenas o seguinte: [na verdade] a adequação absoluta da obra-prima nada mais é que sua apresentação do Abismo (do Caos, do Sem Fundo) e a inesgotabilidade da arte se enraíza no caráter ontológico do Abismo, bem como no fato de que cada cultura (e cada gênio individual) cria sua própria rota para o Abismo — o segundo aspecto sendo, de novo, uma manifestação do primeiro.

27. Ver igualmente meu texto "O dizível e o indizível", em *As encruzilhadas do labirinto I, op. cit.*

za não tem, evidentemente, nada a ver com a "natureza" de sua filosofia teórica. Não é difícil ver que "natureza", aqui, não é mais que um pseudônimo desajeitadamente introduzido em lugar de "Deus"; o "gênio" é um ramo fragmentado da inteligência criadora que deve ser postulada em qualquer reflexão sobre a teleologia da "natureza".) E, em segundo lugar, que a criação esteja restrita ao domínio — ontologicamente imponderável — da arte. O que Kant tem a dizer do trabalho científico, na terceira *Crítica*, é típico da necessidade intrínseca que ele sente de banalizá-lo e de reduzi-lo a um processo cumulativo. No domínio da arte, a validade efetiva, o reconhecimento e a recepção de normas (as significações, ou os "valores" na terminologia neokantiana) devem adquirir uma importância decisiva. Daí a passagem da "validade universal objetiva" à "validade subjetiva", e do "determinante" ao "reflexionante": a determinação não depende da opinião de outrem, ao passo que a reflexão faz intervir essa opinião. Desse modo, o caráter irredutível da criação e a comunidade/coletividade dos seres humanos adquirem, meio a contra-gosto, um certo estatuto filosófico, mesmo que apenas a título de problemas.

Kant acredita dar uma resposta à questão da essência da beleza (do que é a beleza) e da "necessidade" de seu comum reconhecimento. Naturalmente, ele não faz nada disso. Devemos ter em conta a importância capital da terceira *Crítica*, *não* para a questão do julgamento, mas por suas intuições relativas à criação e à comunidade humana. Devemos reconhecer, igualmente, os limites dessas intuições — e a origem necessária desses limites no "corpo principal" da filosofia kantiana (nas duas outras *Críticas*). Se quisermos nos libertar desses limites, devemos fazer explodir esse corpo principal — mas, nesse caso, as intuições da terceira *Crítica* assumem um sentido inteiramente distinto e nos conduzem a direções insuspeitadas. Por causa desses limites — comuns, na verdade, à corrente central da tradição filosófica herdada —, Kant não tem a possibilidade de pensar o imaginário social radical, ou a instituição da sociedade, e não poderia conceber, na verdade, nem o caráter social da história nem a dimensão histórica da sociedade[28]. Do que resulta também

---

28. Esta é também a razão pela qual ele se vê obrigado a confinar suas intuições à dimensão estritamente "individual-subjetiva" da imaginação. Ver meu texto "A descoberta da imaginação".

tanto a restrição ao "gênio" como a restrição à "arte": a criação das instituições é pura e simplesmente ignorada ou, no melhor dos casos, deve ser apresentada como um assunto puramente "racional" (cf. a "nação de demônios" em *Zum ewigen Frieden*). É por essa razão que o círculo primitivo da criação (o fato de que a criação pressupõe-se a si mesma) pode aparecer somente confuso e indistinto nas entrelinhas de seus escritos e através das aporias de sua análise: a beleza é reconhecida porque existe o gosto; e há o gosto porque os homens foram educados; e os homens foram educados porque já estavam em contato com a beleza e, portanto, porque reconheceram a beleza antes de estarem, em princípio, capacitados a fazê-lo.

No domínio da arte, assim como em outros, o social-histórico é auto-instituição. O "gênio" é, aqui, ao mesmo tempo um caso particular e um pseudônimo da criação histórica em geral. A acolhida da obra de arte é um caso particular da participação e da cooperação ativas e autocriadoras das comunidades humanas na instituição do novo — na *instituição*, em suma. A "recepção" não é menos paradoxal — nem menos criadora — que a criação. E, com certeza, nada disso nos aproxima um dedo sequer da resposta à nossa questão: como julgar e escolher? A generalização e a radicalização das intuições de Kant só podem desembocar em uma generalização e radicalização das aporias que sua obra contém. Pois cada qual sempre julga e escolhe não apenas no seio mas com a ajuda da instituição social-histórica particular — a cultura, a tradição — que o formou, e, sem isso, seria *incapaz* de julgar e escolher o que quer que seja. Que Kant possa, a um só tempo, estar consciente desse fato e deixá-lo de lado bem comprova a sua condição de *Aufklarer:* há, na verdade, *só uma* história — e, quanto a tudo o que realmente importa, essa história única se confunde com a nossa (ou ainda, nossa própria história é o ponto de encontro "transcendentalmente obrigatório" de todas as histórias particulares). Poderíamos ser tentados a ver, nessa atitude, uma posição "empírica" dispensável — mas estaríamos tomando o caminho errado. Pois esse postulado — a "transcendentalização" do fato histórico da *Aulklarung* — é necessário, se quisermos prover uma aparência de resposta, em termos "universais", à questão inicial. Se nós pertencêssemos todos à mesma tradição fundamental — ou se só houvesse, *de jure*, uma única tradição "verdadeira" —, poderíamos invocar o "mesmo" gosto. (Mas, mesmo nesse caso, seria preciso supor, contrariamente aos fatos, que as rupturas criadoras que balizam essa tradição permanecem dentro de certos limites indefiníveis.)

Podemos chegar, agora, a uma conclusão sobre o *chassé-croisé* permanente de intuições justas e más razões que subsiste no recurso que hoje se faz à terceira *Crítica*. Recorre-se à teoria kantiana do julgamento na ilusão de que ela possa fornecer elementos de resposta à questão do julgamento e da escolha — o que ela não faz. E *não* se leva a terceira *Crítica* em consideração pelo que é, na verdade, seu gérmen mais precioso: a intuição do ato da criação. Mas isto não ocorre por acaso. Pois nossos contemporâneos repudiam (ao menos tacitamente) o corpo principal da filosofia de Kant; se não o fizessem, não teriam nenhuma necessidade de recorrer à terceira *Crítica* em questões de julgamento prático-político. Ora, uma vez livre do arcabouço (ou calabouço) transcendental e dos postulados relativos ao supra-sensível, a idéia de criação torna-se incontrolável. Se as normas são elas mesmas criadas, como escapar da atemorizante idéia de que o próprio Bem e o próprio Mal são, também eles, criações social-históricas? Em conseqüência, prefere-se, em face de questões de Bem e Mal, o refúgio em um vago *sensus communis,* e o esquecimento, mais uma vez, de que o que está na origem de toda a discussão é justamente o colapso efetivo desse *sensus communis.*

Será que poderíamos ir além da enunciação de alguns fatos óbvios — que o juízo e a opção sempre ocorrem no interior e por meio de uma instituição social-histórica já existente, ou então procedem de uma nova criação perante a qual os únicos critérios disponíveis são os inaugurados por essa mesma nova criação? E como poderíamos abordar razoavelmente, se não "racionalmente", a questão do juízo e da escolha entre diferentes instituições da sociedade — a questão política *par excellence?*

Não posso discutir aqui este problema. Repetirei apenas isto: a singularidade absoluta de nossa tradição, greco-ocidental ou européia, decorre de ser ela a única tradição na qual esse problema surge e se torna pensável. (O que não quer dizer que ele se torne "solúvel" — com o perdão de Descartes e Marx.) A política e a filosofia, e a sua ligação, foram criadas aqui e aqui somente. O que, é claro, *não significa* que essa tradição possa ser racionalmente imposta a — ou defendida contra — uma outra tradição que não desse a menor importância a essa atitude, ou a rejeitasse. Toda argumentação racional pressupõe a aceitação comum do critério de racionalidade. Discutir "racionalmente" com Hitler, Andropov, Khomeini ou Idi Amin Dada não é apenas inútil, de um ponto de vista pragmático, mas é logicamente um absurdo. Na realidade, uma tal discussão pode ser defendida, do ponto de vista "pragmático", como uma atividade política ("pedagógica"): sempre há uma chance de que alguns partidários daqueles senhores sejam (ou venham a ser) *inconseqüentes, e portanto* permeáveis a argumentos "racionais". Mas, para tomar um exemplo mais digno, poderia uma argumentação fundada na racionalidade, no igual valor de todos os seres humanos *enquanto* humanos, etc. exercer qualquer pressão contra a convicção profundamente arraigada de que Deus revelou-se ao mesmo tempo que revelou sua vontade — e de que essa revelação exige, por exemplo, a conversão forçada e/ou o extermínio dos infiéis, feiticeiros, heréticos, etc.? Em sua estupidez, o paroquialismo moderno chega a rir-se dessa idéia "exótica", quando há apenas dois séculos ela ocupava um lugar central em todas as sociedades "civilizadas".

Julgar e escolher, no seu sentido mais radical, foram atitudes criadas na Grécia; é este um dos sentidos da criação grega da política e da filosofia. Entendo por política não intrigas de corte, nem lutas entre grupos sociais que defendem seus interesses ou posições (coisas que ocorreram em outros lugares), mas uma atividade coletiva cujo objetivo é a instituição da sociedade enquanto tal. É na Grécia que encontramos o primeiro exemplo de uma sociedade deliberando explicitamente acerca de suas leis, e modificando-as[29]. Em outros lugares, as leis são herdadas dos ancestrais, ou são dádivas dos deuses, quando não do Único Deus Verdadeiro; mas não são estabelecidas, isto é, criadas, pelos homens após discutirem e confrontarem, coletivamente, as leis boas e más. Esta atitude conduz a outra questão que também nasce na Grécia — não se pergunta apenas: *esta lei que aqui está* é boa ou má? mas sim: o que é, para uma lei, ser boa ou má — em outras palavras, o que é a justiça? E ela se prende diretamente à criação da filosofia: do mesmo

---

29. Não posso concordar com a tese de Hannah Arendt, segundo a qual na Grécia a atividade legislativa era um aspecto secundário da política. Isso só pode valer dando-se um sentido restrito ao termo "legislar". Aristóteles enumera onze "revoluções" em Atenas, em outras palavras, onze mudanças da legislação fundamental ("constitucional").

modo que, graças à atividade política grega, a instituição existente da sociedade pela primeira vez é posta em questão e modificada, a Grécia é a primeira sociedade a ter-se questionado explicitamente sobre a representação coletiva instituída do mundo, isto é, a entregar-se à filosofia. E, tal como a atividade política na Grécia rapidamente desemboca na questão "o que é a justiça em geral?", e não apenas se "esta lei particular é boa ou má, justa ou injusta?", também a interrogação filosófica desemboca com igual rapidez na questão "o que é a verdade?", e não simplesmente se "é verdadeira esta, ou aquela, representação do mundo?". E estas duas questões são questões autênticas — vale dizer, questões que devem permanecer para sempre em aberto.

A criação da democracia e da filosofia, e de sua ligação, encontra uma precondição essencial na concepção grega do mundo e da vida humana, no núcleo do imaginário grego. A melhor maneira de esclarecer isto talvez seja referindo-nos às três questões nas quais Kant resumiu os interesses do homem. Quanto às duas primeiras: o que posso saber? o que devo fazer?, a discussão (interminável) começa na Grécia, mas não existe nenhuma "resposta grega". Contudo, para a terceira questão — o que me é permitido esperar? — há uma resposta grega clara e precisa, e é um sólido e retumbante *nada*. E há toda a evidência de que é essa a melhor resposta. A esperança não é tomada aqui em seu sentido quotidiano e trivial — a esperança de que haverá sol amanhã, ou de que as crianças nascerão vivas. A esperança que Kant tem em mente é a esperança da tradição cristã ou religiosa, esperança que corresponde a esta aspiração e ilusão centrais do homem, de que deve existir alguma correspondência fundamental, alguma consonância, alguma *adequatio* entre nossos desejos ou nossas decisões e o mundo, a natureza do ser. A esperança é essa suposição ontológica, cosmológica e ética segundo a qual o mundo não é simplesmente algo que se encontra aí fora, mas um *cosmos* no sentido próprio e arcaico, uma ordem total que engloba a nós mesmos, a nossas aspirações e iniciativas, como seus elementos centrais e orgânicos. Traduzida em termos filosóficos, essa hipótese torna-se: o ser é fundamentalmente bom. Platão, como todos sabem, foi o primeiro que ousou proclamar essa monstruosidade filosófica, *após* o final do período clássico. E tal monstruosidade continuou sendo o dogma fundamental da filosofia teológica, em Kant, certamente, e também em Marx. Mas o ponto de vista grego está expresso no mito de Pandora, tal como nos conta Hesíodo: a esperança está presa, para sempre, na caixa de Pandora. Na religião grega pré-clássica e clássica, não há qualquer esperança de vida após a morte: ou não há nenhuma vida após a morte ou, se há, ela é ainda pior do que a pior vida que se poderia ter na Terra — esta é a revelação de Aquiles a Odisseu, no País dos Mortos. Nada tendo a esperar de uma vida após a morte, nem de um Deus protetor e benevolente, o homem se descobre livre para agir e pensar *neste* mundo.

Tudo isto se liga profundamente à idéia grega fundamental do *chaos*. Em Hesíodo, lemos que no princípio era o caos. Caos, em grego, no sentido próprio e primordial, significa vazio, nada. É do vazio mais total que o mundo emerge[30]. Mas, já em Hesíodo, também o universo é caos, no sentido de que não é perfeitamente ordenado, de que não se submete a leis plenas de sentido. No princípio, reinava a desordem mais total, depois, foi criada a ordem o *cosmos*. Contudo, nas "raízes" do universo, para além da paisagem familiar, o caos continua a reinar soberano. E a ordem do mundo não tem "sentido" para o homem: ela dita a cega necessidade da gênese e do nascimento, de um lado, e da corrupção e da catástrofe — da morte das formas —, de outro. Em Anaximandro — o primeiro filósofo acerca do qual possuímos testemunhos dignos de fé —, o "elemento" do ser é o *apeiron*, o indeterminado, o indefinido, outra maneira de pensar o caos; e a forma, a existência particular e determinada dos diversos seres, é a *adikia* — a injustiça, que também pode ser denominada a *hubris*. É por isso que os seres particulares devem fazer-se mutuamente justiça e reparar sua injustiça através de sua corrupção e desaparecimento[31]. Existe uma ligação estreita, embora implícita, entre estes dois pares de oposições: *chaos/cosmos* e *hubris/dikè*. A segunda, num certo sentido, é apenas uma transposição da primeira ao domínio humano.

---

30. Como Olof Gigon claramente estabeleceu em *Der Ursprung der griechischen Philosophie von Hesiod bis Parmenides* (Bâle, 1945).
31. O sentido desse fragmento de Anaximandro (Diels, B, 1) é claro e, o que parece excepcional, os historiadores "clássicos" da filosofia interpretaram-no corretamente. Já a "interpretação" heideggeriana ("Der Spruch des Anaximander", em Holzwege, trad. fr. de W. Brokmeier, "La parole d'Anaximandre", em *Chemins que ne mènent nulle part*. Paris, Gallimard, 1962), como de hábito, é apenas Heidegger travestido em Anaximandro.

Esta concepção condiciona, por assim dizer, a criação da filosofia. A filosofia, tal como os gregos a criaram e praticaram, só é possível porque o universo não é totalmente ordenado. Se ele o fosse, não haveria nenhuma filosofia, apenas um sistema de saber único e definitivo. E, se o mundo fosse puro e simples caos, não haveria nenhuma possibilidade de pensar. Mas, além disso, ela também condiciona a criação da política. Se o universo humano fosse perfeitamente ordenado, quer a partir do exterior, quer por sua "atividade espontânea" ("mão invisível", etc.), se as leis humanas tivessem sido ditadas por Deus ou pela natureza, ou ainda pela "natureza da sociedade" ou pelas "leis da história", não haveria, então, lugar algum para o pensamento político, e nenhum campo aberto à ação política, e seria absurdo perguntar pelo que é uma boa lei, ou pela natureza da justiça (cf. Hayek). De modo análogo, se os seres humanos não pudessem criar alguma ordem para si mesmos estabelecendo leis, não haveria qualquer possibilidade de ação política, instituinte. E, se um conhecimento seguro e total (*épistèmè*) do domínio humano fosse possível, a política terminaria imediatamente e a democracia seria tão impossível quanto absurda, já que ela pressupõe que todos os cidadãos têm a possibilidade de atingir uma *doxa* correta, e que ninguém possui uma *épistèmè* relativamente a assuntos políticos.

Parece-me importante insistir nessas ligações, porque as dificuldades com as quais se defronta o pensamento político moderno decorrem, em boa medida, da influência dominante e persistente da filosofia teológica (vale dizer, platônica). Desde Platão até o liberalismo moderno e o marxismo, a filosofia política tem estado contaminada pelo postulado operatório que diz que há uma ordem total e "racional" (e, por conseguinte, "repleta de sentido") do mundo, e seu inevitável corolário: há uma ordem nos assuntos humanos que está ligada àquela ordem do mundo — o que se poderia chamar a ontologia unitária. Este postulado serve para dissimular o fato fundamental de que a história humana é criação — e sem esse fato não pode haver nenhuma autêntica questão de julgamento e escolha, quer "objetivamente", quer "subjetivamente". Ao mesmo tempo, ele oculta ou exclui, de fato, a questão da responsabilidade. A ontologia unitária, seja qual for o seu disfarce, está essencialmente ligada à heteronomia. E, na Grécia, a emergência da autonomia dependeu de uma concepção não unitária do mundo, expressa desde os primórdios nos "mitos" gregos.

Quando se estuda a Grécia, e em particular as instituições políticas gregas, a mentalidade "modelo/antimodelo" tem uma conseqüência curiosa mas inevitável. Essas instituições são consideradas, por assim dizer, "de maneira estática", como se se tratasse de *uma única* "constituição" com seus diversos "artigos" fixados de uma vez para sempre, e que poderiam (e deveriam) ser "julgadas" ou "avaliadas" enquanto tais. Esta é uma abordagem boa para pessoas que estão em busca de receitas — cujo número, na verdade, não parece estar diminuindo. Mas a essência daquilo que importa na vida política da Grécia antiga — o *gérmen* — é, certamente, o *processo histórico* instituinte: a atividade e a luta que se desenrolam em torno da mudança das instituições, a auto-instituição explícita (ainda que permaneça parcial) da *polis* enquanto processo permanente: um processo que demora cerca de quatro séculos. A eleição anual dos *thesmothétai* em Atenas remonta a 683-682, e foi provavelmente na mesma época que os cidadãos de Esparta (9 mil deles) se constituíram como *homoioi* ("semelhantes" isto é, iguais) e que o reino do *nomos* (lei) foi declarado. E a ampliação da democracia em Atenas se processa até uma data avançada no século IV. As *poleis,* ou pelo menos Atenas (sobre a qual a nossa informação é menos lacunar), não param de pôr em questão a sua instituição; o *dèmos* continua a modificar as regras que conformam a sua vida. Tudo isso, sem dúvida, é indissociável do ritmo vertiginoso da criação durante esse período, e isso em todos os domínios, não apenas no campo estritamente político.

Esse movimento é um movimento de auto-instituição explícita. O significado fundamental da auto-instituição explícita é a autonomia: nós estabelecemos nossas próprias leis. De todas as questões levantadas por esse movimento, vou evocar brevemente três: "quem" é o "sujeito" dessa autonomia? quais são os limites de sua ação? e qual é o "objeto" da auto-instituição autônoma[32]?

O coletivo dos cidadãos — o *dèmos* — proclama-se absolutamente soberano: ele se rege por suas próprias leis (*autonomos),* possui sua jurisdição independente (*autodikos)* e governa-se a si mesmo (*autoté-*

---

32. Por razões de espaço, sou obrigado a falar em termos "estáticos", deixando de lado o movimento e só tomando em consideração alguns de seus "resultados" mais significativos. Peço ao leitor que não perca de vista esta inevitável limitação.

*lès*), para retomar os termos de Tucídides. E declara, também, a igualdade política (a igual repartição da atividade e do poder) de todos os homens livres. É essa auto-instauração, autodefinição do corpo político, que contém — como *não pode deixar* de conter — um elemento de arbitrariedade. *Quem* estabelece a *Grundnorm,* na terminologia de Kelsen, a norma que governa o estabelecimento de normas, é um *fato.* Para os gregos, esse "quem" é o corpo dos cidadãos masculinos livres e adultos (o que quer dizer, em princípio, homens nascidos de cidadãos, embora a naturalização fosse conhecida e praticada). É verdade que a exclusão das mulheres, dos estrangeiros e dos escravos do corpo de cidadãos é, a nossos olhos, inaceitável. Na prática, essa restrição nunca foi abolida na Grécia antiga (no plano das idéias, as coisas não são tão simples, mas não abordarei aqui este aspecto da questão). Porém, se pudermos prosseguir por um instante no tolo jogo dos "méritos comparados", lembremo-nos de que a escravidão sobreviveu nos Estados Unidos até 1865, e no Brasil até o fim do século XIX; que, na maioria dos países "democráticos", o direito de voto só foi estendido às mulheres após a II Guerra Mundial; que até hoje nenhum país reconhece o direito de voto aos estrangeiros, e que na grande maioria dos casos a naturalização de estrangeiros residentes não tem nada de automático (um sexto da população residente na tão "democrática" Suíça é formada de *metoikoi*).

A igualdade dos cidadãos é naturalmente igualdade em relação à *lei* (*isonomia*), porém, no fundo, é bem mais que isso. Ela não se resume à outorga de "direitos" iguais passivos — mas consiste na *participação* geral ativa nos negócios públicos. Essa participação não é deixada ao acaso mas é, ao contrário, ativamente encorajada pelas regras formais, bem como pelo *éthos* da *polis.* Pelo direito ateniense, um cidadão que se recusasse a tomar parte nas lutas civis que agitavam a cidade tornava-se *atimos* — ou seja, perdia seus direitos políticos[33].

A participação se concretiza na *ecclèsia*, Assembléia do Povo, que é o corpo soberano efetivo. Nela, todos os cidadãos têm o direito de tomar a palavra (*isègoria*), suas vozes têm cada qual o mesmo peso (*isopsèphia*), e a todos se impõe a obrigação moral de falar com toda a fran-

---

33. Aristóteles, *A constituição dos atenienses,* VIII, 5.

queza (*parrhèsia*). Mas a participação se dá também nos tribunais, onde não há juízes profissionais e a quase totalidade das cortes são formadas de júris, sendo os jurados escolhidos por sorteio.

A *ecclèsia*, assistida pela *boulè* (Conselho), legisla e governa. Isso é a *democracia direta*. Três aspectos dessa democracia merecem um comentário mais amplo.

a) *O povo, em oposição aos "representantes"*. Na história moderna, toda vez que uma coletividade política ingressou em um processo de autoconstituição e de auto-atividade radicais, a democracia direta foi redescoberta ou reinventada: os conselhos comunitários (*town meetings*) durante a Revolução Americana, as *sections* durante a Revolução Francesa, a Comuna de Paris, os conselhos operários ou os soviets em sua forma original. Hannah Arendt insistiu muitas vezes na importância dessas formas. Em todos esses casos, o corpo soberano é a totalidade das pessoas envolvidas e, sempre que se torna inevitável uma delegação, os delegados não são simplesmente eleitos mas podem ter, a qualquer momento, seu mandato revogado. Não se deve esquecer que a grande filosofia política clássica ignorava a noção (mistificadora) de "representação". Para Heródoto, como para Aristóteles, a democracia consiste no poder do *dèmos,* poder que não sofre nenhuma limitação em matéria de legislação, e na designação dos magistrados (*não* de representantes"!) por sorteio ou rodízio. Alguns hoje teimam em repetir que a constituição preferida por Aristóteles, que ele chama *politéia,* é uma mistura de democracia e aristocracia — mas esquecem-se de acrescentar que, para Aristóteles, o elemento "aristocrático dessa *politéia* decorre do fato de que os magistrados são *eleitos:* pois muitas vezes ele define claramente a eleição como um princípio aristocrático. Isso não é menos claro em Montesquieu e Rousseau. Foi Rousseau, e não Marx ou Lenin, quem escreveu que os ingleses se supõem livres porque elegem seu Parlamento, mas que na realidade só são livres um dia a cada cinco anos. E, quando Rousseau explica que a democracia é um regime demasiado perfeito para os homens, que ela só se adapta a um povo de deuses, o que ele entende por democracia é a identidade entre *soberano* e *príncipe* — isto é, a ausência de *magistrados*. Nada disso é ignorado pelos liberais modernos sérios — ao contrário dos "filósofos políticos" contemporâneos. Benjamin Constant não glorificou as eleições nem a "representação" enquanto tais, mas as defendeu enquanto males menores, supondo que a democracia tornara-se impossível nos países modernos em razão de suas dimensões e que as pessoas não mais estavam interessadas nos assuntos públicos. Seja qual for o valor desses argumentos, eles se baseiam no reconhecimento explícito do fato de que a representação é um princípio estranho à democracia. E isto dificilmente admite discussão. Uma vez que haja "representantes" permanentes, a autoridade, atividade e iniciativa políticas são retiradas do corpo de cidadãos e transferidas para o corpo restrito dos "representantes" — que as utilizam de modo a consolidar a sua posição e a criar condições propícias a influenciar, de muitos modos, o resultado das próximas "eleições".

b) *O povo, em oposição aos "experts".* A concepção que os gregos tinham dos "experts" está ligada ao princípio da democracia direta. As decisões relativas à legislação, e também aos assuntos políticos de importância — questões de *governo* —, são tomadas pela *ecclèsia* após ouvir diversos oradores e, entre outros, eventualmente, os que se dizem detentores de um saber específico relativo aos assuntos discutidos. Não há nem poderia haver "especialistas" em assuntos políticos. A perícia política — ou a "sabedoria" política — pertence à comunidade política, pois a perícia, a *technè*, no sentido estrito, está sempre ligada a uma atividade "técnica" específica, e é naturalmente reconhecida em seu domínio próprio. Assim, como Platão explica no *Protágoras,* os atenienses receberão conselho dos técnicos acerca da adequada construção de muralhas ou de navios, mas ouvirão toda e qualquer pessoa sobre assuntos de política. (Os tribunais populares encarnam o mesmo espírito no domínio da justiça.) A guerra, com certeza, é um domínio específico — que supõe uma *technè* própria: por isso, os chefes militares, os *stratègoi* são eleitos, assim como os técnicos encarregados pela *polis* da realização de uma tarefa particular, em outros domínios. Portanto, Atenas foi, afinal de contas, uma autêntica *politéia* no sentido aristotélico, dado que certos magistrados (muito importantes) eram eleitos.

A *eleição* de peritos põe em jogo um segundo princípio, central na concepção grega, que é formulado e aceito claramente não apenas por Aristóteles mas também por Platão — inimigo jurado da democracia — não obstante suas implicações solidamente democráticas. O bom juiz de um especialista não é outro especialista, mas o *usuário:* o soldado (e não o ferreiro) quanto à espada, o cavaleiro (e não o seleiro) quanto à sela. E naturalmente, quanto a todos os assuntos públicos (comuns), o usuário

— e, portanto, o melhor juiz — só pode ser a própria *polis*. Em vista dos resultados — a Acrópole, ou as tragédias laureadas — sentimo-nos inclinados a pensar que o julgamento desse usuário era bastante acurado.

Nunca será demais insistir no contraste entre esta concepção e o ponto de vista moderno. A idéia hoje dominante, segundo a qual peritos só podem ser julgados por outros peritos, é uma das condições da expansão e da crescente irresponsabilidade dos aparelhos hierárquico-burocráticos modernos. A idéia dominante de que existem "*experts*" em política, vale dizer, especialistas do universal e técnicos da totalidade, menospreza a idéia mesma de democracia: o poder dos políticos se justifica pela "*expertise*" que só eles possuiriam — e o povo, imperito por definição, é chamado periodicamente a dar sua opinião sobre esses "*experts*". Tendo em conta a vacuidade da noção de uma especialização no universal, esta idéia encerra igualmente os gérmens do divórcio crescente entre a aptidão a alçar-se ao topo do poder e a aptidão a governar — divórcio cada vez mais flagrante nas sociedades ocidentais.

c) *A Comunidade, em oposição ao "Estado".* A *polis* grega não é um Estado na concepção moderna. A própria palavra "Estado" não existe em grego antigo (é significativo que os gregos modernos precisaram inventar uma palavra para essa nova entidade, e para tanto recorreram à antiga palavra *kratos,* que quer dizer pura força). *Politéia* (por exemplo, no título do livro de Platão) não significa *der Staat* como na tradução alemã clássica (o latim *res publica* é menos *sinnwidrig*), mas designa tanto a instituição/constituição política como a maneira pela qual o povo se ocupa dos assuntos comuns. A obstinação em traduzir o título do tratado de Aristóteles, *Athènaiôn Politéia,* por "a constituição de Atenas" é um acinte à moderna filologia: é um flagrante erro lingüístico e, ao mesmo tempo, um sinal inexplicável de ignorância ou incompreensão por parte de homens muito eruditos. O que Aristóteles escreveu foi *A constituição dos atenienses.* Tucídides é perfeitamente explícito quanto a isso: *Andres gar polis,* "pois a *polis* são os homens". Antes da Batalha de Salamina, quando precisou recorrer a um argumento extremo a fim de impor sua tática, Temístocles ameaçou os outros chefes aliados: os atenienses partiriam com suas famílias e sua frota para fundar uma nova cidade a oeste, e isto apesar de considerarem — mais ainda que os outros gregos — sua terra como sagrada e a si próprios como autóctones.

A idéia de um "Estado", isto é, de uma instituição distinta e separada do corpo de cidadãos, teria sido incompreensível para um grego. É certo que a comunidade política existe num nível que não se confunde com a realidade concreta, "empírica", de uns tantos milhares de pessoas reunidas em um dado lugar, em tal ou qual dia. A comunidade política dos atenienses, a *polis*, possui existência própria: por exemplo, os tratados são respeitados independentemente de sua antigüidade, a responsabilidade pelos atos passados e aceita, etc. Mas não se distingue "Estado" de "população"; o que se diferencia são a "pessoa moral", o corpo constituído permanente dos atenienses perenes e impessoais, por um lado, e, por outro, os atenienses de carne e osso.

Nem "Estado", nem "aparelho de Estado". Naturalmente, existe em Atenas uma maquinaria técnico-administrativa (muito importante nos séculos IV e V), mas esta não assume nenhuma função política. Essa administração, significativamente, era composta de escravos até nos seus escalões mais elevados (polícia, conservação dos arquivos públicos, finanças públicas; talvez Donald Regan e certamente Paul Volcker fossem escravos, em Atenas). Tais escravos eram supervisionados por cidadãos magistrados, geralmente escolhidos por sorteio. A "burocracia permanente" que desempenha as tarefas *executivas,* no sentido mais estrito do termo, é relegada aos escravos (e, prolongando o pensamento de Aristóteles, poderia ser suprimida tão logo as máquinas...).

Na maioria dos casos, a designação dos magistrados por rodízio ou sorteio assegura a participação de grande número de cidadãos nas funções oficiais — e permite que estes se familiarizem com elas. O fato de que a *ecclèsia* decide sobre todas as questões *governamentais* de importância assegura o controle do corpo político sobre os magistrados eleitos, bem como a possibilidade de revogar, a qualquer momento, o mandato destes últimos: a condenação em processo judicial acarreta, *inter alia,* a perda da magistratura. Na verdade, todos os magistrados são responsáveis por suas gestões e são obrigados a prestar contas (*euthunè*); na época clássica, eles o faziam perante a *boulè*.

Num certo sentido, a unidade e a própria existência do corpo político são "pré-políticas", pelo menos na medida em que está em pauta essa autoconstituição política explícita. A comunidade começa, por assim dizer, a "receber-se" de seu próprio passado, com tudo o que esse passado carrega. (Isso corresponde, em parte, ao que os modernos denominaram a questão da "sociedade civil" contra o "Estado".) Certos elementos dessa herança podem ser politicamente sem interesse, ou mesmo não transformáveis. Contudo, *de jure*, a "sociedade civil" é, em si, um objeto de ação política instituinte. Isso é ilustrado de maneira impressionante por certos aspectos da reforma de Clístenes em Atenas (506 a.C.). A divisão tradicional da população em tribos é substituída por uma nova divisão que tem dois objetivos essenciais. Primeiro: o próprio número de tribos é modificado. As quatro *phulai* tradicionais (jônias) tornam-se dez, e cada uma delas é subdividida em três *trittues*, cada uma das quais tem, por rodízio, parte igual no conjunto das magistraturas (o que exige, com efeito, a invenção de um novo ano e de um novo calendário "políticos"). Segundo: cada tribo é formada, de maneira equilibrada, por demos agrários, marítimos e urbanos. As tribos — cuja "sede" se localiza, a partir de então, na cidade de Atenas — tornam-se, assim, neutras quanto às particularidades territoriais ou profissionais; elas constituem, manifestamente, unidades políticas.

O que se vê aqui é a criação de um espaço social propriamente político, criação que se apóia em elementos sociais (econômicos) e geográficos, sem no entanto estar *determinada* por eles. Não há, neste caso, nenhuma pretensão à "homogeneidade": a articulação do corpo de cidadãos, criada assim numa perspectiva política, vem superpor-se às articulações "pré-políticas" sem as esmagar. Essa articulação obedece a imperativos estritamente políticos: de um lado, a igualdade na repartição do poder, de outro, a unidade do corpo político (em oposição aos "interesses particulares").

O mesmo espírito surge num dos mais surpreendentes dispositivos legais atenienses (Aristóteles, *Política* 1330 a 20): quando a *ecclèsia* delibera sobre questões que envolvem a possibilidade de um conflito (de uma guerra) com uma *polis* vizinha, os cidadãos que habitam próximo à fronteira não têm o direito de tomar parte na votação. Pois eles não poderiam votar sem que suas motivações estivessem dominadas por seus interesses particulares — ao passo que a decisão deve ser tomada com base em considerações de caráter geral.

Isso denuncia, mais uma vez, uma concepção de política diametralmente oposta à mentalidade moderna, calcada na defesa e afirmação de "interesses". Os interesses, na medida do possível, devem ser mantidos afastados do processo de decisão política. (Quem imaginaria a seguinte cláusula na Constituição dos Estados Unidos: "Cada vez que for necessário decidir questões relativas à agricultura, estarão impedidos de votar todos os senadores e representantes de Estados predominantemente agrários".)

Tendo chegado a este ponto, podemos comentar a ambigüidade das idéias de Hannah Arendt sobre o que ela chamava o "social". Hannah Arendt notou, muito corretamente, que a política se vê anulada sempre que se reduz a um disfarce para a defesa e a afirmação de "interesses"; pois, nesse caso, o espaço político se fragmenta irremediavelmente. Contudo, *caso* a sociedade esteja, de fato, profundamente dividida em função de "interesses" contraditórios — como hoje está —, a insistência na autonomia do espaço político torna-se gratuita. A resposta não consiste, então, em fazer abstração do "social" mas em modificá-lo, de tal modo que o conflito de interesses "sociais" (vale dizer: econômicos) deixe de ser o fator predominante na formação das atitudes políticas. Na falta de uma ação nesse sentido, resultará a situação que é hoje a das sociedades ocidentais: a decomposição do corpo político e sua fragmentação em grupos de pressão, em *lobbies*. Nesse caso, como a "soma algébrica" de interesses contraditórios é freqüentemente igual a zero, seguir-se-á a um estado de impotência política em que se caminha às cegas, sem objetivos, como se observa nos dias atuais.

A unidade do corpo político deve ser protegida até mesmo contra as formas extremadas do conflito *político:* tal é, a meu ver, a significação da lei ateniense sobre o ostracismo (contrariamente à interpretação corrente que vê nessa lei uma precaução contra presumíveis tiranos). Não se pode permitir que a comunidade desmorone sob efeito de divisões e antagonismos políticos; assim, um dos dois chefes rivais deve suportar um exílio temporário.

A participação geral na política implica a criação, pela primeira vez na história, de um *espaço público*. A ênfase que Hannah Arendt deu a esse espaço e a elucidação que ela forneceu de seu significado constituem uma de suas maiores contribuições ao entendimento da criação institucional grega. Por conseguinte, vou limitar-me a alguns pontos suplementares.

A emergência de um espaço público significa que se criou um domínio público que "pertence a todos" (*ta koina*)[34]. O "público" deixa de ser um assunto *"privado"* — do rei, dos prelados, da burocracia, dos políticos, dos especialistas, etc. As decisões relativas aos assuntos comuns devem ser tomadas pela comunidade.

Contudo, a essência do espaço público não diz respeito apenas às "decisões finais"; se assim fosse, esse espaço seria quase vazio. Ele engloba, igualmente, os pressupostos das decisões, tudo o que conduz a elas. Tudo o que for importante deve ser trazido à cena pública. A materialização efetiva disso surge, por exemplo, na *apresentação* da lei: as leis são gravadas no mármore e expostas em público para que todos possam vê-las. No entanto, e isto é bem mais importante, essa regra se materializa, igualmente, na fala das pessoas que, na *ágora*, discorrem livremente sobre política, e sobre tudo o que lhes possa interessar, antes de deliberarem na *ecclèsia*. Para perceber a formidável mudança histórica que isto pressupõe, basta comparar essa situação com a situação "asiática" típica.

Essa mudança equivale a instituir a possibilidade — e a realidade — da liberdade de expressão, de pensamento, de exame e de questionamento sem limites. E essa criação estabelece o *logos* como circulação do discurso e do pensamento no seio da coletividade. Ela associa-se aos dois traços fundamentais do cidadão já mencionados: a *isègoria*, direito igual para todos de falar com toda a franqueza, e a *parrhèsia*, o compromisso que cada qual assume de pronunciar-se efetivamente com toda a liberdade, sempre que se trate de assuntos públicos.

É importante insistir aqui na distinção entre o "formal" e o "real". A existência de um espaço público não é uma simples questão de dispositivos jurídicos que garantam a todos a mesma liberdade de pronunciamento, etc. Tais cláusulas constituem apenas uma das condições para a existência de um espaço público. O essencial é outra coisa: o que irá a população fazer desses direitos? Quanto a este aspecto, os traços determinantes são a coragem, a responsabilidade e a vergonha (*aidôs, aischunè*). Na ausência delas, o espaço público torna-se simplesmente um espaço para a propaganda, para a mistificação e para a pornografia — a exem-

---

34. Encontra-se algo semelhante em certas sociedades selvagens; mas esse domínio está limitado à gestão dos assuntos "correntes", dado que, nessas sociedades, a lei (tradicional) não pode ser posta em questão.

plo do que ocorre cada vez mais nos dias de hoje. Não existem dispositivos jurídicos que possam frear uma tal evolução — sem introduzir males piores que os que se pretende extirpar. Apenas a educação (*paidéia*) dos cidadãos enquanto tais pode dotar o "espaço público" de um autêntico e verdadeiro conteúdo. Mas essa *paidéia* não é, basicamente, questão de livros ou verbas para as escolas. Ela consiste, antes de mais nada e acima de tudo, na tomada de consciência, pelas pessoas, do fato de que a *polis* é também cada uma delas, e de que o destino da *polis* depende também do que elas pensam, fazem e decidem; em outras palavras: a educação é participação na vida política.

A criação de um *tempo público* não se reveste de importância menor que a criação de um espaço público. Entendo por tempo público não a instituição de um calendário, de um tempo "social" ou de um sistema de referências temporais sociais — coisa que, evidentemente, existe em toda a parte —, mas sim a emergência de uma dimensão na qual a coletividade possa inspecionar seu próprio passado enquanto resultado de suas próprias ações, e onde se abra um futuro indeterminado como campo de suas atividades. É exatamente esse o significado da criação da historiografia na Grécia. É espantoso que a historiografia, na sua acepção rigorosa, tenha existido exclusivamente em dois períodos da história da humanidade: na Grécia antiga e na Europa moderna, ou seja, nas duas sociedades em que se desenvolveu um processo de questionamento das instituições existentes. As outras sociedades só conhecem o reino incontestado da tradição, e/ou a simples "consignação por escrito dos acontecimentos" pelos sacerdotes ou pelos cronistas dos reis. Heródoto, ao contrário, declara que as tradições dos gregos não são dignas de fé. O abalo da tradição e a pesquisa crítica das "verdadeiras causas" caminham, naturalmente, lado a lado. E este conhecimento do passado está aberto a todos: Heródoto, ao que se diz, lia suas *Histórias* aos gregos reunidos por ocasião dos Jogos Olímpicos (*se non è vero, è ben' trovato*). E a "Oração fúnebre" de Péricles contém um apanhado da história dos atenienses do ponto de vista do espírito das atividades de sucessivas gerações — apanhado que chega até o presente da época e indica de modo claro as novas tarefas que devem ser realizadas no futuro.

Quais são os limites da ação política — e os limites da autonomia? Se a lei é dádiva de Deus, ou se há uma "fundação" filosófica ou científica de verdades políticas substantivas (com a Natureza, a Razão ou a

História ocupando o lugar de "princípio" último), então a sociedade possui uma norma extra-social. Tem-se uma norma da norma, uma lei da lei, um critério com base no qual torna-se possível discutir e decidir o caráter justo ou injusto, apropriado ou não, de uma lei (ou de um estado de coisas) particular. Esse critério está dado para todo o sempre, e não depende minimamente, *ex hypothesi*, da ação humana.

A partir do momento em que se reconhece que não há tal base — seja porque há uma separação entre a religião e a política, como é o caso, imperfeitamente, nas sociedades modernas, seja porque, como na Grécia, a religião é mantida rigorosamente à margem das atividades políticas — e que não há tampouco "ciências", nem *épistèmè* nem *technè*, em matéria de política; a questão: o que é uma lei justa? o que é a justiça? — qual é a "boa" instituição da sociedade? — torna-se uma questão autêntica (isto é, uma questão sem fim).

Só é possível a autonomia se a sociedade se reconhecer como autora de suas normas. Por conseguinte, a sociedade não pode escamotear esta questão: por que esta norma de preferência àquela, ou a tal outra? Em outros termos, ela não pode evitar o problema da justiça (respondendo, por exemplo, que a justiça é a vontade de Deus, ou a vontade do czar ou, mesmo, o reflexo das relações de produção). E tampouco pode furtar-se à questão dos *limites* para suas ações. Em uma democracia, o povo *pode* fazer toda e qualquer coisa — e precisa saber que *não deve* fazer toda e qualquer coisa. A democracia é o regime da autolimitação; portanto, é também o regime do risco histórico — outro modo de dizer que é o regime da liberdade, e um regime trágico. O que é ilustrado pelo destino da democracia ateniense: a queda de Atenas — sua derrota na guerra do Peloponeso — foi resultado da *hubris* dos atenienses. Mas a *hubris* não supõe apenas a liberdade; ela supõe também a ausência de normas fixas, a imprecisão fundamental das referências últimas de nossas ações. (O pecado cristão é, obviamente, um conceito associado à heteronomia.) A transgressão da lei não é *hubris*, é um delito definido e delimitado. A *hubris* surge quando a autolimitação é a única "norma", quando se transgridem limites que não estavam definidos em parte alguma.

A questão dos limites para a atividade auto-instituinte de uma coletividade se desdobra em duas etapas. Há um critério intrínseco da lei e para a lei? Pode-se garantir efetivamente que esse critério, seja qual for a sua definição, não será jamais transgredido?

No nível mais fundamental, a resposta a essas duas questões é um *não* categórico. Qualquer norma da norma tem que ser, também ela, uma criação histórica. E não há modo algum de eliminar os riscos de uma *hubris* coletiva. Ninguém pode proteger a humanidade contra o desatino ou o suicídio.

Os tempos modernos pensaram — pretenderam — ter descoberto a resposta a essas duas questões ao amalgamá-las numa só. Essa resposta seria a "constituição", concebida como um diploma fundamental incorporando as normas das normas e definindo as cláusulas particularmente estritas que tratam de sua revisão. Nem é preciso lembrar que essa "resposta" não se sustenta, lógica ou fatualmente; que a história moderna, há dois séculos, vem cobrindo de ridículo por todas as maneiras imagináveis essa idéia de "constituição"; ou ainda, que a mais antiga "democracia" do mundo liberal ocidental, a Grã-Bretanha, não tem "constituição". Basta sublinhar a falta de profundidade e a ambigüidade do pensamento moderno acerca desse ponto — tal como se manifestam tanto no campo das relações internacionais como no caso de mudanças de regimes políticos. No nível internacional, apesar da retórica dos mestres de "direito público internacional", não existe realmente direito, mas só a "lei do mais forte"; em outras palavras, existe uma "lei", contanto que as coisas não tenham verdadeiramente importância — contanto que não se tenha, efetivamente, necessidade dessa lei. A "lei do mais forte" vale também para o estabelecimento de uma nova "ordem legal" em um país: "uma revolução vitoriosa cria o direito", ensinam quase todos os professores de direito público internacional; máxima que é seguida, concretamente, por todos os países. (Essa "revolução" não precisa ser, e geralmente não é, uma revolução propriamente dita: na maioria das vezes não passa de um *putsch* bem-sucedido.) E, na experiência da história européia dos últimos sessenta anos, a legislação introduzida pelos regimes "ilegais", se não mesmo "monstruosos", foi sempre mantida, no essencial, após a queda destes.

A realidade, neste caso, é muito simples: defrontados com um movimento histórico que disponha da *força* — seja porque mobiliza ativamente uma grande maioria, seja porque se apóia em uma minoria fanática e impiedosa, ante os olhos de uma população passiva ou indiferente (para não mencionar os casos em que a força bruta está simplesmente concentrada nas mãos de um punhado de coronéis) — os dispositivos jurídicos são totalmente ineficazes. Podemos, é certo, estar razoavelmente seguros da extrema improbabilidade de que a escravidão, amanhã, seja restabelecida nos Estados Unidos ou em algum país europeu. Mas nossa previsão é "razoável" porque nós a fundamentamos não nas leis existentes ou nas constituições (seríamos perfeitos idiotas se o fizéssemos) mas em uma avaliação de como reagiria a imensa maioria da população diante de uma tentativa desse tipo.

Na prática (e na reflexão) grega, não existe diferença entre "constituição" e "lei". A distinção ateniense entre as leis e os decretos da *ecclèsia* (*psèphismata*) não tinha o mesmo caráter formal e, de resto, desapareceu no decorrer do século IV. Mas a questão da autolimitação foi abordada de maneira diferente (e, segundo creio, mais profunda). Com relação a estes problemas, vou deter-me em apenas duas instituições.

A primeira delas é uma disposição aparentemente estranha, mas fascinante, conhecida pelo nome de *graphè paranomôn* (denúncia de ilegalidade)[35]. Podemos descrevê-la rapidamente do seguinte modo: você submeteu à *ecclèsia* uma proposta, que foi aprovada. Por conta disso, um outro cidadão pode levá-lo a juízo sob a acusação de ter incitado o povo a votar uma lei ilegal. E, ou bem você é absolvido, ou é condenado — caso em que a lei é anulada. Ou seja, você tem pleno direito de propor absolutamente tudo o que quiser — mas deve refletir cuidadosamente antes de fazer uma proposta apoiada em uma tendência momentânea do capricho popular, e de fazê-la aprovar por escassa margem de votos. Pois a eventual denúncia será julgada por um júri popular de dimensões consideráveis (501, às vezes 1.001 e até mesmo 1.501 cidadãos atuando na qualidade de juízes) designado por sorteio. Assim, o *dèmos* apelava ao *dèmos* contra si mesmo: apelava, de uma decisão tomada pelo corpo de cidadãos em sua totalidade (ou pela parcela presente quando da aprovação da proposta), junto a uma ampla amostra, selecionada ao acaso,

---

35. Recentemente M. I. Finley ressaltou a importância e elucidou o sentido desse procedimento em *Démocratie antique et Démocratie moderne* (trad. fr. de M. Alexandre, Paris, Payot, 1976, p. 77 e 176). [*Democracia antiga e moderna*, M. I. Finley, Rio de Janeiro, Graal, 1987.] Ver também V. Ehrenberg, *The Greek State*, 2.ed., Londres, Methuen, 1969, p. 73, 79 e 267 — que também trata de dois outros procedimentos ou disposições importantes que atestam o mesmo intuito: a *apatè tou dèmou* (enganar o *dèmos*) e a exceção *ton nomon mè épitèdéion einai* (inadequação de uma lei).

desse mesmo corpo, e que se reuniria uma vez serenadas as paixões, pesando novamente os argumentos contraditórios e julgando a questão com relativo distanciamento. Uma vez que o povo é a fonte da lei, o "controle da constitucionalidade" não poderia ser confiado a "profissionais" — a idéia, em todo o caso, teria parecido ridícula a um grego — mas somente ao próprio povo, agindo sob diferentes modalidades. O povo dita a lei; o povo pode enganar-se; o povo pode se corrigir. Temos aí um magnífico exemplo de uma instituição eficaz de autolimitação.

Outra instituição de autolimitação é a tragédia. Já se tornou rotina falar da "tragédia grega" (e os estudiosos escrevem tratados com esse título) — tal coisa, contudo, simplesmente não existe. Existe somente uma tragédia *ateniense*. Pois a tragédia (em oposição ao simples "teatro") não poderia mesmo nascer em outro lugar que não a cidade onde o processo democrático, o processo de auto-instituição, atingiu o apogeu.

A tragédia possui, é claro, toda uma diversidade de níveis de significação, e não se pode pretender reduzi-la a uma função "política" estreita. Mas há, sem nenhuma dúvida, uma dimensão política essencial na tragédia — que é preciso evitar confundir com as "posições políticas" assumidas pelos poetas, ou mesmo com a defesa tão comentada (com razão, embora de maneira insuficiente) que Ésquilo faz, na *Orestéia*, da justiça pública contra a vingança privada.

A dimensão política da tragédia decorre antes de mais nada e acima de tudo de sua base ontológica. O que a tragédia traz à vista de todos — não "discursivamente" mas por *apresentação* — é que o Ser é Caos. O Caos apresenta-se aqui, primeiramente, como a ausência de ordem *para* o homem, a falta de correspondência positiva entre as intenções e as ações humanas, por um lado, e seus resultados e conseqüências, por outro. Mais que isso, a tragédia mostra não apenas que não somos senhores das conseqüências de nossos atos, mas também que não dominamos nem mesmo a sua *significação*. O Caos também se apresenta como Caos *no* homem, isto é, como sua *hubris*. E, como em Anaximandro, a ordem que termina prevalecendo é a ordem através da catástrofe — ordem "desprovida de sentido". É da experiência universal da catástrofe que procede a *Einstellung* fundamental da tragédia: a universalidade e a imparcialidade.

Hannah Arendt tinha razão em dizer que a imparcialidade veio ao mundo por intermédio dos gregos. Ela já aparece com perfeita clareza em Homero: não só não encontramos, nos poemas homéricos, a menor expressão de desdém pelo "inimigo" — os troianos —, como ainda, na *Ilíada*, a figura realmente central não é Aquiles mas Heitor, e os personagens mais comoventes são Heitor e Andrômaco. O mesmo sucede com *Os persas* de Ésquilo — peça representada em 472, ou seja, sete anos após a Batalha de Platéia, quando a guerra ainda prosseguia. Esta tragédia não contém uma só palavra de repulsa ou menosprezo pelos persas; sua rainha, Atossa, é uma figura venerável e majestosa; a derrota e ruína dos persas é imputada exclusivamente à *hubris* de Xerxes. E, em suas *Troianas* (415), Eurípedes apresenta os gregos sob a forma de brutos que não poderiam ser mais cruéis e monstruosos — como se dissesse aos atenienses: vejam só o que vocês são. Com efeito, a peça foi representada um ano após o terrível massacre dos mélios pelos atenienses (416).

Contudo, do ponto de vista da dimensão política da tragédia, a peça mais profunda é talvez *Antígona* (442 a.C.). Insiste-se em ver nessa tragédia uma espécie de panfleto contra a lei humana e em favor da lei divina, ou, ao menos, uma representação do conflito intransponível entre estes dois princípios (ou entre a "família" e o "Estado" — como pensa Hegel). De fato, esse é o conteúdo manifesto do texto, incansavelmente repetido. E, já que os espectadores não podem deixar de "identificar-se" com Antígona, com a sua figura pura, heróica, solitária e desesperada, diante de um Creonte obstinado, autoritário, arrogante e cheio de suspeitas, eles julgam que a "mensagem" da peça é clara. Na realidade, o sentido da peça se desdobra em muitos níveis, e a interpretação clássica (que, mais uma vez, quase não é uma "interpretação") perde de vista o ponto que me parece mais importante. Uma justificação detalhada da interpretação que proponho exigiria uma análise integral da peça, o que está fora de questão nestas páginas. Contento-me em chamar a atenção para alguns pontos. A insistência na oposição evidente — e assaz superficial — entre as leis humana e divina esquece o fato de que, para os gregos, enterrar os mortos é *também* uma lei humana — do mesmo modo que defender seu país é *também* uma lei divina (Creonte o diz explicitamente). Do começo ao fim, o coro não pára de oscilar entre as duas posições, e sempre as coloca no mesmo plano. O célebre hino (vv. 332-375) à glória do homem, como edificador de cidades e criador das instituições, termina por um elogio a quem é capaz de *entretecer* (*pareirein*) "as leis do país e a justiça dos deuses à qual prestou juramento". (Cf. também v. 725: "correto nos dois sentidos".) Antígona debilita consideravelmente a sua defesa da "lei divina" justificando o seu ato porque um irmão é insubstituível, na falta dos pais, e reconhecendo portanto que a situação seria diferente caso se tratasse de um marido ou filho. Com certeza, nem a lei humana nem a lei divina acerca da inumação dos mortos reconheceriam uma tal distinção. Além disso, aqui como em todas as outras partes da peça, mais que o respeito à lei divina, é o amor apaixonado de uma irmã ao irmão que se exprime pela boca de Antígona. É inútil prosseguir até os extremos da sobreinterpretação e invocar alguma atração incestuosa; mas certamente não é supérfluo notar que esta tragédia não seria a obra-prima que é se Antígona e Creonte fossem pálidos representantes de princípios e não estivessem animados por poderosas paixões — o amor por seu irmão, no caso de Antígona, o amor pela cidade e por seu próprio poder, no caso de Creonte —, ante as quais os argumentos dos protagonistas aparecem *também* como racionalizações. E, enfim, apresentar Creonte como unilateralmente responsável por todos os "erros" seria ir contra o espírito mais profundo da tragédia — e, sem nenhuma dúvida, da tragédia sofocleana.

Aquilo que os últimos versos do coro louvam não é a lei divina — mas o *phronein*, palavra intraduzível que se torna intoleravelmente insípida na tradução latina como *prudentia*. O corifeu louva o *phronein*, adverte-nos contra a impiedade, e depois reitera seu conselho de *phronein*, alertando-nos contra "as grandes palavras" dos homens demasiado orgulhosos (*huperauchoi*)[36]. Ora, o teor desse *phronein* é claramente indicado no decorrer da peça. A catástrofe se produz porque *tanto* Creonte *como* Antígona se aferram a suas razões, e não escutam as razões do outro. É desnecessário repetir aqui as razões de Antígona; lembremo-nos

---

36. Devo, aqui, deixar em aberto a questão levantada pela interpretação proposta por Hannah Arendt (e Hölderlin) para estes últimos versos (*Condition de l'homme moderne*, tr. fr. G. Fradier, prefácio Paul Ricoeur, Paris, Calmann-Lévy, 1983, p. 34-5, n. 2) [Ver *A condição humana*. Forense-EDUSP, 1981, cap. II, 4, p. 34-35, n. 7 (*N. do E.*)] — interpretação que, de qualquer modo, não traz dificuldades para o meu propósito. Curiosamente, em seu excelente estudo acima citado, Michael Denneny não menciona a tradução proposta na *Condition de l'homme moderne* e dá uma versão (oral) diferente, sugerida também por Hannah Arendt — versão totalmente inaceitável, tanto do ponto de vista filológico como relativamente ao significado global da peça. Denneny, *op. cit.*, p. 268-69 e 274.

apenas de que as razões de Creonte são irrefutáveis. Nenhuma cidade pode substituir — e, por conseguinte, *nenhum deus pode ser honrado* — sem *nomoi;* nenhuma cidade poderia tolerar que alguém a traísse e que, em aliança com o estrangeiro, pegasse em armas contra seu próprio país movido pura e simplesmente pela sede de poder, tal como fez Polínice. O próprio filho de Creonte, Hêmon, confessa claramente que não poderia provar que seu pai estava errado (vv. 685-86); ele exprime no mais alto grau a idéia nuclear da peça quando pede a seu pai que "não queira ser sábio sozinho", *monos phronein* (vv. 707-09).

A decisão de Creonte é uma decisão política, solidamente fundamentada. Mas até as mais sólidas bases políticas podem vir a vacilar, se forem apenas "políticas". Dizendo de outro modo, é precisamente devido ao caráter *total* do domínio do político (incluindo, no caso, decisões relativas à inumação, assim como à vida e à morte) que uma decisão política correta deve levar em conta todos os fatores, além dos fatores estritamente "políticos". E mesmo quando pensamos, pelas razões mais racionais, que tomamos a boa decisão, essa decisão pode vir a resultar má, e até mesmo catastrófica. Nada pode garantir, *a priori*, a justeza de um ato — nem mesmo a razão. E, acima de tudo, é insensatez pretender, a todo custo, "ser sábio sozinho", *monos phronein.*

*Antígona* aborda o problema da ação política em termos que adquirem a mais aguda relevância no quadro democrático, mais que em qualquer outro. Ela faz ver a incerteza que permeia todo este domínio, ressalta em grandes linhas a impureza dos motivos, revela o caráter pouco conclusivo dos raciocínios sobre os quais fundamos nossas decisões. Ela mostra que a *hubris* nada tem a ver com a transgressão de normas bem definidas, que ela pode tomar a forma da vontade inflexível de aplicar as normas, e abrigar-se por trás de motivações nobres e dignas — quer sejam elas racionais ou devotas. Pela denúncia do *monos phronein*, ela formula a máxima fundamental da política democrática[37].

---

37. Encontra-se no final dos *Sete contra Tebas* (vv. 1065-75) de Ésquilo um argumento suplementar em favor da minha interpretação. Trata-se, com certeza, de uma adição ao texto inicial, datando provavelmente dos anos 409-405 (Mazon, na edição Budé, p. 103). Esse acréscimo foi inserido de modo a anunciar a apresentação, imediatamente a seguir, da *Antígona*. Assim, os *Sete* concluem com uma divisão de coro, o primeiro semicoro entoando seu apoio aos

Qual o objetivo da auto-instituição autônoma? Esta é uma questão que se pode negar de antemão, caso se pense que a autonomia — a liberdade coletiva e individual — é um fim em si; ou, ainda, que, uma vez estabelecida uma autonomia significativa na e através da instituição política da sociedade, o resto não é mais matéria de política mas um campo aberto à livre atividade de indivíduos, grupos e da "sociedade civil".

Não estou entre os que pensam assim. A idéia de autonomia concebida como um fim em si desembocaria em uma concepção puramente formal — "kantiana". Queremos a autonomia tanto por ela mesma como a fim de estar em condições de *fazer*. Mas fazer o quê? E o que é mais, não se poderia dissociar a autonomia política do "resto", ou da "substância" da vida em sociedade. Por fim, sob um aspecto muito importante, essa vida relaciona-se com obras e objetivos comuns, sobre os quais se deve decidir em comum, e que se tornam, desse modo, objetos de discussão de atividade políticas.

Hannah Arendt possuía uma concepção substantiva do "objeto" da democracia — da *polis*. Para ela, o mérito da democracia reside em ser ela o regime político no qual os seres humanos podem revelar quem eles são através de seus atos e de suas palavras. Este elemento, com certeza, estava presente e era importante na Grécia — e (mas) não apenas na democracia. Hannah Arendt (seguindo Jacob Burckhardt) enfatizou com razão o caráter agonístico geral da cultura grega — não só na política mas em todos os campos e, deve-se acrescentar, não apenas na democracia mas em todas as cidades. Os gregos se preocupavam acima de tudo com o *kléos* e o *kudos,* e com a fugidia imortalidade que estes representavam.

Não obstante, é impossível reduzir o sentido e os fins da política e da democracia na Grécia a esse elemento: como espero haver esclarecido na rápida exposição precedente. Além do mais, seguramente é muito difícil

---

que são solidários com seu sangue (*généa*), porque aquilo que a *polis* tem por justo varia no decorrer do tempo; em outras palavras, as leis da *polis* mudam ao passo que o direito do sangue é perene; e o outro semicoro se alinhando ao lado da *polis* e do *dikaion,* ou seja, do direito. O primeiro semicoro não faz qualquer menção a uma "lei divina"; o segundo, ao contrário, menciona os "bem-aventurados", sem dúvida os heróis protetores da cidade, e o próprio Zeus. Note-se, mais uma vez, que tudo isso faz parte do texto *manifesto*. Prova notável da maneira pela qual, no final do século v, os atenienses concebiam essa questão, e do sentido que davam a *Antígona*.

defender ou sustentar a democracia a partir dessa base. Em primeiro lugar, embora a democracia, sem nenhuma dúvida, permita mais que qualquer outro regime que os homens se "manifestem", essa "manifestação" não pode ser facultada a todo mundo — sequer a quem esteja fora de uma pequena minoria de pessoas que agem e tomam iniciativas no campo estritamente político. Em segundo lugar, e isto é o mais importante, a posição de Hannah Arendt deixa de lado a questão capital do teor, da substância, dessa "manifestação". Para tomar alguns casos extremos, Hitler, Stalin e seus tristemente célebres colegas certamente mostraram quem eles eram através de seus atos e discursos. A diferença entre Temístocles e Péricles, de um lado, e Cleon e Alcebíades, de outro, entre os edificadores e os coveiros da democracia, não se acha no simples ato da "manifestação", mas no conteúdo dessa manifestação. Mais ainda, foi justamente porque só a "manifestação" enquanto tal, a simples "aparição no espaço público", contava a seus olhos, que Cleon e Alcebíades provocaram catástrofes.

A concepção substantiva da democracia na Grécia mostra-se claramente na massa global de *obras* da *polis*, em geral. E ela foi explicitamente formulada, com uma profundeza e intensidade inigualadas, no maior monumento do pensamento político que já me foi dado ler, a "Oração fúnebre" de Péricles (Tucídides, II, 35-46). Nunca deixarei de espantar-me pelo fato de que Hannah Arendt, que admirava esse texto e forneceu brilhantes indicações para sua interpretação, não tenha visto que ele apresentava uma concepção *substantiva* da política dificilmente compatível com a sua.

Em sua "Oração fúnebre", Péricles descreve os usos e modos de fazer dos atenienses (II, 37-41) e apresenta, em meia frase (começo de 11, 40), uma definição de qual é, de fato, o "objeto" dessa vida. A passagem em questão é a famosa *Philokaloumen gar mét'eutéléias kai philosophoumen aneu malakias*. Em *La crise de la culture* (*Op. cit.*, p. 272 ss.), Hannah Arendt oferece um comentário rico e penetrante desta passagem.[38] Mas não consigo encontrar no seu texto aquilo que, a meu ver, é o ponto mais importante.

A frase de Péricles desafia a tradução em uma linguagem moderna. Literalmente, pode-se traduzir os dois verbos por "nós amamos a beleza (...) e nós amamos a sabedoria...", mas, como bem viu Hannah

---

38. Em *Entre o passado e o futuro*, op. cit., p. 267-68. *(N. do E.)*

Arendt, isto levaria a perder de vista o essencial. Os verbos não permitem esta separação entre o "nós" e um "objeto" — beleza ou sabedoria — exterior a esse "nós". Eles não são verbos "transitivos"; nem mesmo apenas "ativos", já que são, ao mesmo tempo, "verbos de estado" — como o verbo *viver*, eles designam uma "atividade" que é igualmente um modo de ser, ou melhor, *o* modo em virtude do qual o sujeito do verbo *é*. Péricles não diz: amamos as coisas belas (e as depositamos nos museus), amamos a sabedoria (e pagamos professores, ou compramos livros). Ele diz: nós existimos no e pelo amor da beleza e da sabedoria, e na e pela atividade suscitada por esse amor; nós vivemos por elas, com elas e através delas — mas fugindo das extravagâncias e da lassidão[39]. E é por isso que ele se julga no direito de qualificar Atenas de *paideusis* — educação e educadora — da Grécia.

Em sua "Oração fúnebre", Péricles mostra implicitamente a futilidade dos falsos dilemas que contaminam a filosofia política moderna e, de maneira geral, a mentalidade moderna: o "indivíduo" contra a "sociedade" ou a "sociedade civil" contra o "Estado". O objetivo da instituição da *polis* é, a seus olhos, a criação de um ser humano, o cidadão ateniense, que existe e vive na e pela unidade destes três elementos: o amor e a "prática" da beleza, o amor e a "prática" da sabedoria, o cuidado e a responsabilidade para com o bem público, a coletividade e a *polis* ("eles tombaram valorosamente em combate, pretendendo, com todo o direito, não serem despojados de uma tal *polis*, e é fácil compreender que cada qual, dentre os vivos, esteja pronto a sofrer por ela" — II, 41). E não é possível separar esses três elementos: a beleza e a sabedoria *tal como* os atenienses as amavam e as viviam somente poderiam existir em Atenas. O cidadão ateniense não é um "filósofo privado", nem um "artista privado": ele é um cidadão para quem a arte e a filosofia tornaram-se modos de vida. Tal é, penso eu, a verdadeira resposta, a resposta concreta da democracia antiga à questão referente ao "objeto" da instituição política.

---

39. Retomo a tradução habitual de *eutéléia*. Embora não seja rigorosamente impossível, a tradução que Hannah Arendt dá para esse termo — e que resulta na interpretação: "nós amamos a beleza dentro dos limites do julgamento político" — é extremamente improvável.

Quando digo que os gregos são para nós um gérmen, quero dizer, em primeiro lugar, que eles jamais cessaram de refletir sobre esta questão: o que deve ser realizado pela instituição da sociedade?; e, em segundo, que em Atenas, o caso paradigmático, eles chegaram à seguinte resposta: a criação de seres humanos vivendo com a beleza, vivendo com a sabedoria, e amando o bem comum.

*Paris-Nova York-Paris, março de 1982-junho de 1983.*

# Natureza e valor da igualdade[40]

Quero, em primeiro lugar, agradecer ao sr. Busino por sua apresentação tão cordial; agradecer também a Bernard Ducret e Jean Starobinski, graças aos quais tenho o prazer de poder falar a vocês. E junto-me a todos para formular votos pelo pronto restabelecimento da saúde de Jean Starobinski.

Foi precisamente Jean Starobinski que escreveu, com muita razão, no texto de seu convite para este encontro: "A questão da igualdade remete à representação que nos constituímos da natureza humana; ela se conecta, assim, a uma interrogação filosófica e religiosa. Mas ela remete também ao modelo que nós nos propomos para a sociedade justa: ela apresenta, portanto, uma dimensão sociopolítica". E um dos indícios da dificuldade de nossa questão — a questão da natureza e do valor da igualdade — é a existência destas duas dimensões, a dimensão filosófica e a dimensão política, sua relativa independência e, ao mesmo tempo, sua profunda conexão.

Filosofia e política nascem juntas, no mesmo momento, numa mesma região, e no seio de um mesmo movimento — o movimento em direção à autonomia individual e coletiva. Filosofia: não se trata de sis-

---

40. Conferência realizada em 28 de setembro de 1981 na Universidade de Genebra por ocasião dos XXIII Encontros Internacionais de Genebra, tendo por tema "a exigência de igualdade". Publicado no volume que contém as atas desses Encontros: *L'exigence d'égalité*. Neuchâtel, Baconnière, 1982.

temas, de livros, de raciocínios escolásticos. Trata-se, antes e acima de tudo, de pôr em questão a representação instituída do mundo, os ídolos da tribo, no horizonte de uma interrogação ilimitada. Política: não se trata de eleições municipais, nem mesmo presidenciais. A política, no sentido verdadeiro da palavra, é o questionamento da instituição efetiva da sociedade, a atividade que busca formar uma perspectiva lúcida da instituição social como tal.

As duas nascem juntas, como eu disse, na Grécia, evidentemente, e renascem juntas na Europa Ocidental no final da Idade Média. Essas duas coincidências são na verdade muito mais que coincidências. Há aí uma co-natividade essencial, uma consubstancialidade.

Consubstancialidade, no entanto, não quer dizer identidade, e menos ainda dependência de um dos termos em relação ao outro. Ocorre que, a meu ver, a ontologia herdada, o núcleo central da filosofia, permaneceu enferma e essa enfermidade acarretou conseqüências muito graves para aquilo que se denominou filosofia política, a qual, na verdade, jamais passou de uma filosofia *sobre* a política, e *exterior* a esta; isso já começa com Platão.

Mas, mesmo que as coisas tivessem se passado diferentemente, continuaria sendo impossível extrair uma política da filosofia. Não há passagem da ontologia à política — afirmação que, reconheço, é banal. Mas que é necessário reiterar, em face da confusão que renasce perpetuamente entre os dois domínios. O que está em questão não é simplesmente a ilegitimidade de se deduzir o direito a partir do fato — ponto com o qual concordo. Trata-se de muito mais: os esquemas fundamentais que operam na filosofia e na política, bem como a atitude ante o mundo, são radicalmente diferentes entre si — embora as duas procedam, como afirmei, do mesmo movimento de pôr em questão a ordem estabelecida da sociedade.

Procuremos explicitar, de maneira breve, essa diferença. A filosofia não pode fundamentar uma política — aliás, ela não pode "fundamentar" absolutamente nada. Em particular, quanto a assuntos de política, tudo o que a filosofia pode dizer é: se vocês querem a filosofia, é preciso que queiram também uma sociedade na qual a filosofia seja possível. O que é perfeitamente correto, pois há sociedades — elas existem hoje — em que a filosofia não é possível ou, na melhor das hipóteses, só pode ser praticada em segredo. Mas para aceitar esse raciocínio é preciso, ainda, que queiramos a filosofia, e esse querer a filosofia não pode ser racionalmente justificado por nós, pois uma justificação racional estaria outra vez pressupondo a filosofia, invocando como premissa aquilo que deve ser demonstrado.

Sabemos ainda que a filosofia tampouco pode "fundamentar-se" a si mesma, como ela freqüentemente desejou fazer. Toda "fundamentação" da filosofia revela-se diretamente falaciosa, ou então, apoiada em círculos. Círculos que são viciosos do ponto de vista da pura lógica formal, mas que, sob outra perspectiva, são círculos inerentes à genuína criação social-histórica. Criação: idéia cuja ausência indica precisamente aquilo que denominei, há pouco, a enfermidade da ontologia herdada. Tanto a criação em geral como a criação social-histórica são incompreensíveis para a lógica estabelecida, pela simples razão de que, na criação, o resultado, o efeito das operações que estão em jogo é pressuposto por essas próprias operações.

Exemplo em nosso domínio: a autocriação da sociedade — voltarei a isto logo mais — só é possível quando os indivíduos *sociais* existem; ou: a autotransformação da sociedade só é possível quando existem indivíduos que almejam essa transformação da sociedade e podem realizá-la. Mas de onde vêm, então, esses indivíduos?

A criação filosófica, como a criação política, só tem sentido para aqueles que estão a jusante dessa criação. Essa é a razão de nos depararmos com esse limite: a filosofia não apenas não pode fundamentar-se na lógica, como tampouco poderia prevalecer contra as atitudes e crenças que ignoram o mundo filosófico, que estão a montante desse mundo. Do mesmo modo, as idéias políticas por nós invocadas — voltarei a isso logo mais — não podem ser demonstrativamente impostas a indivíduos formados em sociedades diferentes da nossa, para quem elas não fazem parte de sua tradição histórica ou de sua representação do mundo.

A filosofia, sendo ela própria uma criação social-histórica, depende evidentemente do mundo social-histórico no qual é criada, o que não quer dizer que ela seja determinada por esse mundo. Mas essa dependência, como também, aliás, a liberdade da criação filosófica, encontra seu limite — e, ao mesmo tempo, seu contrapeso — na existência de um referente do pensamento, de um termo ao qual o pensamento se refere, que ele visa, que é diferente do próprio pensamento. Filosofar ou pensar, no sentido forte do termo, é esse empreendimento sumamente paradoxal que consiste em criar formas de pensamento para pensar aquilo que está além do pensamento — aquilo que, simplesmente, é. Pensar é visar essa outra coisa distinta do pensamento, tendo perfeita consciência de que é exclusivamente no pensamento, e por meio dele, que ela poderá ser apreendida, e de que, finalmente, a questão de se saber, no que pensamos, o que vem de quem pensa e o que vem do que é pensado, essa questão continuará para sempre indecifrável, como questão derradeira. E esse paradoxo é, ele próprio, paradoxalmente, o único lastro do pensamento.

Mas o pensar/querer político, o pensar/querer uma outra instituição da sociedade não tem referente externo a si mesmo. É claro que, se ele não for delirante, ele encontra seu lastro ou um certo lastro, ou pelo menos a sua origem, na vontade e ação da coletividade à qual se dirige e da qual procede. Mas, justamente, a coletividade, ou a parcela da coletividade que age politicamente, só lida, nesse contexto, consigo mesma. O pensamento, a filosofia não tem fundamento assegurado, mas dispõe de referências naquilo que lhe é, de certa forma, exterior. Nenhuma referência desse tipo existe para o pensar/querer político. O pensamento *deve* visar a sua independência — paradoxal e, finalmente, impossível — em face do enraizamento social-histórico. Mas o pensar/querer político não *pode* visar uma tal independência de modo absoluto. A característica do pensamento é querer encontrar-se com outra coisa, distinta dele próprio. A característica da política é querer fazer de si mesma algo diferente do que é, partindo de si mesma.

Falei em enfermidade da ontologia herdada; ela consiste, em resumo, na ocultação da questão, melhor dizendo, do *fato*, da criação e do imaginário radical que agem na história. E é essa ontologia que temos de superar, pois ela continua a sobredeterminar, de forma consciente ou não, aquilo que é pensado em todos os domínios. É essa ontologia que devemos ultrapassar, se quisermos enfrentar a questão da política em seu terreno apropriado. E isso surge com intensa clareza no caso da questão que nos ocupa hoje, a questão da igualdade, bem como no caso desta outra questão estreitamente ligada à primeira, a questão da liberdade.

Na verdade, toda a discussão da igualdade, assim como da liberdade, está onerada, desde os primórdios, por uma ontologia antropológica, por uma metafísica relativa ao ser humano que faz deste último —

do exemplar singular da espécie *homo sapiens* — um *indivíduo-substância*, um indivíduo de direito divino, de direito natural ou de direito racional. Deus, Natureza, Razão — sucessivamente introduzidos como seres-entes supremos e paradigmáticos, que funcionam ao mesmo tempo como ser e como sentido — sempre foram postulados, no quadro da filosofia herdada, como fontes de um ser/sentido derivado e secundário da sociedade, traduzindo-se, a cada vez, como parcelas ou moléculas de divindade, de naturalidade ou de razoabilidade que definem, ou deveriam definir, o ser humano como indivíduo.

Esses fundamentos metafísicos de igualdade entre humanos são em si mesmos insustentáveis — e, com efeito, já não ouvimos tanto falar deles. Não ouvimos mais dizer que a exigência de igualdade, ou a exigência de liberdade se fundamenta na vontade de Deus, que nos criou todos iguais, ou no fato de que somos iguais por natureza, ou de que a razão exige que... E é típico, sob esse aspecto, que toda a discussão contemporânea dos direitos do homem esteja marcada por um pudor, para não dizer uma pudicícia, para não dizer uma pusilanimidade filosófica perfeitamente caracterizada.

Além disso, esses "fundamentos" filosóficos ou metafísicos da igualdade são, ou se tornam, em sua utilização, excessivamente ambíguos. Basta algum deslizamento lógico, ou acrescentar alguma premissa oculta a mais, para se derivar deles quer a defesa da igualdade, quer a de seu contrário.

O cristianismo, por exemplo, na boa teologia, a rigor só trata de igualdade perante Deus, não da igualdade social e política. Do mesmo modo, na sua prática histórica, ele quase sempre aceitou e justificou as desigualdades terrenas. O igual estatuto metafísico de todos os seres humanos enquanto filhos de Deus aos quais foi prometida a redenção, etc., diz respeito ao único assunto importante, o destino "eterno" das almas. Não conta, nem *deve* contar, para o destino dos seres humanos cá embaixo, durante esta ínfima fração de tempo intramundano de sua vida que tem, como diria um matemático, uma medida nula perante a eternidade. O cristianismo, ao menos o cristianismo inicial e originário, foi totalmente conseqüente e coerente quanto a esse ponto: daí a César o que é de César, meu Reino não é deste mundo, todo poder vem de Deus (Paulo, Epístola aos Romanos), etc. Isso foi formulado quando o cristianismo era ainda uma doutrina fortemente a-cósmica. Quando deixou de sê-lo para tornar-se religião instituída, e até mesmo legalmente obrigatória para os habitantes do Império (com o decreto de Teodósio, o Grande), acomodou-se perfeitamente à existência de hierarquias sociais, e as justificou. Esse tem sido seu papel social na esmagadora maioria dos países e das épocas.

É estranho ver, algumas vezes, pensadores de resto sérios querendo fazer da igualdade transcendente das almas professada pelo cristianismo o antecedente das idéias modernas de igualdade social e política. Para fazê-lo seria preciso esquecer, ou apagar, da maneira mais inacreditável, doze séculos de Bizâncio, dez séculos de Rússia, dezesseis séculos ibéricos, a santificação da servidão na Europa (e este belo vocábulo alemão para a servidão, *Leibeigenschaft,* propriedade sobre o corpo: evidentemente, a alma é propriedade de Deus), a santificação da escravatura fora da Europa, as atitudes de Lutero durante a guerra dos camponeses, e paro por aqui.

É verdade que nossa igualdade a todos os demais, enquanto descendentes dos mesmos Adão e Eva, pôde muitas vezes ser evocada por seitas e movimentos sócio-religiosos e, aliás, pelos mesmos camponeses do século XVI a quem me referi. Mas isso mostra apenas que finalmente se chegava, e após mil anos de um domínio religiosamente confirmado e ratificado de hierarquia social, a um novo período de questionamento da instituição da sociedade, questionamento que, em seu início, lançava mão de tudo o que estava a seu alcance e utilizava o que lhe parecia utilizável nas representações estabelecidas, dando-lhe uma *nova* significação. A ascensão do movimento democrático e igualitário a partir do século XVII e, sobretudo, do século XVIII, não se deu em todos os países cristãos, longe disso. Ela teve lugar apenas em alguns, e em função de outros fatores; ela traduz a ação de novos elementos históricos, traz novos custos, representa uma nova criação social. E nesse contexto que assume sua verdadeira significação a famosa frase de Grotius no início do século XVII (cito de memória): "Mesmo supondo-se, o que não poderia ser enunciado sem que se cometesse a maior das blasfêmias, que não existe Deus, ou que Ele não se interessa em nada pelos assuntos humanos, poder-se-ia ainda assim fundamentar o contrato social no direito natural". Assim, o que diz Grotius, com essas precauções — que certamente não eram para ele apenas recursos de oratória, já que era crente, fiel protestante —, é que não há, afinal, necessidade da lei divina para se fundamentar uma lei humana. De resto, nem é preciso lembrar, nesta cidade de Genebra, que mesmo o estatuto metafísico da "igualdade" das almas é, em si, excessivamente ambíguo, uma vez que o cristianismo é perfeitamente compatível com a doutrina mais extremada da predestinação, que cria classes sociais-metafísicas, ou sociais-transcendentes, no além e para a eternidade.

São igualmente ambíguos, nesse domínio, os recursos à "natureza" ou à "razão". É característico que o único filósofo grego que empreendeu a tarefa de "fundamentar" a escravidão (que era, para os gregos, um simples *fato* resultante de uma *força* desigual e que ninguém tinha procurado *justificar*) — a saber, Aristóteles — faça isso recorrendo tanto à "natureza" como à "razão". Quando Aristóteles diz que existem *phusei douloi,* escravos por natureza, a *phusis,* para ele, aqui como em todos os outros casos, não é uma "natureza" no sentido da ciência moderna, é a forma, norma, destinação, o *télos,* a finalidade, a essência de uma coisa. Para Aristóteles, o escravo "por natureza" é aquele homem que não é capaz de governar-se a si mesmo; o que, se pensarmos bem, é quase uma tautologia no nível dos *conceitos,* e que nós continuamos a aplicar, por exemplo, no caso de interdição jurídica ou internamento psiquiátrico. E é chocante constatar que a argumentação de Aristóteles no sentido de que sejam privados de direitos políticos os que exercem profissões banáusicas (os *banausoi*) é retomada quase palavra por palavra por um dos mais eminentes representantes do liberalismo moderno, Benjamin Constant, em sua defesa do sufrágio restrito e censitário.

O mesmo ocorre com relação à insuficiência e aos equívocos das modernas argumentações científicas. A "natureza científica" (no caso, a da biologia) cria ao mesmo tempo uma "igualdade" dos seres humanos sob certos aspectos — por exemplo, exceto em caso de anormalidade, todos os homens e todas as mulheres são capazes de fecundação intra-específica — e uma "desigualdade" sob outros aspectos, quanto a uma multidão de características somáticas, por exemplo. Não apenas o racismo, mas mesmo o anti-racismo "biológico" parecem-me repousar sobre deslizes lógicos. Que haja traços, entre os seres humanos, que são transmitidos geneticamente, é um truísmo, é algo incontestável. Superar esse truísmo, e saber *quais* são os traços que são geneticamente transmitidos, é uma questão empírica. Mas a resposta a essa questão não nos dirá jamais o que *nós queremos* e o que *devemos querer.* Se nós pensássemos que o valor supremo da sociedade, o valor ao qual todo o resto deve estar subordinado, é correr cem metros em menos de nove segundos, ou levantar, no arranque, trezentos quilogramas, então certamente haveria razões para selecionarmos linhagens humanas puras capazes de tais desempenhos — assim como selecionamos as galinhas Leghorn porque são grandes poedeiras e as galinhas Rhode lsland porque têm carne muito tenra.

Confusões análogas costumam acompanhar as discussões sobre o "quociente de inteligência". Não tocarei nessa questão; acredito que Albert Jacquart vá desenvolvê-la. Por isso me limitarei a duas observações. Em primeiro lugar, ainda que se chegasse a "demonstrar" a hereditariedade do quociente de inteligência, isso não constituiria, a meu ver, nem um escândalo científico, nem um motivo para mudar uma vírgula sequer em minha atitude política. Pois, se o "quociente de inteligência" mede alguma coisa — o que já é muito duvidoso — e supondo-se que isso que ele mede seja separável de todas as influências pós-natais sofridas pelo indivíduo — o que me parece ainda mais duvidoso —, ele afinal de contas só mediria a inteligência do ser humano enquanto inteligência puramente *animal*. Com efeito, ele mediria, no máximo, a "inteligência" que consiste na capacidade de combinação e de integração de dados, vale dizer, a perfeição maior ou menor do indivíduo examinado enquanto autônomo conjuntista-identitário, ou seja, aquilo que ele compartilha com os símios, o grau em que ele é um hipersímio particularmente bem-sucedido. Nenhum teste mede, nem poderá medir jamais, aquilo que torna a inteligência propriamente humana, que assinala nossa saída da pura animalidade, a imaginação criadora, a capacidade de propor e fazer existir o novo. "Medir" isso, por definição, seria carente de sentido.

Além disso, não poderíamos extrair conclusões *políticas* de nenhuma medida do tipo do quociente de inteligência. Para fazê-lo, seria preciso acrescentar premissas suplementares, que se costuma passar em silêncio, e que são perfeitamente arbitrárias se não francamente absurdas tais como, por exemplo: os mais inteligentes devem ter mais dinheiro (poder-se-ia perguntar se Einstein era menos inteligente que Henry Ford, ou se teria melhorado ainda mais o seu desempenho científico caso lhe tivessem dado mais dinheiro). Ou então: os mais inteligentes devem governar, o que, para começar, parece contradizer o consenso das sociedades contemporâneas que demonstram constantemente, quando das eleições, que não fazem muitíssima questão de ter governantes muito inteligentes; e, de outro lado, implicaria uma tomada de posição política que é a um só tempo muito específica e extremamente vaga: os mais inteligentes devem governar em vista de quê? e para fazer o quê?

Não podemos tirar conclusões políticas desse gênero de considerações. Pertencemos a uma tradição que fixa suas raízes na vontade de liberdade, de autonomia individual e coletiva — as duas sendo inseparáveis. Assumimos de maneira explícita (e crítica) essa tradição através de uma *escolha política* cujo caráter não delirante é demonstrado pelos momentos em que, na nossa tradição européia, o movimento pela igualdade e pela liberdade avançou; como também, de resto, pelo simples fato de podermos, hoje, realizar livremente esta discussão. Apesar da desigualdade provisória de nossas posições — eu falando a vocês, e vocês simplesmente escutando —, está em nosso poder inverter os papéis e discutir, por exemplo, amanhã de manhã, sem que ninguém, seja quem for, possa falar mais que os outros. Esta tradição e esta escolha política estão ancoradas na estrutura antropológica do homem greco-ocidental, do homem europeu tal como ele se criou. Tal escolha se traduz, no caso, por esta afirmação: queremos que todos sejam autônomos, ou seja, que todos aprendam a governar-se, individual e coletivamente: e só é possível desenvolver a capacidade de governar participando-se em pé de igualdade, de igual maneira, na condução das coisas comuns, dos assuntos comuns. É verdade que a segunda afirmação contém um importante componente factual, ou "empírico" — mas que parece difícil de se contestar. Todo ser humano possui geneticamente a capacidade de falar — que de nada lhe serve se ele não aprender uma linguagem.

A tentativa de fundamentar tanto a igualdade como a liberdade, isto é, a *autonomia* humana, em uma base extra-social é intrinsecamente antinômica. É a manifestação mesma da heteronomia. Se a liberdade (ou, de resto, a escravidão) tivesse sido decretada por Deus, pela Natureza ou pela Razão, ficaríamos para sempre submissos e sujeitos a esse suposto decreto.

A sociedade é autocriação. Sua instituição é auto-instituição, até aqui auto-ocultada. Esta auto-ocultação é justamente a característica fundamental da heteronomia das sociedades. Nas sociedades heterônomas, isto é, na esmagadora maioria das sociedades que existiram até agora — quase todas —, encontra-se, institucionalmente estabelecida e sancionada, a representação de uma origem da instituição da sociedade posta *fora* da sociedade: nos deuses, em Deus, nos ancestrais, nas leis da Natureza, nas leis da Razão, nas leis da História. Em outros termos, encontra-se nessas sociedades a representação, imposta aos indivíduos, de que a instituição da sociedade não depende deles, que eles não podem tomar a seu cargo a feitura de sua própria lei — pois é isto o que significa *autonomia* —, mas que essa lei já está dada por alguém ou algo distinto deles. Há, portanto, uma auto-ocultação da auto-instituição da sociedade, e essa é uma parte integrante da heteronomia da sociedade.

Mas há também uma considerável confusão nas discussões contemporâneas — e isso já desde o século XVIII — acerca da idéia ou categoria de indivíduo. O indivíduo, de quem sempre se fala nesse contexto, é ele próprio uma criação social. É uma parte total, como dizem os matemáticos, da instituição da sociedade. O indivíduo encarna uma imposição dessa instituição a uma psique que é, por natureza, a-social. O indivíduo é criação social enquanto forma em geral: esta forma não se desenvolve no caso de alguém criado em uma floresta selvagem, que será um menino-lobo, uma criança selvagem, um idiota, ou o que se quiser, menos um indivíduo. Mas o indivíduo é também, em cada caso e em cada tipo determinado de sociedade, uma fabricação, afirmo, uma produção — quase produção em série — social específica. Esta criação está continuamente ocorrendo. Toda sociedade ao instituir-se constitui o indivíduo como forma instituída; nenhuma sociedade, mesmo que pratique a mais extremada forma de "totemismo", confunde efetivamente um indivíduo humano, seja qual for seu *status* social, com um leopardo ou um jaguar. Mas essa criação é também, a cada vez, a criação de um *tipo* (*eidos*) histórico *específico* de indivíduo, e a "fabricação em série" de exemplares desse tipo: o indivíduo que a sociedade francesa, suíça, americana ou russa fabrica tem muito pouca relação, excetuando-se características tão gerais que se tornam vácuas, com o que é fabricado pelas sociedades romana, ateniense, babilônica ou egípcia, para não mencionar as sociedades primitivas.

Esta criação e esta fabricação implicam sempre a forma abstrata e parcial da igualdade, pois a instituição opera sempre dentro e através do universal, ou daquilo que denomino o conjuntista-identitário: ela age por meio de classes, propriedades e relações. A sociedade, tão logo se institui, instaura de chofre uma "igualdade" supranatural entre os seres humanos que é algo distinto de sua similaridade biológica, pois a sociedade não pode instituir-se a não ser estabelecendo relações de equivalência. Ela deve dizer: *os* homens, *as* mulheres, *os que* têm entre dezoito e vinte anos, os *que* habitam tal aldeia... ela opera, necessariamente, por meio de classes, relações, propriedades. Mas esta "igualdade" segmentária e lógica é compatível com as desigualdades substantivas mais agudas. Ela sempre é equivalência quanto a *tal* critério, ou, como os matemáticos dizem, *módulo* alguma coisa. Em uma sociedade arcaica, os membros de uma certa "classe de idade" são "iguais" entre si — *enquanto* membros dessa classe. Em uma sociedade escravagista, os escravos são "iguais" entre si — *enquanto* escravos.

Que há além disso? Haveria uma dotação universal dos seres humanos que se impusesse a todas as sociedades, à parte sua constituição animal biológica? A única dotação universal dos seres humanos é a psique enquanto imaginação radical. Mas esta psique só pode se manifestar, e mesmo substituir e sobreviver, se a forma do indivíduo social lhe for imposta. E esse indivíduo é "dotado" daquilo de que sua psique é dotada, a cada vez, pela instituição da sociedade à qual pertence.

Para ver isso, basta refletir acerca deste fato notável: na maioria dos casos e na maioria das épocas históricas, a sociedade fabrica o indivíduo de tal maneira que ele traga em si mesmo a exigência de *desigualdade* em relação aos outros, e não de igualdade. E isso não se dá por acaso, pois uma instituição da sociedade que seja instituição da desigualdade corresponde bem mais "naturalmente" — se bem que o termo esteja aqui totalmente deslocado — às exigências do núcleo psíquico originário, da mônada psíquica que trazemos em nós e que deseja sempre ser, seja qual for a nossa idade, onipotente e centro do mundo. Essa onipotência, e essa centralidade em relação ao universo, evidentemente não é realizável; mas é possível encontrar-lhe um simulacro em um pequeno poder, e na centralidade relativa a um pequeno universo. E é evidente que um correlato fundamental das exigências da economia psíquica do indivíduo é criado, inventado pela sociedade precisamente sob a forma da hierarquia social e da desigualdade.

A idéia de uma igualdade social e política substantiva dos indivíduos não é e nem poderia ser uma tese científica, nem filosófica. Ela é uma *significação imaginária social,* e, mais exatamente, uma idéia e um querer político, uma idéia que envolve a instituição da sociedade enquanto comunidade política. Ela própria é uma criação histórica e uma criação, se podemos dizê-lo, extremamente improvável. Os europeus contemporâneos (europeu, aqui, não é uma expressão geográfica, é uma expressão de civilização) não se dão conta da imensa improbabilidade histórica de sua própria existência. Em relação à história geral da humanidade, aquela história, aquela tradição, a filosofia, a luta pela democracia, pela igualdade e pela liberdade são tão improváveis quanto é improvável a existência da vida neste mundo, em relação aos sistemas estelares que existem no universo. Até hoje, o sistema de castas continua profundamente arraigado na Índia: as castas não são questionadas por ninguém. Recentemente os jornais noticiaram que, em um dos Estados da Índia, os párias que queriam libertar-se de sua condição não desencadearam nenhum movimento político pela igualdade de direitos dos países, mas começaram a converter-se ao islamismo, pois o islamismo ignora as castas.

A exigência de igualdade é uma criação de *nossa* história, deste segmento de história ao qual pertencemos. Ela representa um fato histórico, ou melhor, um *metafato* que nasce nessa história e que, a partir desse momento, tende a transformar a história, incluindo-se aí também a história de *outros* povos. É absurdo buscar fundá-la, em qualquer sentido reconhecido do termo, pois é ela que nos funda enquanto homens europeus.

A situação, deste ponto de vista, é muitíssimo análoga à das exigências do exame racional, da interrogação ilimitada, do *logon didonai* — relatar e explicar (*rendre compte et raison*). Ao tentar "fundar" racionalmente a igualdade, só posso fazê-lo dentro e através de um discurso que se dirige a todos e recusa toda "autoridade", um discurso, portanto, que *já pressupôs* a igualdade dos seres humanos enquanto seres dotados de razão. E esta igualdade, obviamente, não é um fato empírico; ela é a hipótese assumida por qualquer discurso racional, pois um discurso racional pressupõe um espaço público do pensamento e um tempo público do pensamento abertos, ambos, a toda e qualquer pessoa.

Juntamente com as idéias — as significações imaginárias sociais — de liberdade e de justiça, a idéia de igualdade vem inspirando há séculos as lutas sociais e políticas dos países europeus (no sentido amplo há pouco indicado) e o seu processo de auto-transformação. A culminação desse processo é o projeto de instauração de uma *sociedade autônoma:* a saber, de uma sociedade capaz de auto-instituir-se explicitamente e de questionar, portanto, suas instituições herdadas, sua representação já estabelecida do mundo. Ou seja, uma sociedade que, mesmo vivendo sob leis e sabendo que não pode viver sem lei, não está submetida a suas próprias leis; uma sociedade, portanto, onde a questão: qual é a lei justa? sempre está, efetivamente, aberta.

Uma sociedade autônoma como esta é inconcebível sem indivíduos autônomos, e vice-versa. Opor aqui, mais uma vez, sociedade e indivíduo, autonomia do indivíduo e autonomia social, constitui grosseira falácia, pois, ao falar em indivíduo, falamos de uma vertente da instituição social e, ao falar de instituição social, falamos de algo cujo único portador efetivo, eficaz e concreto é a coletividade de indivíduos. Não pode haver indivíduos livres numa sociedade serva. Pode talvez haver filósofos refletindo em frente de suas lareiras; mas esses filósofos só se tornaram possíveis nesse espaço histórico porque já houve, antes deles, coletividades autônomas que criaram de um só golpe a filosofia e a democracia. Descartes pode muito bem dizer que prefere modificar-se a modificar a ordem do mundo. Para poder dizê-lo, ele precisa da tradição filosófica. E essa tradição filosófica *não* foi fundada por pessoas que pensassem que mudar a si mesmas é melhor que mudar a ordem do mundo. Ela foi fundada por pessoas que começaram por mudar a ordem do mundo, tornando possível, por isso mesmo, a existência de filósofos nesse mundo modificado. Descartes, como filósofo que "se retira da sociedade", ou qualquer outro filósofo, só é possível em uma sociedade na qual a liberdade, a autonomia já tenham sido postas. É inconcebível um Sócrates babilônico. Ele mesmo sabia disso, e o disse no *Criton*, ou é o que Platão o faz dizer: ele o faz dizer que não podia transgredir as leis que o fizeram ser o que é. Do mesmo modo, é completamente impossível um Kant egípcio (faraônico, bem entendido), se bem que se possa duvidar de que ele tivesse consciência disso.

A autonomia dos indivíduos, sua liberdade (que implica, é claro, sua capacidade de pôr-se a si mesmos em questão), tem como conteúdo, também e principalmente, a *igual participação de todos* no poder, sem o que evidentemente não há liberdade, do mesmo modo que não há liberdade sem igualdade. Como eu poderia ser livre se outros decidem sobre o que me diz respeito e se dessa decisão eu não posso tomar parte? É preciso afirmar, com toda ênfase, contra os lugares-comuns de uma certa tradição liberal, que não há antinomia mas implicação recíproca entre a exigência da liberdade e a exigência da igualdade. Tais lugares-comuns, que continuam em circulação, só adquirem aparência de substância a partir de uma concepção degradada da liberdade, como liberdade restringida, defensiva, passiva. Para essa concepção, trata-se simplesmente de "defender" o indivíduo contra o poder: o que pressupõe que já se aceitou a alienação ou a heteronomia política, que se resignou à existência de uma esfera estatal *separada* da coletividade, que se aderiu, enfim, a uma concepção do poder (e mesmo da sociedade) enquanto "mal necessário". Esta concepção não é apenas falsa: ela representa uma degradação ética aflitiva. Ninguém expressou essa degradação melhor que Benjamin Constant, um dos grandes porta-vozes do liberalismo, ao escrever que, ao contrário do indivíduo antigo, tudo o que o indivíduo moderno espera da lei e do Estado é, eu cito, *"la garantie de ses jouissances"*. Podemo-nos admirar perante um pensamento e uma postura ética tão elevados. Seria necessário lembrar que um ideal de tal modo sublime, a "garantia do gozo de nossos bens", mesmo isto é impossível de realizar quando se permanece passivo diante do poder e que, dado que na vida social há necessariamente regras que afetam a todo mundo, que se impõem a todos, a única garantia da famosa liberdade de escolha — com a qual nos enchem as orelhas de novo, de um tempo para cá — é a participação ativa na formação e definição dessas regras?

Há uma falácia monstruosa circulando atualmente. Pretende-se mostrar que a liberdade e a igualdade são perfeitamente separáveis, e até mesmo antinômicas, tomando-se como exemplo a Rússia ou os países ditos, por antífrase, socialistas. Ouve-se dizer: vejam vocês que a igualdade total é incompatível com a liberdade e vem acompanhada pela servidão. Como se houvesse uma igualdade qualquer em um regime como o da Rússia! Como se nesse regime não houvesse uma fração sob todos os aspectos privilegiada da população, que gerencia a produção e, sobretudo, que tem em mãos a chefia do Partido, do Estado, do Exército, etc.! Que "igualdade" existe quando eu posso pôr você na prisão sem que você possa fazer o mesmo comigo?

Pode-se, deve-se mesmo, ir mais longe. E dizer, fazendo uma rápida alusão a Tocqueville, que a "democracia despótica" que ele temia, e da qual profetizava a possibilidade se não mesmo a probabilidade, não pode ser realizada. Não pode existir "democracia despótica". Tocqueville apercebia-se efetivamente de alguma coisa que preparava o que mais tarde veio a ser o totalitarismo; ele via em sua época algo que iria fornecer um dos componentes do totalitarismo, e chamava de "democracia" — numa linguagem que era a sua e que é deveras flutuante — o limite daquilo que ele denominava a igualdade de condições, o limite da tendência para a igualdade. Na realidade, contudo, a idéia de uma "democracia despótica" é um não-conceito, um *nichtiges Nichts,* como diria Kant. Não pode haver "democracia despótica", igualdade total de todos na servidão, que não se realize em proveito de ninguém, de *nobody,* de *niemand.* Ela sempre se realiza em proveito ao menos de alguém; e esse alguém não pode jamais reinar completamente só em uma sociedade. Assim, ela sempre se estabelece em proveito de uma fração da sociedade; ela implica a desigualdade. Aproveitemos essa observação para sublinhar que as distinções tradicionais entre igualdade de direitos, igualdade de oportunidades e igualdade de condições devem ser fortemente relativizadas. É inútil querer uma sociedade democrática se a possibilidade de igual participação no poder político não for tratada pela coletividade como uma tarefa que a ela cumpre realizar. E isso nos faz passar da igualdade de direitos à igualdade de condições de *exercer efetivamente* e mesmo de *assumir* esses direitos. O que, por sua vez, nos remete diretamente ao problema da instituição total da sociedade.

Volto ao exemplo já citado de Constant. Quando Benjamin Constant diz, na verdade repetindo uma idéia de Aristóteles, que a indústria moderna torna os que nela trabalham inaptos para as ocupações políticas, e que, por isso o voto censitário é absolutamente indispensável, a questão para nós é a seguinte: queremos essa indústria moderna tal qual ela é, e com suas supostas conseqüências, entre as quais a oligarquia política, porque na verdade é disso que se trata e, além do mais, é isso o que existe; ou, ao contrário, queremos uma verdadeira democracia, uma sociedade autônoma? Na segunda hipótese, tomamos a organização da indústria moderna, e essa própria indústria, não como uma fatalidade natural ou um efeito da vontade divina, mas como um componente da vida social, entre outros, que em princípio pode e deve ser transformado, também ele, em função de nossos objetivos e de nossas exigências políticas e sociais.

Evidentemente, permanece aberta a questão de saber o que é implicado e exigido pela igual participação de todos no poder. Isso nada tem de surpreendente: trata-se da própria essência dos verdadeiros debates e enfrentamentos políticos. Pois, do mesmo modo que a justiça, a liberdade e a autonomia social e individual, a igualdade não é uma resposta, uma solução que se possa dar de uma vez para sempre à questão da instituição da sociedade. Ela é uma significação, uma idéia, um querer que abre questões e que não pode passar sem questão.

Aristóteles definia o justo, ou a justiça, como o legal e o igual. Mas ele também sabia que esses termos, legal e igual, mais abrem do que fecham uma interrogação. O que é o igual? O igual "aritmético", dar a mesma coisa a todos — ou o igual "geométrico", dar a cada um *segundo..., em proporção a...*? Em proporção a quê, *segundo* o quê? Qual é o critério? Essas questões nos acompanham sempre. De fato, mesmo na situação contemporânea da sociedade, as duas igualdades são, ao menos em parte, reconhecidas e aplicadas. Por exemplo, há igualdade "aritmética" dos adultos quanto ao direito de voto; mas há também, bem ou mal, e sejam quais forem as reservas que se possa fazer a isso, igualdade "geométrica", segundo as necessidades, no que se refere a despesas de saúde, ao menos nos países em que há uma Previdência Social mais ou menos efetiva.

Como traçar, aqui, a fronteira entre as igualdades "aritmética" e "geométrica", e a partir de qual critério? Não podemos nos esquivar de tais questões. A idéia de que poderia haver uma instituição da sociedade na qual elas desapareceriam, ou seriam automaticamente resolvidas de uma vez por todas, como na fase mítica do comunismo superior de Marx, não é apenas falaciosa: é uma idéia profundamente mistificadora, pois a sedução de uma terra prometida torna-se, como se pôde constatar nos últimos cinqüenta anos, fonte da mais profunda das alienações políticas.

É inútil tentar desviar dessas questões o nosso querer e a nossa responsabilidade. Isso mais uma vez aparece, e constitui uma nova faceta da questão da igualdade, no problema de *estabelecer constitutivamente* a comunidade política. Quando se diz que todos devem ser iguais quanto à participação no poder, ainda não se disse nem *quem* são esses todos, nem *o que* eles são. O corpo político, tal como existe em cada caso, se autodefine sobre uma base que deve ser reconhecida como existindo *de fato,* e repousando, num certo sentido, na *força.* Quem *decide* quem são os *iguais?* Aqueles que, em cada caso, se *estabeleceram como sendo iguais.* Não se deve desconsiderar a importância fundamental desta questão. Nós assumimos o encargo, por exemplo, de fixar uma idade mínima para o exercício dos poderes políticos, assumimos igualmente o encargo de declarar que tais e tais indivíduos — apoiando-nos em razões médicas verdadeiras, ou supostas, ou falsas, e com os possíveis desvios que se conhece — estão incapacitados para exercer seus direitos políticos. Não podemos deixar de fazê-lo. Mas não se deve esquecer que somos *nós* que o fazemos.

Do mesmo modo, não podemos ignorar (é o mínimo a dizer) que *o que* são esses indivíduos iguais — os quais queremos que participem igualmente no poder — está co-determinado em cada caso, de maneira decisiva, pela sociedade e por sua instituição, mediante aquilo que chamei, há pouco, a fabricação social dos indivíduos ou, para utilizar um termo mais clássico, sua *paidéia,* sua educação no sentido mais amplo. Quais são as implicações de uma educação que visasse a tornar todos os indivíduos o mais possível capacitados a participar do governo comum — o que Aristóteles, mais uma vez, entendia muito bem e denominava *paidéia pros ta koina,* a educação em vista dos assuntos comuns, considerada por ele como dimensão essencial da justiça?

Não quero concluir sem antes lembrar outro problema enorme, que surge no contexto da igualdade e que já não diz respeito simplesmente às relações entre indivíduos de uma certa comunidade e suas ligações com o poder político nessa comunidade, mas sim às relações entre comunidades, o que quer dizer, no mundo contemporâneo, entre nações. É desnecessário chamar a atenção para a hipocrisia que reina nesse domínio quando se declara que todas as nações são iguais. Hipocrisia do ponto de vista da correlação bruta e brutal de forças e da possibilidade de que certas nações imponham sua vontade a outras; mas também hipocrisia enquanto fuga diante de um problema bem mais substancial, bem mais difícil do ponto de vista das idéias, do pensamento. Esse problema é o da necessidade e da impossibilidade de conciliar aquilo que decorre de nossa exigência de igualdade, a saber: a afirmação de que todas as culturas humanas são, de um certo ponto de vista, equivalentes; e a constatação de que, de outro ponto de vista, elas não o são, pois um grande número delas *negam ativamente* (negam, em todo caso, em seus atos) tanto a igualdade entre indivíduos quanto a idéia da equivalência entre culturas diferentes. Este é um paradoxo essencialmente análogo ao suscitado pela existência de partidos totalitários nos regimes mais ou menos democráticos. Neste último caso, o paradoxo consiste em que nós afirmamos que todas as culturas têm direitos iguais; e isso acerca de culturas que por sua vez não admitem que todas as culturas tenham direitos iguais, e afirmam o seu direito de *impor* seu "direito" às outras. Há um paradoxo em afirmar que o ponto de vista do islamismo, por exemplo, vale tanto quanto todo e qualquer outro — quando o ponto de vista do islamismo consiste em afirmar que *só* o ponto de vista do islamismo vale. E nós próprios fazemos o mesmo: afirmamos que só o nosso ponto de vista, segundo o qual na equivalência de culturas, vale — negando com isso, precisamente, o valor do ponto de vista eventualmente "imperialista" desta ou daquela cultura.

Há, portanto, esta singularidade paradoxal da cultura e da tradição européia (mais uma vez, no sentido não geográfico), que consiste, em afirmar uma equivalência de direito de todas as culturas, embora as outras culturas rejeitem essa equivalência, e mesmo a própria cultura européia recuse-a num certo sentido, pelo próprio fato de ser a única a afirmá-la. E este paradoxo não é simplesmente teórico ou filosófico. Ele suscita um problema político de primeira grandeza, já que existem, em grande número, sociedades, regimes e Estados que violam de modo constante, sistemático e maciço os princípios que nós consideramos como constitutivos de uma sociedade humana. Deveríamos considerar a excisão e a infibulação de mulheres, a mutilação de ladrões, as torturas policiais, os campos de concentração e as internações "psiquiátricas" por motivos políticos como particularidades etnográficas interessantes das sociedades que as praticam?

É evidente, como dizia Robespierre, que "os povos não gostam de missionários armados", é evidente que a resposta a esse tipo de questões não pode ser dada pela força; mas é também evidente que essas questões, no nível internacional e mundial, não apenas persistem mas readquirem, na atualidade, uma importância que pode tornar-se crítica.

Para cada uma dessas questões devemos, em cada caso, dar uma resposta que não tem nem pode ter um fundamento científico, que se baseia em nossa opinião, nossa *doxa*, nossa responsabilidade e nosso querer políticos. E *todos* nós, seja o que for que façamos, compartilhamos *igualmente* desta responsabilidade. A exigência de igualdade implica também uma igualdade de nossas responsabilidades na formação de nossa vida coletiva. A exigência de igualdade estaria radicalmente pervertida caso se referisse apenas a "direitos" passivos. Seu significado é também, e principalmente, o de uma atividade, uma participação e uma responsabilidade iguais.

# Logos

# A descoberta da imaginação[1]

## NOTA PRELIMINAR

*Estas páginas são extraídas de uma obra em preparação,* L'élément imaginaire, *cujo primeiro volume, volume "histórico", contém uma parte dedicada à descoberta da imaginação por Aristóteles no tratado* De anima *(Péri psychès). Algumas indicações, meramente esquemáticas, sobre a orientação e os termos deste trabalho poderão servir ao leitor.*

*É uma pista luminosa, embora talvez unilateral, pensar a história da filosofia em sua vertente central como a elaboração da Razão, homóloga à postulação do ser como ser determinado, ou seja, determinidade (péras, Bestimmtheit). O risco de unilateralidade, que já se reduz se dele tomamos consciência, é de resto, em si mesmo, baixo. Pois o que não decorre da Razão e do Ser determinado foi sempre adscrito, nessa vertente central, ao infrapensável ou ao suprapensável, à indeterminação como simples privação, déficit de determinação, isto é, de ser, ou a uma origem absolutamente transcendente e inacessível de toda determinação.*

*Esta postulação acarretou, desde o início, o encobrimento da alteridade e de sua fonte, da ruptura positiva das determinações já dadas, da criação como não apenas indeterminada mas* determinan-

---

[1]. Publicado inicialmente em *Libre*, nº 3, 1978.

te, *ou seja, como instauração de novas determinações. Em outras palavras, ela acarretou, sempre, a ocultação do imaginário radical e, correlativamente, a ocultação do tempo enquanto tempo de criação e não de repetição.*

*Essa ocultação é total e flagrante no caso da dimensão social-histórica do imaginário radical, ou seja, a imaginação social ou a sociedade instituinte. Aqui, as motivações, se pudermos nos exprimir assim, são claras. Compete de maneira intrínseca e constitutiva à instituição conhecida da sociedade, enquanto instituição heterônoma, excluir a idéia de que ela poderia ser auto-instituição, obra da sociedade enquanto sociedade instituinte. No máximo (tempos modernos), a auto-instituição da sociedade será vista como exercício, ou aplicação aos assuntos humanos, da Razão por fim compreendida.*

*Mas a filosofia não podia deixar de recuperar a outra dimensão do imaginário radical, sua dimensão psíquica, imaginação radical do sujeito. Aqui, a ocultação não podia ser radical. Ela consistiu na ocultação do caráter radical da imaginação, redução desta última a um papel subalterno, às vezes perturbador e negativo, às vezes auxiliar e instrumental: a questão levantada sempre foi a do papel da imaginação em nossa relação com um Verdadeiro/Falso, Belo/Feio, Bem/Mal supostos como já dados e determinados por outras vias. Tratava-se, de fato, de garantir a teoria — a visão, ou constituição — daquilo que é, daquilo que deve ser feito, daquilo que tem valor, em sua necessidade, ou seja, em sua determinidade. Mas a imaginação, em sua essência, é rebelde à determinidade Nessa medida, ela será, na maior parte do tempo, simplesmente obscurecida, ou relegada à "psicologia", ou "interpretada" e "explicada" a partir de seus produtos, mediante superficialidades flagrantes, como a idéia da "compensação" da necessidade ou do desejo insatisfeitos. (A imaginação não é, evidentemente, efeito, mas condição do desejo, como já sabia Aristóteles: "não há desejante sem imaginação", De anima, 433 b 29.) E mesmo quando o papel criador da imaginação for reconhecido, quando Kant chegar a ver na obra de arte "produzida" pelo gênio a instauração indeterminada e indeterminável de novas determinações, haverá ainda "instrumentalidade" de um nível superior, subordinação da imaginação a algo diferente dela, que fornece o padrão de medida de suas obras. O estatuto ontológico da obra de arte, na* Crítica do juízo, *é reflexo ou deri-*

*vado de seu estatuto de valor, que consiste no fato de que são apresentadas, na intuição, Idéias das quais a Razão não pode, por princípio, fornecer representação discursiva.*

*Este recobrimento, no entanto, será por duas vezes rompido na história da filosofia. Em cada uma delas, a ruptura será difícil, antinômica, criadora de aporias insolúveis. Aquilo que é descoberto, a imaginação, não se deixa reter nem conter, nem pode ser situado e posicionado em uma relação clara, unívoca e determinável com a sensibilidade e o pensamento. E, em ambas as vezes, a ruptura será imediatamente seguida de um total e estranho esquecimento.*

*Aristóteles é o primeiro a descobrir a imaginação — e descobre-a duas vezes, isto é, ele descobre duas imaginações. Descobre, inicialmente* (De anima, III, 3), *a imaginação no sentido que em seguida se tornou banal, que chamarei daqui em diante de* imaginação segunda, *fixando-lhe a doutrina que depois dele tornou-se convencional e que reina até hoje, de fato e em essência. Em seguida, ele descobre outra imaginação, com junção muito mais radical, que com a anterior mantém quando muito uma relação de homonímia, e que designarei daqui em diante como a* imaginação primeira. *Esta descoberta ocorre em meio ao Livro III do tratado* De anima; *ela não é explicitada nem tematizada como tal; rompe a ordenação lógica do tratado e, o que é infinitamente mais importante, virtualmente faz explodir a ontologia aristotélica — vale dizer, a própria ontologia. Do mesmo modo, ela será ignorada pela interpretação e pelo comentário, assim como pela história da filosofia, que se servirão da descoberta da imaginação segunda para encobrir a descoberta da imaginação primeira.*

*Será preciso esperar até Kant (e, depois, Fichte) para que a questão da imaginação venha a ser recolocada, renovada, aberta de maneira bem mais explícita e ampla — embora igualmente antinômica, inapreensível e incontível. Igualmente neste caso, o novo recobrimento não tardará. Em seus escritos de juventude, Hegel prossegue e, por vezes, radicaliza o movimento inaugurado por Kant e Fichte: a imaginação, escreve ele em* Fé e saber, *não é um "termo médio", mas "aquilo que é primitivo e originário". Mas esses escritos permanecerão inéditos ou desconhecidos. Na obra publicada, a situação é completamente diferente. Não se achará nenhum traço do tema ou do termo imaginação na* Fenomenologia do espírito. *E, depois, Hegel deslocará a ênfase da imaginação para a* memória, *à qual ele transferirá as obras "objetiváveis" da imaginação (e censurará os Antigos por terem rebaixado a memória ao grau da imaginação:* Enciclopédia, § 462, Zusatz*) e o que ele continuará chamando, na* Propedêutica *e na* Enciclopédia, *de "imaginação ativa" e "imaginação criadora" não será, de fato — consternadora banalidade, depois das* Críticas *kantianas —, nada mais que uma recombinação seletiva de dados empíricos guiada pela Idéia. Hegel restaura e restabelece assim a tradição vulgar, sempre dominante, acerca da questão, e que se limita a reproduzir a primeira exposição da imaginação no tratado de Aristóteles: expulsão da imaginação para a "psicologia", fixação de seu lugar entre a sensação e a intelecção (obliterando completamente o admirável capítulo 9 do Livro* III *do tratado* De anima, *refutação antecipada das classificações de farmacêutico da* Enciclopédia*), caráter simplesmente reprodutivo e recombinatório de sua atividade, estatuto deficiente, ilusório, enganoso ou suspeito de suas obras.*

*É a Heidegger, sem nenhuma dúvida, que se deve, com* Kant e o problema da metafísica *(1929), o restabelecimento da questão da imaginação como questão filosófica e, ao mesmo tempo, a possibilidade de uma abordagem de Kant que rompe com a sonolência e o esgotamento neo-kantianos. Também não há dúvida de que Heidegger reproduz, por sua vez e por si só, num espetáculo impressionante, a sucessão de movimentos de descoberta e de recobrimento que marcaram a história da questão da imaginação. Tratarei em outro lugar da redescoberta por Heidegger da descoberta kantiana da imaginação, e de seu caráter, a meu ver, parcial e enviesado. Noto apenas, aqui, que o "recuo" que Heidegger imputava a Kant diante do "abismo sem fundo" aberto pela descoberta da imaginação transcendental, esse recuo, o próprio Heidegger o repete depois do livro sobre Kant. Novamente se esquece, recobre e apaga a questão da imaginação, da qual não se achará nem mais um traço em seus escritos posteriores, e se suprime o impacto produzido por essa questão sobre qualquer ontologia (e sobre qualquer "pensamento do Ser").*

*Mais perto de nós, os sinais das dificuldades e das aporias suscitadas pela questão da imaginação e do imaginário persistem em* O visível e o invisível *de Maurice Merleau-Ponty. Como compreender de outro modo essa hesitação que às vezes faz do imaginário um sinônimo da ficção irreal, do puro e simples inexistente, e às vezes chega quase a dissolver a distinção entre o imaginário e o real? Aí vemos Merleau-Ponty indo muito longe em seu esforço para apagar "as antigas clivagens" — ao mesmo tempo em que algo o puxa para trás: sem dúvida, a persistência do* esquema *da percepção, no sentido mais amplo, do qual ele não chega a se desvencilhar totalmente, percepção agora tornada experiência ou* recepção *ontológica.*

*Fragmentos deste texto foram publicados em grego, sob o título "A alma jamais pensa sem fantasia", na revista ateniense* Tomès *(jan. 1977).*

*As traduções das passagens de Aristóteles são minhas. Freqüentemente, elas divergem bastante (e, às vezes, acerca de pontos "elementares" de sentido) das traduções existentes. Não me preocupei absolutamente com a elegância.*

*Em todos os lugares onde não havia risco de mal-entendido, mantive os derivados vernáculos dos termos gregos (por exemplo:* noema*). Assim, do mesmo modo, traduzi* phantasma *por fantasia* (phantasme*). Traduzir essa palavra, como se costuma fazer, por imagem, representação, etc., é infiel e fortemente interpretativo; é uma fonte de arbitrariedade, com o tradutor traduzindo* phantasma *ora por imagem, ora por representação, ora por outra coisa a seu bel-prazer ou de acordo com o que ele decidiu ser um "sentido" indicado pelo contexto, e sem que o leitor possa sequer suspeitar de que haveria aí um problema. Não é preciso temer nenhuma confusão com a fantasia freudiana. A fantasia, aqui, é a obra da imaginação, da* phantasia. *Quanto a saber o que é a* phantasia, *essa é a questão de que trata o texto.*

*Sobre minhas traduções de* sumbébèkos *por* comitante *(em lugar do habitual* acidente*) e do* ti en einai *por* aquilo que era para ser, *já me expliquei em outro lugar (A instituição imaginária da sociedade, op. cit., p. 238, p. 371-72; As encruzilhadas do labirinto* I, *op. cit., p. 326-29).*

*Janeiro de 1978.*

## "A ALMA JAMAIS PENSA SEM FANTASIA"

A questão da imaginação já de início está marcada pelas dificuldades, aporias e impossibilidades que sempre a acompanharão. Primeiro sinal disso: não é lá onde Aristóteles se propõe explicitamente a tratá-la, e onde a trata *ex professo* (*De anima*, III, 3), que ele diz o essencial do que tem a dizer sobre ela, mas sim em outras partes, de maneira fragmentada e incidental (*De anima*, III, 7 e 8). Vejamos as passagens mais importantes (431 a 14 — 432 a 14):

(III, 7) "Para a alma pensante, as fantasias são como sensações. (...) É por isso que a alma jamais pensa sem fantasia...

"Portanto, o noético [da alma] pensa as formas (*eidè*) nas fantasias e, já que é nestas que se determina, para ele, o que deve ser buscado ou evitado, ele se move, propriamente, para fora da sensação, sempre que lida com fantasias. (...) Em outras ocasiões, é por meio das fantasias ou noemas que estão na alma que ele, como se os estivesse vendo, calcula e delibera as coisas que estão por vir com base nas coisas presentes (...):

"... E o pensamento (*nous*), tal como surge em ato, coincide completamente com as coisas. Mas, se lhe é ou não possível pensar algum objeto como tendo-sido-separado (*kéchorisménon*), ele mesmo não tendo-sido-separado da grandeza, isso é algo que precisaremos examinar ulteriormente.

(III, 8) "Recapitulemos agora o que já dissemos acerca da alma, repetindo que a alma é, de um certo modo (*pôs*), todos os seres; pois os seres são ou sensíveis ou inteligíveis, e o conhecimento (*epistèmè*) é, de um certo modo, os cognoscíveis (*epistêta*), e a sensação, os sensíveis; de que modo isso ocorre, é preciso investigar.

"O conhecimento e a sensação se dividem segundo os objetos [reportando-se], à medida que existam em potência, aos objetos em potência, e à medida que existam em ato, aos objetos em ato. Mas o sensitivo e o cognoscente da alma são, em potência, precisamente o cognoscível e o sensível. E, necessariamente, ou bem são esses mesmos [isto é, o cognoscível e o sensível] ou bem são suas formas (*eidè*). Mas não *é* possível que sejam esses mesmos; pois não é a pedra que está na alma, mas a forma; de modo que a alma é como a mão; pois também a mão é um instrumento de instrumentos, e o pensamento forma de formas e a sensação forma de sensíveis. E dado que nada pode existir, parece, tendo sido separado de grandezas sensíveis e fora delas, os inteligíveis (*noèta*) existem nas formas sensíveis, tanto aqueles que são ditos por abstração como os que são disposições e afecções (*hexeis kai pathè*) de seres sensíveis. É por isso que não seria possível aprender nem compreender qualquer coisa caso não se sentisse nada; e que, quando se pensa (*théorei*), é necessário ao mesmo tempo (*hama*) contemplar (*théorein*) alguma fantasia; pois as fantasias são como sensações, mas sem matéria. Mas a imaginação é distinta da afirmação e da negação, pois a verdade e o erro dizem-se de uma complexão de noemas. Mas, nesse caso, o que diferenciará os primeiros noemas das fantasias [fazendo com que eles não sejam elas]? Ou então [será preciso dizer que] eles não são fantasias, embora não subsistam sem fantasias."

Invasão do intratável, do *aporon* — essência da filosofia. Todas as aporias da imaginação aqui estão indicadas, implícita ou explicitamente. Aquilo que a imaginação é, e o dizer disso que ela é, não é "coerente" no sentido de qualquer lógica ou dialética. Não apenas ele não é "claro": a *phantasia*, correlato do *phainesthai*, surge à vista na luz, ligada ao *phaos* (429 a 3-4), não se deixa ver tão facilmente — e menos ainda dizer (*apophainesthai*). Ela escapa por todos os lados, não se contrai em *eidos*, não pode ser-mantida-junta (*concipere, erfassen, be-greifen*). E muito menos pode ser situada em um lugar que lhe seria próprio, ao lado da *aisthèsis* (sensibilidade) e da *noèsis* (pensamento). Tal situação não se modificará essencialmente no único autor que, 21 séculos mais tarde, saberá ver e dizer mais que Aristóteles acerca da imaginação. Pois aquilo de essencial que Kant, indo além de Aristóteles, irá descobrir na imaginação só servirá para tornar as coisas ainda mais insustentáveis que antes, e radicalmente in-contíveis.

## Oscilação do sensível e do inteligível

Para Aristóteles, bem como para a tradição filosófica da qual ele já é herdeiro, dois pólos parecem ser, e são, tomados como garantidos: o *aisthèton* e o *noèton*, o sensível e o inteligível. Ocupando lugar central no tratado *De anima*, eles são os únicos a ter peso ontológico — fornecem acesso aos dois grandes tipos de entes e, na medida do possível, uma determinação de seu modo de ser. "Pois os seres são ou sensíveis ou inteligíveis" e, "de um certo modo", a *épistèmè* (saber verdadeiro e certo de seu objeto) *são* os *épistèta*, assim como a *aisthèsis*, "de um certo modo", são os *aisthèta*. "De que modo isso ocorre, acrescenta Aristóteles, é preciso investigar." É preciso investigar — surpreendentes palavras, já que se está quase no final do terceiro e último Livro do tratado e, sobretudo, porque desde o início do segundo Livro nada se fez, sob uma forma ou outra, além disso: investigar a conexão entre o *nous* e os *noèta*, a *aisthèsis* e os *aisthèta*. Será que essa frase antecede novos e extensos desenvolvimentos, proporcionais à importância decisiva da questão, será que ela prenuncia a solução desta? Não. A "solução" *é* despachada em duas curtas frases: a alma é em potência (*dunamei*) o sensível e o inteligível — não eles mesmos (*auta*), mas suas formas (*eidè*). Mas, principalmente, a questão é de imediato desviada rumo a uma outra coisa: uma nova e inesperada irrupção da questão da *phantasia* (já tratada, contudo, e aparentemente esgotada, no Livro III, 3), marcada pela afirmação de que todo pensamento (*théorein*) é, necessária e simultaneamente, a contemplação (*théorein*) de uma fantasia. O que leva a constatar que, a bem dizer, não se sabe se e em que os primeiros noemas — os noemas irredutíveis, originários, elementares — diferem de fantasias puras e simples. O que é certo, de qualquer modo, é que eles não poderiam *existir sem* fantasias.

Mas, então, como ficará, como poderá ficar, neste caso, a bipartição *noèton-aisthàton, noèsis-aisthèsis*? Como acreditar que ela seja exaustiva, que ela esgote tudo aquilo que se poderia, alguma vez, dizer que existe? A fantasia não é um "nada", não apenas porque "nós a temos", como ainda porque ela está necessariamente implicada no ato de pensamento, porque é impossível pensar sem fantasia. (Na terminologia moderna, ela não é "dado empírico", mas "condição transcendental".) Embora não seja um nada, não se sabe *o que* ela *é*. Evidentemente, ela não é sensível: ela é "como o sensível", mas *sem matéria*, e isso introduz uma diferença absolutamente fundamental do ponto de vista da ontologia aristotélica, ou de qualquer ontologia[2]. É igualmente impossível reduzir a fantasia, tal como a estamos considerando, à definição da ima-

---

2. Para Aristóteles, nada *existe* verdadeiramente sem matéria, salvo o pensamento pensando a si mesmo, *noèsis noèséôs*, a atividade (*énergéia*) pura, o ser/ente supremo — que ele também denomina Deus.

ginação formulada em III, 3: "movimento engendrado por uma sensação em ato". Essa é a definição da *imaginação segunda*, a única que é tratada em III, 3, e na qual se fixaram os intérpretes e toda a tradição filosófica e psicológica pós-aristotélica — mas que não é adequada à imaginação de que se trata em III, 7 e 8, a origem de fantasias que ou bem *são* os "primeiros noemas", ou são *aquilo sem o qual* os primeiros noemas não poderiam existir. Mas a fantasia tampouco é inteligível no sentido estrito, conforme mostra a frase: "mas a imaginação é distinta da afirmação e da negação, pois a verdade e o erro dizem-se de uma complexão de noemas".

No mesmo instante em que é reafirmada, a divisão exaustiva daquilo que existe em sensível e inteligível sofre um abalo completo. Pois um Terceiro surge, que escapa à divisão e põe em causa seu fundamento. De fato, ele não surge como alguma coisa talvez deixada de fora, que indicasse que a divisão é insuficiente para exaurir o dado, convidando pois a completá-la ou superá-la. Ele age no e a partir do interior dessa divisão, e parece torná-la impossível já que esse Terceiro se encontra às vezes no Um e às vezes no Outro, sem ser Um ou Outro. É ao existir *enquanto* sensível que a fantasia é *aquilo que* é pensado, ao menos, aquilo que é "necessariamente também e ao mesmo tempo" (*anankè hama*) pensado sempre que há pensamento. O que significa que o *nous* só pode existir verdadeiramente, em ato, *énergéia* — isto é, no ato de pensar —, por meio desse problemático ser-não-ser: a fantasia. Reciprocamente, é apenas à medida que a fantasia se distingue daquilo que faz o sensível existir *enquanto* sensível — a indissociação efetiva de *eidos* e *hulè*, de forma e matéria —, sendo, portanto, também ela, de um certo modo, um tendo-sido-separado, como o inteligível, que ela pode "ser como" (funcionar como) o sensível, ainda quando e mesmo onde este não *está* presente.

## A ordenação do tratado de anima e a ruptura do Livro III

O tratado *De anima*, juntamente com muitos dos *Pequenos tratados de história natural* (*Parva naturalia*) — "Pequenos tratados de história psíquica" seria, de fato, o título correto — que lhe são diretamente ligados e constituem uma espécie de anexos desse tratado, é, sem dúvida, um dos últimos escritos de Aristóteles. Apesar do que tem sido dito por grandes filólogos (W. Jaeger, *Aristotle, Fundamentals*... Oxford, 1962, p. 331-34; D. Ross, *Aristotle*. Londres, Methuen, 1923/1964, p. 17-19. Jaeger chega, infelizmente, a afirmar que o Livro III do tratado é *"peculiarly Platonic and not very scientific"*), a unidade de sua composição é evidente. O percurso do tratado é claro e ordenado — bem mais que o de Outros escritos de Aristóteles tal como chegaram a nós — até a metade do Livro III.

O Livro I é consagrado, como é freqüente em Aristóteles, à definição do problema e de suas dificuldades e aporias, e à exposição e crítica das teorias anteriores. As fórmulas empregadas preparam ou anunciam as idéias que serão expostas e defendidas a seguir, especialmente no Livro III. O Livro II fornece a definição aristotélica da alma — "a alma é essência enquanto *eidos* de um corpo natural que possui a vida em potência. E a essência é entelequia" (412 a 19-21) —, e depois discute as potências (*dunameis*) da alma: nutritiva (ou vegetativa), desiderativa, sensitiva, locomotriz, dianoética. Esta discussão está em pleno acordo com o que será dito no insuperável Capítulo 9 do Livro III, onde Aristóteles recusa e refuta qualquer separação da alma em "partes" ou "faculdades" (o termo *dunameis* de Aristóteles é, o mais das vezes, traduzido por "faculdades"; não obstante, é claro que, para Aristóteles, trata-se de poderes ou potências que se atualizam diferentemente, mas só existem efetivamente como um). É preciso notar que aqui já surge — como, aliás, no Livro I — uma incerteza quanto ao estatuto e lugar da imaginação, que não é contada entre essas *dunameis* (414 a 31-32), embora seja freqüentemente mencionada como estando no mesmo plano que elas (413 a 22, 414 b 16, 415 a 10-11; cf., no Livro I, 402 b 22 — 403 a 2, 403 a 7-10). A continuação do Livro II é dedicada ao exame detalhado do poder nutritivo (vegetativo), e, depois, do poder sensitivo enquanto tal e dos cinco sentidos. O movimento da investigação não sofre nenhuma interrupção entre o final do Livro II, que retoma o exame de certos problemas gerais da sensação, e os dois primeiros capítulos do Livro III, que, após descartarem a possibilidade de um sexto sentido, desenvolvem mais a fundo a discussão do "sentido comum", ou sensação dos sensíveis comuns (movimento, repouso, número, figura, grandeza), já definido em II, 6.

A questão da imaginação é introduzida, discutida *ex professo* e aparentemente "resolvida" no terceiro capítulo do Livro III. Essa discussão — mais curta (427 a 17 — 429 a 9) que a anteriormente dedicada à sensação dos Sensíveis comuns (424 b 22 — 427 a 16) — culmina na definição da imaginação em plena conformidade às regras aristotélicas: "a imaginação seria movimento que sobrevém a partir da sensação em ato" (429 a 1-2). O capítulo se encerra observando que, como as imagens persistem e assemelham-se às sensações, os animais freqüentemente agem guiados por elas, ora, como as bestas, porque não possuem pensamento, ora, como os homens, porque seu pensamento está obscurecido pela doença ou pelo sono. "Quanto à imaginação, o que ela é e para que existe, o que já foi dito deve bastar" (429 a 4-9).

A questão está resolvida, e Aristóteles passa a tratar do problema supremo e sublime: o conhecimento e o pensamento. Os capítulos 4 a 6 e a maior parte do Capítulo 7 do Livro III são dedicados ao *nous*, seu modo de existência, seus atributos ou determinações, sua maneira de operar, sua intelecção dos divisíveis e indivisíveis, seu acesso à verdade (429 a 10 — 431 a 14, em seguida 431 b 12-19). Nada, nessas passagens, é dito sobre a *phantasia*: nada faz suspeitar que ela possa relacionar-se, de alguma maneira, com o pensamento.

Mas, se o tratado terminasse com essas considerações, ele não estaria completo. Pois falta discutir esta potência essencial de grande parte dos seres vivos, entre os quais o homem: o poder de movimento local (ou seja, de agir). A ele são devidamente dedicados os capítulos 9 a 11 (432 a 15 — 434 a 21), onde se encontra também a digressão refutadora da idéia de "partes" da alma (432 a 22 — 432 b 7). O tratado conclui com dois capítulos (12 e 13), que compõem, mais precisamente, uma espécie de anexo. Versando sobre a importância relativa dos sentidos para a vida, o caráter necessariamente composto do corpo vivo e o privilégio elementar do tato, esses capítulos igualmente poderiam caber no Livro II, salvo no grau — bastante tênue — em que pressupõem algo da discussão do movimento local.

A existência de uma ordem no percurso da investigação não é desmentida só porque o poder de movimento local é examinado após o do *nous*, contrariamente à hierarquia implicada pela ontologia de Aristóteles e reafirmada na passagem já mencionada (414 a 31-32). O movimento local, com efeito, pressupõe ao menos a sensação e a imaginação (nos animais) e, além delas, a intelecção (no homem); estas fazem parte das potências pelas quais a alma conhece. É lógico, assim, além de necessário à clareza da exposição, que o exame das potências cognitivas — sensação, imaginação, intelecção — seja efetuado em primeiro lugar, antes de se empreender o exame do poder de movimento local.

Contudo, uma brutal ruptura desse ordenamento do *Terceiro Livro* do *Tratado* ocorre em duas ocasiões: de início, na súbita reaparição da questão da *phantasia* bem no meio do exame da potência dianoética (III, 7, 431 a 14 — b 12 e III, 8, 431 b 20 — 432 a 14; são as passagens citadas no início deste texto); a seguir, no insistente retorno da *phantasia* ao longo de todo o exame da potência do movimento (III, 9-li, 432 b 14 — 434 a 21).

A ruptura não ocorre no plano da composição literária. A irrupção da *phantasia* em III, 7 e 8 bem poderia ser uma digressão, um *excursus* — Aristóteles, como qualquer autor que pensa, isto é, que é levado por seu pensamento, faz isso habitualmente, tanto quanto Platão e infinitamente mais que os autores modernos — e a utilização do termo e da idéia quando da discussão do movimento local, em III, 9-11, não tem, em si mesma, nada de surpreendente. A ruptura se situa num nível muito mais profundo: a *phantasia* de que se trata aqui não tem, por assim dizer, nada a ver com a que foi definida *ex professo* na aparente *sedes materiae*, em III, 3. Sua relação com ela é somente de homonímia; suas determinações e funções não apenas excedem as da outra mas parecem ser incompatíveis com elas; tanto seu "lugar" como sua "essência" se tornam incertos; e, por fim, o que dela se diz aparece como irreconciliável não só com o que o tratado buscou fixar como sendo as potências da alma, mas ainda com o que a obra de Aristóteles, em seu conjunto, procurou destacar como determinação do ser.

## A DOUTRINA CONVENCIONAL DA IMAGINAÇÃO SEGUNDA

Pode-se, anacronicamente, chamar de convencional o tratamento da imaginação proposto em *De anima* III, 3; ao descobrir a imaginação segunda, Aristóteles fixa ao mesmo tempo aquelas que se tornarão, a seguir, as convenções segundo as quais será pensada — ou seja, não será pensada — a imaginação. Por essa razão, seu tratamento poderá parecer trivial e ingênuo para o leitor contemporâneo, se este ignorar a origem das "evidências" que lhe povoam o espírito, o que a descoberta delas exigiu e, sobretudo, a riqueza transbordante na qual ela se fez e cuja tradição tem sido empobrecimentos, deformação e desconhecimento.

No caso presente, duas observações talvez permitam apreciar melhor o que era necessário para que mesmo a imaginação segunda pudesse ser descoberta e tematizada. Pode-se duvidar de que haja alguma vez existido uma língua que ignorasse completamente a categoria do "fictício" trivial — língua na qual fosse impossível dizer a alguém, não "você se engana" ou "você mente", mas "você inventa". E, não obstante, esse "fictício" trivial ou menor não tem estatuto na ontologia ou pré-ontologia implicada pela língua, não delimita nenhuma região dos entes, e não é mais que uma variante inconsistente, enfraquecida, daquilo que não existe. Isto parece estar ligado ao não reconhecimento do imaginário como tal, ao estatuto da realidade quase sempre atribuído, na representação arcaica, ao sonho ou ao delírio, indo até os termos utilizados para sua descrição ("esta noite *eu estava* em tal lugar", ou *"eu vi* Fulano").

Além disso, é preciso lembrar que, pouco antes de Aristóteles, o próprio Platão, embora constantemente preocupado com a *phantasia,* não chega a pensá-la enquanto tal, e a concebe como um "misto de sensação e de opinião" pertencente à classe mais geral do *eikôn,* dos ícones-imagens, como sendo essencialmente *imitação* à qual se junta uma falsa crença acerca do tipo de realidade de seus produtos. (Ver a excelente discussão de Jean-Pierre Vernant, em "Image et apparence dans la théorie platonicienne de la *mimèsis*" (*Journal de psychologie,* nº 2, abr.-jun. 1975, p. 133-60).

Esta concepção de Platão será explicitamente criticada e rejeitada por Aristóteles. Ao iniciar a exposição de sua doutrina (da doutrina "convencional"), Aristételes imediatamente situa a imaginação entre as potências pelas quais "a alma julga — separa, *krinei* — e conhece um ser qualquer" (427 a 20-21; 428 a 1-4). Logo de início, ele declara que "a imaginação é diferente da sensação e do pensamento (*dianoia*)" (427 b 14-15). A distinção entre sensação e pensamento é postulada como evidente: a sensação dos sensíveis próprios é sempre verdadeira, e é compartilhada por todos os animais, ao passo que o pensamento pode muito bem ser falso, e só é compartilhado pelos seres dotados de *logos* (427 b 6-14). Ora, a imaginação difere da sensação, pois esta última sempre é potência ou ato (vista ou visão), ao passo que há aparições (*phainétai ti*) independentemente dessa potência ou ato — como nos sonhos ou nas visões que podemos ter "de olhos fechados". A sensação sempre está presente, mas não a imaginação. Enfim, as sensações são sempre verdadeiras, ao passo que a maior parte dos produtos da imaginação são falsos (428 a 5-16). — Mas a imaginação também não é pensamento e convicção (*noèsis kai hupolepsis*). Ela não pode pertencer ao pensamento que é sempre verdadeiro, o *nous* e a *épistèmè*, já que há imaginações falsas. E tampouco pode ser pensamento passível de verdade ou erro, ou seja, opinião (*doxa*), pois ela depende de nós mesmos (*éph'hèmín*), nós podemos produzi-la à vontade, como aqueles que fabricam efígies (*eidolopoiountes*)[3], ao passo que não está em nosso poder ter ou não ter opiniões, já que "necessariamente estamos sempre ou do lado da verdade, ou em erro". E a opinião, estando necessariamente acompanhada de crença (*pistis*), provoca de imediato a paixão ou emoção, o que não ocorre com a imaginação (crer que algo é terrível provoca o terror, simplesmente imaginá-lo não o provoca). Finalmente, a imaginação não pode ser, como pensava Platão, uma mistura de sensação e opinião (*doxa*), pois sensação e *doxa* relativas ao mesmo objeto podem ser falsa uma e verdadeira a outra (o Sol aparece como tendo um pé de diâmetro, mas acredita-se que ele é maior que a Terra habitada).

É encerrando essa discussão, a partir da constatação de que a imaginação é uma espécie de movimento, impossível sem a sensação, possível apenas em relação a seres sentientes e a objetos dos quais há sensação, e de que o ato da sensação pode engendrar um movimento que necessariamente será semelhante à sensação, que Aristóteles chega à já mencionada definição da imaginação, como "movimento que sobrevém a partir da sensação em ato". Enquanto tal, ela poderá ser causa de muitas ações e paixões para o ser que a possui, e será susceptível tanto de verdade como de erro. Esta última possibilidade é conseqüência direta da dependência claramente pressuposta aqui, da imaginação relativamente à sen-

---

3. O texto de todos os manuscritos é, palavra por palavra: "... (pois é possível fazer surgir uma imagem diante dos olhos, como aqueles que dispõem [imagens] em ordem mnemônica e fabricam efígies)..." (427 b 18-20). A redundância da frase é evitada se lermos *kai oi eidolopoiountes*, "e *aqueles* que fabricam efígies" — idéia, aliás, óbvia.

sação. Há a sensação dos sensíveis próprios (o branco, o doce) que é "sempre verdadeira" (e, neste ponto, *única* vez no tratado, Aristóteles acrescenta: "ou então comporta apenas um erro mínimo", 428 b 19). Há, a seguir, a sensação do objeto *junto ao qual* vão os sensíveis próprios, o objeto do qual os sensíveis próprios são os comitantes: este objeto branco é percebido como o filho de Cleon. Que se trata de um objeto branco é certo, mas pode ser que não seja o filho de Cleon. Há, por fim, a sensação dos sensíveis comuns (por exemplo, movimento, grandeza), acerca dos quais as possibilidades de erro são as mais ponderáveis (cf. a questão da grandeza aparente). Ora, diz Aristóteles, a possibilidade de verdade/ erro da imaginação será diferente, conforme o gênero de sensação do qual ela se origina. Se se tratar da primeira espécie de sensação (sensação de sensíveis próprios), a imaginação será verdadeira desde que a sensação esteja presente. Mas, no caso das duas outras, esteja a sensação presente ou ausente, a imaginação será (ou: poderia ser, *éien*) falsa, e isso tanto mais quanto mais distante estiver o objeto sensível (428 b 17-30).

Assim, a imaginação aparece, ao término desta discussão, como inteiramente dependente da sensação, homogênea a esta e por ela causada (as duas determinações estando, como se sabe, metafisicamente ligadas em Aristóteles). Ela aparece como o par supérfluo da sensação e, tal como apresentada aqui, parece possuir apenas uma única e estranhíssima função: multiplicar consideravelmente as possibilidades de erro inerentes às sensações do objeto comitante e às dos sensíveis comuns.

## As dificuldades da doutrina convencional

É verdade que não poderíamos negligenciar a complexidade do texto (necessariamente menosprezada no resumo precedente), suas idas e vindas, e contradições. Elas aparecem nitidamente quanto a duas questões realmente cruciais. Em primeiro lugar — e de forma completamente independente da discussão e da crítica de qualquer idéia de "partes" ou "faculdades" da alma — a imaginação, já aqui, faz parte do pensamento (427 b 28-30: "...o pensamento, distinto da sensação, é por um lado imaginação, e por outro convicção..."; cf. Livro I, 1, 403 a 7-10) e, ao mesmo tempo, como já se viu, *é diferente* de *qualquer* espécie de pensamento. Da mesma forma, como também se viu, ela é *diferente* da sensação, de *qual-*

*quer* espécie de sensação, e se acha, por fim, efetivamente determinada como pura e simples *remanência* (*emménein*, 429 a 4-5) da sensação, eco debilitado e distorcido, retenção de "imagem" que, estranhamente, só acrescenta à sensação um negativo positivo, uma maior possibilidade de erro. Tal concepção da imaginação como remanência da sensação é afirmada com ainda maior clareza no pequeno tratado *De somniis* (459 a 23 — 459 b 24 e 460 a 31 — b 27), contemporâneo ou posterior ao *De anima* (Aristóteles nele se refere explicitamente, em 459 a 14-18, à definição da imaginação dada em *De anima* III, 3). Neste pequeno tratado, a "filiação" da imaginação à sensação é formulada mediante o recurso à distinção aristotélica *esti/to d'einai:* "em sua existência efetiva (*esti*), a imaginação e a sensação são o mesmo, mas suas essências (*to d'einai*) são distintas (...) o sonho aparece como uma certa fantasia (...) é claro que sonhar faz parte da sensibilidade, e da sensibilidade enquanto (*hè*) imaginação" (459 a 15-22). Vão na mesma direção formulações como 460 b 16-18 e 461 b 5-8: "não é segundo a mesma potência que a instância principal [isto *é*, da alma, *to kurion*] julga e que as fantasias sobrevêm".

Em segundo lugar, não podemos deixar passar em silêncio as implicações dos critérios propostos para distinguir a sensação da imaginação, e a imaginação do pensamento — critérios que indiquei mais acima. Aristóteles opõe a sensação, "sempre verdadeira", aos produtos da imaginação, "em sua maioria falsos" (428 a 11-12). Ora, isso poderia distinguir a imaginação da sensação de sensíveis próprios (a única que sempre é verdadeira), mas não da sensação do objeto enquanto comitante, ou da sensação de sensíveis comuns; e são mesmo numerosas as formulações em que imaginação e sensação de sensíveis comuns tornam-se praticamente indiscerníveis e são, por vezes, até mesmo identificadas. Além disso, o argumento segundo o qual a sensação sempre estaria presente, ao contrário da imaginação (é verdade que o sentido da passagem é pouco claro), dificilmente se pode compatibilizar com a definição central da imaginação em III, 3. Se a sensação sempre está presente, ela deve estar presente em potência, e isso estabeleceria uma distinção não entre sensação e imaginação, mas entre sensação em potência e tudo o que pode estar em ato, quer se trate de sensação ou de imaginação; e não se vê por que a sensação em ato não engendraria permanentemente esse "movimento" que é a imaginação — pelo menos entre os animais que têm, em princípio, possibilidade de uma imaginação e deixando-se de lado as "formigas, as abelhas ou os vermes" (428 a 10-1 1). Finalmente, como conciliar a definição da imaginação, como movimento engendrado pela sensação em ato, com o argumento empregado para distingui-la da *doxa*, segundo o qual a imaginação, contrariamente à *doxa*, estaria "em nosso poder"? Está em meu poder abrir ou fechar meus olhos; mas o movimento engendrado pela sensação em ato não explica de modo algum — e parece antes excluir — meu poder de evocar, uma vez fechados meus olhos, ora a laguna de Missolonghi, ora a de Veneza.

Podemos explicar essas hesitações e contradições se compreendermos que Aristóteles está aqui pensando, simultânea ou alternadamente, em *duas* manifestações ou realizações da imaginação *segunda,* sem explicitar ou tematizar a diferença entre elas. Ele pensa, de um lado, em um eco, em um *doublet* em geral deformado da sensação, ou *aura* que a envolve, indistinguível da sensação dos sensíveis comuns se não mesmo idêntico a ela (*De memoria et reminiscentia,* 450 a 10-1 1: "a fantasia é uma afecção da sensação comum"), retenção e remanência de "imagens" sensíveis; ele pensa, portanto, no fundamento da memória — a qual seria somente uma "parte" da sensação; e esta imaginação, sem dúvida, pode ser pensada como "determinada" a partir da sensibilidade. Por outro lado, Aristóteles pensa na capacidade de evocação de tais imagens independentemente de qualquer sensação presente, que inclui um certo poder de recombinação (cf. os *eidolopoiountes,* os fabricantes de efígies[4] mas Aristóteles mal toca no assunto), capacidade que está "em

---

4. Ou os inventores e usuários de procedimentos mnemotécnicos, etc., citados na mesma passagem. — É absolutamente essencial constatar que Aristóteles não recorre em nenhum momento da investigação acerca da fantasia (com a possível exceção, talvez, da frase discutida na nota *b, supra*) à "arte", à *technè* no sentido mais geral, quer se trate da *technè* de construir casas ou da *technè poiètikè* por excelência, a arte poética, como dizemos. E, no entanto, ele dirá, precisamente na *Poética,* que é fundamentalmente a capacidade de "criar mitos", mais que a versificação, que faz o poeta trágico (1451 b 26-27; cf. *também* 1450 a 21-22). Tal coisa — como, de resto, o essencial de qualquer *technè* — não se deixa absolutamente aprisionar na *mimèsis.* Mas, do ponto de vista da ontologia "central de Aristóteles, esse aprisionamento é necessário. Ver, igualmente, sobre esses pontos, meus textos "Técnica", em *As encruzilhadas do labirinto I* e "Valor, igualdade...", *ibid.* A ligação explícita entre a imaginação e a arte será elaborada sobretudo no século XVIII — e também culminará, de estranha maneira, em Kant. Voltarei extensamente a todos esses pontos em *L'élément imaginaire.*

nosso poder" e procede, assim, em linguagem moderna, de uma liberdade ou espontaneidade, e que, mesmo que quiséssemos pensá-la como "determinada", por exemplo, por "leis psicológicas" quaisquer (lembremos que Aristóteles é o primeiro a fixar essas que foram chamadas, depois, de "leis da associação de idéias" por semelhança, oposição ou contigüidade: *De memoria...*, 441 b 18-20), essa capacidade com certeza não estaria determinada, em seu exercício, pelo "movimento da sensação em ato" que ela reproduziria. E, evidentemente, é aos produtos desta última (da capacidade de evocação) e não aos daquela (da remanência da sensação) que se reporta a ausência de crença (*pistis*).

## A IMAGINAÇÃO PRIMEIRA

Tudo isso já constitui um decisivo avanço em relação a Platão, uma modificação do espaço no qual são pensados a *phantasia* e o *phantasma*. Mesmo esse avanço, porém, parece quase desprezível quando se tenta avaliar a importância da reviravolta implicitamente executada por Aristóteles nos capítulos 7 e 8, depois 9 a 11, do Livro III. Aqui, a imaginação na qual Aristóteles pensa, e que ele descobre sem nomeá-la ou tematizá-la, é de uma ordem radicalmente diferente. (Nas páginas que seguem, minha discussão se limita aos capítulos 7 e 8 do Livro III e só ocasionalmente faz referência aos capítulos 9 a 11.)

Se "a alma jamais pensa sem fantasia", é claro que não cabe mais dizer que o imaginar esteja em nosso poder, e tampouco que a imaginação consista em um movimento engendrado pela sensação em ato. Será que está "em nosso poder" pensar? Não, nós pensamos — ou temos uma opinião, *doxazein* — sempre (excetuando-se o caso do sono ou, talvez, da doença): "ter uma opinião não está em nosso poder, pois necessariamente estamos ou em erro ou do lado da verdade" (427 a 21). Portanto, *sempre* há fantasia, nós imaginamos *sempre*. E, ao mesmo tempo, nós certamente podemos pensar tal objeto em vez de tal outro. E, assim, também podemos mobilizar tal fantasia (ou tal gênero de fantasia) em vez de tal outra. Portanto, sempre podemos ter — e até mesmo, necessariamente temos sempre — fantasia, independentemente de um "movimento da sensação em ato". A afirmação de que a alma jamais pensa sem fantasia pulveriza as determinações convencionais da imaginação (as do capítulo III, 3), e torna insignificante o horizonte no qual elas tinham sido introduzidas.

Mas o que significa a idéia de que a alma jamais pensa sem fantasia? E sem *qual* fantasia?

## A APRESENTAÇÃO DO OBJETO DE PENSAMENTO

O capítulo III, 8 propõe, para essa questão, uma primeira resposta — que é, na verdade, dupla. "Não é a pedra que está na alma, mas a forma"; "as fantasias são como sensações, mas sem matéria": "cada vez que se pensa, é necessário contemplar, ao mesmo tempo, alguma fantasia". Aqui, a fantasia, a imagem *in absentia* do objeto sensível, funciona como substituto ou representante deste. Em linguagem moderna, o pensamento implica a *re*presentação (*Vertretung*) do objeto pensado por sua representação (*Vorstellung*), que é como a sensação, mas sem o ato da presença efetiva do objeto. Nessa apresentação, e por meio dela, pode ser dado tudo aquilo que pertence à *forma* do objeto, no sentido mais geral da palavra forma, ou seja, tudo aquilo do objeto que pode ser pensado; portanto, o objeto todo *salvo* a sua "matéria", a qual, em todo caso, constitui o limite do pensável: nela, tomada absolutamente enquanto matéria, nada há para ser pensado.

## A APRESENTAÇÃO DE ABSTRATOS
## SEPARAÇÃO E COMPOSIÇÃO

Mas também, "dado que nada pode existir, parece, tendo-sido-separado de grandezas sensíveis e fora delas, os inteligíveis existem nas formas sensíveis", tanto os abstratos, como os que são relações (*hexeis kai pathè*); sem alguma sensação, nada se pode aprender ou compreender, e "cada vez que se pensa, é necessário considerar, ao mesmo tempo, alguma fantasia". Por conseguinte, fantasia e imaginação são o que permite a *separação* — e também a *composição,* ou seja, a síntese. Os inteligíveis existem nas formas sensíveis; a intelecção de inteligíveis pressupõe que alguma forma sensível seja dada como separada (isto é, de uma maneira na qual ela jamais se dá na realidade e em ato). Análise e síntese, abstração e construção, pressupõem a imaginação. Não se faz, aqui, nenhuma "interpretação" do texto: Aristóteles já havia explicado que "as formas são pensadas nas fantasias" (431 b 2), e explicitado o que ele entendia por isso. Como são pensados os abstratos? Quando pensamos o [nariz] arrebitado enquanto [nariz] arrebitado, não o separamos da matéria; mas, quando o pensamos como concavidade em ato — o côncavo enquanto tal —, nós o pensamos sem a carne na qual ele existe. O mesmo vale para os objetos matemáticos — que não estão jamais separados da matéria —, e que nós pensamos como separados quando pensamos as abstrações (431 b 12-19). Não se pode jamais *sentir* o curvo sem matéria; ora, pensar o curvo *enquanto* curvo é separá-lo da matéria na qual ele se concretiza e que nada tem a ver com o curvo enquanto tal; mas não se pode pensar o curvo sem "sentir" o curvo, sem presença ou apresentação do curvo; essa apresentação — "como uma sensação, mas sem matéria" — é assegurada pela *phantasia*, ela se concretiza no e através do *phantasma*. A imaginação que Aristóteles tem em vista aqui é, portanto, *abstração sensível*, abstração *no* sensível fornecendo o inteligível.

A abstração é a *aphairésis*, a subtração ou separação. O *phantasma* é uma sensação abstrata, ou seja, separada; subtraída ou separada da matéria do objeto, mas igualmente separada ou separável de outros "momentos" da forma do objeto (posso conceber um conjunto de bolas considerando que se trata de bolas, considerando que elas estão arranjadas de tal ou qual maneira, considerando que elas representam um certo número). A *phantasia* é, portanto, poder de efetuar separações no sensível, potência abstrativa presentificando o abstrato, fator universalizante ou genericizante (mas sempre na figura) do dado. (E é, evidentemente, por ser separadora que ela é universalizante.) A mesma idéia é expressa no pequeno escrito *De memoria*...:

> Já se falou da imaginação nos escritos concernentes à alma, e lá se disse que não é possível pensar sem fantasia; pois quando pensamos sucede o mesmo que quando desenhamos [uma figura]; neste caso, com efeito, embora não tendo nenhuma necessidade de que a grandeza do triângulo esteja determinada, nós desenhamos [um triângulo] determinado segundo a grandeza; do mesmo modo, aquele que pensa, ainda que não pense em uma grandeza, põe ante os olhos uma grandeza que ele não pensa como tal. E, se o que ele pensa diz respeito a quantidades, embora

indeterminadas, ele toma uma quantidade determinada, mas a pensa apenas como quantidade (449 b 30 — 450 a 6).

Esta separação é, no nível dessas considerações, indissociável da composição, a abstração é indissociável da construção, e a divisão, da unificação. Falando anteriormente da intelecção, Aristóteles dizia: "Onde há erro e verdade, já há uma certa composição de noemas, como que formando uma unidade", e, depois de ter discutido esta idéia e constatado que "o erro está sempre na composição", ele acrescentava: "é perfeitamente possível chamar todas elas [isto é, as operações de composição] de divisão" (III, 6, 430 a 27 — b 3). O que é evidente, pois não apenas a ordem na qual percorremos a cadeia de separações e composições não tem importância intrínseca como, o que é mais essencial, toda introdução da unidade é ao mesmo tempo divisão, e toda divisão reintroduz, de múltiplas maneiras, a unidade. No entanto, ele concluía então, no Capítulo 6, que "o que confere unidade é, em todos os casos, o *nous*", o pensamento (430 b 5-6). Ora, ao falar do movimento local, do desejo e da ação, no Capítulo 11, Aristóteles atribui também à imaginação o poder de unificar: "ela pode obter uma fantasia a partir de muitas" (434 a 9-10). Trata-se com certeza, nesta última passagem, da imaginação deliberativa (*bouleutikè*), idêntica à imaginação racional/calculadora (*lo gistikè*, 433 b 29) e oposta à imaginação sensível (*aisthètikè*, ibid.). A tardia introdução desta nova distinção — que temos de considerar essencial, mas que, apesar disso, não é acompanhada de argumentos ou sequer de esclarecimentos mais precisos, e é designada por dois termos diferentes (*bouleutikè/logistikè*) próximos mas de nenhum modo sinônimos — reafirma mais uma vez a ruptura que surge, em meio ao Livro III, no que diz respeito à imaginação, visto que, pouco antes, ao começar a discutir aquilo que, entre os animais, está na origem do movimento, Aristóteles tinha situado novamente a imaginação ao lado do *nous*: "parece que estes dois estão na origem do movimento: o desejo e o *nous*, se considerarmos a imaginação como um tipo de pensamento" (*noèsin tina*, III, 10, 433 a 9-10). Porém, no que diz respeito à função unificadora da imaginação, a implicação é evidente: é impossível falar de ação sem "deliberação" referente ao futuro, e é impossível falar de "deliberação" sem imaginação — ou seja, sem introdução/apresentação de muitos (ao menos dois: 434 a 8) conjuntos de "imagens" compostas e unificadas de algo que não está presente.

## O Esquematismo Aristotélico

A *phantasia*, assim, é condição do pensamento, posto que apenas ela pode apresentar ao pensamento o objeto, como sensível sem matéria. E ela é condição do pensamento, igualmente, na medida em que separa, na forma do objeto, os diferentes "momentos" dessa forma e consegue apresentá-los como abstratos, subtraídos ao resto: a triangularidade separada não só da "matéria" do triângulo mas de sua dimensão; a quantidade separada daquilo de que ela é quantidade e de seu ser-quantidade-determinada (o "quanto"). Esta função separadora, abstrativa é indissociável (não é mais que a outra face) de sua função unificadora, compositiva. Mas ainda há mais na frase "e quando se pensa (*théorei*), é necessário ao mesmo tempo contemplar (*théorein*) alguma fantasia". O que há, consideravelmente, a *mais* é algo que seria preciso denominar, esquecendo o risco da acusação de retroleitura, o Esquematismo aristotélico. A passagem citada só revela o sentido que contém em potência se compreendemos que ela forma o elo intermediário entre a discussão do pensamento de indivisíveis segundo a forma, ou seja, de essências, conduzida em III, 6, e as formulações contidas no escrito *De memoria*..., das quais já citei uma parte.

*Antes* da nova irrupção da questão da imaginação, ao falar do *nous* e dos problemas levantados pelo pensamento de indivisíveis, Aristóteles escreve:

> O que é indivisível, não segundo a quantidade mas segundo o *eidos*, ele [o *nous*] o pensa em um tempo indivisível e pelo indivisível da alma. E isso pelo qual ele o pensa, bem como o tempo no qual o pensa, são divisíveis por comitância, e não como os contínuos; na verdade, ele os pensa à medida que (*en tant que*) eles são indivisíveis; pois, mesmo nestes [isto é, o tempo no qual ele é pensado e o poder pelo qual ele é pensado], existe algo de indivisível — se bem que, sem dúvida, não esteja separado — que faz com que o tempo seja uno e o comprimento seja uno. E isso existe, igualmente, em qualquer contínuo, seja tempo ou comprimento (III, 6, 430 b 14-20)

Limitemo-nos unicamente ao problema do tempo. O pensamento do indivisível segundo a forma, do *eidos,* se dá, deve-se dar, em um tempo indivisível. Pensar uma *ousia* não é inspecionar sucessivamente os termos ou elementos nos quais ela poderia ser decomposta, precisamente porque ela não se deixa decompor de tal maneira. Não obstante, o tempo "efetivo", no qual e pelo qual a alma pensa, é ainda o tempo — indefinidamente contínuo e divisível (em potência).

Aristóteles tenta primeiramente reduzir a dificuldade, se pudermos dizê-lo, mediante sua idéia fundamental da comitância. *Ocorre que* a alma não pensa senão no e pelo tempo e que o tempo é divisível, mas isto é comitante, neste caso, portanto, extrínseco, e não afeta a essência do que está em questão: o pensamento da essência. Mas isto não basta para Aristóteles, e por uma razão evidente. Se o tempo (ou o comprimento) não fossem *senão* continuidade e divisibilidade em potência (lembremos que para Aristóteles a continuidade significa a divisibilidade indefinida: *Física*, VI, 1, 231 a 24-25), o enigma de um pensamento indivisível em, e através de, um tempo divisível persistiria integralmente. O "*à medida que*" (o *nous* pensa os indivisíveis por um poder da alma e em um tempo *à medida que* estes últimos são indivisíveis) precisa encontrar, em algum lugar, um ponto de apoio. Aristóteles introduz, então, a idéia de que existe algo indivisível (indivisível mesmo em potência, entenda-se) — embora não separado — no tempo. Esse algo *é ho poiei héna ton chronon kai to mèkos* — o que faz com que o tempo seja uno e o comprimento seja uno.

Mas será essa uma solução? Aquilo que dá unidade ao tempo, aquilo em virtude de que o tempo é uno, deve obviamente atravessá-lo de ponta a ponta e existir sempre e em cada instante, pois é o que faz com que haja, em tudo e por tudo, um só tempo. Do mesmo modo, deve estar lá permanentemente aquilo que dá ao tempo sua divisibilidade infinita. Ora, é esse mesmo tempo que deve funcionar ora *enquanto* aquilo que permite o pensamento de divisíveis, ora *enquanto* aquilo que permite o pensamento de indivisíveis. Persiste, portanto, ainda aqui, uma questão sobre o fundamento da possibilidade da abstração-separação, que permita "subtrair" do tempo ora um, ora outro desses componentes não separados. Há ainda mais, porém. O componente universal de todos os tempos "particulares", que fundamenta a unidade e a unicidade do tempo, o unificador do tempo, não pode, enquanto tal, fundamentar a indivisão da intelecção de indivisíveis. O que esta última requer é uma unidade de *segmentos* do tempo — de *um certo segmento* do tempo — que permita tomar tal segmento como essencialmente uno e indivisível, e considerar tanto sua divisibilidade "interna" *quanto* sua inserção lógica e realmente infraturável no Uno do tempo apenas como comitantes, extrínsecas, não essenciais. Uma tal unidade, situada além de duas contradições ou impossibilidades, não se encontrará nem na física nem na lógica — nem na sensação como tal, nem no raciocínio.

A questão, de fato, não está resolvida e pode-se perceber, aqui, o limite das possibilidades da perspectiva "intelectualista", por assim dizer, dos capítulos 4 a 6 do Livro III relativos ao *nous; e*, sem dúvida, o motivo não declarado que impele Aristóteles, nos dois capítulos seguintes (7 e 8), a reintroduzir a *phantasia*. Elementos para a resposta são efetivamente encontrados na passagem central de III, 8, citada no início deste texto, e no escrito *De memoria et reminiscentia*.

"A alma jamais pensa sem fantasia." "O noético pensa os *eidè* nas fantasias." "É necessário, quando se pensa, contemplar ao mesmo tempo alguma fantasia." "Mas, neste caso, o que diferenciará os primeiros noemas das fantasias? Ou então [esses primeiros noemas] não são fantasias, embora não subsistam sem fantasia" (*De anima*, III, 7 e 8).

"É impossível pensar sem fantasia, pois quando pensamos sucede o mesmo que quando desenhamos [uma figura]; também neste caso, com efeito, embora não tendo nenhuma necessidade de que a grandeza do triângulo esteja determinada, nós desenhamos [um triângulo] determinado segundo a grandeza; do mesmo modo, aquele que pensa, ainda que não pense em uma grandeza, põe ante os olhos uma grandeza que ele não pensa como tal. E, se o que ele pensa diz respeito a quantidades, embora indeterminadas, ele toma uma quantidade determinada, mas a pensa apenas como quantidade. Qual é a razão de não ser possível pensar o que quer que seja sem o contínuo, nem pensar sem o tempo aquilo que não está no tempo, essa é uma outra discussão (*logo allos*). Mas é necessário que aquilo pelo qual conhecemos a grandeza e o movimento seja o mesmo pelo qual conhecemos também o tempo; e a fantasia é uma afecção do sentido comum; fica claro, portanto, que o conhecimento daqueles [isto é, da grandeza, do movimento e do tempo] se faz pela sensibilidade primeira (*tô prôtô aisthètikô); e* a memória, mesmo a dos inteligíveis, não existe sem fantasia; de tal sorte que ela [a memória] pertenceria ao noético por comitância, mas, em si mesma (*kat' auto*), pertenceria à sensibilidade primeira" (*De memoria* 449 b 31 — 450 a 13).

Podemos notar que, nesta última passagem, Aristóteles identifica, como já observei acima, a imaginação ao "sentido comum" (sensação de sensíveis comuns) e inclui ambos na "sensibilidade primeira", também chamada elementar ou originária. Assim como em cada uma das duas edições da *Crítica da razão pura,* e ao longo de ambas, o "lugar" da imaginação não chega a ser determinado. Mas não é nisso que reside a importância desta passagem.

"Não é possível pensar sem o tempo aquilo que não está no tempo." Aristóteles não diz que é impossível pensar o que não está no tempo sem que aquele que pensa *esteja,* ele próprio, no tempo — asserção evidente e desinteressante. O que ele diz é que é impossível pensar o que não está no tempo *sem o tempo* — sem contar com a contribuição de algo do tempo, sem apoiar-se em algo do pensamento do tempo. A razão pela qual isso ocorre, diz ele, remete a uma outra discussão (*allos logos*). Mas essa outra discussão não aparece em parte alguma. Se pudermos, sem arrogância, assumir o risco de encetá-la, na linha de Aristóteles, deveremos reunir esses elementos esparsos e tentar fazer passar a *enérgeia* aquilo que nós percebemos — talvez erroneamente, talvez por termos lido Kant, que Aristóteles não leu, mas que leu Aristóteles — como sendo a *dunamis* do texto.

Por meio da "sensibilidade primeira" — elementar, originária —, a alma conhece tempo, grandeza, movimento. Esta "sensibilidade primeira", como toda sensibilidade para Aristóteles, não é "passividade" ou "receptividade", mas *potência*. Note-se, incidentalmente, que não há, para Aristóteles, o *a priori* no sentido de Kant (ou a anamnese no sentido de Platão), mas é preciso sobretudo lembrar que, neste nível, a distinção *a priori-a posteriori* não tem nenhum sentido na perspectiva aristotélica. Tudo é *a posteriori* (pois "sem sensação nada se pode aprender ou compreender"), e tudo é *a priori* (pois "a alma é, em potência, todos os seres" e "a sensação é, de um certo modo, os sensíveis"). O sensível só existe, plenamente, na e pela sensação, a qual é atualização de duas potências, as da alma como sentiente e do objeto como sensível — assim como a inteligência em ato coincide completamente (*holos*) com os inteligíveis (431 b 16-17; cf. também 431 a 1-2).

Portanto, a alma, mediante a sensibilidade primeira, conhece tempo, grandeza e movimento, sem os quais nada é possível pensar. Ora, estes últimos *também* são fantasias, e esta asserção, implícita no texto, deve ser explicitada para que o entimema[5] (de 450 a 9-12) faça sentido: "Mas é necessário que aquilo pelo qual conhecemos a grandeza e o movimento seja o mesmo pelo qual conhecemos também o tempo [*a saber, aquilo que faz existir as fantasias*]; e a fantasia é uma afecção do sentido comum; logo, é claro que o conhecimento daqueles [da grandeza, do movimento e do tempo] se faz pela sensibilidade primeira". Sem a fantasia de um tempo, é impossível pensar o que está fora-do-tempo. Sem a fantasia do contínuo, é impossível pensar aquilo que, sendo indivisível segundo o *eidos,* nada tem a ver com o contínuo/descontínuo.

Na ausência de fantasia, nada pode ser pensado. Para pensar os inteligíveis é preciso contemplar alguma fantasia. Mas isto, por sua vez, exige que se pense também o tempo — portanto, que se mantenha ante os olhos alguma fantasia do tempo. O mesmo vale também para os indivisíveis. Pensá-los implica uma fantasia, específica sem dúvida, em cada caso, ao indivisível considerado, mas também implica alguma fantasia do tempo que presentifica — ou torna sensível, para permanecermos o mais perto possível das expressões de Aristóteles — a *indivisão,* a despeito do fato de que o tempo é essencialmente divisível *e de que* "o que o torna uno" não está "separado" do tempo, e deve ser, aqui, contemplado-pensado por meio, simultaneamente, de uma separação-abstração-subtração e de uma fratura, a que permite fazer da figura de *um segmento* do tempo a figura da indivisão como tal. (A situação e os problemas são análogos quando a fantasia de uma quantidade determinada permite pensar a quantidade como tal e como indeterminada.)

Estamos certamente no limite das implicações do texto —alguns dirão, bem além desse limite — e dificilmente poderíamos continuar avançando sob o disfarce do comentário ou da interpretação. Notemos apenas que o texto de Aristóteles carrega a exigência de uma fantasia do tempo que deve ser unificação de um tempo dado, definido, como apre-

---

5. Aqui, como mais à frente, utilizo o termo *entimema* no sentido moderno (que prevaleceu desde Boécio) — silogismo no qual diversas proposições permanecem implícitas ou subentendidas —, e não no que lhe atribuía o próprio Aristóteles: "silogismo a partir de prováveis (*eikotôn*)" (*Primeiros analíticos,* II, 27 a 10).

sentação da indivisão daquilo que não está no tempo. *Nós* podemos pensá-lo *somente* como fantasia/figura presentificando a permanência enquanto tal. O que presentifica o fora-do-tempo — e agora o termo se torna francamente inadequado: o que o representa, o que *está aí em lugar* dele — tem a ver com a fantasia/figura daquilo que está aí *o tempo todo,* o unificador do tempo. O pensamento de inteligíveis, de imutáveis, de coisas que estão fora-do-tempo não pode existir, para Aristóteles, "sem o tempo", sem se figurar dentro e através do contínuo e do tempo (e também, sem dúvida, do discreto: contínuo e discreto são indissociáveis). É impossível esquecermos que, não no plano do pensamento, mas no plano do ser, Platão atribuía ao tempo uma função análoga dentro daquilo que se poderia denominar seu Esquematismo ontológico. Para imprimir ao mundo "a maior similaridade possível" a seu Paradigma eterno, para aproximar "o mais possível" "a natureza eterna" do Vivente, o Demiurgo do *Timeu* (37c-38b) inventa o tempo como "imagem mutável da eternidade (...) da eternidade imutável que permanece una, imagem mutável segundo o número". Em Platão, igualmente, embora em outro nível, o não-tempo é apresentado-figurado pelo tempo, e o tempo, bem entendido, "existe" somente como essa apresentação-figuração do não-tempo. É por isso que, desde então e até agora, seu conteúdo somente pode ser Repetição.

## Fantasia e noema

No quadro do Esquematismo aristotélico, o papel e a função da imaginação são muito menos precisos mas, em compensação, muito mais amplos do que no Esquematismo kantiano. A fantasia não é simplesmente mediação entre as categorias e o dado *empírico*. Ela é o suporte de qualquer pensamento, incluindo o pensamento de abstratos, relativos, inteligíveis e formas indivisíveis[6]. E isto introduz uma aporia crucial, em relação à asserção, central e fundamental para Aristóteles, de

---

6. Aqui apenas posso indicar que esta constatação, que é como o limite ou o horizonte do texto de Aristóteles, é o ponto de partida da investigação sobre a imaginação radical (*subjetiva*) em *L'élément imaginaire*.

que há um acesso direto e imediato do *nous* à essência. Asserção formulada enfaticamente no tratado *De anima*, ao final de III, 6, pouco antes das passagens onde a questão da imaginação invade novamente o texto:

> E toda enunciação diz alguma coisa de alguma coisa (*ti kata tinos*), como a afirmação, e é sempre verdadeira ou falsa. E o *nous* é verdadeiro, não sempre, mas quando pensa aquilo que é segundo o que ele era para ser (*ti en einai*), e não quando pensa alguma coisa de alguma coisa. E embora a visão do [visível] próprio seja verdadeira, quanto a saber se a coisa branca é ou não um homem, a resposta nem sempre é verdadeira, e o mesmo vale para tudo o que existe sem matéria. (430 b 26-31)

Esta aporia é produzida diretamente pelo texto do Tratado, e as frases dos capítulos 7 e 8 citadas no início deste texto a atestam com nitidez. "A alma jamais pensa sem fantasia": portanto, mesmo o pensamento sobre "o que é segundo o que ele era para ser", sobre a *ousia*, não pode se dar sem fantasia. As últimas linhas do Capítulo 8 mostram que Aristóteles tem plena consciência da dificuldade e que, mais uma vez, ele não a escamoteia. "A imaginação é distinta da afirmação e da negação, pois a verdade e o erro dizem-se de uma complexão de noemas. Mas, neste caso, o que diferenciará os primeiros noemas das fantasias? Ou então [será preciso dizer que] eles não são fantasias, embora não subsistam sem fantasias."

O que é verdadeiro ou falso é uma complexão de noemas. Mais precisamente: *este* verdadeiro e *este* falso dos quais se trata aqui, propriedades da enunciação (*phasis*), resultam da complexão de noemas. E claro, ainda, que uma complexão de noemas é um (outro) noema. O pensamento discursivo produz noemas por complexão de noemas. Reciprocamente, um dado noema pode ser analisado em outros noemas. Essa análise deve encontrar um término, chegar a noemas inanalisáveis, aos primeiros noemas. Mas, nesse caso, em que eles serão diferentes das fantasias? Ou será preciso dizer, antes, que eles não são fantasias, embora não possam subsistir sem fantasias?

Mas por que os primeiros noemas poderiam ser fantasias? Ora, que outra coisa poderiam ser? O que são os primeiros noemas? Alguns intérpretes (como Ross) quiseram ver nos "primeiros noemas" os noemas "menos abstratos", os mais próximos da sensação. Mas, se se tratasse disso, teria Aristóteles sentido a necessidade de acrescentar que eles não poderiam existir sem fantasias, algo que, neste caso, constitui quase que uma banalidade, apenas repetindo, sem nada acrescentar de novo, o que ele já tinha dito dez linhas acima? Após escrever que os inteligíveis existem nas formas sensíveis, de sorte que nada se pode aprender ou compreender sem sensação, e que, sendo as fantasias como as sensações, mas sem matéria, é necessário, quando se pensa, contemplar alguma fantasia, por que iria Aristóteles retornar à questão para afirmar que o noema "vermelho" não pode existir sem a fantasia "vermelho"?

De qualquer maneira, quer sejam menos abstratos ou mais abstratos, os noemas são complexões de noemas. E todo noema que eu penso, diz Aristóteles, eu o penso considerando ao mesmo tempo "alguma fantasia". Sei que ele não passa de uma fantasia — mas por quê? Porque eu posso analisá-lo em noemas. Seja um triângulo. Não posso pensá-lo sem uma fantasia — uma imagem, representação ou "intuição pura" do triângulo. O triângulo, contudo, não é apenas essa fantasia. Ele é também um noema, o que se traduz pelo fato de que ele pode ser "analisado" em outros noemas (ou "composto" por meio destes), ou seja, ser definido: figura plana retilínea fechada de três lados. Três: um e um e um. Mas será que *figura* e *um* são analisáveis (ou componíveis)? Em que difere o noema *figura* da fantasia *figura*? Em que o noema *um* difere da fantasia *um*?

Os inteligíveis existem nas formas sensíveis. Não há acesso ao inteligível a não ser sobre o corpo do sensível. Mas a alma não tem necessidade de que o sensível esteja aí "em pessoa", para nele pensar o inteligível: a presença em ato da matéria da sensação não acrescenta, como tal, nada ao pensamento. Mais ainda: "a matéria em si mesma é incognoscível" (*Metafísica* Z, 10, 1036 a 8), não é a matéria da sensação como tal que poderia ser pensada. A solução é fornecida pela imaginação: é necessário e suficiente que algo exista "como" (*hôsper*) sensação, e que seja sem matéria. É necessário e suficiente que o sensível seja representado pela fantasia. De sorte que a fantasia necessariamente (*anankè*) está presente, sempre que há pensamento; o pensamento e, ao mesmo tempo e de um só golpe (*hama*), contemplação da fantasia. Desse modo, a alma pode proceder, sobre o corpo incorpóreo da fantasia, à separação dos inteligíveis — e a partir disso o pensamento pode começar seu trabalho próprio de complexão, síntese, atribuição, do *ti kata tinos*. A questão de saber por onde ela efetivamente começou tem, evidentemente, pouquíssima importância; é possível que ela descubra que tal noema "abstraído" (= separado) diretamente da fantasia pode e deve ser recomposto a partir de noemas mais elementares. Em todo o caso, ela deverá deter-se em algum ponto, desembocando nos primeiros, ou últimos, noemas.

O que são esses noemas, e em que se diferenciam das fantasias? A questão só adquire pleno sentido se supusermos que já sabemos em que se distinguem das fantasias os noemas intermediários. Ora, também estes sempre surgem acompanhados de fantasias — mas são, por sua vez, analisáveis em outros noemas. Esta é a única diferença. Sob pena de perder-se no infinito, isto é, no indeterminado, a análise deve terminar em algum ponto. É *preciso* que haja noemas inanalisáveis; o que quer dizer, igualmente, indefiníveis. Como distingui-los, então, das fantasias? Eles são pólos terminais, que não admitem definição e que não podem ser objeto de pensamento discursivo.

E é de *termos* [*horoi*], na verdade, que fala Aristóteles na bem conhecida passagem da *Ética a Nicômaco:* "Dos termos primeiros e últimos há *nous* e não *logos*" (VI, 12, 1143 a 35) — traduzo: apreensão pensante, e não intelecção discursiva. Esses termos, ele os denomina os *simples* (*hapla*), na *Metafísica:* "É claro, portanto, que não há investigação ou aprendizado relativos aos simples, e que sua busca é de outro gênero" (Z, 17, 1041 b 9). O *logos* existe na e pela complexão (*sumplokè*), ele é complexão. Os termos primeiros e últimos não podem ser engendrados pela complexão. Síntese e análise só podem ter lugar nos elos intermediários da cadeia do *logos;* suas duas extremidades devem ser fixadas, e dadas, de outra maneira. O *logos* não pode fornecer os termos extremos, já que sua operação os pressupõe. Na *Ética a Nicômaco*, Aristóteles relaciona ao *nous* a possibilidade destes termos extremos. No tratado *De anima*, a situação deles torna-se mais obscura. É verdade que a parte principal do tratado, que expõe a doutrina convencional, esclarece e precisa, de maneira perfeitamente coerente com a lição do restante do *Corpus*, a natureza de tais termos extremos e dos correspondentes poderes da alma: em uma das extremidades, a sensação de sensíveis próprios, sempre verdadeiros; na outra, o *nous*, o pensamento enquanto pensamento acerca daquilo que denominei, em outra ocasião, seu *pensável próprio,* a essência, o "aquilo que é segundo o que ele era para ser", pensamento que, também ele, é sempre verdadeiro. Entre esses dois rochedos, as torrentes incertas da sensação de sensíveis comuns, da imaginação, do pensamento atributivo (*ti kata tinos*), onde o verdadeiro e o falso são igualmente possíveis. Porém, nas passagens excêntricas e explosivas do tratado, das quais trato aqui, a organização é totalmente diversa. "A alma jamais pensa sem fantasia." A proposição é universal e absoluta, sem restrição. Necessariamente, quando se pensa, sempre se contempla alguma fantasia. A questão da natureza dos termos extremos, dos termos que precedem toda discursividade, toda complexão de noemas, ressurge, então inevitavelmente, e em um horizonte distinto, no qual a resposta precedente não mais teria, não mais tem, sentido. *Neste* contexto, os termos extremos não podem mais consistir nas cores e sons, de um lado, e nas essências, de outro. O que permanece certo é que esses termos "precedem" toda discursividade. Ou eles são fantasias; ou não podem existir sem fantasias. Em qualquer caso, a apreensão deve-se dar de uma só vez, *hama*, na universalidade, ou melhor, na genericidade, e na figura. E não é isto, afinal, evidente? Que o *um*, por exemplo (ou a *figura*), não seja realmente pensável (tente "pensá-lo" e explicar o que quer dizer pensar o um), mas figurável/imaginável/representável, condição impensável de todo pensamento, que é dado somente como figura afigurante, — tudo isso quase não admite discussão. Platão já o sabia, mas afirmava que o um era "visível" — visível "lá fora", "lá do outro lado", "lá diante" (*ékei*). Aristóteles, de fato, diz: sim, o um é "visível", mas "dentro", na alma — por meio de uma fantasia, com uma fantasia ou *como* uma fantasia. O *um* é fantasia? Talvez. Mas que fazer, então, da persistente afirmação de Aristóteles: o um e o ser são o mesmo?

Deve-se notar de passagem que aqui ressurge a problemática do Esquematismo, e com muito maior intensidade. Que os primeiros noemas não existem sem fantasia não pode significar: sem fantasias quaisquer, não importa quais. Os primeiros noemas não podem existir sem fantasias *homólogas* ou *correspondentes*. Mas o que é, para uma fantasia, corresponder a um "primeiro noema", ou lhe ser homóloga? O que pode significar a "homologia" ou "correspondência" entre uma fantasia e um "primeiro noema"?

## Duplicação e oscilação do verdadeiro

Um branco que não se opusesse ao negro seria o mesmo branco que aquele que se opõe ao negro? Uma luz que jamais produzisse sombra seria ainda a mesma luz que essa que não pode iluminar nada sem, de imediato, fazer surgir uma sombra?

No tratado *De anima* (e em outros lugares, mas é do tratado que falo aqui), a palavra suprema *alèthès* (verdadeiro) assume duas significações, quase sem relação uma com a outra.

A sensação dos sensíveis próprios é "sempre verdadeira". Esta sensação verdadeira não se opõe a uma sensação falsa: *não pode haver* sensação (de sensíveis próprios) que seja falsa (é fácil mostrar que a sensação "patológica" não cria nenhum problema quanto a isto, na perspectiva de Aristóteles). — O pensamento, pelo *nous,* de seus pensáveis próprios, de essências, é "sempre verdadeiro", a ele não se opõe um pensamento de essências falso; *não pode haver* pensamento de essências que seja falso[7]. Sensação de próprios e pensamento de próprios são sempre verdadeiros; eles existem ou não existem; contudo, quando existem, só têm uma única modalidade de ser e pode-se dizer, indiferentemente, que eles existem ou que são verdadeiros. Seu ser é co-atualização de um poder da alma e de uma potência do objeto, que se realiza ou não se realiza, mas que, sendo única, não pode se realizar "mal" ou "falsamente".

Completamente distinto é o caso da sensação de comuns, da sensação do objeto comitante, da imaginação segunda, da opinião, da intelecção atributiva (*ti kata tinos*). Elas *sempre* podem ser ou verdadeiras ou falsas, e são necessariamente uma das duas coisas. Este verdadeiro-ou-falso não é, como o verdadeiro da sensação ou do pensamento de próprios, um *ser* simples, ou *ser* dos simples (*hapla*); ele é uma *propriedade* de composição, de complexão, de síntese. "Portanto, o pensamento de indivisíveis diz respeito a coisas a propósito das quais não existe erro. Mas, onde existem tanto erro como verdade, já há uma certa composi-

---

7. A essência é indivisível. "E o pensamento dos indivisíveis diz respeito àquilo a propósito de que não pode haver erro. Mas, lá onde há erro e verdade, já há uma composição de noemas, tomados como se fosse um. (...) Pois o erro está sempre na composição..." (III, 6, 430 a 26 — b 2).

ção de noemas formando um. (...) Pois o erro reside sempre na composição..." (III, 6, 430 a 25 — b 2). "Pois a verdade e o erro dizem-se de uma complexão de noemas" (III, 8, 432 a 11-12).

Antes de prosseguir, fixemos dois pontos menores. Ao mesmo tempo em que diz que é na composição de *noemas* que se encontra o verdadeiro-ou-falso, Aristóteles fala muito freqüentemente da sensação de comuns, ou da imaginação, como verdadeira-ou-falsa. É claro que esta utilização do termo é demasiado ampla, e constitui o que se chamaria um abuso de linguagem. A percepção do Sol como tendo um pé de diâmetro somente se torna "errada" ao ser traduzida em noemas e acrescida da *pistis*, da crença, da tese: ele é desse tamanho. Ao dizer que um certo produto da sensação de comuns ou da imaginação é falso, Aristóteles quer dizer que seria errado afirmar a correspondente complexão de noemas.

De resto, não estamos tratando aqui do critério da verdade e do erro daquilo que pode ser verdadeiro-ou-falso, nem dos problemas relacionados a esse tópico. O que nos interessa é a "natureza" diferente das duas verdades, ou sua "consistência". A primeira, verdade de ser ou verdade ontológica, "consiste" na coatualização em um simples, que existe em ato, da alma e de seu objeto. A segunda, verdade de atribuição ou verdade lógica, consiste na complexão de produtos de outros poderes cognitivos da alma (mais precisamente, de seus equivalentes ou traduções noemáticas).

Ora, se a imaginação segunda discutida em III, 3 faz parte desses poderes cognitivos, cujos produtos são verdadeiros-ou-falsos no sentido que acabo de precisar (e os seus produtos são "na maioria das vezes falsos", diz Aristóteles, 428 a 12), tal não é absolutamente o caso da imaginação primeira de III, 7 e 8. Esta última nada tem a ver com o verdadeiro-ou-falso. Aristóteles afirma isso, fora de qualquer dúvida possível, na passagem citada de III, 8 (431 b 10-12): "E a imaginação é distinta da afirmação e da negação, pois a verdade e o erro dizem-se de uma complexão de noemas". Passagem enigmática, incompreensível quando se continua a pensar na imaginação segunda, necessariamente verdadeira-ou-falsa. Mas, a partir do que acabo de dizer, é fácil desenvolver o entimema e ver claramente sua significação: "E a imaginação é distinta da afirmação e da negação [*o que quer dizer que ela não é uma complexão de noemas. Portanto, ela não é verdadeira-ou-falsa*]; pois a verdade e o erro dizem-se de uma complexão de noemas". Ou, se preferirmos:

O verdadeiro-ou-falso é [está na] complexão de noemas;
[toda complexão de noemas é afirmação ou negação];
a imaginação é distinta da afirmação e da negação;
[portanto, a imaginação não é complexão de noemas];
[portanto, a imaginação não é verdadeira-ou-falsa].

A imaginação primeira está além ou aquém do verdadeiro-ou-falso. E, independentemente da passagem citada, isso resulta claramente do que se lembrou acima acerca da função da imaginação no pensamento. Se a alma jamais pensa sem fantasia, a idéia de que a maior parte dos produtos da imaginação são falsos torna-se insignificante. O verdadeiro-ou-falso não apresenta interesse quando se trata dessas funções da imaginação primeira que são a apresentação do objeto, a separação e a composição e, em último e principal lugar, o Esquematismo. Não apenas porque estes constituem condições preliminares requeridas para que se possa propriamente tratar de um verdadeiro-ou-falso, mas porque, como já vimos ao comentar o Esquematismo aristotélico tal como foi esboçado no escrito *De memoria*..., o "verdadeiro" é pensado a partir e por meio da apresentação de seu contraditório, o indeterminado a partir do determinado, o descontínuo pelo contínuo, o fora-do-tempo pelo tempo. Que sentido haveria em dizer que a figura temporal fornecida pela imaginação e sobre a qual o fora-do-tempo é pensado é "falsa" (ou "verdadeira", tanto faz), quando, sem essa figura, não poderia haver nenhum pensamento do fora-do-tempo? Além disso, essa própria figura, bem como sua relação com o pensamento ao qual ela dá suporte escapam completamente das determinações do verdadeiro-ou-falso. A possibilidade, a *necessidade* de pensar A através do não-A (com que nos deparamos, novamente, no plano da instituição social-histórica, como constitutiva do simbolismo em geral e da linguagem em particular) esvazia o sentido tanto desta questão "o não-A é verdadeiro ou falso?" como destas outras: "a relação entre A e não-A é verdadeira ou falsa? o nome Calístene é verdadeiro ou falso? a relação entre o nome Calístene e o homem que a ele responde é verdadeira ou falsa?".

A imaginação primeira não pode ser relacionada com a verdade de atribuição ou verdade lógica, nem subordinada a esta. Ela não faz parte do reino do *logos*, o qual a pressupõe. Mas ela não poderia, menos ainda, ser posta em relação com a verdade de existência ou verdade ontológica. Daquilo que ela produz não se pode dizer, no horizonte aristotélico, nem que existe, no sentido da *ousia*, nem que inexiste absolutamente. Muito ao contrário, ela questiona, por retroação, tanto o modo de acesso do *nous* a seus pensáveis próprios, às essências, como as determinações fundamentais de todo ente e, finalmente, a antologia como tal. A alma jamais pensa sem fantasia. Há, portanto, fantasia da essência, do *aquilo que é segundo isso que ele era para ser*. Aristóteles diz isso explicitamente: os indivisíveis são pensados mediante o contínuo, o fora-do-tempo é pensado através do tempo. Este pensamento sempre verdadeiro não pode mais, portanto, ser concebido simplesmente como pura co-atualização, pela qual o *nous* se tornaria *aquilo mesmo*, o *noèton*. O "aquilo mesmo", o *noèton*, é necessariamente acompanhado e sustentado por, e apreendido em, algo que *não é aquilo mesmo:* o fora-do-tempo com o tempo, em e através de uma figura do tempo. Vimos igualmente que a imaginação primeira abala a bipartição dos entes em sensíveis e inteligíveis, bem como essa própria distinção. Que dizer, por fim, do estatuto ontológico da imaginação e de seus produtos? A definição canônica da imaginação em III, 3 — "movimento engendrado pela sensação em ato" —, em conformidade, no espírito e na letra, à antologia de Aristóteles, deixa em aberto consideráveis problemas, mesmo em relação à imaginação segunda; espero ter mostrado que ela não tem ligação com a imaginação primeira. É verdade que essa falha pode ser corrigida. A imaginação em geral, e a imaginação primeira em particular, pode ser definida como uma das potências (ou poderes) da alma que permitem a esta conhecer, julgar e pensar — bem como mover segundo o movimento local (cf. III, 9, 432 a 15-18). Seu ser deixa-se determinar, assim, a partir das determinações teleológicas-ontológicas do ser da alma, destinada a conhecer e a mover. Mas isso não suprime a impossibilidade de fixar um estatuto ontológico qualquer a seus *produtos,* de dizer *o que* eles são, de submetê-los (sem ser "de maneira lógica e vazia", como diria o próprio Aristóteles) às determinações da forma e da matéria, da potência e do ato. A sensibilidade é uma potência, e seu ato é a sensação, que *existe,* pois é ao mesmo tempo atualização do sensível no objeto. A imaginação é uma potência, cujo ato é a fantasia — mas *o que* é esta? E um problema análogo se encontra, sem dúvida, no caso desta outra potência da alma, a intelecção atributiva; seu ato é a complexão de noemas, da qual se pode perguntar o que ela é. Que ninguém se apresse a dizer que esta questão não tem sentido no horizonte de Aristóteles — pois o próprio Aristóteles afirma que os inteligíveis *não existem* enquanto separados e à parte dos sensíveis, mas *estão* nas formas sensíveis. A consistência ontológica, se pudermos nos exprimir assim, da enunciação, da complexão de noemas, provém do fato de que ela *pode* ser posta em relação com a composição efetiva dos inteligíveis no sensível, em outras palavras, ser subsumida ao ponto de vista do verdadeiro-ou-falso. ("Não é porque temos uma crença verdadeira de que tu és branco que tu és branco, mas é porque tu és branco que nós dizemos a verdade quando dizemos que o és", *Metafísica* Θ. 10, 1.) A enunciação atributiva verdadeira "é" alguma coisa, num sentido atenuado do termo "é", porque ela é comandada a partir do ser-assim efetivo de uma coisa que simplesmente é, e à qual ela "corresponde"; ela é sua reprodução, quase se poderia dizer sua imitação. É evidente que isto deixa inteiramente aberto o imenso problema da enunciação *falsa*, ou seja, da origem do erro, problema que não posso abordar aqui (a não ser para notar que Aristóteles considera a imaginação como a fonte privilegiada do erro, no que será seguido por toda a tradição filosófica, a qual, não mais que ele, não se preocupa em elucidar esta estranha capacidade de *criação de não-ser* atribuída assim à imaginação). Finalmente, porém, mesmo esta — a enunciação falsa —, mediante determinação do verdadeiro-ou-falso, não rompe as amarras ontológicas e mantém, enquanto negação ou privação, uma conexão com o ser. O mesmo não se pode dizer da fantasia, produto da imaginação primeira, em relação à qual, como vimos, a determinação do verdadeiro-ou-falso é desprovida de qualquer pertinência. Dos produtos da imaginação primeira, e portanto também, finalmente, da própria imaginação primeira, é impossível dizer *o que são* e *de que modo o são*.

Não é difícil entender por que o movimento que se apodera de Aristóteles na segunda metade do último Livro do tratado *De anima* e o impele à descoberta de uma imaginação distinta, situada numa camada bem mais profunda que aquela da qual ele já havia falado, deveria permanecer sem continuidade não apenas no próprio tratado mas também na história da filosofia até a publicação da *Crítica da razão pura*, em 1781. Aristóteles aqui reconhecia um elemento que não se deixa apreender nem no espaço definido pelo sensível e pelo inteligível, nem — o que é bem mais importante — no espaço que se define pelo verdadeiro e pelo falso, e, por trás destes, pelo ser e pelo não-ser. Ele o concebia não como monstruosidade, fenômeno patológico, resíduo, acidente, forma deficitária (o sonho, por exemplo, sejam quais forem os imensos problemas que ele poderia levantar em outros campos, deixa-se escotomizar filosoficamente de maneira incomparavelmente mais fácil), mas como condição e dimensão essencial da atividade da alma quando ela é, a seus olhos, alma por excelência: *psychè dianoètikè*, alma pensante. Ele via que a possibilidade que a alma tem de pensar, e portanto, também, de diferenciar o sensível e o inteligível, repousa em alguma coisa que não é nem verdadeiramente sensível, nem verdadeiramente inteligível; e que a possibilidade que o pensamento tem de distinguir entre o verdadeiro e o falso — e, por trás destes, entre o ser e o não-ser — repousa em alguma coisa que não se sujeita às determinações do verdadeiro e do falso e que, tanto em seu modo de existência como no modo de existência de seus produtos — os *phantasmata* —, não encontra lugar nas regiões do ser tal como elas parecem seguramente estabelecidas sob outras perspectivas.

É verdade que este movimento permanece essencialmente limitado. Aristóteles não reconhecia, nem podia reconhecer — como tampouco Kant —, na imaginação uma fonte de *criação*. A imaginação primeira em Aristóteles, assim como a imaginação transcendental da *Crítica da razão pura* — a *Crítica do juízo* introduz ainda outros problemas — são invariantes em si mesmas e fixas quanto a seus produtos. Para cumprir sua destinação e função, para fornecer um processo, ainda que por meios paradoxais, a *o que existe* intemporalmente, elas devem ser postuladas implícita (Aristóteles) ou explicitamente (Kant) como produzindo sempre o Estável e o Mesmo. Nada mais desprovido de imaginação que a imaginação transcendental de Kant. Tal situação, na verdade, é inevitável sempre que se pensa o problema da imaginação e do imaginário unicamente em relação ao *sujeito,* em um horizonte psi-cológico ou ego-lógico. De fato, enquanto ficarmos confinados a este horizonte, o reconhecimento da imaginação radical como criação somente poderá conduzir à desarticulação universal. Se a imaginação transcendental se pusesse a imaginar não importa o quê, o mundo se desagregaria no mesmo momento. É por isso que a "imaginação criadora" permanecerá, filosoficamente, como uma simples palavra, e o papel a ela atribuído estará limitado aos domínios que parecem ser ontologicamente gratuitos (a arte). Um reconhecimento pleno da imaginação radical só é possível quando é acompanhado da descoberta da outra dimensão do imaginário radical, o imaginário social-histórico, a sociedade instituinte enquanto fonte de criação ontológica que se desdobra como história.

Tais limitações não impedem que a descoberta aristotélica da imaginação ponha em questão, e faça de fato explodir, tanto a teoria das determinações do ser como a teoria das determinações do saber — e isto não em favor de uma instância transcendente, mas de uma potência da alma, potência indeterminada e indeterminável, ao mesmo tempo que determinante. Como colocá-la verdadeiramente em relação com o que foi dito em outras partes — a menos de começar tudo de novo? Por essa razão Aristóteles, no ocaso de sua vida, nem mesmo o tenta. Com sua tenaz e heróica honestidade, sem se preocupar com as contradições e antinomias que ele faz assim surgir em seu texto, ele nos mostra aquilo que viu em sua necessidade profunda e no qual nos permite ver mais longe, se pudermos. Menos profundos, ou menos corajosos, os intérpretes e filósofos que lhe sucederão se obstinarão tenazmente em sufocar o escândalo da imaginação.

# Instituição da sociedade e religião[8]

A humanidade emerge do Caos, do Abismo, do Sem-Fundo. Ela emerge enquanto psique: ruptura da organização regulada do vivente, fluxo representativo/afetivo/intencional que tende a reportar tudo a si, e existe precisamente enquanto sentido continuamente procurado. Sentido essencialmente solipsista, monádico — ou ainda: prazer de tudo reportar a si. Essa procura, quando permanece absoluta e radical, só pode fracassar, e levar à morte do suporte vivente da psique e da própria psique. Desviada de sua exigência originária total, essencialmente alterada, formada/deformada, canalizada, ela pode ser semi-satisfeita mediante a fabricação social do indivíduo. Radicalmente inapta à vida, a espécie humana sobrevive criando a sociedade, e a instituição. A instituição permite a sobrevivência da psique ao impor-lhe a forma social do indivíduo, ao lhe propor e impor uma outra origem e outra modalidade do sentido: a significação imaginária social, a identificação

---

8. Este texto foi extraído de uma obra em preparação sobre a instituição da sociedade e a criação histórica, que prossegue as investigações que iniciei em "Marxisme et théorie révolutionnaire" (*Socialisme ou Barbarie*, n[os] 3640, 1964-1965) e continuei em *A instituição imaginária da sociedade* (*op. cit.*). Referências a esses textos são indicadas aqui pelas siglas *MTR* (= *IIS*) ou *IIS*. Publicado em *Esprit* (mai. 1982), e nos *Mélanges Jacques Ellul*, (Paris, PUF, 1983, p. 3-17. (*N. do E.*)

mediatizada com esta (com suas articulações), a possibilidade de tudo reportar a ela.

A questão do sentido deveria, assim, saturar-se, encerrando-se a procura da psique. Mas, de fato, isso nunca acontece. De um lado, o indivíduo socialmente fabricado (por sólido e estruturado que seja) nunca é mais que uma película recobrindo o Caos, o Abismo, o Sem-Fundo da própria psique, que não deixa nunca, sob uma ou outra forma, de anunciar-se e apresentar-se a ela. Pode-se reconhecer aqui uma verdade parcial e deformada de certas concepções psicanalíticas contemporâneas, que vêem, em toda a estrutura do indivíduo (o "Eu consciente") uma defesa contra a psicose. Esta estrutura é, certamente, por construção, uma defesa contra o Caos psíquico — mas é impróprio denominar este último de "psicótico". Que os estratos da psique sucessivamente formados apresentem, cada qual em si mesmo e em sua coexistência quase impossível, traços e modos de funcionamento muito próximos da psicose — no sentido de que esta tende a preservar partes importantes daqueles —, é incontestável (essa descoberta foi uma das grandes contribuições de Melanie Klein). Mas a psicose não é nem a simples preservação nem mesmo a predominância desses traços e modos de funcionamento; ela é, como Piera Castoriadis-Aulagnier muito justamente mostrou[9], a construção ou criação de um pensamento delirante, com seus traços e postulados próprios, o que é uma coisa completamente diferente.

De outro lado, a instituição da sociedade não pode encobrir totalmente o Caos, do ponto de vista dos indivíduos. Ela consegue bem ou mal suprimir o Acaso nas grandes linhas mas não nos detalhes. Por exemplo, do ponto de vista da sociedade, um acontecimento singular (único, e afetando o conjunto: uma guerra, uma calamidade natural) jamais deixará de ser investido da significação que o amansa ou domestica, e será incapaz de destruir, por si só, o magma de significações imaginárias que mantêm coesa essa sociedade — a menos que o destrua totalmente. A história judaica fornece o exemplo mais puro e flagrante desse fato: as mais duras provações, as catástrofes mais trágicas nela são continuamente reinterpretadas e investidas de significação como sinais da elei-

---

9. Ver La violence de l'interprétation. Paris, PUF, 1975.

ção do povo judeu e da permanência dessa condição. Mas esses mesmos acontecimentos se traduzem, necessariamente, em conseqüências particulares para os indivíduos particulares: é um filho, um marido, um irmão que foi morto na guerra ou afogou-se na inundação. A diferença de tais conseqüências, que só é redutível mediante raciocínios formais e vazios ("estatísticos"), remete cada indivíduo ao sem-sentido de seu destino particular. Elaborações sociais compensatórias são possíveis em muitos casos, mas dificilmente em todos. A mãe espartana pode orgulhar-se ou, até mesmo, alegrar-se com a morte valorosa de seu filho na guerra: mas ela não teria tais sentimentos se todos os seus filhos tivessem morrido ao nascer, ou sido lançados ao Kaiadas. Em outras culturas, tudo está coberto pela vontade de Deus; mas a experiência mostra que de modo geral os indivíduos não conseguem manter-se à altura dessa idéia, quando o que está em jogo é sua sorte pessoal.

A instituição da sociedade é instituição de significações imaginárias sociais que deve, por princípio, conferir sentido a tudo o que pode se apresentar, tanto "na sociedade" como "fora" dela. A significação imaginária social faz as coisas existirem enquanto *tais* coisas, apresenta-as como sendo *isso que* elas são — o *isso que* sendo introduzido pela significação, que é, indissociavelmente, princípio de existência, princípio de pensamento, princípio de valor e princípio de ação. Mas este trabalho da significação está constantemente ameaçado (e, de um ponto de vista último, já frustrado) pelo Caos com que ela se depara, e pelo Caos que ela própria faz ressurgir. Tal ameaça se manifesta, em toda a sua realidade e gravidade, nos dois níveis extremos do edifício de significações: por não haver fecho de abóbada nesse edifício e por haver areia no lugar daquilo que lhe deveria servir de alicerce ou fundação.

Essa fundação deveria consistir na apreensão de significações relativas ao mundo, a tudo o que se apresenta e que poderia vir a se apresentar. Mas tal apreensão é sempre incompleta e provisória. Ela só poderia ser assegurada se cada coisa fosse apenas *isso que* ela é, se o mundo nunca fosse senão *isso que* ele é — isso que a significação estabelece que eles são. Ora, por um lado, a significação imposta ao mundo (e à sociedade que se institui ao estabelecer-se como parte do mundo instituído por ela) é essencialmente "arbitrária". A autocriação da sociedade, que sempre se exprime como postulação/instituição de um magma particular de significações imaginárias, escapa à determinação por ser, precisamente, autopostulação; algo que não pode estar fundado em uma Razão universal nem se reduzir a uma correspondência com um suposto ser-assim do mundo. A significação constitui o mundo e organiza, de maneira correlata, a vida social, sujeitando-a de cada vez a "fins" específicos: viver como os ancestrais e honrá-los, adorar a Deus e cumprir seus mandamentos, servir ao Grande Rei, ser *kalos kagathos*, multiplicar as forças produtivas, construir o socialismo. Todos estes fins são supranaturais; e também não são passíveis de discussão, mais precisamente, sua discussão só pode se dar e ter sentido quando se pressupõe o valor deste "fim" particular: a procura da verdade, que é criado por uma particular instituição da sociedade — a instituição greco-ocidental.

Por outro lado, por mais fina, sutil e poderosa que seja a significação, sua apreensão das coisas e do mundo — do ser — exigiria, para ser completa, que este estivesse fixado definitivamente, de um extremo a outro e de uma vez para sempre, quer dizer, acabado, terminado, determinado, identitário. Mas o mundo — o ser — é essencialmente Caos, Abismo, Sem-Fundo. Ele é alteração e auto-alteração. É somente por isso que ele também está sempre *por-ser*, ele é temporalidade criadora-destruidora. A significação, ao estabelecer-se como tal e ao recobrir tudo — o que ela é obrigada a fazer para responder às exigências da psique que ela socializa —, renunciou a engendrar para si o nicho ecológico estreito no e pelo qual vive o animal, que se dá existência e sentido àquilo cuja existência e cujo sentido já estão, para ele, funcionalmente assegurados. Por isso, a significação sempre corre o risco de se deparar sem apoio perante o Caos, de não poder remendar os rasgos de seu recobrimento do ser. (No caso de uma religião como o cristianismo, que nasceu e se desenvolveu em um espaço social-histórico no qual já havia surgido a interrogação ilimitada, esta situação está na base da insolúvel questão da teodicéia.)

O fecho de abóbada que falta ao edifício de significações é representado por este ponto evidente e extremamente misterioso: a questão da significação da significação. Formulado assim, isso pode parecer um mero jogo de palavras. Mas deixa de parecê-lo quando é traduzido e detalhado nas e pelas questões que a própria significação faz surgir, às quais ela dá sentido, pelas quais ela organiza o sentido em geral e o sentido de cada coisa particular. Questão da origem, questão da causa, questão do fundamento, questão do fim; em suma questão do *por quê* e do *para quê*. A significação, pelo fato de instaurar essas questões como gerais e universais, corre continuamente o risco de que elas possam voltar-se contra si própria — como questões sobre a origem, a causa, o fundamento e o fim da sociedade, da instituição e da significação.

Ora, tais questões são irresistivelmente suscitadas pela instituição da significação — de modo especial, pelas potencialidades da linguagem — e, ao mesmo tempo, não podem receber qualquer resposta, já que, a bem dizer, elas "não têm sentido". Não se vê a partir de que elas poderiam obter sentido e resposta: toda questão sobre o *por quê* e o *para quê* da significação *já* está localizada no espaço criado pela significação e não pode ser formulada a não ser supondo-o como inquestionável. Não se trata aqui, simplesmente, de um argumento "lógico", mas da explicitação da própria idéia de criação, emergência de um nível ontológico que se pressupõe a si mesmo e que fornece a si próprio os meios de existir. O vivente pressupõe o vivente: o "programa genético" só pode funcionar se os produtos de seu funcionamento já estiverem disponíveis. A instituição pressupõe a instituição: ela não pode existir a não ser que os indivíduos fabricados por ela façam-na existir. Este círculo primitivo é o círculo da criação.

O surgimento da significação — da instituição, da sociedade — é criação e autocriação; ele é manifestação do ser enquanto *por-ser*. As questões acerca da origem, do fundamento, da causa e do fim são levantadas na e pela sociedade; mas a sociedade (e a significação) não "tem" nenhuma origem, fundamento, causa ou fim diferentes dela própria. Ela é sua própria origem — é isto o que quer dizer autocriação; não cabe procurar a sua origem verdadeira e essencial em *alguma coisa* que seria externa a ela mesma, nem procurar-lhe qualquer fim diverso de sua própria existência enquanto sociedade que postula *aqueles* fins — o que constitui um uso simplesmente formal e, finalmente, abusivo do termo "fim".

A significação emerge para recobrir o Caos, fazendo surgir um modo de ser que se coloca como negação do Caos. Mas é ainda o Caos que se manifesta nesta e através desta própria emergência, na medida em que esta não tem nenhuma "razão de ser", em que a significação é, afinal, um puro fato que em si mesmo não "tem significação" nem poderia "tê-la", em que ela não pode dobrar-se sobre si mesma. Em termos lógicos: para que alguma coisa "tenha significação", ela deve situar-se aquém da necessidade absoluta, bem como além da absoluta contingência. Aquilo que é absolutamente necessário tem tão pouca significação quanto aquilo que é absolutamente contingente. Mas a significação imaginária social — o magma de significações imaginárias sociais — é, ao mesmo tempo, de uma absoluta necessidade para quem se conserva em seu interior, e de uma radical contingência para quem lhe é exterior. O que equivale a dizer que a significação social está tanto além como aquém da necessidade e da contingência — ela está *alhures*. Ela é, simultaneamente, *metanecessária* e *metacontingente*.

Diga-se entre parênteses que a discussão precedente mostra por que são risíveis todas as propostas sobre o "sentido da história". A história é aquilo em que e pelo que o sentido emerge, onde se confere sentido às coisas, aos atos, etc. Ela não pode, ela mesma, "ter sentido" (nem, de resto, "não tê-lo") — do mesmo modo que um campo gravitacional não pode ter (ou não ter) peso, ou um espaço econômico ter (ou não ter) preço.

São duas, portanto, as formas pelas quais a humanidade continua, prolonga, recria o Caos, o Abismo, o Sem-Fundo de onde ela emerge. Caos psíquico, Sem-Fundo da imaginação radical da psique; Abismo social, Sem-Fundo do imaginário social criador da significação e da instituição. E, ao mesmo tempo, ela deve sustentar-se perante o Caos, o Abismo, o Sem-Fundo do mundo. Ela tem, desde o início, um obscuro conhecimento dessa situação sem conhecê-la e realizando ao mesmo tempo um imenso esforço para não vir a conhecê-la, numa modalidade original, hiperparadoxal, por assim dizer, inconcebível. Busca-se recobrir aquilo que se anuncia e se afirma nesse e por esse próprio esforço de recobrimento. Este modo, de afirmação/negação do Caos pela humanidade, não poderia ser denominado nem refreamento, nem exclusão, nem desconhecimento, nem obscurecimento, nem racionalização, nem idealização. Todos esses mecanismos aparecem, antes, como derivados ou ramificações desta apresentação/ocultação fundamental, que é a modalidade do relacionamento da humanidade com o Caos que a envolve e que ela contém.

Esta apresentação/ocultação do Caos mediante a significação social só pode se efetuar, essencialmente, de uma única maneira: o próprio Caos, como tal, deve ser admitido na significação — *ser* significação — e também, desse modo, conferir uma significação à emergência e ao ser da significação enquanto significação.

## INSTITUIÇÃO DA SOCIEDADE E RELIGIÃO

Mas é precisamente isto o que a instituição da sociedade busca continuamente afirmar. Ela postula, efetivamente, que o ser é significação e que a significação (*social*) faz parte do ser. Tal é o sentido do cerne *religioso* da instituição de todas as sociedades conhecidas — com aproximadamente duas rupturas imperfeitas e incompletas, a Grécia e o mundo ocidental moderno, de que nos ocuparemos longamente em outro lugar. A significação imaginária social do *mana*, por exemplo, como em geral todas as que são implicadas pelas crenças arcaicas, constitui o mundo inteiro como uma sociedade de seres animados e motivados segundo as mesmas modalidades da sociedade humana. Pouco importa, quanto a isto, que a "representação *mana*", *die Mana-Vorstellung* de Cassirer, seja, como este queria, uma categoria por meio da qual o "pensamento mítico" pensa o ser em geral, ou que, como afirmava Heidegger ao criticar Cassirer, o *mana* seja para esse pensamento um *ente*[10]. A própria distinção — a "diferença ontológica" — entre um pensamento que pensa o ser como tal e um pensamento que pensa os entes como tais é impossível, não importando o que Heidegger tenha dito a respeito. O *mana*, para o pensamento mítico, *existe*. Isto quer dizer que este ente concentra em si, "representa", aquilo por meio de que *todo* ente *existe:* ele é determinação ontológica *presentificada* por aquilo que, em cada ente, é princípio de existência *eletiva* (*Wirklichkei — wirken; énergéia — énergein; actualitas — actus — agere*). A situação é a mesma para qualquer ontologia filosófica que não se limite a confeccionar uma lista dos "traços gerais" dos entes, que não se mantenha como uma ontologia formal, mas procure exprimir *isso que* o ser é, isso que *jaz com que* X possa ser dito *existir verdadeiramente*. Assim, para Platão, o que *existe* verdadeiramente é o *eidos* (ou o *agathon*), e qualquer coisa só existe à medida que "participa" do *eidos* (e/ou, portanto, de forma mediata, do *agathon*). O *tipo* do pensamento não é diferente do que preside à *Mana-Vorstellung*. Não se trata, em absoluto, de "etnologizar" Platão — tampouco, ainda, de "ontologizar" superficialmente as crenças arcaicas —, mas de mostrar as necessidades

---

10. A crítica do segundo volume da *Philosophie der symbolischen Formen* de Ernst Cassirer, *Das mythische Denken* (1925), por Heidegger, foi publicada na *Deutsche Litteraturzeitung,* Heft 21 (1928), p. 1000-12. Agradeço a Marcel Gauchet o haver-me informado sobre esse texto.

profundas imanentes ao esforço de identificar o ser e a significação, e que dominam tanto a religião como a vertente principal da filosofia, de Parmênides a Hegel.

Do mesmo modo, a instituição da sociedade, de forma não consciente, é sempre ontologia geral e especial. Ela postula, e não pode deixar de postular, *isso que* cada coisa particular, cada relação e cada agrupamento de coisas é, assim como o que "contém" e torna possível a totalidade de relações e agrupamentos — o mundo. Em toda sociedade, determinar *isso que* toda coisa é, é *ipso facto* dotar cada coisa de sentido e inseri-la nas relações de sentido; cria-se, a cada vez, um mundo que é correlativo às significações imaginárias sociais e que delas depende. Mas o mundo *tout court* não se deixa reduzir a essa dependência. Ele sempre é também algo que é diferente, e vai além *disso que* ele é (postulado como sendo). Bem ou mal, a significação instituída pode chegar a fazer frente a isso, mas não pode enfrentar de maneira análoga o Abismo que ela própria representa, a manifestação do Caos que sua própria criação constitui. A "solução", aqui, tem sido *entrelaçar* origem do mundo e origem da sociedade, significação do ser e ser da significação. É esta a essência da religião: tudo o que existe torna-se subsumível às mesmas significações (mesmo quando um princípio do mal se opõe a um princípio do bem, Ahriman a Ormuzd, o segundo permanece sendo um pólo privilegiado ao qual o primeiro toma emprestado, por negação, seu sentido). E mesmo na sociedade moderna (capitalista tradicional, ou capitalista burocrática), que pretende instituir-se afastada da religião, a persistência de uma dimensão *quasi*-religiosa ou pseudoreligiosa da instituição enuncia-se e denuncia-se do mesmo modo: a origem do mundo e a origem da sociedade — o funcionamento de um e de outra — estão *entrelaçados* no interior e por meio da "racionalidade", das "leis da natureza" e das "leis da história".

Este *entrelaçamento* da origem do mundo e da origem da sociedade deve, naturalmente, sempre levar em conta a especificidade da sociedade sem romper com a homogeneidade do mundo. Ele deve tanto distinguir como articular firmemente instituição humana e ordem imputada às coisas, cultura e natureza. Que a homogeneidade do mundo e da sociedade, isto é a homogeneidade do ser, do ponto de vista da significação, não deva ser rompida, é uma conseqüência praticamente irresistível da *ilimitação* da exigência da significação: a significação, sendo resposta ao Caos, é simultaneamente negação deste. Mas este postulado da homogeneidade do ser — a ontologia unitária — é consubstancial à heteronomia da sociedade. De fato, ele necessariamente acarreta a postulação de uma origem extra-social da instituição (e da significação) e, portanto, a ocultação da auto-instituição da sociedade, o encobrimento pela humanidade de seu próprio ser como autocriação. Reciprocamente, esta postulação — e o princípio de homogeneidade do qual ela decorre — equivale à recusa da "contingência" da significação e da instituição, mais precisamente, disso que designamos como a *exterioridade* (*l'ailleurs*) da significação em face da necessidade e da contingência, e que denominamos a *metacontingência* (ou a *metanecessidade*) da significação. Essa recusa é, evidentemente, inseparável da suprema *hubris* da existência humana: a *hubris* ontológica. Ela se manifesta, mais do que em qualquer outra parte, na instituição da religião, mesmo quando se disfarça, admiravelmente, sob a aparência de seu contrário.

Dizer que sempre há uma "relação" entre a religião e a instituição da sociedade seria excessivamente superficial. Como bem viu Durkheim, a religião é "idêntica" à sociedade, de início e durante muito tempo: para a quase totalidade, de fato, das sociedades conhecidas. Toda organização do mundo social é, em quase toda a parte e quase sempre, essencialmente "religiosa". A religião não "acompanha", não "explica", não "justifica" a organização da sociedade: ela é essa organização, em seu núcleo não trivial (organização que sempre inclui, na verdade, sua própria "explicação" e "justificação"). É ela que postula o que é e o que não é pertinente. Ou, mais precisamente, como tudo é pertinente para a sociedade, a significação e a religião, é a religião que organiza, polariza e valoriza o pertinente, que o *hierarquiza*, em um uso do termo que reencontra aqui seu sentido inicial.

*Entrelaçar*: "imagem do mundo" e "imagem da sociedade" para ela mesma — e portanto, também, de seu "lugar no mundo" — sempre foram duas faces da mesma coisa, pertencentes ao mesmo magma de significações imaginárias sociais no qual e através do qual cada sociedade se faz existir ao fazê-lo existir. "Imagem" não quer dizer aqui, evidentemente, cópia ou reflexo, mas obra e operação do imaginário radical, esquema imaginário organizador e constituinte[11]. As significações imagi-

---

11. Ver, com relação a todos esses aspectos, *MTR* (=*IIS*). (Textos publicados pela primeira vez em *Socialisme ou Barbarie*, em 1965.)

nárias que organizam a sociedade não podem senão ser "coerentes" com aquelas que organizam o mundo. *Pelo menos, este é o fato fundamental que caracteriza até agora a instituição da sociedade.* Um fato que — formulado dessa maneira e acompanhado da questão: "mas por que *deve* ser assim?" — nos revela aquilo que, ao mesmo tempo, surgiu como aparente *necessidade* da instituição da sociedade em seu ser-assim, e que se manifesta a nós, *posteriormente,* como "arbitrário" radical dessa modalidade de instituição.

Em particular, a origem da existência e da instituição da sociedade sempre foi definida nas e pelas crenças religiosas. A ligação profunda e orgânica da religião com a heteronomia da sociedade exprime-se nesta dupla conexão: toda religião inclui a origem da instituição em seu sistema de crenças; e a instituição da sociedade sempre inclui a interpretação de sua origem como extra-social, remetendo assim à religião. (As religiões que tenho em mente são aquelas socialmente efetivas, e não seitas nem certos movimentos religiosos como o cristianismo e o budismo em seus primórdios e antes de sua transformação em religiões instituídas. Tal transformação, especialmente no caso do cristianismo, acarretou conseqüências que, do ponto de vista aqui discutido, são muito graves: a instituição social, de início ignorada ou mantida a distância, foi, a seguir, cuidadosamente sacralizada.)

A instituição heterônoma da sociedade e a religião são essencialmente idênticas. Ambas visam ao mesmo objetivo e pelos mesmos meios. Elas não visam apenas à organização da sociedade, mas procuram dar *uma* significação ao ser, ao mundo e à sociedade, mais ainda, dar-lhes a *mesma* significação. Elas *devem* mascarar o Caos, e particularmente o Caos em que consiste a própria sociedade. Elas o mascaram ao reconhecê-lo infundadamente, pela sua apresentação/ocultação, ao fornecer-lhe uma Imagem, uma Figura, um Simulacro.

O Caos: o Sem-Fundo, o Abismo gerador-destruidor, a Ganga matriz e mortífera, o Avesso de todo Direito e de todo Avesso. Não aponto, com tais expressões, um resíduo de desconhecido ou de incognoscível e, menos ainda, aquilo que se denominou transcendência. A separação entre transcendência e imanência é uma construção artificial, cuja razão de ser é possibilitar o próprio encobrimento que estou discutindo[12]. A

---

12. Cf. *IIS.*

suposta transcendência — o Caos, o Abismo, o Sem-Fundo — invade constantemente a suposta imanência — o dado, o familiar, o aparentemente domesticado. Sem essa perpétua invasão, simplesmente não haveria nenhuma "imanência". Invasão que se manifesta tanto pela emergência do novo irredutível, da alteridade radical, sem o que aquilo que é seria tão somente o Idêntico absolutamente indiferenciado, ou seja, Nada, como também pela destruição, a aniquilação, a morte. A morte é morte das formas, das figuras, das essências — não apenas de seus exemplares concretos, sem o que, mais uma vez, aquilo que é seria meramente repetição no prolongamento indefinido ou na simples ciclicidade, eterno retorno. Quase não é necessário sublinhar que a destruição ontológica faz surgir uma interrogação tão grave quanto a suscitada pela criação ontológica.

O mesmo movimento e as mesmas necessidades fizeram (se prestamos atenção à prática e não às meras palavras) com que o pensamento herdado sempre as ignorasse, a ambas: através da supressão do tempo, da idealidade como conservação intemporal, da dialética como ultrapassagem cumulativa e recuperação integral do devir no Absoluto. E é pelas mesmas necessidades que a filosofia tradicional sempre negou a possibilidade de destruição daquilo que *verdadeiramente existe*: "destrutível" e "perecível" têm sido para ela (desde Parmênides e Platão) os próprios nomes do menos-ser, do não-ser, da ilusão, ou então, simples decomposições e recomposições de coletivos, por trás das quais sempre se situaria o permanente ou o atemporal, quer sob a forma de constituintes últimos inalteráveis, quer sob a forma de leis ideais.

[Leio em um texto de Ian Patocka recentemente publicado em francês ("Les fondements spirituels de la vie contemporaine", *Études phénoménologiques,* nº 1, Bruxelas, Ousia, 1985, p. 84) que, em um escrito póstumo (que não conheço), Husserl afirmava que "embora o homem seja naturalmente finito e mortal, o fundamento mesmo do ser humano, a conseqüência transcendental que não cessa de funcionar no interior do homem e que responde pela sua experiência, seria infinita e imortal". O que me interessa aqui não é a tese em si mesma (que nada traz de novo), mas a argumentação. Também esta nada tem de novo, mas é notável por indicar a persistência, no próprio Husserl, de formas de argumentação arcaicas e, além disso, por ilustrar, de forma luminosa, aquilo que se disse acima sobre a impossibilidade, para o pensamento herdado, de admitir a destruição ontológica, com base em razões que são estritamente idênticas às que sempre o impediram de admitir a criação ontológica. Eis como Patocka resume a argumentação de Husserl: "A única coisa impensável é o desaparecimento total. A passividade pura não é um desaparecimento. Aqui, Husserl apóia seu argumento na *impossibilidade de pensar a morte* [grifado no texto]. A morte, o desaparecimento em geral, é algo que somos incapazes de pensar. Nenhum esquema filosófico poderia tematizar efetivamente o puro desaparecimento. Ao evocá-lo, pensamos ou em uma mudança (o que pressupõe a persistência de alguma coisa que muda), ou então, em um *continuum* de extinção que, mediante diminuições infinitesimais, jamais chegaria completamente a um fim total; ou ainda, concebemo-lo dialeticamente, afirmando: 'o ser e o nada são idênticos', mas neste caso a passagem se efetua tanto do nada ao ser como do ser ao nada". O primeiro argumento é o velho argumento do *hupokeiménon*: em toda alteração, *é alguma coisa* que se altera e que, ela mesma, não se altera. Um argumento formal e vazio, que é particularmente capcioso no caso em pauta: ela pressupõe o que deve ser demonstrado — isto é, que a consciência transcendental é um *hupokeiménon* neste sentido —; caso contrário, nenhuma *qualidade,* por exemplo, poderia jamais se modificar; ou ainda, dever-se-ia excluir (outro exemplo) que a alma seja a *forma* de um ser vivo, como pensava Aristóteles. — O segundo argumento consiste simplesmente numa reedição da demonstração eleática da impossibilidade do movimento. Quanto ao terceiro, ele é o que apresenta maior interesse, pois consiste simplesmente em dizer isto e apenas isto: é impossível admitir o desaparecimento (a passagem do ser ao nada), pois então seria preciso admitir também a criação (a passagem do nada ao ser). Ora (subentende-se), esta última hipótese é inaceitável. Logo... O que dizem esses argumentos em seu todo? Que só pode existir aquilo que se conforma *a um certo modo de pensar* — o modo segundo o qual *há* substâncias em si mesmas inalteráveis, toda mudança deve ser apenas de "quantidade" ("*continuum*... diminuições infinitesimais"), e é inconcebível qualquer passagem do "nada ao ser", bem como o inverso. A conclusão é clara: ou bem "aquilo", de fato, não pode existir, ou então deve-se mudar o modo de pensar. Notemos também, para terminar, que os argumentos de Husserl valem — e valem *apenas* — para uma imortalidade *pessoal* — ao passo que o que está em pauta, desde o início, é uma "consciência transcendental" que "responde pela experiência do homem".]

A idéia de transcendência implica a idéia de uma separação absoluta, expressão, por sinal, redundante: o ab-soluto é o que está completamente separado. O Caos, porém, não está separado. Há um avesso insondável em cada coisa, e esse avesso não é passivo, algo que simplesmente resistiria, cedendo ou não terreno, a nossos esforços de compreensão e de controle. Ele é fonte perpétua, alteração sempre iminente, origem que não está relegada para fora do tempo ou ao momento em que o tempo se pôs em marcha, mas que se apresenta constantemente no e pelo tempo. Ele é, literalmente, temporalidade — com a condição de que se entenda que o tempo aqui tratado não é o tempo dos relógios, mas o tempo que é criação/destruição, o tempo como alteridade/alteração. A criação *já* é, ela própria, destruição — destruição daquilo que existia em sua aparente "completeza" desde então rompida. O tempo da criação situa-se nos antípodas do tempo da repetição, que é o único que, por definição, se deixa "medir" — ou seja, transformar-se em seu contrário. O tempo não é apenas o excesso do ser diante de toda determinação que pudéssemos conceber e conferir-lhe. O tempo é o excesso do ser diante de si mesmo, é aquilo que faz com que em sua essência o ser esteja sempre por-ser.

A humanidade sem dúvida tem, desde o seu primeiro dia, a obscura experiência desse Abismo; certamente é essa experiência que indica e atesta sua saída da simples animalidade. "O homem é um animal inconscientemente filosófico, que vem se interrogando sobre as questões da filosofia desde muito antes da filosofia vir a existir como reflexão explícita; e é um animal poético, que forneceu, no imaginário, a resposta a essas questões."[13] Nascimento, morte, sonho, desejo, acaso, proliferação indefinida dos entes, identidade e alteridade dos sujeitos, imensidão do espaço, retorno das estações e irreversibilidade do tempo: em um certo sentido, são nomeados, designados, apreendidos desde sempre

---

13. *MTR* (= *IIS*).

na e pela linguagem; em outro sentido, são sempre tão novos, tão diversos, tão longínquos. A humanidade, sendo ela própria a manifestação da emergência do ser, rompe desde o início a simples regulação biológica que está, aparentemente e a nossos olhos, "fechada sobre si mesma". O homem é o único ser vivo que rompe a clausura (*clôture*) informacional/representativa/cognitiva na qual e pela qual existem todos os outros seres vivos. No quadro de uma cisão absoluta e em absoluta interdependência, surgem simultaneamente a mônada psíquica, essencialmente "louca", a-real, criação efetuada de uma vez por todas e fonte de uma criação perpetuamente continuada, o Abismo em nós mesmos, fluxo representativo/afetivo/intencional indeterminado e incontrolável, psique em si mesma radicalmente inadaptada à vida, e o social-histórico, criação, de uma vez por todas, da significação e da instituição, e fonte de uma criação continuada, o Abismo como imaginário social ou sociedade instituinte, origem da criação como história, da criação/destruição de significações e de instituições particulares. A mônada psíquica não sobreviveria por um só instante se não fosse submetida à socialização violenta e forçada: é através da fabricação social do indivíduo que a instituição torna possíveis a vida do sujeito humano e sua própria vida enquanto instituição. E a mônada psíquica — uma vez inserida em um espaço socialmente instituído e formado por uma linguagem, objetos, idéias, normas que ela não poderia jamais por si só produzir — passa a contribuir, com sua seiva inesgotável, para alimentar a criação histórica.

A humanidade se constitui ao fazer surgir a questão da significação e ao fornecer-lhe, prontamente, respostas. (De fato, é nas respostas que lemos a questão.) A sociedade existe pela instauração de um espaço de representações compartilhadas por todos seus membros, que traduzem o magma de significações imaginárias sociais instituídas em cada caso. Imaginárias no sentido forte e estrito. Nenhum sistema de determinações instrumentais funcionais, que se esgote na referência à "realidade" e à "racionalidade", pode bastar-se a si mesmo. À medida que introduz a questão da significação, a sociedade não pode mais se confinar ao "lado de cá" de sua "existência real". Não se trata, como acreditava Marx — e, em alguns momentos, Freud —, do fato de que, confrontada com uma "existência real" insatisfatória, a sociedade procuraria, durante todo um período, compensações imaginárias (poder-se-ia perguntar se a existência das vacas é completamente satisfatória e, em caso negativo, qual é a religião que elas professam). O fato é que essa "existência real" é impossível e inconcebível, enquanto existência de uma *sociedade*, sem a postulação de *fins* da vida individual e social, de *normas* e *valores* que regulem e orientem essa vida, da *identidade* da sociedade considerada, do *por quê* e do *para quê* de sua existência, de seu *lugar* no mundo, da *natureza* desse mundo — e que nada disso pode ser deduzido da "realidade" ou da "racionalidade", nem "determinado" pelas operações da lógica conjuntista-identitária.[14]

A humanidade não pode ser confinada à sua existência "real". Isto quer dizer que ela tem a experiência do Abismo, ou que o Abismo se impõe a ela. Ao mesmo tempo, ela até agora foi incapaz de simplesmente aceitar essa experiência. Isso pode parecer paradoxal, mas torna-se evidente após uma reflexão: a religião sempre respondeu, desde o início, à incapacidade que os homens têm de aceitar aquilo que, inapropriadamente, se denominou "transcendência", isto é, de aceitar o Caos e aceitá-lo *enquanto* Caos, de enfrentar, de pé, o Abismo. Aquilo que se pôde denominar a necessidade de religião corresponde à recusa da humanidade a reconhecer a alteridade absoluta, o limite de toda significação estabelecida, o avesso inacessível que se constitui para cada direito a que se chega, a morte que se aloja em cada vida, o não-sentido que cerca todo sentido e nele penetra.

Em todas as sociedades conhecidas, e até o momento em que se inicia a decomposição da sociedade capitalista, as significações imaginárias sociais têm sido, de maneira central e essencial, "religiosas": elas reuniram o reconhecimento do Abismo e seu encobrimento. Reconhecimento, pois admitem a experiência do Avesso, do Surgimento, da súbita estranheza do Familiar, da revolta do Domesticado, da evanescência do Dado. Encobrimento, pois sempre oferecem um Simulacro, uma Figura, uma Imagem — no limite, uma Palavra ou um Verbo — que "representam" o Abismo e constituem sua apresentação instituída: o Sagrado. Por meio do Sagrado, o Abismo é supostamente circunscrito, localizado, e torna-se como que presente na vida social "imanente".

---

14. Ver *MTR* e *IIS*. Caps. III, V e VII em particular.

A religião dá nome ao inominável, representação ao irrepresentável, lugar ao não localizável. Ela realiza e satisfaz, simultaneamente, a experiência do Abismo e a recusa a aceitá-lo, circunscrevendo-o — pretendendo circunscrevê-lo —, dotando-o de uma ou mais figuras, designando os lugares que ele habita, os momentos que ele privilegia, as pessoas que o encarnam, as palavras e os textos que o revelam. A religião é, por excelência, a apresentação/ocultação do Caos. Ela consiste numa *forma de compromisso*, que combina ao mesmo tempo a impossibilidade, para os seres humanos, de se confinarem ao aqui-agora de sua "existência real" e sua impossibilidade, quase igual, de aceitar a experiência do Abismo. O compromisso religioso reside em um falso reconhecimento do Abismo através de sua re-presentação (*Vertretung*) circunscrita e, bem ou mal, "imanentizada".

Esta re-presentação obrigatória — a "delegação por representação", a *Vorstellungsrepräsentant* do Abismo na "realidade", do Avesso no Direito social — constitui a idolatria necessária da religião. Toda religião é idolatria. As religiões efetivas, tal como são historicamente instituídas e tal como funcionam socialmente, não tratam nem poderiam na verdade tratar do Abismo — daquilo que elas denominam a "transcendência", quando assim o denominam. O Abismo é, ao mesmo tempo, enigma, limite, avesso, origem, morte, nascedouro, excesso daquilo que é frente a isso *que* ele é, está sempre aí e sempre em outra parte, em todo lugar e em lugar nenhum, é o não-lugar em que todo lugar se recorta. Toda religião o condensa ficticiamente, coisifica-o — ou o personifica, o que vem a dar no mesmo — de uma maneira ou de outra, expele-o para um "alhures" qualquer e, de novo, o traz de volta para este mundo sob a forma do Sagrado. O Sagrado é o simulacro coisificado e instituído do Abismo: ele se dá como presença "imanente", separada e localizada, do "transcendente". Aqui não importa a relação "mística" com o Abismo, seja ela "autêntica" ou alucinatória: nunca existiu nem existirá uma religião mística, ou religião de místicos. O verdadeiro místico está necessariamente separado da sociedade. A religião, em sua efetividade social, fornece simulacros instituídos do Abismo, e não pode deixar de fazê-lo. As próprias "vidas dos místicos" funcionam como tais simulacros. Toda religião é idolatria, caso contrário não seria religião social efetiva. Na religião, as próprias palavras — as palavras sagradas — funcionam, e só podem funcionar, como ídolos.

Por estabelecer um compromisso, a religião se torna falso reconhecimento, apresentação/ocultação do Abismo. Ela fornece "respostas" determinadas, figuradas, coisificadas às questões nas quais se articula e se traduz a questão de significação. Entre essas questões, encontra-se sempre a questão da origem, do fundamento, da causa, do fim — questão que se dirige também e sobretudo à própria sociedade e à sua instituição. Este mesmo reconhecimento/encobrimento do Abismo que a religião efetua com relação a tudo, ela o efetua também e principalmente — isto é, a sociedade o efetua, por meio da religião — com relação ao ser da própria sociedade. Ao atribuir uma origem extra-social "transcendente", tanto à instituição como ao ser da sociedade, a religião estabelece, também aqui, um compromisso. Ela reconhece que a sociedade jamais se reduz a *isso que* ela é, que sua existência "real", "empírica" não a esgota; que, por exemplo, nem o funcionamento da sociedade instituída pode jamais dar conta de sua instituição, já que a pressupõe; nem tampouco qualquer "causa", "razão", "fator" imanentes, determinados, "intramundanos" (portanto, "intra-sociais", no sentido da sociedade instituída) pode explicar e menos ainda fundamentar o por quê e o para quê da instituição da sociedade em geral e de seu ser-assim sempre específico. Mas ela encobre, ao mesmo tempo, o Abismo, o Caos, o Sem-Fundo que a sociedade é, ela própria, para si mesma, ela o oculta como autocriação, fonte e origem não motivada de sua instituição. Ela nega o imaginário radical e põe em seu lugar uma criação imaginária particular. Ela tolda o enigma da exigência da significação — que a sociedade faz nascer e que, por sua vez, faz nascer a sociedade — ao imputar à própria sociedade uma significação que procederia de outra parte.

Qual é a origem, a causa, o fundamento da instituição (isto é, da sociedade)? Qual é seu *para quê*, sua razão de ser? A religião sempre respondeu a essa questão dizendo que a instituição da sociedade procede da mesma "origem" que todas as outras coisas, que ela possui, portanto, a mesma solidez e o mesmo fundamento que o mundo inteiro e as coisas que o povoam, e uma finalidade articulada à deles. Ela provê, assim, uma passagem ou janela para o lado de cá, reconhecendo que a sociedade, tanto quanto outra coisa qualquer, não se esgota *nisso que* ela é. E, ao mesmo tempo, ela fecha a questão, ela atribui ao ser e ao ser-assim da sociedade uma causa e uma razão de ser determinadas. Pedra angular da instituição da sociedade, veículo das significações últimas e garantia de todas as outras, a religião deve santificar, de um modo ou de outro, *tanto sua própria* origem *como* a origem da instituição da sociedade da qual ela constitui o núcleo.

Do mesmo modo que o indivíduo não pode, geralmente, reconhecer o Abismo que traz em si mesmo, tampouco a sociedade é ou foi capaz, até agora, de se reconhecer como matriz e como Abismo. No caso do indivíduo, a instituição social sempre lhe atribui, imaginariamente, uma origem ou causa, e um *para quê* que é seu fim ou desígnio. Ela lhe consigna a título de origem uma genealogia, uma família, o próprio meio social — a fim de que ele possa encobrir e ignorar o núcleo abissal que existe nele próprio, esquecer-se de que não se poderia reduzi-lo a nenhuma origem e que ele é sempre, algo distinto *disso que* ele é, "efeito que ultrapassa suas causas, causa que não é esgotada pelos seus efeitos"[15], que sua fabricação social como indivíduo não poderá jamais reduzir o que ele será ao que ele já foi. Ela lhe atribui um *para quê* — uma função, fim, destinação social e cósmica — para fazê-lo esquecer-se de que sua existência é sem *para quê* e sem desígnio. É esta atribuição de uma origem e de um fim *fora* dele, arrancando-o ao mundo da mônada psíquica (que é, por ela mesma, origem e fim de si própria), que faz do indivíduo algo de socialmente determinado, que lhe permite funcionar como indivíduo social, restrito à reprodução em princípio indefinida da mesma forma de sociedade que aquela que o fez ser *isso que* ele é.

A origem, a causa, o fundamento da sociedade são a própria sociedade, enquanto sociedade instituinte. E isto, até agora, não pôde ser reconhecido. A sociedade não foi capaz de reconhecer em si mesma sua própria origem; reconhecer-se como aquilo que faz surgir a questão da significação e que engendra respostas não motivadas a essa questão, respostas materializadas na e instrumentadas pela sua instituição; ver a si mesma como criação, fonte de sua instituição, possibilidade sempre presente de alteração dessa instituição; reconhecer-se como sendo sempre mais que — e também sempre diferente de — *isso que* ela é. Um reconhecimento extremamente difícil, por certo. É característico que o

---

15. "Epilegômenos a uma teoria da alma...", em *As encruzilhadas do labirinto I*, op. cit.

pensamento filosófico tenha sido capaz, desde o início, de reconhecer mais ou menos o Caos gerador/destruidor da psique, o Abismo no sujeito singular, ainda que em termos obtusos ou inapropriados; e que, não obstante, nada de análogo tenha sido até agora concebido no interior do domínio social-histórico, cuja alteração, instauração e a própria existência foram sempre consideradas pelo pensamento herdado como efeito ou conseqüência de causas exteriores à sociedade.

Esta tenaz ocultação, este desconhecimento ininterrupto levanta uma questão à qual já procurei, em outro lugar[16], fornecer os elementos de resposta. Trata-se, no essencial, disto: a auto-ocultação da sociedade, o desconhecimento pela sociedade de seu próprio ser como criação e criatividade, lhe permite postular sua instituição como estando fora de alcance, e escapando à sua própria ação. Vale dizer: ela lhe permite instaurar-se como sociedade *heterônoma*, dentro de uma clivagem que então se instituí (cabe o mesmo verbo) entre sociedade instituinte e sociedade instituída, pelo encobrimento do fato de que a instituição da sociedade é auto-instituição, ou seja, autocriação. Surge aqui, é verdade, uma nova questão: por que, afinal, a sociedade se institui como sociedade heterônoma? Sabemos que houve autores capazes de afirmar que a heteronomia social é essencial ou estrutural. A humildade política à qual eles nos convidam mal esconde a arrogância metafísica da resposta — já se saberia o essencial sobre a essência do social —, resposta que não passa de uma constatação empírica (já discutível) disfarçada em tautologia ontológica.

Neste quadro tradicional, a questão não apenas não admite resposta: ela não pode nem mesmo ser pensada. A sociedade *se cria* — e, para começar, *se cria como* sociedade heterônoma. Tais fatos não admitem "explicação". Qual seria, de fato, o lugar de onde falaria aquele que a fornecesse, e como, enfim, se poderia fabricar a sonda para a sondagem dessa particular região do Abismo? Podemos, naturalmente, elucidar em parte a questão ao constatar — como explico em outro texto[17] — que é uma condição quase necessária para a existência da instituição *tal como ela foi criada, tal como a conhecemos até agora*, que ela afirme sua própria

---

16. *IIS*.
17. *IIS*.

inalterabilidade para estabilizar-se; que, sendo um produto da atividade criadora da sociedade, ela se atribua uma origem externa à sociedade, buscando desse modo furtar-se à alteração. Mas somente a distração poderia fazer-nos esquecer que, ao dizer isso, movimentamo-nos no interior do círculo da criação já acabada, e nada fazemos além de explicitar a interdependência de seus pontos. Ao postular sua instituição como tendo sido imposta por uma fonte exterior a ela, a sociedade encobre o Caos, ou estabelece com ele um compromisso, defendendo-se contra o Abismo que ela, em si mesma, é. Seguramente, este não é o único modo possível de viver sobre o Abismo. E, outra vez, apenas a distração poderia nos fazer esquecer que essa própria interrogação refuta a idéia de uma heteronomia essencial ou estrutural, já que ela mesma só é possível como ruptura efetiva — ainda que parcial — dessa heteronomia.

Não podemos "explicar" a heteronomia da sociedade, nem por que a religião foi, até agora, um componente central da instituição da sociedade. Conseguimos, no entanto, elucidar alguns aspectos deste fato capital: que toda instituição heterônoma da sociedade tenha sido, central e essencialmente, religiosa. Ou, em outras palavras: *o enigma da sociedade heterônoma e o enigma da religião são, em grande parte, um único e mesmo enigma*[18].

É desnecessário acrescentar, depois disso, que a idéia segundo a qual a religião faria parte da "ideologia", da "superestrutura", ou seria um "reflexo invertido" do "mundo real", ultrapassa os limites do ridículo. O "mundo real" sempre se define e organiza mediante um magma de significações imaginárias sociais; significações relativas a questões para as quais nenhuma resposta "real" ou "racional" jamais poderia ser proposta. A resposta, assim como a maneira de articular implicitamente as questões, foi sempre fornecida pelo conjunto de crenças instituídas que denominamos religião. E, ao situar obrigatoriamente a origem da instituição no mesmo lugar em que situa sua própria origem — fora da sociedade —, a religião sempre foi a expressão central, o principal veículo e a garantia última da heteronomia da sociedade.

---

18. Ver também acerca desta questão o importante texto de Marcel Gauchet, "La dette du sens et les racines de l'État" (em *Libre*, nº 2, Paris, Payot, 1977, p. 3-43).

A *autonomia* da sociedade pressupõe, evidentemente, a admissão explícita do fato de que a instituição da sociedade é auto-instituição. No sentido literal e profundo, autônomo significa: aquele que dá a si mesmo sua própria lei. Auto-instituição explícita e reconhecida: reconhecimento pela sociedade de que ela é sua própria fonte e origem; aceitação de que não existe nenhuma Norma ou Lei extra-social que se imponha à sociedade; por isso mesmo, abertura permanente da questão abissal: qual pode ser a *medida* da sociedade se não existe nenhum *padrão* extra-social, qual pode e qual deve ser a lei se nenhuma norma exterior pode servir-lhe de termo de comparação, como pode ser a vida sobre o Abismo uma vez entendido que é absurdo atribuir a ele uma figura precisa, seja a de uma Idéia, de um Valor ou de um Sentido determinado de uma vez para sempre?

A questão da sociedade autônoma também é esta: até quando a humanidade terá necessidade de ocultar o Abismo do mundo e o Abismo de si mesma por trás de simulacros instituídos? A resposta, se puder ser fornecida, deverá cobrir simultaneamente o plano coletivo e o plano individual. Nos dois planos, ela pressupõe uma radical alteração do vínculo com a significação. Não sou autônomo a menos que eu seja origem daquilo que será (*archè tôn ésoménôn*, dizia Aristóteles), e sei que o sou. Aquilo que será — aquilo que eu farei —, entendido de forma não trivial, nada tem a ver com o monte de feno para o qual decido dirigir-me de preferência a outro monte eqüidistante — tem a ver, sim, como o *sentido* daquilo que farei, de meus atos, de minha vida. Sentido que não é contingente, nem necessário, que está além ou alhures; ele só poderia ser necessário no quadro do solipsismo absoluto, e só poderia ser contingente se eu me situasse, em relação a mim mesmo, em posição de absoluta exterioridade.

A analogia — e não se trata apenas de uma analogia — vale também para a sociedade. Uma sociedade autônoma é origem das significações que ela cria — de sua instituição — e ela sabe que o é. Uma sociedade autônoma é uma sociedade que explicitamente se auto-institui. Isto quer dizer que ela sabe que as significações nas quais e pelas quais ela vive e existe como sociedade são obra sua, e que elas não são nem necessárias nem contingentes. E aqui, mais uma vez, a idéia de que as significações sociais, em seu ser-assim definido, são necessárias tem sido acompanhada, historicamente, pelo equivalente social-histórico de um solipsismo: a verdadeira Revelação é aquela da qual nós nos beneficiamos, nossa sociedade é a única sociedade autêntica ou sociedade por excelência, as outras sociedades não são verdadeiramente, são menos, estão no limbo, estão à espera de ser — de evangelização. Do mesmo modo, a idéia de que as significações sociais são *simplesmente* contingentes parece estar na base da progressiva decomposição do tecido social do mundo contemporâneo.

*Agosto de 1978 - maio de 1980.*

# A lógica dos magmas
# e a questão da autonomia[19]

*À memória de*
*Claude Chevalley*

O que tenho a dizer poderá parecer desordenado e heterogêneo, e peço-lhes desculpas por isso. Espero que a discussão permita ver as fortes conexões entre os seis pontos de que decidi tratar: conjuntos; magmas; poder da lógica conjuntivista-identitária; teses ontológicas; interrogações acerca do vivente; questão da autonomia social e individual.

## 1. Conjuntos

Encontra-se, em uma carta de Cantor a Dedekind, datada de 28 de julho de 1899, essa frase surpreendente e importante: "Toda multiplicidade é ou uma multiplicidade inconsistente ou um conjunto"[20]. Dizer de uma multiplicidade que ela é inconsistente implica, evidentemente, que essa multiplicidade *existe:* ela *existe,* de um certo modo que é necessário

---

19. O essencial deste texto foi exposto pela primeira vez num seminário dirigido por Claude Chevalley, Norbert Borgel e Denis Guedj na Universidade de Paris VIII, em maio de 1981; e depois, no colóquio de Cerisy, "A auto-organização" (10-17 de junho de 1981). Devido a considerações de espaço e tempo, precisei excluir alguns parágrafos na versão que foi publicada nas atas desse colóquio (*L'auto-organisation. De la physique au polifique.* Paris, Seuil, 1983, p. 421-43). Esses parágrafos aparecem, aqui, entre colchetes.
20. G. Cantor. *Gesammelte Abhandlungen.* p. 444.

tornar mais preciso, coisa que Cantor não faz. E é claro que não se trata do conjunto vazio, que é um conjunto de pleno direito, com o lugar que lhe cabe na teoria dos conjuntos.

Essas multiplicidades inconsistentes — inconsistentes do ponto de vista de uma lógica que se quer consistente ou rigorosa — passaram a ocupar minha atenção a partir do momento (1964-1965) em que me apercebi da importância, no mundo humano, daquilo que chamei o imaginário radical. A constatação de que o psiquismo humano não pode ser "explicado" por fatores biológicos, nem considerado como um autômato lógico ainda que muito rico e complexo; e também, sobretudo, de que a sociedade não pode ser reduzida a determinações racionais-funcionais quaisquer que sejam (por exemplo, econômicas/produtivas, ou "sexuais" numa perspectiva estreita do "sexual") indicava que era preciso pensar em algo diferente, e pensar de maneira diferente, para poder compreender a natureza e o modo de ser específico desses domínios, o psíquico de um lado, o social-histórico de outro. Não bastava introduzir simplesmente um tipo novo de ser, inaudito, impensado até então, que seria o ser da psique e do social-histórico. Esta proposta só poderia adquirir conteúdo se chegássemos a dizer alguma coisa sobre a especificidade, não apenas fenomenológica e descritiva, mas lógica e ontológica, desses dois estratos, o psíquico e o social-histórico. Notemos de passagem que essa especificidade já se exprime em seu singular modo de coexistência: o psíquico e o social são ao mesmo tempo radicalmente irredutíveis um ao outro e absolutamente indissociáveis, impossíveis um sem o outro.

Para designar esse modo de ser, e a organização lógico-ontológica que ele traz consigo, cheguei, depois de muitas peregrinações terminológicas — massa, conglomerado e outros — ao termo *magma*. Descobri, a seguir, que as edições da *Álgebra* de N. Bourbaki, a partir de 1970, empregavam esse termo em uma acepção que nada tem em comum com a que eu queria lhe dar e que é, como é óbvio, estritamente conjuntista-identitária. Como o termo, por suas conotações, se presta admiravelmente ao que quero exprimir, e como — ouso dizer — sua utilização por N. Bourbaki parece-me tão estranha quanto supérflua, decidi conservá-lo[21].

---

21. Na edição da *Algèbre* (cap. 1) de 1951, o termo magma não aparece. Mas ele é objeto de desenvolvimentos bastante extensos na *Algèbre* (caps. II e III) de 1970.

Antes de avançar mais, creio que seria útil fornecer uma referência intuitiva por meio de duas ilustrações. Que cada qual pense na totalidade das representações de que é capaz: tudo o que se pode apresentar, e ser representado, como percepção presente da "realidade", como lembrança, como imaginação, como devaneio, como sonho. E que cada qual tente refletir sobre a questão: pode-se mesmo, dentro dessa totalidade, separar, recortar, classificar, ordenar, contar — ou, ao contrário, tais operações são tão absurdas quanto impossíveis em vista daquilo de que se trata? Ou ainda: pensemos na totalidade das significações que poderiam ser transmitidas pelos enunciados do francês contemporâneo. Tais enunciados, é claro, são em número finito: correspondem a combinações de elementos de um conjunto finito, e essas próprias combinações, por sua vez, incluem, em cada caso, um número finito de termos. Notemos, de passagem, que é um erro dizer — como Chomsky — que a "criatividade dos falantes nativos" se exprime no fato de que eles podem formar uma infinidade de enunciados. Em primeiro lugar, não há nesse fato, enquanto tal, nenhuma "criatividade": trata-se de uma atividade meramente combinatória (a qual, justamente por ser desprovida de dimensão *semântica,* já é, há anos, trivialmente reprodutível em computadores). É errado, em segundo lugar, falar, a este respeito, de um número *infinito* de enunciados. Só poderia haver um número infinito de enunciados se pudessem ocorrer enunciados de um comprimento arbitrariamente longo, o que não é o caso, nem poderia sê-lo, em nenhuma língua natural (nem mesmo em nenhum sistema de base física). Os enunciados de uma língua (mesmo que não se possa fixar com precisão um limite superior para seu comprimento permitido) são arranjos com repetição que incluem um número finito (e relativamente pequeno) de termos, termos que são tomados, eles próprios, de um conjunto finito (e relativamente pequeno). Por maior que seja o número desses enunciados, ele é finito[22]. Mas este aspecto é ainda secundário perante o que aqui importa. Para o que tenho a dizer dos magmas, a oposição pertinente não é finito/infinito, mas determinado/indeterminado. Ora, todas as entidades matemáticas são perfeitamente determinadas.

---

22. Cf. *A instituição imaginária da sociedade.* Rio de Janeiro, Paz e Terra, 2.ed., 1986.

No conjunto dos reais, por exemplo, todo e qualquer número — seja ele racional, algébrico, transcendente — está perfeitamente determinado; não existe a menor ambigüidade concernente ao que ele é, onde se situa, entre quais outros números está, etc. E, assim como a oposição finito/infinito, tampouco é pertinente aqui a oposição discreto/contínuo (ou digital/contínuo), com a qual se quis "flexibilizar" a lógica tradicional. *Deste* ponto de vista, não há diferença essencial entre a topologia e a aritmética. Ambas pertencem à lógica conjuntista-identitária. Ambas elaboram o mundo do determinado e da determinação, o mundo da distinção categórica (ainda que seja "probabilística": uma probabilidade ou é determinada ou não é nada), o mundo da separação (no sentido corrente, é claro, e não no sentido topológico do termo separação).

Recordemos a definição de conjunto dada pelo fundador da teoria, Cantor: "Um conjunto é uma reunião em um todo de objetos definidos e distintos de nossa intuição ou de nosso pensamento. Esses objetos são denominados os elementos do conjunto"[23]. (Intuição, aqui, é a *Anschauung*: não a intuição bergsoniana, mas o que se pode "ver" ou inspecionar.) Essa definição, que hoje se chamaria de ingênua, é extraordinariamente profunda e esclarecedora, pois ela exibe o indefinível na definição do definido, a circularidade inelimínável que há em todo empreendimento de fundação.

Sabe-se que a elaboração da teoria dos conjuntos fez aparecer, muito rapidamente, antinomias e paradoxos (dos quais o paradoxo de Russell é apenas o mais célebre). Para evitá-los, buscou-se formalizar a teoria, chegando-se, dessa forma, a diferentes sistemas de axiomas, sistemas que, em troca de um formalismo cada vez mais carregado, suprimiram o conteúdo claro e intuitivo da definição de Cantor. E isto, a meu ver, sem nenhum genuíno ganho formal[24], o que pode ser ilustrado por dois exemplos.

---

23. Beitrage zur Begründung der transfiniten Mengenlehre, I, Math. Annalen., 46, 1985, p. 481.

24. Na verdade, a autêntica contribuição a um tempo formal e substancial, que devemos ao trabalho de formalização é o fato de que ele conduziu aos diversos teoremas de indecidibilidade e de incompleteza, que assinalam, é evidente, o fracasso da intenção formalizadora inicial.

Em uma exposição relativamente recente da teoria axiomática dos conjuntos, esta última aparece como fazendo um uso intensivo e maciço da matemática constituída; enormes fragmentos de outros ramos da matemática (eles próprios pondo em jogo, é evidente, uma boa quantidade de pressupostos) são chamados a contribuir. É manifesta a existência de um círculo vicioso. O autor está perfeitamente consciente disso, é verdade, e sua resposta consiste em dizer que a teoria axiomática dos conjuntos não vem "no começo da matemática, mas que isso seria verdade, "talvez", quanto à teoria "ingênua"[25]. Poder-se-ia com facilidade realizar comentários irônicos sobre esse "talvez". Fiquemos simplesmente com a confissão de que não se sabe com *certeza* o que deve vir "no começo da matemática — a saber, a partir de que e por meio de que se demonstra o que quer que seja em matemática.

De minha parte, arrisco-me a dizer que a teoria "ingênua" dos conjuntos vem de fato "no começo", que ela é inelinimável, e que deve ser introduzida *de um só golpe,* com suas circularidades e seus axiomas ligando entre si termos indefiníveis que só adquirem consistência num momento seguinte, mediante sua utilização efetiva. O círculo axiomático é simplesmente a manifestação formalizada do círculo originário implicado por qualquer *criação.*

Este ponto pode ser ilustrado, se for preciso, pela pseudodefinição do termo "conjunto" fornecida por N. Bourbaki em um momento no qual sua coragem se debilita e ele, pensando talvez em sua avó, consente em exprimir-se em francês, lembrando ao mesmo tempo que não pode haver "definição" desse termo. "Um *conjunto* é formado de *elementos* susceptíveis de possuir certas *propriedades* e de manter entre si, ou com elementos de outros conjuntos, certas *relações.*"[26] Por que estariam grifadas no original estas quatro palavras — conjunto, elementos, propriedades, relações? Será porque introduzem termos específicos dessa teoria, ou porque são consideradas como indefiníveis, ou, enfim, porque são consideradas como ainda mais indefiníveis que os outros termos da frase? Mas por que os termos "ser formado", "ser susceptível de possuir", "manter" ou "outro" seriam menos misteriosos que "conjunto", "propriedade", etc.?

---

25. Jean-Louis Krivine. *Théorie axiomatique des ensembles.* Paris, PUF, 1969, p. 6.
26. *Théorie des ensembles,* E.R. 1.

É claro que a genuína "definição" de conjunto, do ponto de vista matemático, se encontra nos grupos de axiomas fornecidos pelas diversas formalizações da teoria; e não é meu propósito discutir aqui este ponto. Vou antes procurar isolar aqueles que considero os traços essenciais, ou melhor ainda, as "categorias" ou operadores lógico-ontológicos que são necessariamente postos em ação pela lógica conjuntista-identitária, quer esta se exerça na atividade de um matemático ou na atividade de um selvagem que classifica os pássaros, peixes e clãs de sua sociedade. Os principais desses operadores são: os princípios de identidade, de não-contradição e do terceiro excluído; a equivalência propriedade — classe; a existência plenamente admitida de relações de equivalência; a existência plenamente admitida de relações de boa ordem; a determinidade. Não será inútil um breve comentário acerca desses termos.

Em lugar de terceiro excluído, poderíamos falar de enésimo excluído; não há aí nenhuma diferença essencial. A equivalência propriedade ≡ classe tem sido contestada, como se sabe, pois leva ao paradoxo de Russell, se for aceita incondicionalmente. Mas, de fato, não poderíamos atuar nem por um segundo, na matemática como na vida cotidiana, sem admitir constantemente que uma propriedade define uma classe e que uma classe define uma propriedade de seus elementos (pertencer àquela classe). Inferir de tal propriedade de um elemento que ele pertence ou não pertence a tal conjunto, ou reciprocamente, é o pão de cada dia de toda demonstração matemática,

A existência plenamente admitida de relações de equivalência levanta questões mais complexas. Sabe-se que, nas teorias formalizadas, a relação de equivalência é um conceito definido numa etapa já bastante avançada da construção. Mas, de fato, a relação de equivalência — e com seu conteúdo mais forte possível: o da identidade absoluta de si a si — já está pressuposta desde o primeiro passo da matemática (assim como do pensamento ordinário). Ela chega mesmo a ser introduzida, paradoxalmente, como postulado (implícito) contrafatual. O $x$ que aparece em dois lugares diferentes de uma demonstração qualquer *deve* ser tomado como *o mesmo $x$* — embora, obviamente, ele *não seja o mesmo*, do ponto de vista "material". Não há matemática sem *signos*, e para utilizar os signos é preciso ser capaz de admitir que duas "realizações" diferentes de $x$ são *absolutamente* o mesmo $x$. Dir-se-á, é verdade, que do ponto de vista da matemática formalizada essa identidade absoluta de si a si, imposta ao que é "materialmente" diferente, é apenas uma equivalência módulo qualquer relação que se possa definir. Aí está a definição da identidade em matemática; é a mesma que Leibniz já propunha, ao dizer: *eadem sunt quae substitui possunt salva veritate*, "são idênticas as coisas que podem ser substituídas umas pelas outras preservando-se *a* verdade" — preservando-se *todas* as verdades. Mas é claro que não se pode substituir uma coisa por *outra* preservando-se *todas* as verdades; isso só poderia acontecer tratando-se de coisas absolutamente indiscerníveis — caso em que não seria possível falar de *substituição*. Ficamos então — excluída a identidade de si a si — apenas com a equivalência módulo uma certa relação, a equivalência relativa, a equivalência *quanto a...*

Também a relação de boa ordem aparece na matemática formalizada como uma construção que ocorre apenas em uma etapa avançada do desenvolvimento. Na verdade, ela é utilizada e opera desde o primeiro momento. Toda fórmula e toda demonstração, sejam elas quais forem, pressupõem a boa ordem e lançam mão dela. Como se sabe, não há absolutamente nenhuma equivalência entre os enunciados "qualquer que seja $x$, existe $y$ tal que R $(x, y)$" e "existe $y$ tal que, qualquer que seja $x$, R $(x, y)$", os quais só diferem entre si devido à ordem dos signos (termos). Aqui — como também no caso anteriormente mencionado da relação de equivalência que é pressuposta antes de ser "construída" —, a objeção formalista é, realmente, conhecida. O formalista nos repreenderia — com justiça, num certo sentido — por confundirmos os níveis; ele afirmaria que a boa ordem que deve reinar sobre os signos de uma fórmula ou de uma demonstração não é a boa ordem definida no interior da matemática, assim como a equivalência das diferentes ocorrências de um signo não é a equivalência matemática; nos dois casos, estaríamos às voltas com noções metamatemáticas. Esta objeção é tão irrefutável como desprovida de qualquer interesse. Do mesmo modo, é apenas "lógico e vazio", como diria Aristóteles ("lógico" significando aqui, sob a pena de Aristóteles, erístico), afirmar que em uma teoria estratificada (como a teoria russelliana dos tipos) a "equivalência" não tem o mesmo sentido no primeiro nível, no segundo nível, no enésimo nível, etc. Isto porque ao dizer-se que a equivalência não mantém o mesmo sentido através dos níveis já se supõe que está dada — enquanto algo inspecionável de imediato e simultaneamente (do ponto de vista lógico) — a totalidade (enumerável) desses níveis *e* que existe uma categoria de equivalência extranível (ou válida através de, e para todos os níveis) que se aplica (neste caso, não se aplica) às "equivalências" encontradas nos níveis particulares. Interessamo-nos, aqui, pelos operadores lógico-matemáticos (categorias) envolvidos, desde os primeiros passos, na construção da própria matemática. A formalização da teoria dos conjuntos, e da lógica conjuntista-identitária, exige necessariamente o emprego de categorias e de operadores da "lógica natural", vale dizer, da lógica conjuntista-identitária já imanente na linguagem enquanto uma de suas dimensões. A "construção" da lógica conjuntista-identitária *pressupõe* a lógica conjuntista-identitária (e, com certeza, outra coisa mais: o imaginário radical).

Por fim, através de todos esses termos, opera esta hipercategoria, este esquema primordial da lógica conjuntista-identitária que é a *determinidade*. A determinidade funciona, ao longo de toda a história da filosofia (e da lógica), como uma exigência suprema, embora mais ou menos implícita ou oculta. Ela está relativamente menos oculta entre os gregos antigos: o *péras* (o limite, a determinação) que eles opõem ao *apeiron* ("indeterminado") é, a seus olhos, a característica decisiva de qualquer coisa da qual se possa verdadeiramente falar, isto é, que verdadeiramente exista. No outro extremo da história da filosofia, em Hegel, o mesmo esquema opera, com igual poder, embora bem menos explícito: o que encontramos em cada página da *Ciência da lógica* é a *Bestimmtheit*, a determinidade, mas ela não é tematizada ou explicitada em lugar algum. É essa a tendência dominante, a corrente central do pensamento filosófico. Qualificações e restrições a essa tese foram, é claro, propostas pelos grandes filósofos, e já o pitagórico Filolau afirmava que tudo o que existe é feito de *péras* e de *apeiron*; idéia que Platão retomará e enriquecerá ao escrever: "tudo o que pode ser dito ser é feito de um e de muitos, e traz em si latentes, desde o início, o *péras* e o *apeiron*"[27]. Mas a fixação da corrente dominante da filosofia pela determinidade e pelo determinado traduz-se no fato de que, mesmo quando se reconhece um lugar ao indeterminado, ao *apeiron*, este é apresentado como hierarquicamente "inferior": aquilo que realmente existe é o que é determinado, e o que não é determinado não é, ou é menos, ou tem uma qualidade inferior de ser.

---

27. Diels. Fr. 1. 3, 4. *Filebo*. 16c.

Em tudo isso, não há somente uma "lógica". Há uma *decisão ontológica* — claramente afirmada, desde os primórdios da filosofia, por Parmênides — e uma constituição/criação. Por meio das categorias ou operadores mencionados, constitui-se uma região do ser — e, ao mesmo tempo, decide-se seja que ela esgote o ser (o racionalismo integral, o idealismo absoluto ou o reducionismo mecanicista-materialista não passam de distintas formas dessa atitude), seja que ela represente o paradigma do verdadeiramente existente (*ontos on*), sendo o resto apenas acidente, ilusão e erro, ou imitação deficiente, ou "matéria" amorfa e essencialmente "passiva". Mesmo para Kant, esta equivalência ser ≡ ser determinado permanece sendo a estrela-guia ontológica: "toda *coisa*, quanto à sua possibilidade, submete-se ainda ao princípio da *determinação completa*, segundo o qual, de *todos* os predicados *possíveis das coisas*, enquanto comparados a seus contrários, apenas um deve convir-lhe (...). Esta proposição: *toda coisa existente está completamente determinada* significa que, não apenas de cada par de predicados contraditórios *dados*, mas também de todos os predicados *possíveis*, há sempre um deles que lhe convém"[28]. Notar-se-á a proximidade muito profunda e nada acidental entre esta idéia e o conceito matemático de ultrafiltro[29]. Notar-se-á, igualmente, que essa decisão propriamente metafísica [ser ≡

---

28. *Critique de la Raison pure*, trad. franc. Trémesaygues e Pacaut, p. 415. [Sigo literalmente o texto francês citado por Castoriadis. Ver B 600, 601 para as passagens citadas nesta nota, e B 608 para a citação na nota seguinte. *(N. do E.)*]

29. Lembro que um *filtro F* é uma família de partes de um conjunto C tal que (1) o conjunto vazio não faz parte de *F*; (2) toda interseção de elementos de *F* pertence a *F*; (3) toda parte de C que contém um elemento de *F* pertence a *F*. — Um *ultrafiltro U* é um filtro tal que, qualquer que seja uma parte A de C, ou bem A pertence a *U* ou bem o complemento de A pertence a *U*. Não posso prosseguir aqui na discussão desta analogia, que nos levaria muito longe. — Também é desnecessário lembrar que, para Kant, esta definição da "coisa existente" conduz ao "Ideal transcendental" como *omnitudo realitatis* e *ens realissimus* — a saber, Deus — que deve, contudo, *do ponto de vista da razão teórica*, permanecer como "idéia de um tal ser", e não se transformar em "hipóstase" (pois "um tal uso (...) ultrapassaria os limites de sua determinação e de sua admissibilidade", *ibid.*, p. 418-19). Mas é preciso notar (a) que é, apesar disso, a idéia de Deus como "ser completamente determinado" que dá o sentido de *ser*, e (b) que é a contínua validade dessa decisão metafísica (ser ≡ ser determinado) que indica, numa perspectiva kantiana, a origem do déficit de ser de *nossos* objetos e constitui uma das fontes do fenômeno kantiano.

ser determinado] continua a ocupar lugar central na ciência contemporânea, apesar dos abalos que vem sofrendo nos últimos sessenta anos dada a própria evolução dessa ciência.

## 2. Magmas

Não se pode falar dos magmas a não ser na linguagem comum. O que implica que somente se pode falar deles utilizando-se a dimensão conjuntista-identitária dessa linguagem. É o que vou fazer agora. A situação até se agravará à medida que, na tentativa de falar deles de uma maneira rigorosa, tivermos de apelar a termos e noções que ou pertencem à lógica e à matemática constituídas, ou a elas se referem. Uma situação ainda mais penosa que a que encontramos no caso da "fundação" da teoria dos conjuntos ou da matemática, pois aqui não se trata apenas de um "círculo vicioso", mas de um empreendimento que se poderia qualificar de antinômico ou inconsistente. Vamos empregar a linguagem e, numa certa medida, os recursos da lógica conjuntista-identitária para definir, esclarecer e mesmo justificar a introdução de alguma coisa que ultrapassa a lógica conjuntista-identitária e até mesmo a transgride. Utilizando os conjuntos, vamos tentar descrever os magmas. E, idealmente, a partir dos magmas, deveríamos buscar descrever os conjuntos como "mergulhados em" magmas. No máximo, podemos tomar uma precaução moral, chamando a atenção do leitor para o fato de que todos os termos lógicos ou matemáticos utilizados a seguir estão idealmente colocados entre um número de aspas arbitrariamente grande.

Recordo, para começar, a "definição" de magma que apresentei em *A instituição imaginária da sociedade* (p. 388): "Um magma é aquilo de que se pode extrair (ou: em que se pode construir) organizações conjuntistas em número indefinido, mas que não pode jamais ser reconstituído (idealmente) por meio de uma composição conjuntista (finita ou infinita) dessas organizações".

Assim, mais uma vez, se tomarmos a totalidade das significações que são ou podem ser veiculadas pelo francês contemporâneo, poderemos extrair dela um número arbitrário de organizações conjuntistas. Mas não seria possível refabricá-la a partir de elementos conjuntistas, quaisquer que estes fossem.

Noto, de passagem, que Jean-Pierre Dupuy me observou que a "definição" acima não é satisfatória, pois ela cobriria igualmente aquilo que, para evitar o paradoxo de Russell, denominou-se "classe", em matemática. A objeção é formalmente correta, mas não me preocupa muito, pois sempre pensei e continuo a pensar que a "classe", nesta acepção, é um artefato lógico construído *ad hoc* para contornar o paradoxo de Russell, e que só consegue fazê-lo por meio de um *regressus ad infinitum*.

Mais do que um comentário sobre esta "definição", o que se vai tentar aqui é o esclarecimento de outros aspectos da idéia de magma, explorando os caminhos (e os impasses) de uma linguagem mais "formal".

Para isso, é preciso introduzir um termo/relação primitivo (indefinível e indecomponível): o termo/relação *identificar* (*repérer*) ao mesmo tempo monádico e diádico[30]. Supõe-se, para tanto, que o leitor compreenda sem ambigüidade as expressões: "identificar X"; "X identifica Y"; "identificar X em Y" (identificar um cão; a coleira identifica o cão; identificar o cão no terreno). Utilizando esse termo/relação, "defino" um magma pelas seguintes propriedades:

*M1:* Se M é um magma, pode-se identificar em M um número indefinido de conjuntos.

*M2:* Se M é um magma, pode-se identificar em M outros magmas diferentes de M.

*M3:* Se M é um magma, não existe partição de M em magmas.

*M4:* Se M é um magma, toda decomposição de M em conjuntos deixa como resíduo um magma.

*M5:* O que não é magma ou é um conjunto ou não é nada.

A primeira propriedade assegura a indispensável conexão com os domínios formalizáveis e suas aplicações, isto é, o saber "exato". Ela permite igualmente esclarecer o termo/relação (ou: operação) de identificação (*repérage*). Com efeito, para poder falar de M, é preciso que eu possa, primeiro, identificar vagamente M "como tal" — e a identificação *em* M de uma "seqüência" de conjuntos definidos me permite tornar progressivamente menos "vaga" a caracterização (*identification*) de M.

---

30. A tradução mais precisa seria "demarcar" (repérage/demarcação; v. *IIS*), mas esta palavra não admite aqui todos os sentidos que a palavra francesa assume nas expressões de Castoriadis. (*N. do T.*)

A segunda propriedade exprime uma inexauribilidade, ou potencialidade indefinida. Mas o que ela implicitamente exprime, e que é o mais importante aqui, é que não se trata apenas ou tanto de uma inexauribilidade quantitativa. Não é a cardinalidade que aqui está em jogo, o "número de objetos" que um magma pode "conter" (nesse nível não há como ir mais longe que a matemática existente), mas sim a inexauribilidade de modos de ser (e de tipos de organização) que nele podem ser descobertos (e que devem ser, sempre, tão bem especificados quanto possível).

A formulação desta segunda propriedade faz surgir uma questão: quando é que um magma é *diferente* de um (outro) magma — ou: como é que o sabemos? Pode-se respondê-la com outra questão: quando é que um signo de uma teoria matemática é *diferente* de um (outro) signo, e como é que o sabemos? Aquilo que está posto em jogo pela propriedade M2 decorre da mesma coisa que aquilo que está posto em jogo, de maneira não-matemática, ou pré-matemática, em qualquer teoria matemática e, mais simplesmente, em qualquer ato de linguagem: a introdução originária e simultânea do signo e daquilo de que ele é signo, em sua identidade a si mesmos e em sua diferença relativamente a todo o resto[31].

A terceira propriedade é, sem dúvida, a mais decisiva. Ela exprime a impossibilidade de aplicar, aqui, o esquema/operador da *separação* — e, sobretudo, a sua não pertinência neste domínio. Não posso separar rigorosamente, no magma de minhas representações, as que "remetem à minha família" e as outras. (Dito de outro modo: nas representações que, à primeira vista, "não remetem à minha família", origina-se, sempre, ao menos uma cadeia associativa que, por sua vez, conduz à "minha família". Isto equivale a dizer que uma representação não é um "ser distinto e bem definido", mas que ela é tudo o que ela arrasta consigo.) Nas significações veiculadas pela língua francesa contemporânea, não posso separar rigorosamente aquelas que (não em minha representação, mas na própria língua) remetem de alguma forma à matemática, e as que não o fazem. Pode-se dar a essa propriedade uma formulação mais fraca: as "interseções" de submagmas não são quase nunca vazias. (Note-se, aqui, que a linguagem que temos de utilizar deve estar cheia de: "quase em toda parte", "quase nunca", "fortemente", "fracamente", etc.)

---

31. Cf. *A instituição imaginária da sociedade*, op. cit., cap. V, passim.

A quarta propriedade é útil sobretudo pelo seu "complemento": se X é exaustivamente decomponível em conjuntos, então X é um conjunto e não um magma. Por exemplo, uma entidade matemática como F ($R^N$, $R^N$), o conjunto das aplicações de $R^N$ sobre si mesmo, embora colossal, é exaustivamente decomponível em conjuntos, e de uma infinidade de maneiras.

A quinta propriedade equivale a afirmar que a idéia de magma é absolutamente universal — ou, de maneira mais pragmática, que denominaremos *magmático* todo modo de ser/modo de organização não conjuntista-identitário que encontrarmos ou que pudermos pensar. (O que é o mesmo que dizer que tudo o que existe/tudo o que é concebível, e no qual estamos, é um supermagma.)

Vejamos agora uma tentativa de "alçar-se acima" dos magmas — ou de "descer abaixo" deles — para "construí-los", ao mesmo tempo que os conjuntos, a partir de uma outra coisa. Esta tentativa fracassa, mas creio que esse fracasso é instrutivo.

Sejam dados o termo/relação/operação "identificar" (*"repérer"*) e, como anteriormente, a noção de conjunto. Define-se uma diversidade (*polueidès*, Platão; *Mannigfaltigkeit*, Kant) por:

*D1:* D é denominado uma diversidade se for possível identificar uma família de conjuntos não vazios em D.

*D2:* Seja N a reunião dos conjuntos identificados em D. Se D-N = Ø, D é um conjunto; se D-N ≠ Ø, D é um magma.

Acrescentemos a *D1* e *D2* as propriedades *M1-M4*. Nem é preciso lembrar os múltiplos abusos de linguagem e de notação nisso que precede. (D-N só tem sentido se N é parte de um conjunto D; X ≠ Ø só tem sentido se X é um conjunto, etc.) Notemos apenas isto: se D-N ≠ Ø então D-N é um magma por *D2* e *M4*; portanto (*M1*), há conjuntos identificáveis em D-N. Portanto, N, definido como a reunião de conjuntos identificáveis em D, não contém todos esses conjuntos: contradição.

É verdade que este exemplo nada "prova". Mas, além da impossibilidade que ele ilustra de "alcançar-se acima" dos magmas, ele também indica, quem sabe, outra coisa. O caminho fecundo pode não ser a via "construtiva" e "finitista", a que procede pela introdução de "elementos" e de "inclusões", mas uma outra. Os magmas excedem os conjuntos, não do ponto de vista da "riqueza da cardinalidade" (sob este aspecto, nada pode exceder a escala cantoriana dos infinitos), mas do ponto de vista da "natureza de sua constituição". Esta se reflete apenas de modo muito imperfeito e empobrecedor nas propriedades *M1-M4* e, creio, em quaisquer outras propriedades *do mesmo* tipo passíveis de serem inventadas. E isso, mais uma vez, desconsiderando os círculos e petições de princípios que então surgem necessariamente.

Esta é a razão pela qual, conservando ao mesmo tempo as propriedades *M1-M4* como "descritivas" ou "intuitivas", buscaremos um outro caminho.

Assumimos como dada a matemática constituída, e um outro "primitivo": as classes de enunciados relativos a um domínio D. Dizemos, então, que uma classe de enunciados possui uma organização conjuntista-identitária se todos os seus enunciados são axiomas, teoremas ou proposições indecidíveis no sentido de Godel (o que equivale a dizer que todos os seus enunciados são construtíveis formalmente, e são, quase que em toda parte, "localmente decidíveis"). Diremos, também, que uma classe de enunciados C é *referida* a D se existir uma correspondência biunívoca (bijeção) entre uma parte (não vazia) dos signos de C e uma família de partes (não vazia) de D. Diremos, por fim, que um enunciado *e* de C é *significativo* no sentido conjuntista-identitário se for verdadeiro o metaenunciado: "existem objetos de D que satisfazem a *e* ou a *não-e*; ou então, *e* (ou *não-e*) pertence a uma cadeia dedutiva pela qual se conecta a um *e* que satisfaz a condição precedente". Se os enunciados significativos, no sentido conjuntista-identitário, esgotarem a classe dos enunciados significativos referidos a D, D será um conjunto. E D será um magma se existirem enunciados significativos referidos a D e que não são significativos no sentido conjuntista-identitário.

Note-se que a distinção assim traçada parece comportar (e de fato comporta) uma dimensão "empírica", "histórica" ou "contingente": não se pode saber de antemão se um domínio D, que durante muito tempo apareceu como não-conjuntizável, não virá um dia a ser conjuntizado (o que, como se sabe, progressivamente tem acontecido com domínios consideráveis). Levanta-se, assim, a questão de saber se a distinção que estamos buscando traçar não será apenas histórica ou relativa — relativa a uma etapa do processo de formalização/conjuntização. Em outras palavras: existem magmas irredutíveis?

A resposta é afirmativa, e podemos apontar imediatamente um tal magma: a atividade de formalização não é, ela mesma, formalizável. Toda formalização pressupõe uma atividade de formalização, e esta não é formalizável (salvo, talvez, em casos triviais). Toda formalização se apóia sobre as operações originárias de *instituição* de signos, de uma sintaxe e mesmo de uma semântica (sem a qual ela é vã e desprovida de interesse). Essas operações são o pressuposto de toda formalização; toda tentativa de pseudoformalizá-las só conseguirá afastá-las. Aliás, o "Prefácio" de N. Bourbaki acaba forçado a concordar com isto: não pretendemos ensinar matemática a "seres que não saibam ler, escrever e contar"[32].

Decorrem, disso, conseqüências interessantes. Se se admitir, por exemplo (o que me parece indiscutível), que toda teoria determinista deve corresponder a uma cadeia de enunciados significativos no sentido conjuntista-identitário, resultará que existem domínios aos quais os enunciados significativos podem ser referidos, e que não satisfazem, porém, nenhuma teoria determinista. (É claro que a distinção habitual entre determinístico e probabilístico não comporta aqui nenhum interesse: os enunciados probabilísticos são enunciados determinísticos pois atribuem probabilidades determinadas a classes de eventos determinados. A teoria das probabilidades e todas as suas aplicações dependem integralmente da lógica conjuntista-identitária.) Em outras palavras: toda teoria determinista é formada por cadeias de enunciados significativos no sentido conjuntista-identitário, e, por conseguinte, nenhuma teoria determinista pode ter validade maior que "local". É claro que isso não resolve, de modo algum, a questão de saber se tal domínio particular — o domínio "físico" por exemplo — satisfaz ou não a uma ou mais teorias deterministas.

[Não desejo concluir este aspecto do exame sem mencionar o feliz acaso teórico que foi, para mim, o encontro com uma participante do colóquio, Mme. Mugur-Schachter, que teve a gentileza de oferecer-me uma separata do texto que ela havia publicado em *Einstein 1879-1955* (Colóquio do Centenário, Collège de France, 6 a 9 de junho de 1979,

---

32. *Théorie des ensembles,* E. I. 10.

Paris, CNRS, 1980, p. 249-64). Apresentado em uma mesa redonda desse colóquio consagrada ao que se conhece como o paradoxo de Einstein, Podolsky e Rosen, para abreviar, paradoxo EPR — e que deixou de ser um "paradoxo" graças às experiências de Freedman e Clauser, de Fry e Thompson, enfim, de Aspect e seus colaboradores —, esse texto contém um grande número de formulações que me encantam. Começo por recordar a trágica ironia contida na definição e na história desse "paradoxo": formulado em 1935 por Einstein e seus dois colaboradores na ocasião para demonstrar — com base num experimento mental — que a hipótese de que a mecânica quântica é completa é uma hipótese incompatível com a idéia de uma "realidade objetiva", ele conduziu, através da formulação das "desigualdades de Bell" (1965), às experiências acima mencionadas, cuja única interpretação possível parece muito bem ser a necessidade de se abandonar a idéia de uma "realidade com determinismo local", ou a idéia de *separabilidade* dos "fenômenos elementares". (Cf. também meu texto "Ciência moderna e interrogação filosófica" (orig. 1973), incluído agora em *As encruzilhadas do labirinto I, op. cit.,* p. 172-76; para indicações bibliográficas mais recentes, além das fornecidas por Mme. Mugur-Schachter, art. citado, ver as referências em B. d'Espagnat, *À la recherche du réel,* Paris, Gauthier-Villars, 1979, p. 175, e *Une incertaine réalité,* Paris, Gauthier-Villars, 1985, p. 301-04; para as discussões anteriores do "paradoxo", cf. A. Pais. "*Subtle is the Lord...*", Oxford, Clarendon, 1982, p. 455-59, que inclui bibliografia). Esta não-separabilidade possui sem dúvida uma capital importância filosófica, que me parece longe de estar assimilada. Mas o que me interessa, aqui, é a admirável descrição, efetuada por Mme. Mugur-Schachter, da maneira pela qual o físico extrai daquilo que eu chamaria *o magma do ser/ente físico* (ou lhe impõe) um quadriculado conjuntista-identitário — o que ela designa respectivamente por "lama semântiça" e "organização sintática". Vale a pena citar *in extenso* as linhas nas quais, após um encadeamento de fórmulas, ela se volta sobre sua atividade:

"Detenho-me por um instante e olho o que acabei de escrever. Que mistura de 'necessidades' e de arbitrários, de signos e de palavras que fazem menção de apontar para um *designatum* bem preciso e sob os quais, no entanto, tudo o que se encontra são imagens fluidas e mutáveis, engatadas a essas palavras e a esses signos de maneira *não separada* [grifo meu, C.C.]. Escrevo, por exemplo, 'valor do tempo' entre aspas, porque cada vez que reflito sobre o grau de inexploração em que ainda se encontram os conceitos de duração e de tempo e sua relação, sintome reticente em escrever o que quer que seja na falta de um algoritmo que fixe uma regra do jogo. A parametrização da propriedade fundamental de duração com auxílio da variável temporal $t$, tal como essa parametrização é efetuada nas teorias existentes — e mesmo na Relatividade — certamente é ainda muito simplificadora, e muitas vezes falaciosa, enrijecedora, de algum modo mecanicizante. As mudanças nem sempre consistem em deslocamentos de entidades internamente estáveis. [Não esquecer que *toda* a física, depois de Galileu, está fundada neste postulado: *tudo* se reduz a deslocamentos de entidades 'elementares', *internamente estáveis*. Falo da física teórica, não da culinária de predições numéricas, C.C.] Para poder dar conta plenamente da diversidade integral dos tipos e intensidades de mudanças, seria preciso uma espécie de grandeza vetorial, um campo temporal de processos definido em cada ponto do espaço abstrato enquadrado pelo eixo da duração e pelos eixos das mudanças consideradas. Mas seriam aplicáveis a esse tempo as transformações de Lorenz? Qual é o papel da velocidade de um 'sinal' *luminoso* em face das velocidades de propagação de 'influências' (?) em um tal espaço de processos? O que é que a Relatividade realmente impõe ao processo *qualquer*, e o que é que ela deixa em branco? O que acontece com o 'tempo' no caso de processos (relativamente) bastante 'intensos' no nível local, 'catastróficos', como provavelmente sucede na 'criação de um par'? Na teoria relativística geral da gravitação, por exemplo, um gradiente não nulo do campo de gravitação [a saber, de forma mais simples, a mera *existência* de um campo gravitacional, sem o qual não pode haver, evidentemente, 'observadores' reais, C.C.] está ligado a uma não-definibilidade de *um* tempo único para os observadores de um mesmo referencial, se esses observadores estiverem espacialmente distantes um dos outros. [Em outras palavras: na relatividade geral, para os observadores reais distantes, *não há* tempo único, nem — contrariamente à relatividade restrita — possibilidade de transformação unívoca entre os tempos de diferentes observadores, C.C.] Quanto à invariância da *velocidade da luz* ela própria (e não da velocidade de outros tipos de 'influências') quando se passa de um referencial a outro, ela é postulada só localmente, pois não há nenhuma definição unívoca de distâncias e de tempos em campos gravitacionais variáveis (Weinberg. *Gravitation and Cosmology.* Nova York, J. Wiley & Sons, 1975) (espaço-tempo curvo). Como saber que tipo de 'curvatura' local do espaço-tempo produz (ou não) um processo — essencialmente variável — de criação de um par? [O 'local', evidentemente, é um *estrato não local,* C.C.] A Relatividade, enfim, não introduz nenhuma quantificação, sua descrição é contínua. Quando se escreve velocidade = distância/tempo, o tempo é um parâmetro contínuo".

"Se perguntarmos, a seguir, como encontrar o valor de *t*, veremos que ele é da forma $NT_H$ onde N é um inteiro, e $T_H$ um 'período de relógio' (*suposto* constante!), e que, por conseguinte, é um valor discreto. Em macroscopia ou cosmologia isso pode ser negligenciado, tanto no nível dos princípios como no nível numérico. Contudo, quando se consideram os processos microscópicos que, como a criação de um par, são essencialmente quânticos e relativamente muito curtos, qual será o grau de significância de uma condição como

$$v = \frac{\text{distância}}{\text{tempo}} = \frac{\text{distância}}{NT_H} = \text{const.?"}$$

"Qual relógio deveríamos escolher, com qual $T_H$, e como nos assegurar, além disso, de que, ao escrevermos $\triangle t = 10^{-x}$, não estamos simplesmente realizando um cálculo desprovido de sentido?"

"Compreendem-se, perante tais questões, as prudentes atitudes positivistas e as normas que aconselham a manter-se na saudável zona do operacionalmente definido e do sintaxizado, onde o pensamento circula em vias traçadas e consolidadas. Fora disso, afundamos numa verdadeira lama semântica. E, no entanto, *é somente aí, nessa lama, e quando forçamos o olhar a discernir as formas mutáveis, que podemos perceber os contatos entre o não feito e o parcialmente feito e começar, assim, a apreender o novo*" (*Op. cit.,* p. 256-57; a última frase foi grifada por mim, C.C.).

Não pretendo comentar este trecho, que a meu ver é por si só bastante eloqüente. Noto apenas que o que Mme. Mugur-Schachter denomina de lama semântica poderia ser chamado, com igual pertinência, o humo ou limo de onde nascem as significações; é este limo — o imaginário radical — que engendra os esquemas que permitem ao físico avançar, precisamente, *na conjuntização do ser/ente físico* — o qual, aliás, presta-se a isso indefinidamente e não importa como, é o que mostra toda a história da física. Além disso, pode-se ilustrar mais uma vez, a partir dessas formulações, a tese determinista (cujo conteúdo *logicista* aparece, assim, de maneira notável): a "lama" — o magma — é "provisória", é uma ilusão ou resíduo que se deve ao estado de nossa ignorância; *amanhã* ela estará completamente drenada (conhecida inscrição na vitrina de um barbeiro determinista e pouco honesto).]

É necessário retornarmos à questão da significação. Já tentamos precisar o que pode ser um enunciado significativo no sentido conjuntista-identitário. Seria possível ir mais longe?

Pode-se dar uma interpretação ao termo *sentido*, em suas *duas* acepções essenciais que, creio eu, esgotam o sentido de sentido para a lógica conjuntista-identitária (e, talvez, para a "lógica do vivente" — do vivente *enquanto tal*).

1. "'*Sinn*', em alemão, não tem exatamente o mesmo sentido que 'sentido' em português ('*sens*', em francês)". Aqui, sentido tem a acepção de valer como = "valor de troca" = equivalência = "classe".
2. "O que você está fazendo não tem sentido", "tratar pneumonia com duchas escocesas não tem sentido". Aqui, sentido tem a acepção de valer para = "valor de uso" = apropriação, adequação, pertinência = "relação".

É claro que cada uma dessas duas acepções remete à outra, tanto horizontalmente como "em níveis sucessivos"[33].

*Tese:* a significação no sentido conjuntista-identitário é redutível a combinações destas duas acepções de "sentido" — e reciprocamente: toda significação redutível a combinação destas duas acepções de "sentido" é conjuntista-identitária. Em outras palavras: os enunciados significativos no sentido conjuntista-identitário concernem sempre às inclusões em classes, às inserções em relações e à combinatória que se pode construir sobre elas.

---

33. Cf. *A instituição imaginária da sociedade*, *op. cit.*, cap. V.

*Outra formulação da tese:* as significações no sentido conjuntista-identitário são construtíveis por meio de classes, propriedades e relações ("por meio de figuras e movimentos", diria Descartes).

*Corolário da tese:* existem significações que não são construtíveis por meio de classes, propriedades e relações.

O exemplo imediato, é claro, será o das significações que constituem "primitivamente" um domínio de classes, propriedades e relações (como, por exemplo, o domínio mínimo de signos, sintaxe e semântica necessário para começar a fazer matemática). Este é também, sem dúvida, o mais constrangedor para os formalistas e os positivistas. Mas o domínio essencial (do qual, na verdade, o exemplo precedente é apenas um caso particular) é o das significações imaginárias sociais e das que podemos designar, por abuso de linguagem, como significações psíquicas[34].

Pois, de fato, como se deve ter percebido, nós nos concedemos um outro "primitivo": o enunciado significativo. Vale dizer, foi dada uma língua natural, e uma classe de falantes dessa língua para os quais existem critérios — talvez mutáveis e fluidos, mas suficientes para as necessidades e o uso — de discriminação entre enunciados significativos e enunciados não significativos. E, como é evidente, qualquer tentativa de "dar início" à matemática, seja de que modo for, está obrigada a pressupor essa língua natural, a assumi-la como "dada", juntamente com a capacidade de seus falantes de distinguir enunciados significativos e não significativos.

Ora, esta "língua natural" — que nada tem, evidentemente, de "natural" — sempre é instituída socialmente, e só existe mediante sua instituição social. Por isso mesmo, ela carrega — ela veicula —significações que não são conjuntistas-identitárias: significações imaginárias sociais. Mas sabemos igualmente — e voltamos a constatá-lo — que é impossível falar, não importa em que perspectiva, sem utilizar os operadores conjuntistas-identitários (e, por exemplo, os operadores classe, relação, propriedade). Daí dizermos que *a "parcela" conjuntista é "ubiquamente densa" na linguagem natural.*

Não é aqui o lugar de tentar um avanço na elucidação do modo de ser e organização das significações imaginárias sociais. Limito-me, assim, a algumas anotações.

---

34. Cf. *A instituição imaginária da sociedade, op. cit.,* caps. VI e VII.

Sem dúvida, temos que distinguir uma primeira camada, num sentido originário e fundante, da significação, que podemos denominar, recordando Kant, *transcendental*, e que pressupõe a *imaginação radical*. Esta última é a *instauração, ex-nihilo*, de alguma coisa que não "existe", e a ligação (sem determinação prévia, "arbitrária") entre essa alguma coisa que não "existe" e alguma outra coisa que, eventualmente, "existe" ou não "existe". Essa instauração e essa ligação estão, é evidente, *pressupostas* em qualquer relação signitiva[35] e em qualquer linguagem. Por isso mesmo, elas constituem o fundamento de qualquer domínio conjuntista-identitário, assim como de qualquer outro domínio humanamente concebível. Assim, escrever (ou ler e compreender) "0 ≠ 1" pressupõe não só a introdução de "rodas" e "hastes" "materiais-abstratas" (sempre idênticas a si mesmas, seja qual for a sua "realização" concreta) enquanto *signos* (que, como tais, não "existem" "naturalmente"), mas também de "noções", "idéias", "conceitos", ou se se quiser, *zero, um, diferente* — os quais tampouco "existem", como tais, "naturalmente" —, e a ligação entre eles. É através desta ligação que "0 ≠ 1" *significa* — e, para que signifique, é preciso a capacidade de ver em "0 ≠ 1" aquilo que lá não *"está"*, ou seja, ver *zeros* e *uns* onde "só existem" rodas e hastes.

Há, no outro extremo, significações imaginárias sociais nucleares ou centrais, das quais não temos que nos ocupar aqui. Basta lembrar, mais uma vez, que essas significações implicam constantemente operações conjuntistas-identitárias, mas não se esgotam nelas. Elas se "instrumentalizam" sempre em classes, relações e propriedades — mas não são *construtíveis* a partir destas.

Ao contrário: é por meio das significações imaginárias sociais que se opera a *introdução* de classes, propriedades e relações no mundo criado pela sociedade. A instituição imaginária da sociedade equivale à constituição de pontos de vista "arbitrários", a partir dos quais se estabelecem "equivalências" e "relações". (Por exemplo, as palavras específicas pronunciadas por um indivíduo particular, em um lugar e contexto específicos, estabelecem a equivalência entre um pedaço de pão e o corpo de um Deus — ou fazem entrar um tal objeto no círculo de relações que caracteriza o "sagrado".) E, com certeza, um dos campos a explorar aqui

---

35. Cf. *A instituição imaginária da sociedade, op. cit.*

seria a maneira pela qual "equivalência" e "relação" se transformam quando funcionam, não mais no domínio conjuntista-identitário, mas no domínio imaginário no sentido próprio e forte do termo.

## 3. Poder da lógica conjuntista-identitária

A que se deve o fantástico poder da lógica conjuntista-identitária (que Hegel denominava o "terrível poder do entendimento")?

Em primeiro lugar, sem nenhuma dúvida, ao fato de que essa lógica *se escora* em um estrato daquilo que existe — em outros termos: ela "corresponde" perfeitamente a uma dimensão do ser. Pode-se dizer até mais: seja que existe uma parte conjuntizável do ser que é "ubiquamente densa"; seja que o ser é conjuntizável "localmente" (ou: por pedaços, ou: por estratos). Voltarei a isso daqui a pouco, embora de maneira sucinta.

Esse escoramento da lógica conjuntista-identitária em alguma coisa existente apresenta-se para nós sob duas formas, de resto, indissociáveis. A primeira: a lógica conjuntista-identitária repete, prolonga, elabora a lógica do vivente — ou, ao menos, uma parte essencial da lógica do vivente. Sem dúvida, em uma imensa parte dessas operações — ou seria em todas elas? —, o vivente opera por meio de classes, propriedades e relações. O vivente constitui um mundo — constitui para *si seu* mundo[36] — organizado, cuja organização é evidentemente correlativa à (é apenas a outra face da) organização própria do vivente. Equivalência e relação são ingredientes presentes, sempre, nessa organização. O vivente cria *para si* a sua própria universalidade e a sua própria ordem. Nós mesmos, enquanto viventes, herdamos essa universalidade e essa ordem. Terei que retomar este ponto mais adiante.

Mas seria possível o vivente organizar um mundo *absolutamente caótico*? Para que o vivente possa organizar, para si, um mundo a partir de X, é preciso, antes, que X seja organizável. Este é o velho problema do criticismo kantiano, e um problema que não se pode levianamente descartar[37]. Todas as formas de organização imanentes à consciência trans-

---

36. Cf. meu texto "Ciência moderna e interrogação filosófica" (1971), agora em *As encruzilhadas do labirinto I, op. cit.*
37. Cf. *A instituição imaginária da sociedade, op. cit.*

cendental — ou situadas no genoma: a posição lógica do problema é rigorosamente idêntica nos dois casos — nada poderia fornecer se o "material" que elas devem "formar" já não comportasse em si esta "forma mínima": a de ser *formável*. Pode-se notar, de passagem, que a idéia de um universo *absolutamente* desordenado é impensável para nós; e pode-se relacionar isso com a impossibilidade de demonstrar que uma seqüência infinita é aleatória[38].

Somos obrigados, portanto, a postular que à organização (por meio de classes, propriedades e relações), mediante a qual o vivente constitui *seu* mundo, corresponde "alguma coisa", no mundo, que existe "independentemente do vivente"; vale dizer, que existe *em si* um estrato do ente total que "possui" uma organização conjuntista-identitária (no sentido mínimo de que pode *prestar-se* a uma tal organização). Mas também somos obrigados a constatar mais: que essa organização ultrapassa em muito as simples implicações *ex post* (e aparentemente tautológicas) que podemos retirar do fato de que o vivente existe; que ela também apresenta uma universalidade *em si*. Pode ser que a existência de seres vivos terrestres, tal como os conhecemos, tivesse sido impossível sem a queda das maçãs. Mas não há apenas a queda das maçãs: a rotação das galáxias ou a expansão dos conglomerados estelares são regidas pela mesma lei. O vivente existe parasitariamente a, ou em simbiose ontológica com, um estrato do ente total que é localmente conjuntista-identitário, mas esse estrato se estende até mesmo aonde o vivente não está. E é isso, evidentemente, que permite dar conta ao mesmo tempo do extraordinário sucesso da moderna ciência ocidental, e da *unreasonable ei lectiveness of mathematics* (Wigner).

Mas o poder da lógica conjuntista-identitária também mergulha suas raízes na instituição da sociedade. Ele traduz uma necessidade funcional-instrumental da instituição social, em todos os domínios: o determinado e o necessário são imprescindíveis para o funcionamento de toda e qualquer sociedade — e também para que essa sociedade possa presentificar, para si mesma, suas significações propriamente imaginárias. Não há sociedade sem mito, e não há sociedade

---

[38]. Esta questão e as que se seguem eu discuto mais extensamente no texto que encerra este volume, "Alcance ontológico da história da ciência".

sem aritmética. E, ainda mais importante: não há mito (ou poema, ou música) sem aritmética — e com certeza, também, não há aritmética sem mito (nem que seja apenas o mito da "pura racionalidade" da aritmética).

A esta necessidade, trans-histórica, vem somar-se, em nosso caso, um desenvolvimento histórico particular, e que podemos conceber como superável: o aspecto específico que a filosofia assumiu, desde Parmênide e sobretudo Platão, como ontologia da determinidade, ou seja, como dilatação exorbitante do conjuntista-identitário, recobrindo quase todo o domínio do pensamento, constituindo igualmente uma "filosofia política racional", para finalmente desembocar — é verdade que graças também a outras contribuições — no reino da pseudo-"racionalidade" que conhecemos no mundo moderno.

## 4. Teses ontológicas

O que existe não é conjunto nem sistemas de conjuntos. O que existe não é plenamente determinado.

O que existe é Caos, ou Abismo, ou Sem-Fundo. O que existe é Caos irregularmente estratificado.

O que existe comporta uma dimensão conjuntista-identitária ubiquamente densa. Questão: ele a comporta — ou nós a impomos a ele? Resposta (para acabar com o construtivismo, os reflexos e as tábuas rasas):

> Para o observador limite, a questão de saber, num sentido último, o que provém de si mesmo e o que provém do observado é indecidível. (Não pode existir um observável absolutamente caótico. Não pode haver um observador absolutamente não organizado. A observação é um co-produto que não é plenamente dissociável.)

A não determinação do que existe não é simples "indeterminação" no sentido privativo e, em última análise, trivial. Ela é criação, a saber, emergência de determinações *diferentes,* de novas leis e de novos domínios que se submetem a elas. A "indeterminação" (se é que ela não significa apenas um "estado de nossa ignorância", ou uma condição "estatística") tem este sentido preciso: nenhum estado do ser pode ser tal que venha a tornar impossível a emergência de determinações *diferentes* das que já existem.

Se o ser não fosse criação, então não existiria o tempo (neste caso, o tempo seria apenas a quarta dimensão de um $R^4$ plenamente espacializado — uma quarta dimensão ontologicamente supranumerária).

## 5. Interrogações acerca do vivente

Que o vivente se caracteriza basicamente pela constituição de um mundo próprio, que abrange sua própria organização, de um mundo *para si* no qual nada pode estar dado nem aparecer senão à medida que for recolhido (de um X "exterior") e transformado, isto é, formado/enformado pela organização do próprio vivente, isso é algo que há muito tempo me parece evidente[39]. Sobre estes aspectos, penso que Varela, com as idéias de clausura (*clôture*) operacional, informacional e cognitiva do vivente, fornece esclarecimentos decisivos.

Sinto-me menos satisfeito com sua utilização do termo "autonomia biológica" para caracterizar essa situação. Pois o termo autonomia tem sido utilizado há muito tempo — e também por mim, desde 1949 — para designar, no domínio humano, um estado de coisas radicalmente diferente: em breves palavras, o estado em que "alguém" — sujeito individual ou coletividade — é autor de sua própria lei, de maneira explícita e, tanto quanto possível, lúcida (não "às cegas"). O que implica, e voltarei a isto na última parte desta exposição, que ele instaura uma relação nova com "sua lei", significando, entre outras coisas, que ele pode modificá-la sabendo que o faz. A identificação, como decorre do emprego do termo por Varela, da autonomia com a clausura cognitiva conduz a resultados paradoxais. Um paranóico — que transforma imediatamente todo dado para adaptá-lo a seu sistema interpretativo perfeitamente vedado e estanque — seria o paradigma de um ser autônomo (psiquicamente). Da mesma forma, uma sociedade com um sistema de mundo totalmente fechado e rígido — quer se trate de uma

---

39. Cf. o texto em *A instituição imaginária da sociedade, op. cit.*

sociedade arcaica ou da sociedade de *1984* — seria "autônoma". Para evitar essa polissemia, que conduz em suma a uma forma extrema de equívoco (o mesmo termo para designar dois contraditórios), eu daria preferência à palavra autoconstituição. (O termo auto-organização, cada vez mais empregado, não me parece suficientemente radical.) — Diga-se, de passagem, que não penso tampouco que o "segundo nível" que Paul Dumouchel buscava distinguir — uma "autonomia do social" que estaria situada entre o que ele chama "autonomia no sentido de Varela" e "autonomia no sentido de Castoriadis" — seja mesmo um nível independente[40].

Passo, agora, às questões que me proponho, e que gostaria de propor em particular a Atlan e a Varela. Pode-se considerar o vivente como um *autômato*, no sentido autêntico e etimológico do termo. Autômato não significa "robô", mas aquilo que se move a si mesmo (sentido que já aparece em Homero). É útil que sejamos precisos: Aristóteles, efetivamente, define o animal [e o ser natural em geral] como aquilo que "tem em si mesmo o princípio de movimento" (*archèn kinèséôs*). Ora, Aristóteles evidentemente é pré-cartesiano e pré-galileano: o movimento, para ele, não é apenas o movimento local, que não passa de uma das espécies de movimento — inclui ainda, entre outros, de um lado a geração e a corrupção, de outro a alteração. Dito de outra maneira, Aristóteles fala, nesta passagem, como se considerasse que o animal tem em si mesmo o princípio de sua geração e corrupção, assim como o de sua alteração; de fato, ele está bem perto daquilo que afirmamos há pouco.

Mas pode-se conceber o vivente como um autômato *plenamente* conjuntista-identitário? E pode-se pensar que um autômato plenamente conjuntista-identitário, mas também *plenamente autômato*, a saber, tendo em si os princípios de sua geração e corrupção, bem como de sua alteração, em outras palavras, capaz não apenas de autoconservação mas também de auto-reprodução e auto-alteração, pode-se pensar, dizíamos, que um tal autômato seja "produzível" por meio de procedimentos estritamente conjuntistas-identitários (ou seja, "deterministas")? Não conheço a resposta a essas duas questões; desejaria apenas comentar alguns de seus aspectos.

---

40. Ver *L'auto-organisation, op. cit.*, p. 354.

Dizer que o vivente é "autônomo" (no sentido de Varela) ou "autoconstituinte", na terminologia que prefiro, quer dizer que o vivente instaura suas próprias "significações", a saber, que ele próprio constitui, primitivamente, seus domínios de classes, propriedades e relações. Isto parece-me evidente. Mas em que medida podemos dizer que o ser do vivente se esgota no e pelo funcionamento segundo classes, propriedades e relações? E em que medida uma "autoconstituição" primitiva faz sentido em um sistema conjuntista-identitário estrito? Poderíamos examinar diversos critérios. Poderíamos por exemplo dizer que, se as "significações primitivas" para uma dada espécie vivente (aquelas que constituem sua organização e sua clausura) puderem ser constituídas por meio de classes, propriedades e relações em um outro sistema conjuntista-identitário, então o vivente nada mais é que um autômato conjuntista-identitário. Assim, um cão seria um autômato desse tipo se fosse possível construir as formas e divisões que constituem o mundo do cão mediante operações conjuntistas-identitárias dentro de um sistema que fosse exterior ao cão e que não fosse, ele mesmo, vivente. Mas bastaria isso? Parece-me que não; formalmente, talvez até coubesse fazer essa construção, mas não haveria razão nem *critério* para fazê-la se *já não existisse o cão*. Parece-me que o ser-assim efetivo, já realizado, do cão é o *a priori lógico* de sua "recomposição" conjuntista-identitária; que esta sempre seja (talvez!) formalmente possível não significa, no limite, nada mais que isso: a todo "estado do cão" corresponde, de forma biunívoca, um estado fisicamente realizável de uma nuvem de partículas elementares. Mas este último não apresenta, do ponto de vista "pré-biológico", nenhum privilégio ou característica própria; do ponto de vista físico, nada permite distingui-lo da infinidade de outros estados possíveis da mesma nuvem de partículas (nada que não seja trivialmente descritivo). Em resumo: para produzir um cão, seria preciso ter a idéia de um cão. Idéia: *eidos*, "forma" no sentido pleno do termo (união da organização e do organizado).

Penso que a existência, a emergência desse *eidos* é um exemplo, uma manifestação do ser como criação. Penso que o ser vivo representa uma autocriação (ainda que "cega"). Como refutar esta concepção? Talvez dizendo: teremos demonstrado que o ser vivo não representa uma autocriação quando sua existência — sua necessidade, sua probabilidade extrema? — se tornar um teorema de uma teoria determinista de âmbito mais vasto. Mas isso suporia, em primeiro lugar, que já se optou por uma resposta afirmativa à questão de ser ou não o vivente um autômato plenamente conjuntista-identitário. E implicaria, ademais, que se aceita a idéia de que o si-mesmo é dedutível rigorosamente do não-si-mesmo, e segundo as leis deste último — uma idéia que, estou certo, não tem sentido.

## 6. A QUESTÃO DA AUTONOMIA SOCIAL E INDIVIDUAL

A autonomia não é a clausura, mas a abertura: abertura ontológica, possibilidade de ultrapassar o enclausuramento informacional, cognitivo e organizacional que caracteriza os seres autoconstituintes porém *heterônomos*. Abertura ontológica, pois ultrapassar essa clausura significa alterar o "sistema" cognitivo e organizacional já existente, *portanto*, constituir seu mundo e a si próprio segundo *diferentes* leis, e *portanto*, criar um novo *eidos* ontológico, um si-mesmo diferente em um mundo diferente.

Tal possibilidade só aparece, que eu saiba, com o ser humano. Ela aparece como possibilidade de pôr em questão — não de modo aleatório ou às cegas, mas sabendo o que se faz — suas próprias leis, sua própria instituição quando se trata da sociedade.

O domínio humano aparece primeiramente como um domínio que exibe forte heteronomia ("autonomia" no sentido de Varela). As sociedades arcaicas, bem como as sociedades tradicionais, são sociedades que apresentam um enclausuramento informacional, cognitivo e organizacional muito forte. Esse, de fato, é o estado de quase todas as sociedades de que temos notícia, quase em toda parte, quase em todas as épocas. E, neste tipo de sociedade, não apenas não há nada que prepare o questionamento das instituições e das significações estabelecidas (que representam, neste caso, os princípios e os portadores da clausura), como ainda tudo nelas é constituído de modo a tornar impossível e impensável esse questionamento (o que é, de fato, uma tautologia).

É por isso que somente se pode conceber como uma ruptura radical, como uma criação ontológica, a emergência de sociedades que põem em questão suas próprias instituições e significações — sua "organização" no sentido mais profundo —, sociedades nas quais idéias como "nossos deuses talvez sejam falsos deuses, nossas leis talvez sejam injustas" não somente deixam de ser impensáveis e impronunciáveis, mas tornam-se ativo fermento de uma auto-alteração da sociedade. E essa criação, como sempre, se faz no interior de uma "circularidade"; seus "elementos", que se pressupõem uns aos outros e só têm sentido em relação recíproca, são introduzidos de um só golpe. Sociedades que se põem em questão quer dizer, concretamente, indivíduos capazes de questionar as leis vigentes — e o aparecimento de tais indivíduos só é possível se ao mesmo tempo alguma coisa tiver mudado, no nível da instituição global da sociedade. Esta ruptura, vocês conhecem minha tese, só ocorreu duas vezes na história: na Grécia antiga e depois, de maneira aparentada e, ao mesmo tempo, profundamente distinta, na Europa Ocidental.

[Será preciso nos estendermos sobre a relação entre a idéia de magma que expusemos no início deste texto, as teses ontológicas que formulamos depois e a ruptura ontológica representada pela criação humana da autonomia? Se a lógica conjuntista-identitária esgotasse por completo tudo o que existe, não poderia jamais haver qualquer tipo de "ruptura", mas tampouco autonomia. Tudo seria dedutível/produtível a partir do "já dado", e até mesmo nossa contemplação de efeitos de causas eternas (ou de leis dadas de uma vez para sempre) seria simples efeito inevitável, acompanhado da inexplicável ilusão de que podemos tender ao verdadeiro e tentar evitar o falso. Um sujeito completamente inserido em um universo conjuntista-identitário, longe de poder modificar qualquer coisa nele, não poderia sequer *saber* que está preso a um tal universo. De fato, ele só poderia *conhecer* de modo conjuntista-identitário, isto é, tentar sempre (e sempre em vão) demonstrar com teoremas os axiomas de seu universo; pois, como é óbvio, do ponto de vista conjuntista-identitário, nenhuma metaconsideração tem sentido. Observe-se de passagem que nessa absurda situação ainda hoje se encontram os deterministas de toda espécie, que se põem, rigorosamente, na obrigação de produzir *a partir do nada* as "condições iniciais" do universo (número de dimensões, valor numérico das constantes universais, "quantidade total" de matéria/energia, etc.) como sendo *necessárias*. (Cf. "Ciência moderna...", art. citado, p. 174-76).

Ao mesmo tempo, como notei acima, há uma necessidade funcional-instrumental da sociedade (de *toda* sociedade), que faz com que o ser social-histórico só possa existir ao *instaurar*, ao *instituir* uma dimensão conjuntista-identitária (Cf. *A instituição imaginária da sociedade*, caps. IV a VI, *passim*; e, aqui neste volume, "O imaginário: a criação no domínio social-histórico"). Há também uma necessidade, para todo pensamento, de apoiar-se constantemente no conjuntista-identitário. Esses dois fatos concorrem, finalmente, em nossa tradição histórica — essencialmente desde Platão —, para conduzir a diversas "filosofias políticas", como também a um imaginário político difuso (exprimido e "racionalizado" pelas "ideologias"), colocados sob o signo da "racionalidade" (ou de sua pura e simples negação, que continua sendo, porém, em boa parte, um fenômeno marginal). Esta pseudo-"racionalidade", também favorecida pelo recuo da religião e por mil outros fatores, funciona por fim como a única significação imaginária explícita e explicitável capaz, hoje em dia, de cimentar a instituição, de legitimá-la, de manter coesa a sociedade. Talvez não tenha sido Deus quem quis a ordem social vigente, mas a Razão das coisas, e sobre ela não temos nenhum poder.

Nessa medida, romper a influência da lógica-ontologia conjuntista-identitária sob seus diversos disfarces é, no momento, uma tarefa política que se inscreve diretamente no esforço para o estabelecimento de uma sociedade autônoma. Aquilo que existe, tal como existe, permite-nos agir e criar; e não nos dita nada. Nós fazemos nossas leis, e é por isso, também, que somos *responsáveis* por elas.]

Somos os herdeiros dessa ruptura. É ela que continua a viver e a atuar no movimento democrático e revolucionário que inspira há séculos o mundo europeu. E as metamorfoses históricas, conhecidas, desse movimento permitem-nos hoje — também e sobretudo graças a seus malogros — propor uma nova formulação a seus objetivos: a instauração de uma sociedade autônoma.

Permitam-me, agora, fazer uma digressão pela minha história pessoal. Em meu trabalho, a idéia de autonomia aparece bem cedo, na verdade já desde o começo, e não como idéia "filosófica" ou "epistemológica", mas como idéia essencialmente política, cuja origem é minha constante preocupação com a questão revolucionária, a questão da autotransformação da sociedade.

Grécia, dezembro de 1944: minhas idéias políticas são, no fundo, as mesmas de hoje em dia. O partido comunista, o partido stalinista, ensaia a tomada do poder. As massas estão com ele. E, se as massas estão com ele, então não é um *putsch*, mas uma revolução. Contudo, não se trata de uma revolução, pois essas massas são dirigidas, de maneira precisa, pelo partido stalinista: não há criação de organismos *autônomos* de massas — organismos que não recebam suas diretrizes de fora, que não estejam submetidos à dominação e controle de uma instância à parte, separada, partido ou Estado. Questão: quando é que começa um período revolucionário? Resposta: tão logo a população forme seus *próprios* órgãos *autônomos* — logo que ela entre em atividade para dotar-se a si mesma de suas formas de organização e suas normas.

Mas de onde vem esse partido stalinista? Num certo sentido, "da Rússia". Mas lá, precisamente, houve uma revolução desse tipo em 1917, e houve órgãos autônomos (sovietes, comissões de fábrica). Questão: quando é que uma revolução termina, "degenera", deixa de ser revolução? Resposta: assim que os órgãos autônomos da população deixem de existir e de atuar, seja porque foram simplesmente eliminados, seja porque foram domesticados, subjugados, usados como instrumentos ou elementos decorativos por um novo poder *separado*. Assim, na Rússia, os sovietes e as comissões de fábrica criados pela população em 1917 foram gradualmente domesticados pelo partido bolchevique e, finalmente, privados de todo o poder durante o período 1917-1921. O esmagamento da Comuna de Kronstadt, em março de 1921, pôs um ponto final nesse processo desde então irreversível, no sentido de que, após esta data, seria preciso nada menos que uma completa revolução para desalojar do poder o partido bolchevique. Isto permite resolver, também, a questão da natureza do regime russo, ao menos negativamente: uma coisa é certa, esse regime não era "socialista" nem preparava o "socialismo"[41].

Portanto, se uma nova sociedade deve surgir da revolução, ela só pode ser constituída com base no poder dos organismos autônomos da população, estendido a todas as esferas da atividade e da existência coletivas: não apenas à "política" em sentido estrito, mas à produção e eco-

---

41. Cf. a "Introduction générale" em *La société bureaucratique, op. cit.*

nomia, à vida quotidiana, etc. Ou seja, autogoverno e autogestão (que eu chamava na época, gestão operária e gestão coletiva), assentando na auto-organização das coletividades envolvidas[42].

Mas autogestão e autogoverno de quê? Seria o caso de autogerir as prisões pelos presos, e cada linha de montagem pelos operários nela distribuídos? [A auto-organização deveria ter como objeto a decoração das fábricas?] A auto-organização, a autogestão, só tem sentido quando ela combate as condições instituídas da heteronomia. Marx via a técnica como algo apenas positivo, e Outros a enxergaram como um meio "neutro", capaz de ser posto a serviço de não importa quais fins. Nós sabemos que a técnica contemporânea não é nada disso, que ela é parte integrante da instituição heterônoma da sociedade. O mesmo vale para o sistema educativo, etc. Assim, para que a autogestão, o autogoverno não se tornem mistificações ou simples disfarce para outra coisa, todas as condições da vida social devem ser postas em questão. Não se trata de fazer tábula rasa, menos ainda de fazê-la da noite para o dia, mas de compreender a interdependência de todos os elementos da vida social e dela tirar a conclusão: não há nada que possa, por princípio, estar excluído da atividade instituinte de uma sociedade autônoma.

Chegamos assim à idéia de que o que define uma sociedade autônoma é a sua atividade de auto-instituição explícita e lúcida — o fato de que ela dá a si mesma sua lei, sabendo que o faz. Isto nada tem a ver com a ficção de uma "transparência" da sociedade[43]. A sociedade, menos ainda que o indivíduo, jamais poderá ser "transparente" para si própria. Mas ela pode ser livre e refletida — e essa liberdade e reflexão podem ser, elas mesmas, objetos e objetivos de sua atividade instituinte.

A partir desta idéia, uma volta para trás quanto à concepção global da sociedade e da história torna-se inevitável. De fato, essa atividade instituinte que desejaríamos libertar em nossa sociedade sempre foi auto-instituição; as leis não foram dadas pelos deuses, por Deus, ou impostas pelo "estado das forças produtivas" (essas próprias "forças pro-

---

42. Cf. o texto "Socialisme ou barbarie", *La société bureaucratique, op. cit.*
43. Venho denunciando o absurdo dessa ficção da "transparência" desde 1965, em "Marxisme et théorie révolutionnaire" (*Socialisme ou Barbarie*, nº 39. mar.-abr. 1965, p. 35-40), agora em *A instituição imaginária da sociedade, op. cit.*

dutivas" não sendo mais que uma das facetas da instituição da sociedade), elas foram criadas pelos assírios, pelos judeus, pelos gregos, etc. Nesse sentido, a sociedade sempre foi "autônoma no sentido de Varela". Mas esta auto-instituição esteve sempre oculta, encoberta pela representação, ela própria fortemente instituída, de uma origem extra-social da instituição (os deuses, os ancestrais — ou a "Razão", a "Natureza", etc.). E essa representação visava, como ainda visa, a anular a possibilidade de que se questione a instituição existente; é ela, precisamente, que lhe aferrolha a *clausura*. Neste sentido, essas sociedades são heterônomas, pois estão subjugadas à sua própria criação, à sua lei, que elas postulam como intocável por ter origem em algo que é qualitativamente diferente dos homens de carne e osso. Também neste sentido, a emergência de sociedades que questionam sua própria "organização", na acepção mais ampla e mais profunda, representa uma criação ontológica: a aparição de uma "forma" (*eidos*) que explicitamente altera-se a si mesma *enquanto forma*. Isto significa que, no caso dessas sociedades, a "clausura" representativa-cognitiva está, "em parte", "de algum modo", *rompida*. Em outros termos: o homem é o único animal capaz de quebrar o enclausuramento no qual e pelo qual *existem* todos os outros viventes.

Portanto, a autonomia reside, para nós, no nível social: a auto-instituição explícita que se reconhece como tal. É esta idéia que inspira o projeto político de instauração de uma sociedade autônoma.

Isto posto, é claro que tem início uma série imensa de questões, tanto políticas como filosóficas. Vou evocar brevemente apenas algumas delas, que se conectam às discussões até aqui efetuadas.

O objetivo é a autonomia: de acordo, mas basta? A autonomia é um objetivo que queremos por ele mesmo — mas também para outra coisa. Sem isso, recaímos no formalismo kantiano, e em seus impasses. Queremos a autonomia da sociedade — bem como a dos indivíduos — tanto por ela mesma como para poder *fazer* coisas. Fazer *o quê*? Esta é, talvez, a mais grave interrogação suscitada pela situação contemporânea: esse "o quê" diz respeito aos *conteúdos,* aos valores substantivos — e é isso que parece estar em crise na sociedade em que vivemos. Nela não se vê — ou se vê muito pouco — a emergência de novos conteúdos de vida, novas orientações, emergência que estaria sincronizada à tendência — que, efetivamente, surge em muitos setores da sociedade — para uma autonomia, uma libertação em face das regras simplesmente herdadas. No entanto, é possível pensar que, sem a emergência de novos conteúdos, estas tendências não poderão ampliar-se nem se aprofundar e universalizar[44].

Avancemos um pouco mais. Quais são as "funções" da instituição? A instituição social é, em primeiro lugar, fim de si mesma, o que também quer dizer que uma de suas funções essenciais é a autoconservação. A instituição contém dispositivos incorporados que tendem a reproduzi-la ao longo do tempo e das gerações, e até mesmo, de maneira geral, impõem essa reprodução com uma eficácia que, se pensarmos bem, surge como miraculosa. Mas isso só pode ser realizado pela instituição se ela cumprir outra de suas "funções", a saber, a socialização da psique, a fabricação de indivíduos sociais apropriados e convenientes. No processo de socialização da psique, a instituição da sociedade pode, deixando de lado as trivialidades, fazer quase tudo; mas há também um número mínimo de coisas que ela não pode deixar de fazer, que lhe são impostas pela natureza da psique. É claro que ela deve fornecer à psique "objetos" de derivação de pulsões ou de desejos; que ela deve também fornecer-lhe pólos identificatórios. Mas, acima de tudo, ela deve fornecer-lhe *sentido*. E isso implica, em particular, o fato de que a instituição da sociedade tenha sempre procurado — e com maior ou menor sucesso — recobrir aquilo que chamei, acima, o Caos, o Sem-Fundo, o Abismo; Abismo do mundo, da psique para a própria psique, da sociedade para a própria sociedade. Esse *dar sentido,* que tem sido ao mesmo tempo recobrimento do Abismo, constitui o "papel" das significações imaginárias sociais mais centrais, nucleares: as significações religiosas. A religião é, a um tempo, apresentação e ocultação do Abismo. O Abismo é anunciado, presentificado na e pela religião — e, ao mesmo tempo, está essencialmente oculto. Assim, por exemplo, a Morte no cristianismo: presença obsessiva, interminável lamentação — e, simultaneamente, negação absoluta, já que essa Morte na verdade não é morte, mas acesso a outra vida. O sagrado é o simulacro instituído do Abismo: a religião confere ao Abismo uma figura ou figuração — que é apresenta-

---

44. Discuti longamente esta questão em "Transformation sociale et création culturelle, publicado em *Sociologie et Sociétés* (Montréal, XI, 1, 1979), reimpresso em *Le contenu du socialisme*. [Ver *Socialismo ou barbárie: o conteúdo do socialismo*. São Paulo, Brasiliense, 1983, p. 288-306 *(N. do E.)*]

da como Sentido último e, ao mesmo tempo, como fonte de todo sentido. Para tomar o exemplo mais claro, o Deus da teologia racional cristã é o sentido último e também a fonte de todo sentido. Portanto, ele é tanto a fonte como a garantia do ser da sociedade e de sua instituição. Disso resulta — e sempre resultou, sob diversas formas — a ocultação da *metacontingência* do sentido, a saber, do fato de que o sentido é criação da sociedade, de que ele é radicalmente contingente quanto ao que lhe é exterior, e absolutamente necessário no que se refere a seu interior — portanto, nem necessário, nem contingente. O que equivale a dizer que essa ocultação é ocultação da auto-instituição da sociedade, e desta dupla evidência: que a sociedade não pode existir sem as instituições e significações que ela cria — e que estas não podem ter nenhum fundamento "absoluto"[45].

Mas, se a sociedade autônoma é a sociedade que explícita e lucidamente se auto-institui, que sabe que é ela própria que estabelece suas instituições e significações, isso também quer dizer que ela sabe que estas não têm nenhuma fonte além de sua própria atividade instituinte e doadora de significação, bem como nenhuma "garantia" extra-social. E com isso retomamos o problema radical da democracia. A democracia, quando é verdadeira, é o regime que explicitamente renuncia a qualquer "garantia" última e que não reconhece nenhuma limitação a não ser a sua autolimitação. É verdade que ela pode transgredir essa autolimitação, como freqüentemente tem ocorrido na história, com o que ela pode deteriorar-se ou tornar-se em seu contrário. Vale dizer, a democracia é o único regime político trágico — é o único regime que *arrisca*, que encara abertamente a possibilidade de sua autodestruição. A tirania ou o totalitarismo não "arriscam" nada, pois já concretizaram tudo o que podia haver de arriscado na existência histórica. A democracia enfrenta permanentemente o problema de sua autolimitação, que nada pode "resolver" *a priori;* é impossível fazer uma constituição que impeça, por exemplo, que um belo dia 67% dos indivíduos tomem "democraticamente" a decisão de privar os 33% restantes de seus direitos. Poder-se-á inscrever, na constituição, que haja direitos inalienáveis dos indivíduos, mas não se poderá inscrever uma cláusula que vede absolu-

---

45. Ver, atrás, "Instituição da sociedade e religião".

tamente a revisão da constituição, e, se ela fosse inscrita, cedo ou tarde ela se acabaria mostrando inútil. A única limitação essencial que a democracia pode reconhecer é a autolimitação. E esta última, por sua vez, somente pode ser executada por indivíduos educados na, pela e para a democracia.[46]

Esta educação, contudo, comporta necessariamente a aceitação do fato de que as instituições não são, tal como existem, nem "necessárias", nem "contingentes", ou seja, a aceitação do fato de que não há nem sentido recebido como dádiva nem garantia do sentido, de que não há sentido a não ser o que é criado na e pela história. Ou seja, ainda, que a democracia descarta o sagrado, ou que — é a mesma coisa — os seres humanos devem aceitar finalmente aquilo que eles jamais, até hoje, quiseram realmente aceitar (e que, em nosso íntimo, jamais aceitamos realmente): que eles são mortais, que não há nada "do outro lado". É somente a partir dessa convicção, profunda e impossível, da mortalidade de cada um de nós e de tudo o que fazemos, que se pode viver como ser autônomo — e que uma sociedade autônoma se torna verdadeiramente possível.

*Maio-junho de 1981.*

---

46. Ver, atrás, "A *polis* grega e a criação da democracia".

# Alcance ontológico
# da história da ciência[47]

Nosso assunto é filosófico, não "epistemológico", como diriam o pudor ou a pusilanimidade contemporâneos. Não há "epistemologia" que se sustente, se não for igualmente investigação sobre o objeto e o sujeito do saber. Ora, essa investigação é, desde as origens, parte central do trabalho da filosofia.

Nosso ponto de partida é fornecido por algumas afirmações:

– Existe um certo conhecimento do ente (no caso discutido aqui, do chamado ente natural). Pode-se contestar isso — mas, então, será preciso renunciar à discussão, e será perda de tempo permanecer nesta sala (ou ler este texto). Discutir só tem sentido quando reconheço em outrem um ser ao mesmo tempo natural e supranatural: sei que ele está aí enquanto ser natural — e sei, ou presumo, que ele é capaz de discutir, o que é algo que os simples seres naturais não fazem. Também sei,

---

47. Parte deste texto forneceu o material para uma exposição, "Imaginário social e mudança científica", realizada em 23 de maio de 1985, dentro da série de conferências-debates organizadas desde 1983 pela Action locale Bellevue do CNRS, sob o título geral "Interrogações sobre o sentido e o lugar do conhecimento na sociedade". Algumas das idéias nele contidas foram igualmente expostas no decorrer de minhas intervenções nos três seminários de Thomas S. Kuhn na École des Hautes Études, nos dias 1º, 11 e 14 de junho de 1985.

ou presumo, que ele por sua vez sabe de tudo isso a meu respeito. Postulamos assim um grau mínimo de nossa capacidade comum de conhecer, e de nos conhecer. Um cético, com efeito, é digno de todo respeito, até o momento em que abra a boca com alguma intenção. Vale dizer, a única refutação possível ao ceticismo é a comunidade humana — ou a própria vida do cético, mas, se refletirmos bem sobre isso, veremos que é a mesma coisa.

– Esse conhecimento (*tanto* no que diz respeito ao que é certo para ele, *como* ao que lhe é incerto) se altera no decorrer do tempo; ele não consiste em um estado, soma ou sistema acabado de verdades, mas em um processo.

– Este processo é essencialmente social-histórico. Afirmação tão auto-evidente seria até supérflua, não fosse a *egologia* da tradição filosófica dominante, sempre a renascer, nunca aprendendo nada, nunca esquecendo nada. Recordemos, pois, que não há, por exemplo, processo de conhecimento sem linguagem (o que é verdade até no caso da matemática), e que a linguagem é muito mais que a linguagem pois ela é, sempre, "parte total" do mundo social-histórico em consideração. *Não há* pensamento sem linguagem, não há linguagem que seja *código* puro (puro sistema formal), não há conhecimento redutível ao manuseio de algoritmos; e não há linguagem cuja organização e teor não sejam consubstanciais às significações imaginárias da sociedade considerada, à sua apreensão e organização do mundo, à sua maneira de *fazer sentido* com o que é dado — e, para começar, no nível mais rústico e mais decisivo, de *fazer existir* para ela o "dado", já a partir das operações da linguagem — pois é óbvio que não há safras de "informações", binárias ou de outro tipo, espalhadas pela natureza, à espera dos homens para serem armazenadas[48].

Social: o termo não remete à Previdência Social, nem à "questão social", a existência de ricos e pobres, nem à questão de saber se a ciência é ou não um instrumento da classe dominante, ou se os cientistas formam uma camada, um corpo, uma confraria na sociedade global com regras, interesses, costumes e jargões particulares, nem à "sociolo-

---

48. Ver, acerca desses diferentes aspectos, *A instituição imaginária da sociedade, op. cit.*, caps. V e VII, e "Ciência moderna e interrogação filosófica", em *As encruzilhadas do labirinto I, op. cit.*

gia" da ciência ou dos cientistas. Eis o que o social significa, entre outras coisas: o indivíduo humano, seja ele cientista ou filósofo — e aquilo que, em filosofia, se denomina seu entendimento —, existe somente como produto de um processo perpétuo de socialização, ele é, antes de mais nada e acima de tudo, um fragmento ambulante da instituição da sociedade em geral e de *sua* sociedade particular. (Ele certamente não é *apenas* isso: voltaremos ao assunto.)

Mas existe também a dimensão propriamente histórica do conhecimento — e da ciência. Aqui, mais uma vez, "histórico" não remete às batalhas, invasões e mudanças de governo — ou à lenta evolução das forças produtivas, dos costumes e da vida cotidiana. Histórica é essencialmente *toda* sociedade (portanto, também, todo indivíduo), ainda que "pré-histórica" ou "sem história", no sentido de que ela se altera a si mesma, que ela não é apenas autocriação de uma vez por todas, mas autocriação continuada, manifestando-se ao mesmo tempo como incessante auto-alteração imperceptível e como possibilidade, e efetividade, de rupturas que instauram novas formas de sociedade. E, neste último caso, o caso da ruptura, histórico é eminentemente este modo — que não tem equivalente naquilo que conhecemos da natureza e da vida — de alteração, que altera aquilo que ele preserva no próprio momento em que o altera. Histórico é o modo de relação da ruptura com a tradição, assim como do socialmente instituído com aquilo que vai destruí-lo. Compreender o histórico exige contemplar (não se detendo em uma "explicação", indo além de "explicações") o abismo que se abre quando nos perguntamos qual é a relação da França do Antigo Regime com a França posterior à Revolução, da Rússia contemporânea com a Rússia dos czares, da física quântica com a física do século XVIII. Nosso conhecimento em geral e nossa ciência em particular são históricos também e sobretudo nesse sentido — o que significa precisamente o contrário de "cumulativos", como veremos adiante.

A posição cuja essência vou agora esboçar é que a simples existência desse processo de conhecer diz algo tanto sobre *o que é* (portanto, sobre o que *é*), como sobre *quem* conhece (portanto, também sobre um outro aspecto do ser). É paradoxal ouvir tantas vezes: nada conhecemos do ser; tudo o que conhecemos só diz respeito ao sujeito cognoscente — como se fosse possível excluir esse sujeito cognoscente do domínio do ser[49]. E isto deve ser entendido da maneira menos trivial possível. Que *haja* a ciência (independentemente do conteúdo "concreto", "particular" das asserções científicas) significa algo acerca *do mundo*. E que essa ciência tenha uma *história*, no sentido forte, significa que esse mundo tem propriedades particularmente fortes. E essas duas asserções se transpõem ao sujeito da ciência: ao longo da história da ciência, manifesta-se um sujeito capaz de conhecer este mundo de uma certa maneira, e de alterar esse conhecimento do mundo alterando-se a si mesmo. Os dois aspectos — "objetivo" e "subjetivo" — são absolutamente indissociáveis.

É importante, num domínio de tal modo atravancado, que façamos de tudo (sem muitas ilusões) para evitar ao máximo a ocorrência de mal-entendidos. Falamos, aqui e agora, para além do "kantismo". Que todo conhecimento seja conhecimento *de* (*da parte de*) um sujeito — que seja, portanto, ato desse sujeito, e que esteja afetado decisivamente, em sua organização, pela organização do sujeito que conhece; e mesmo que, se deve o conhecimento valer para todos os sujeitos, outros requisitos devam aparecer (se bem que, a partir daí, a situação se torne incomparavelmente mais complexa), tudo isso é aceito e pressuposto. O físico de hoje (para dizer a verdade, desde o tempo de Niels Bohr) é sempre bem recebido na casa do filósofo quando reitera, por exemplo, que só há fenômenos "por referência a observações obtidas em circunstâncias especificadas, incluindo-se aí a descrição de todo o aparato experimental", e que "os sistemas quânticos que denominamos 'partículas' (...) não têm propriedades (e mesmo, na física relativística, não têm sequer existência) *em si mesmos*. Eles têm propriedades apenas *para nós*, e isso segundo nossa escolha do tipo de instrumentos por meio dos quais eles são observados". O filósofo lhe solicitaria ape-

---

49. Kantianos e neo-kantianos responderiam, sem dúvida: o sujeito cognoscente não é, ele *vale* (*es ist nicht, es gilt*). Mas a resposta é vazia, pois o valor é um modo de ser, tal como este termo é entendido aqui, e tal como quase sempre foi entendido. Se um sujeito se limitar a valer sem ser (desta vez no sentido habitual), seguir-se-á uma série de conseqüências desagradáveis. Em primeiro lugar, não poderíamos falar uns com os outros. Segundo, a *Crítica da razão pura* não se tornaria apenas supérflua: também impossível. Pois o que nos importa é *nosso* saber, e não o de um *constructum* fictício. E a pena de Kant não foi, que eu saiba, guiada por uma mão transcendental.

nas que fosse mais enfático ao repetir essas evidências perto de seus colegas biólogos ou mesmo matemáticos[50]. Mas o importante é não perder de vista (entre os filósofos, seria este o maior perigo) que, por exemplo, nenhum aparato experimental poderia fazer uma vaca dar à luz um cordeiro, nem mesmo, no nível quântico, fazer aparecer ("criar") partículas não relacionadas aos níveis de energia disponíveis e utilizados. Como disse B. d'Espagnat (seguindo W. Dilthey): a realidade é o que resiste.

A interdependência dessas duas dimensões — "subjetiva" e "objetiva" — e seu perpétuo entrelaçamento são incontornáveis. Cada novo passo em uma das direções remete novamente à outra — e vice-versa. Todo conhecimento é co-produção e, nos casos não triviais, realmente não podemos separar o que "provém" do sujeito e o que "provém" do objeto. É isto o que eu gostaria de denominar o *princípio de indecidibilidade da origem*. Para o observador limite, a questão de saber, em um sentido último, o que vem dele e o que vem do que é observado é indecidível[51]. *Nós* jogamos esse jogo — mas não podemos jogá-lo sozinhos: nem sozinhos como "indivíduos", nem sozinhos enquanto "coletividade de sujeitos".

Que uma filosofia tenha sido capaz de afirmar-se apta a fornecer as "condições de possibilidade da experiência estudando *unicamente* o "sujeito" — pretendendo, portanto, que suas teses valeriam e valem *em todo e qualquer mundo,* é um dos mais espantosos absurdos registrados na história do grande pensamento. É esse absurdo que está na base da *Crítica da razão pura;* o que não impede — paradoxo freqüente na história da filosofia — que a *Crítica* seja uma fonte inesgotável de reflexão.

---

50. Bernard d'Espagnat, que comenta a primeira das frases citadas no texto (de Niels Bohr) com auxílio da segunda (*Une incertaine réalité*. Paris, Gauthier-Villars, 1985, p.7), já fez isso, por sinal de maneira notável, por ocasião de uma transmissão da France-Culture no início dos anos 70, ao observar que Jacques Monod visivelmente se conservava ligado à física do século XIX. Lendo *L'homme neuronal*, de Jean Pierre Changeaux (Paris, Fayard, 1983), temos o prazer de constatar que a chama desta venerável tradição continua brilhando forte no Collège de France.

51. Ver, neste mesmo volume, "O imaginário: a criação no domínio social-histórico" e "A lógica dos magmas...".

Pode-se efetivamente pensar, *prima facie,* que se abrem dois caminhos pelos quais poderíamos conduzir esta investigação: partir de uma análise do sujeito, e prosseguir rumo à elucidação da experiência de que tal sujeito seria capaz; ou então, partir do fato da experiência (do *Faktum der Erfahrung*) e perguntar como deve ser o sujeito para que possa atingir essa experiência. Sabe-se (*Prolegômenos*, § 4 *in fine*) que Kant segue às vezes um (na *Crítica*), às vezes outro (nos *Prolegômenos*). Na verdade, os dois percursos claudicam. Os dois negligenciam — *ignoram,* tanto no sentido francês como inglês do termo — o *objeto;* os dois ignoram a *história* (as alterações) da experiência; os dois, enfim, ignoram (o que se liga em parte, mas apenas em parte, ao segundo ponto) a enorme carga de indeterminação que afeta o termo (e a idéia) de experiência (ou de conhecimento). Dizer, por exemplo: *há Erfahrung, logo,* o sujeito liga os fenômenos segundo a categoria de causalidade; *ou então:* o sujeito não pode pensar os fenômenos a não ser ligando-os causalmente, *logo,* a *Erfahrung* é, entre outras coisas, ligação causal de fenômenos, isso não é simplesmente circular ou tautológico. Esse círculo inteiro é tautológico relativamente a uma idéia preconcebida do conhecimento, que é a de Kant. De fato, por conhecimento (ou experiência), Kant entende um conhecimento *determinista,* de *um certo estilo,* de *certos fenômenos* "físicos" e "psíquicos". Logo: essa tautologia é admissível — em termos mais nobres: ela é uma *Explikation* — enquanto simples explicitação de uma certa significação imaginária social associada historicamente ao termo "experiência" ou "conhecimento". No final do século XVIII, seria razoável que um filósofo europeu pensasse desse modo. Mas isso — fato notável para nós, mas certamente não para Kant — ultrapassa a sua época. *Há,* de fato, também um tal conhecimento para nós — pode-se mesmo mostrar que, num certo sentido, em boa parte de todos os trajetos possíveis, *deve sempre haver também* um tal conhecimento — uma ligação de certos fenômenos, ou de *certos aspectos* dos fenômenos, segundo uma relação necessária de antecedente — conseqüente. Não vou mostrar isso agora. Mas haveria *apenas* isso? Só fazemos isso? Devemos fazer *apenas* isso? Se a resposta fosse afirmativa, teríamos que relegar o essencial da física contemporânea ao estatuto de não-conhecimento. Deveríamos, além disso, ter como impossível a reflexão sobre o imenso trabalho, não "experimental" e "empírico", mas categorial, envolvido nessa física. Deveríamos, por fim, deixar *efetiva-*

*mente* de lado o pensamento sobre o vivente *enquanto vivente* — e, mais ainda, é óbvio, o pensamento acerca do psíquico e do social-histórico *enquanto tais*[52].

O que Kant diz a esse respeito é, a um tempo, demasiado e insuficiente. Demasiado, porque ele propõe *"sua"* ciência (sua matemática e sua física) como sendo *a* ciência (matemática e física), o que ela certamente não é. E insuficiente, porque ele não reflete, ou não reflete genuinamente, acerca das condições e do conteúdo de uma experiência que não depende da ciência matemática e física. Como veremos mais à frente, a explosão e as alterações na natureza do saber matemático (coisas que vão muitíssimo além das "geometrias não euclidianas") bastam para arruinar a construção da *Crítica,* a menos que tomemos esta última (o que seria talvez o supremo insulto, aos olhos de um kantiano dogmático) não pelo que ela pretende ser — *fundamentum inconcussum* da ciência rigorosa —, mas como uma idealização e "transcendentalização" (por certo insuficiente) da *Lehenswelt* husserliana. Como Bohr, Heisenberg e outros — ou, de outra perspectiva, Hilbert — bem sabiam, *eu preciso* de uma espécie de geometria euclidiana para constatar e "demonstrar" o caráter não euclidiano do espaço-tempo; eu preciso de uma espécie de "regra de causalidade" (ligando "o que ocorre" e as leituras do instrumento de medida) para constatar a não causalidade quântica; eu preciso de uma intuição, uma *Anschauung* espacial banal, juntamente com o antes-depois, para escrever uma demonstração formalizada relativa a um objeto matemático radicalmente não intuível (por exemplo, demonstrar que $2 \times N = N \times N$). Tudo isso, no entanto, é apenas um *ingrediente* da ciência — não *a* ciência; e, *nessa* perspectiva, como dizia Husserl, a Terra, enquanto abóboda primordial, não se move. Em outros termos, o que a *Crítica* fornece é uma "epistemologia" — excessiva e incompleta — da vida quotidiana.

E essa "epistemologia", é evidente, permanece — tem de permanecer, devido a sua opção de partida — muda acerca daquilo que, no objeto, torna possível a aplicação não vazia, *inhaltsvoll,* das categorias:

---

52. Discutirei a aparente exceção da *Crítica do Juízo* em *Temps et création*. Por ora, peço ao leitor que consulte, neste volume, "A *polis* grega e a criação da democracia".

Kant se limita a chamá-lo (*Crítica do juízo*) "acaso feliz", *glücklicher Zufall*. Aqui temos, então, o fundamento necessário para que nossas formas necessárias de conhecimento não sejam puro delírio paranóico (todos os delírios paranóicos são perfeitamente estanques, coerentes e irrefutáveis): um feliz acaso. Os kantianos costumam responder que esta expressão (ou, pior ainda, o problema ao qual se espera que ela responda) não pertence ao domínio "constitutivo", que seria o da *Crítica da razão pura*, mas ao da reflexão acerca da constituição. Já que pretendo retomar mais adiante, e mais a fundo, o cerne deste problema, vou limitar-me aqui a notar as razões excludentes que tornam essa resposta completamente inaceitável. De início, a própria distinção entre o constitutivo e o reflexivo não se mantém nos níveis mais avançados. É claro que não há reflexão sem constituição mas a constituição jamais está acabada, *enquanto* constituição, até que se chegue à etapa da reflexão. Bastaria uma volta elementar à história do idealismo alemão depois de Kant (e independentemente do "conteúdo" das posições tomadas) para chamar a atenção para esse fato. Depois, e é o mais importante, certas condições relativas *ao próprio objeto* são requeridas para qualquer *constituição* do saber que diga respeito a esse objeto. Não pode haver completa indiferença da forma à matéria, e reciprocamente; de outro modo, "a arte do carpinteiro poderia se aplicar às flautas", como Aristóteles já sabia[53]. Por fim, como é notório, já há um "hegelianismo" (hesitante e mascarado, mas pouco importa) na segunda parte da *Crítica do juízo*, no tocante à organização da natureza e à significação da existência do vivente; bem como, no tocante à história humana, no *Primeiro Suplemento da garantia da paz perpétua*. Em vista do *conteúdo*, que é similar, os protestos relativos à forma aparecem como o que são: aquilo que, em psicanálise, denomina-se uma denegação. "Essa mulher que eu vi em meu sonho não era minha mãe." Por que, então, você afirma isso de modo tão inesperado e peremptório? Sem dúvida, porque ela *era* sua mãe.

Começaremos aqui nossa discussão, no plano factual, concreto e, em um certo sentido, genético; e vamos concluí-la retomando-a num nível mais abstrato.

---

53. *De anima* 1, 3, 407 b 24 ss. Esta observação maravilhosamente límpida e profunda pareceu misteriosa, o mais das vezes, aos tradutores e intérpretes.

Seja um ser vivo qualquer. Sua mera existência mostra (demonstra), *ex post*, a existência de uma certa conexão entre a organização desse vivente e a do mundo. É verdade que essa constatação, como tal, pressupõe a presença de um metaobservador (nós, ou o cientista). Mas o aspecto que mais nos interessa aqui é que essa conexão não é apenas "material". Não temos em vista apenas o fato de que, sendo o vivente composto sobretudo de carbono, encontra-se também carbono no mundo; nem mesmo o fato (com certeza igualmente importante) de que o carbono não poderia desempenhar o papel que desempenha na constituição do vivente se não possuísse certas propriedades. O aspecto que nos interessa é sobretudo "formal". Por exemplo: a relativa *permanência* (duração) do vivente pressupõe e acarreta a relativa *estabilidade* de certas conexões *no mundo*[54].

E, igualmente, a *organização* do vivente pressupõe e acarreta a *organizabilidade* de certas partes (ao menos) do mundo. (Os seres vivos não são trazidos ao "nosso" mundo a partir de um "para-mundo" exterior.) Ora, essa *organizabilidade* é, em primeiro lugar, a mesma que o próprio ser vivo atesta, dentro de si próprio; mas também — a própria separação sendo, de resto, altamente enigmática do ponto de vista que nos interessa aqui — a mesma que é manifestada pelo mundo "exterior" ao vivente. Este último não pode, na verdade, funcionar (ou seja, simplesmente, viver, ser o que é) sem "classificar", "categorizar" e, portanto, "distinguir", "separar" e, mesmo, "enumerar", e ainda: pôr em relação os elementos que ele distingue — e por fim: formar e conformar uma parte do mundo. O que seria impossível se não houvesse partes do mundo formáveis e conformáveis — em outras pala-

---

54. É evidente que todo o problema do fundamento da indução deve ser retomado também a partir disso. Voltarei a esse ponto, indiretamente, daqui a pouco; e pretendo tratá-lo *in extenso* em outro lugar. Notemos somente: sabe-se, ao menos desde Aristóteles, que "alguns $x$ são $p$" não implica que "todos os $x$ são $p$", e que a negação dessa implicação é, de fato, uma tautologia. É aflitivo pensar que uma enorme vertente da filosofia européia, clássica e contemporânea, tenha pretendido construir sistemas sobre essa tautologia oca que, como é freqüente com as tautologias nestes contextos, serve apenas para mascarar uma não-tautologia fundamental. Esta é, singelamente, que existe o quase-universal imanente. Existem árvores. Existem estrelas. *Anthrôpos anthrôpôn génna*. E assim por diante, indefinidamente.

vras, separáveis, enumeráveis, classificáveis, categorizáveis; e se seus "elementos" e suas "classes" não pudessem, sob certos aspectos, ser postos em relação.

Não pressupomos com isso, evidentemente, nenhuma "subjetividade" no vivente, do gênero que nos é familiar. Mas pressupomos este fato, evidente, de que todo ser vivo (ou, ao menos, toda espécie viva — uma oliveira, uma estrela-do-mar, uma cigarra) forma e conforma, organiza o mundo, à *sua* maneira[55].

Considere-se agora um *minimum* de nosso conhecimento ("científico") do mundo. Tal conhecimento nos leva a constatar que essa estabilidade, organizabilidade, formabilidade do mundo (à primeira vista relativa e parcial), não se restringe às "necessidades do vivente". Pelo que sabemos, a vida no mundo seria impossível e inconcebível sem a gravitação: sem a queda de maçãs, sem as marés, sem o movimento aparente do Sol, etc. Mas *sucede que* (*sumbainei*) uma massa ainda maior de fenômenos im-pertinentes para o vivente — tais como, por exemplo, a expansão dos conglomerados globulares de estrelas, a rotação e as próprias estruturas das galáxias — são regidos (em parte) pela gravitação. Em outras palavras: a hipótese de que os viventes constroem, a partir de

---

55. Esta linha de raciocínio está demarcada, no que me diz respeito, pelos capítulos V e VI de *A instituição imaginária da sociedade*, escritos entre 1968 e 1974 (e publicados em 1975); pelo artigo "Ciência moderna e interrogação filosófica" (1971-1973, incluído agora em *As encruzilhadas do labirinto I*); e por alguns outros textos contidos neste presente volume. Aquilo que eu designava, em "Ciência moderna...", como "um sistema essencialmente subjetivo" mostrando que o vivente "não pode jamais ser pensado senão a partir de seu interior, que ele constitui seu quadro de existência e de sentido, que ele é seu próprio *a priori*, em suma, que ser vivo é ser para si, como alguns filósofos há muito tempo afirmaram", foi depois denominado por Francisco Varela, de maneira precisa e apropriada, a *clausura* (*clôture*) do vivente (*Principles of Biological Autonomy*. Nova York/Oxford, North Holland, 1979; trad. fr. extensamente modificada a aparecer proximamente nas Éditions du Seuil), termo que, depois, também eu vim muitas vezes a empregar. Dentro desta mesma linha de raciocínio, fui levado a concordar com Henri Atlan (cf. especialmente *Entre le cristal et la fumée*. Paris, Seuil, 1979) e, mais uma vez, com Edgar Morin, cujo *La vie de la vie* (vol. II de *La méthode*, Paris, Seuil, 1980) contém, acerca do vivente, uma reflexão de extraordinária pertinência e riqueza.

suas "necessidades" e de um X totalmente caótico, um "fragmento de mundo" no qual tudo se passa como se houvesse gravitação, tal hipótese, na verdade, excede os limites aceitáveis da gratuidade erística. Além do que, ela é intrinsecamente contraditória, pois pressupõe a universalidade e o enclausuramento dessas necessidades do vivente *como* constitutivos desse mundo — cuja total X-idade ela pretende, por outro lado, afirmar. Mais ainda, essa *construtibilidade* do mundo enquanto virtualidade ultrapassa infinitamente o "círculo epistêmico" do vivente — e, na verdade, qualquer limite estipulável. Vale dizer: há o *universal imanente,* ou o conjuntista-identitário imanente, e isso independe da existência do próprio vivente[56].

Isso não significa, é claro, que essa "estabilidade", essa "organizabilidade", essa "separabilidade" — em geral: "formabilidade" — esgotem o mundo. Pelo que sabemos, o contrário é que é verdade: elas só dizem respeito a uma parte (ou partes) desse mundo. Mas algo, pelo menos, é certo: existe um estrato do ente natural que é organizável o suficiente para que o vivente nele exista; e o essencial da organização que o vivente impõe a (ou constrói sobre) esse estrato é conjuntista-identitário — *conídico*, para abreviar[57]. Chamo esse estrato, incluindo-se nele o vivente, de "primeiro estrato natural". Sendo parte do primeiro estrato natural, o vivente dele se nutre, não apenas utilizando sua matéria-energia, nem mesmo (Schrodinger) recolhendo nele a "entropia negativa": sua nutrição, pode-se dizer, é ontológica e lógica, à medida que o primeiro estrato natural lhe permite, a cada vez, construir seu mundo, o mundo para ele, vivente; à medida que o vivente encontra nesse estrato não a "informação" (a expressão não teria sentido), mas o formável.

Detenhamo-nos um pouco sobre o significado dessa "construção do mundo" pelo vivente e para ele. O termo "construção" não é apropriado, pois implica que tudo o que o "construtor" faz é reunir elementos, que já existiam lá, em sua "forma"; que ele se dedica a uma ativida-

---

56. Sobre a noção de conjuntista-identitário, ver, neste mesmo volume, "A lógica dos magmas...", e *A instituição imaginária da sociedade,* cap. V, *passim.*
57. Utilizo daqui em diante este neologismo manejável e transparente (conjuntista-identitário), bem como seus derivados: conidizar, conidizável, conidização, cujo sentido é evidente.

de combinatória e meramente concatenativa, em conformidade a um plano. Mas não é certamente esse o caso do vivente. Pela mesma razão, parece-me inadequado o termo "auto-organização", tão utilizado nos últimos quinze anos. Na linguagem corrente, ele significaria que o vivente, já existindo de um certo modo misterioso, procederia à sua "organização", re-arranjando-se de uma maneira diferente. Não é por acaso que essa terminologia está tão freqüentemente ligada, no domínio biológico, a uma persistente utilização da teoria da informação, que se revela, aqui, como uma genuína *lepsis tau zètouménou*, um *begging the question*, uma maneira de prover a solução do problema já na proposição do problema. Não existe, na "natureza" não vivente, nenhuma "informação" para o vivente. É o vivente quem *cria* os próprios *bits* daquilo que é, *para ele,* informação. Do mesmo modo, no domínio social e político, o termo auto-organização é utilizado por aqueles que, ignorando a radicalidade da autocriação do social-histórico, continuam pensando (consciente ou inconscientemente) em termos e a partir de um "indivíduo" (dotado já de nascença, não se sabe como, de linguagem, entendimento, objetivos reais e articulados, etc.; um ente de ficção ao lado do qual centauros e quimeras corariam, envergonhados, de seu realismo) que, multiplicado em um número suficiente de exemplares, faria aparecer o "social" como simples efeito de coexistência ou de justaposição; ou ainda, por aqueles que desejam reduzir a profundidade da questão política, enquanto questão da auto-instituição explícita da sociedade — portanto, de sua autotransformação radical —, aos arranjos sumários no curso dos quais seria permitido aos membros da sociedade se "auto-organizarem" — sem dúvida pelo fato de poderem opinar sobre a composição dos cardápios das cantinas das empresas.

O vivente, apoiando-se sobre um ser-assim organizável, isto é, conidizável, da natureza não vivente, se autocria enquanto vivente ao criar, ao mesmo tempo, um mundo, seu mundo, o mundo *para* ele, vivente. É importante distinguir (distinção e separação "abstrata", é verdade) um "positivo" e um "negativo", ou um "interior" e um "exterior" dessa criação. O vivente cria formas novas e, em primeiro lugar, cria-se a si próprio enquanto *forma,* ou melhor, *supraforma* que integra, e se desdobra em uma multiplicidade inumerável de formas categoriais específicas ao ser vivo (nutrição, metabolismo, homeostase e homeorresia, reprodução, sexuação, etc.) ao mesmo tempo em que se multiplica ao diferenciar-se em espécies. Mas, de um outro ponto de vista, ele cria, ao existir, estratos inteiros de "realidade", "materialmente" discerníveis e assinaláveis. Assim, por exemplo, a cor e as cores, o ser-colorido em geral, é uma pura criação do vivente (de certas espécies de viventes). *Não existem cores* na natureza não viva — fato cuja enorme significação, não por acaso, é constantemente ignorado ou calado pela maioria esmagadora dos filósofos e cientistas, obcecados pela tentativa de eliminar as "qualidades segundas" e de "reduzi-las" a propriedade, relações, etc., da natureza não viva. É muito evidente que as qualidades "segundas" são mais primordiais que as outras, pois é nelas que o vivente, assim como nós, vive. E a idéia de fazê-las desaparecer "explicando-as" é de uma estupidez insondável, pois não se faz desaparecer a cor ao "explicá-la" pelas correlações entre os comprimentos de onda e uma certa estrutura dos receptores e do sistema nervoso central; e, sobretudo, nada é efetivamente *explicado*, mas se constata simplesmente uma correlação regular. O fato e o ser-assim da sensação *subjetiva* da cor são absolutamente irredutíveis (tal como os do cheiro, do gosto — ou do prazer, da dor, etc.).

Portanto, o vivente cria estratos irredutíveis de ser — este é o aspecto "positivo" ou "interior", e ele os cria dentro de uma *clausura* — este é o aspecto "negativo" ou "exterior": eles não existem *a não ser* para o vivente, e, a cada vez (para cada classe, ou espécie, ou mesmo exemplar singular de vivente), *aquilo que* eles são (o *ti estin*) e sua carga de ser — isso que a teoria da informação está condenada a ignorar: "pertinência", "peso", "valor", "significação"[58] — é diferente *segundo* o vivente considerado. Assim, para nós humanos, enquanto simples viventes, a luz polarizada não existe (ao passo que apresenta uma forte carga de ser para as abelhas ou tartarugas marinhas), e tampouco existem as ondas de rádio para qualquer vivente terrestre.

Volto a notar, tendo em vista as necessidades da presente exposição, algumas das *limitações* (para nós) do vivente e dessa criação[59]:

- essa criação tem lugar, ao menos para cada espécie, *de uma vez por todas* (de uma forma relativa, e "quanto ao essencial");

---

58. "Ciência moderna...", *op. cit.*
59. Ver *A instituição...*, cap. V, e, neste volume, "O imaginário: a criação no domínio social-histórico".

— essa criação se faz ao mesmo tempo sob uma restrição ou constrição fundamental ("quanto ao essencial": *exclusiva)*: a da *funcionalidade, ou finalidade instrumental*[60].

Diga-se, entre parênteses: para nós é impossível conceber esse fazer existir algo *para si dentro da clausura* do vivente sem que haja um equivalente mínimo, para ele, de uma *espontaneidade representativa,* no sentido de criação/instauração de um mundo *qualificado,* isto é, repleto de qualidades, das quais algumas têm correlatos, mas não "equivalentes" externos, e outras não. Dizendo de outro modo, mais uma vez, mesmo para as qualidades cujos correlatos "externos" regulares existem, seu *ser-assim* específico para o vivente decorre de uma espontaneidade (e *não* de uma "passividade" ou "receptividade") deste. É verdade que a representação (*Vorstellung*), no sentido elementar, não pressupõe a reflexão (o sonho é, na maior parte do tempo, uma representação sem reflexão). Ora, à medida que há, necessariamente, uma pluralidade de representações e que cada uma delas é intrinsecamente múltipla, essa espontaneidade representativa pressupõe uma potência (*dunamis*) in-sensível criadora das condições as mais englobantes da sensibilidade, trate-se de um Receptáculo, trate-se ainda, de um "espaço" e de um "tempo" enquanto puros receptáculos *conídicos*. Isto nada mais é que a possibilidade de "formas puras da intuição" da *Crítica da razão pura*. Em outras palavras, a *Estética transcendental* é apropriada para os cães — e, evidentemente, também para nós, na proporção — vastíssima — de nosso parentesco com os cães. O mesmo vale para a "imaginação transcendental" de Heidegger (em *Kant e o problema da metafísica*). A imaginação da *Crítica,* como a de *Kant e o problema...* produzem, e só produzem, a mesma coisa de uma vez para sempre; elas são apenas as sombras unidimensionais da imaginação radical e do imaginário radical, sem os quais não poderia haver conhecimento nem *história* do conhecimento. (Pode-se, aliás, dizer o mesmo das formas elementares e necessárias de ligação: "categorias".) Retomo todas essas questões em detalhes em *L'élément imaginaire.*

---

60. Ver "Ciência moderna...", art. citado, acerca dos abismos que esta expressão encobre.

Constatamos, assim, que a simples existência do vivente implica a efetividade de um imenso estrato conidizável daquilo que existe, excedendo incomensuravelmente o vivente, ao mesmo tempo que implica a possibilidade e o surgimento efetivo, no ser/ente, de formas novas e irredutíveis (como o próprio vivente, e suas obras). Ela implica portanto (já que o vivente faz parte do ser/ente) uma *heterogeneidade ontológica* essencial: seja uma estratificação irregular daquilo que existe, seja, ainda, uma incompleteza radical de toda determinação *entre* estratos do ser/ente[61].

Prosseguindo na via concreta ou factual, consideremos o ser humano — e a questão de sua especificidade em relação ao simples vivente — e concentremo-nos, para começar, em uma dimensão, a dimensão psíquica (o que é, certamente, uma abstração separadora). Sabemos há muito tempo — e a psicanálise como teoria e como práxis confirma, amplifica e elucida imensamente esse saber — que o psiquismo humano só é o que é em virtude de uma radical ruptura com o "psiquismo" animal, ou com o que podemos conceber deste último. Ressalto aqui apenas alguns traços, os mais decisivos, dessa ruptura. Ocorre, no ser humano, uma des-funcionalização do funcionamento psíquico, que se traduz em particular pela des-funcionalização da imaginação e pela des-funcionalização (que freqüentemente se torna, como se sabe, a contra-funcionalização) do "prazer" e, em particular, a *dominação do prazer representativo sobre o prazer orgânico*.

Por que isso sucedeu, não é nosso problema. (É evidentemente impossível deixar de associar esse desenvolvimento ao considerável crescimento quantitativo do sistema nervoso central no *homo sapiens*, mas também — e talvez acima de tudo — às mudanças na organização desse sistema nervoso.[62]) De qualquer modo, a malha funcional do simples

---

61. Apresentarei, em *Temps et création*, uma discussão detalhada de tudo isso, inclusive do ponto de vista "científico positivo". Faço-o, contudo, apenas para desencargo de consciência e por inclinação político-pedagógica. Para qualquer pessoa que reflita, o simples fato da cor deveria bastar para comprovar o que é dito no texto.

62. Parece mesmo que certos mamíferos marinhos apresentam uma proporção peso do cérebro/peso total que é da mesma ordem, se não maior, que a do *homo sapiens*.

vivente está, no ser humano, rompida — e essa ruptura ocorre sob a pressão de um desenvolvimento exorbitante, realmente monstruoso, do psiquismo, analogamente a uma neoformação patológica, e, em particular, da imaginação como imaginação "radical", fluxo representativo incessante, sem relação com as "necessidades vitais" e até mesmo contrário a estas, surgimento imotivado de representações e centramento sobre elas. Subsistem, é certo, fragmentos da organização psíquica "precedente", essencialmente conídica — a lógica do sonho os exibe constantemente a funcionar, e, em conseqüência, também, a fabricação social do indivíduo se apoiará neles —, mas apenas como restos de um naufrágio flutuando sobre um mar revolto.

Sob o aspecto propriamente biológico, a espécie humana aparece, assim, como uma monstruosidade, formada de espécimens absolutamente inaptos, como tais, para a vida. Ela provavelmente teria desaparecido se um outro surgimento não tivesse tido lugar, no nível do anônimo coletivo, com a autocriação da sociedade como sociedade instituinte. Disso já falei o bastante em outros lugares. Basta lembrar, aqui, estas evidências: que a psique monádica, demente, do espécimen singular de *homo sapiens* é transformada em indivíduo social pela imposição, a ela, de uma linguagem, de comportamentos, de objetivos realizáveis, da capacidade de coexistir com outrem — e, finalmente, dos aspectos concretamente traduzíveis do magma de significações imaginárias sociais instituído em cada caso, a única coisa capaz de fornecer à psique um sentido para a existência "individual" e coletiva, e um sentido para a realidade —, existência e realidade que, se podem se prestar a esse investimento de sentido, é estritamente porque, em cada caso, são construídas de maneira apropriada pela instituição da sociedade.

A instituição da sociedade se faz, *também,* pela reconstituição de uma dimensão conídica (conjuntista-identitária) explícita. É esta a dimensão que se desdobra no *légein* e no *teukhein* — a linguagem enquanto código pseudo-unívoco, e a prática enquanto funcional-instrumental — de cada sociedade[63]. Reconstituição que se alicerça sobre o ser-assim do primeiro estrato natural — mas que está longe de pura

---

63. Ver *A instituição imaginária...*, cap. V.

e simplesmente "reproduzir", ou mesmo de reproduzir sem mais, a lógica conídica do vivente. Pois a dimensão conídica da sociedade sempre está co-determinada de maneira decisiva por aquilo que, na instituição dessa sociedade, *não é* conídico: a dimensão propriamente imaginária, ou poiética.

Aqui, mais uma vez, temos que conceber um múltiplo irredutível. De um lado, a instituição da sociedade, de toda sociedade, deve estabelecer, sob pena de morte, uma relação "funcional" com o primeiro estrato natural. (Por exemplo, seja qual for a sua religião, uma sociedade de pastores *jamais* poderá ter a crença de que as vacas, ovelhas e cabras são fecundadas *exclusivamente* pela ação dos espíritos, etc.) Dado que, no mundo, esse primeiro estrato natural é em toda a parte "o mesmo", haverá por isso "elementos comuns" a certas articulações, pelo menos, do *légein* e do *teukhein*, através de sociedades diferentes (no tempo e no espaço). A presença desses elementos comuns é de capital importância: ela é um dos esteios de uma universalidade virtual da história humana. Pois *há*, em toda a parte, relação signitiva — assim como *há*, por toda a parte, palavras para os primeiros elementos, ao menos, do conjunto dos inteiros naturais, ou para o céu e as estrelas, ou para o quente e o frio, etc.[64] Portanto, eu posso, se quiser — e se ele não me matar antes — começar a "falar" (a utilizar a ostensão para uma transmissão recíproca dos rudimentos das respectivas línguas) com um outro ser humano, seja qual for a sua tribo. Mas esta condição necessária é totalmente insuficiente (como mostram as intermináveis dificuldades de etnólogos e historiadores diante de sociedades diferentes das suas). Pois, tal como é instituída em cada sociedade, essa dimensão conídica está totalmente imersa no magma de significações imaginárias dessa sociedade. No limite: "um" somente significa *um* (e *o que* significa *um*?) nas diversas línguas devido ao seu uso como elemento de um código aplicado sobre o puro *légein*. E isso é fácil de se ver tomando como exemplo — nossa própria sociedade. Um piedoso comerciante cristão jamais aceitará que lhe dêem um franco em lugar de três — embora confesse a igualdade um — três pelo menos todo domingo, e isso sem nenhuma "clivagem"

---

64. Ver "O dizível e o indizível", em *As encruzilhadas do labirinto I*. Sobre a relação signitiva, em particular, ver o capítulo V de *A instituição imaginária*.

psíquica. E é claro que essas significações imaginárias, das quais o próprio conídico faz parte enquanto instituído, não são de modo algum congruentes, passíveis de superposição ou mutuamente redutíveis entre sociedades diferentes (por exemplo, Brahma, Shiva e Vishnu não têm nenhuma relação com a Trindade cristã). A possibilidade de uma genuína comunicação entre sociedades diferentes e, especialmente, de uma genuína compreensão e elucidação, tem pressupostos de uma ordem totalmente diversa, bem para além do conídico, nunca *dados* "naturalmente", mas sempre a conquistar[65].

Além disso, independentemente de sua conjugação com as significações imaginárias sociais, o conídico reconstituído e instituído pela sociedade parece ser bem diferente do conídico que reencontramos na natureza e, em particular, no funcionamento e na organização do vivente. É esta, a meu ver, a profunda verdade que von Neumann entrevia ao escrever, já em 1955-1956, que "a linguagem do cérebro não é a linguagem da matemática"[66]. Ao menos, não de *nossa* matemática, *até agora*. O que é, talvez, o mesmo que está por trás daquilo que poderíamos, *grosso modo*, denominar o malogro da "inteligência artificial", mais precisamente: a coexistência, nesta, de avanços que ultrapassam incomensuravelmente tudo o de que o vivente é capaz, e de uma fraqueza que parece ser intransponível, congênita, perante uma multiplicidade de tarefas que são totalmente triviais para o vivente. E, para isso, parece haver pelo menos uma razão central. Não há, com certeza, no e para o sistema nervoso central humano (e sem dúvida também animal), nenhuma separação entre as funções estritamente lógicas e as funções tímicas (afetivas) e oréxicas (intencionais ou desejantes). Assim, não há, à primeira vista, nada de espantoso no fato de não ser possível reconstituir, mediante uma lógica nua e empobrecida — a das calculadoras, a da "inteligência artificial" —, uma organização *magmática* no mais alto grau, na qual, por exemplo, não apenas o tímico (afetivo) não está nem pode estar separado do noético ou lógico, mas esse próprio tímico só

---

65. Ver, por exemplo, neste volume, "A *polis* grega e a criação da democracia".

66. J. von Neumann. *The Computer and the Brain*. New Haven, Yale University Press, 1958, p. 80-82. Mesmas idéias em *The Theory of Self-reproducing Automata*. Urbana e Londres, University of Illinois Press, 1966, p. 31-80.

pode existir (e, por isso, "perturbar" — aos olhos dos engenheiros — o nível lógico) por ser, ele próprio, intrinsecamente em parte "determinado" — e, portanto, conídico; e a recíproca certamente é verdadeira, embora muitíssimo mais difícil de formular.

Em qual outro domínio, fora da matemática, poderíamos pretender ter criado ou reproduzido uma estrutura que, uma vez postulada sua *hipótese*, se revelasse tão neutra e tão indiferente às particularidades de nossa sociedade e de qualquer outra sociedade? O exemplo foi escolhido por essa razão. Ora, parece que mesmo neste caso a lógica conídica criada pela sociedade *não é a mesma* que a envolvida nas operações do vivente — ao passo que há outros estratos da natureza para os quais a coincidência é completa (por exemplo, para tudo o que, na natureza, depende da mecânica racional). Em outras palavras — conclusão cujo alcance ultrapassa de longe o exemplo aqui discutido: a sociedade deve criar *de novo,* e com novos custos, alguma coisa que se *assemelhe* aos dados naturais fundamentais (os da vida), mas que não seja, de modo algum, cópia ou réplica deles.

O fato de que haja sociedade, e diversidade de sociedades, remete a uma organização *sui generis* do primeiro estrato natural. Este deve ser tal que possa sustentar (e prestar-se a) uma multiplicidade indefinida de organizações, correspondendo cada qual a uma diferente instituição da sociedade, com sua dimensão conídica particular.

E os mesmos fatos remetem ao campo social-histórico e à sociedade instituinte, como exemplificação da existência de *potências* (*dunameis*) não imputáveis a "sujeitos" determinados.

Contudo, essa organização *sui generis,* multidão de organizações potenciais e efetivas *in re,* e organizações das quais cada uma é quase exaustivamente conidizável, não se detém no primeiro estrato natural mas parece dizer respeito à totalidade do ser/ente "natural" que nos é acessível. É isso que nos é mostrado pela história — no sentido forte do termo — da ciência, da ciência greco-ocidental. Para bem apreender sua significação, precisamos situar seu nascimento no contexto mais geral da organização conídica de todas as sociedades.

Nenhuma sociedade poderia funcionar (nem mesmo dizer e dizer-se suas próprias significações imaginárias) sem uma dimensão conídica. Mas esta permanece *limitada* (no sentido matemático do termo) em seu desdobramento, no caso de quase todas as sociedades que conhecemos.

As sociedades ditas selvagens possuem já um saber imenso — pensando bem, muito mais impressionante que o nosso — incorporado em suas atividades e em seu funcionamento, e explicitável, em princípio, em sua linguagem. Outras sociedades, ditas tradicionais — do Egito e da China aos maias e astecas, sem esquecer a Mesopotâmia, o Irã e a Índia —, cultivaram, além disso, esse saber como tal e por si mesmo, independentemente de sua utilização funcional ou de sua importância como arcabouço de seu imaginário no sentido estrito. Tentou-se definir, no caso das primeiras, o "pensamento selvagem" como *"bricolage"* — e, na verdade, seria possível aplicar, com os mesmos argumentos, o mesmo atributo ao pensamento das sociedades tradicionais mencionadas pouco acima[67]. A caracterização não é errônea, apenas superficial. O que aparece ao observador ocidental como *bricolage* é a falta de unidade e sistematicidade desse pensamento, segundo os critérios dele, ocidental. Mas esses critérios não são relevantes aqui. Os selvagens "racionalizam" aquilo que para eles tem importância aquilo que lhes interessa ou que se impõe a eles; eles não estão possuídos pela loucura da extensão indefinida da racionalização. Isso remete a — e, na verdade, depende de — um outro traço, muito mais decisivo, e que não diz respeito só ao saber mas à totalidade do fazer e do representar social, para todas essas sociedades, selvagens e tradicionais: *o cessamento da interrogação é instituído e selado pelo mito* (ou pela religião, mas, no sentido em que emprego aqui o termo "mito", isso vem a dar na mesma). O fato de que os selvagens trabalham com aquilo que têm à mão e com os "pedaços de barbante" disponíveis aparece então claramente como secundário e derivado. O *bricoleur* é aquele que não fabrica ele próprio seus instrumentos e materiais, mas limita-se a reutilizar e recombinar o que já está à mão. No domínio do saber (como aliás, nos outros), fabricar instrumentos e materiais exige que se comece por fazer tábula rasa do que foi herdado, que se discutam e questionem as representações e as palavras da tribo, ou seja, no final das contas, a instituição estabelecida da sociedade. A sociedade tradicional ("selvagem" ou "histórica") se define precisamente pela impossibilidade instituída de fazer isso, e pelo fato de que nela isso não é sequer concebível psiquicamente.

---

67. Claude Lévi-Strauss. *La Pensée sauvage*. Paris, Plon, 1962.

É verdade que mesmo neste caso a sociedade continua a se autocriticar e, portanto, a se auto-alterar, ainda que não o saiba ou que tudo faça para que não se venha a sabê-lo. Há, assim, nas sociedades selvagens e tradicionais, uma acumulação muito lenta — embora imensa a prazo longo ou hiperlongo — do saber, comparável, na realidade, à da técnica, o que é compreensível, aliás, visto que esta, na maioria das vezes, é apenas a outra face daquela. Mas essa acumulação é inobservável na escala das gerações e mesmo na dos séculos, e assim deve continuar. O saber conídico, sobretudo seu desenvolvimento, deve permanecer implícito e até mesmo encoberto, do mesmo modo e pela mesma razão que o saber voltado ao corte e polimento de pedras, à fabricação de armas, à invenção e aperfeiçoamento da cerâmica e da agricultura[68].

A primeira das rupturas, sabe-se, ocorre na Grécia antiga. Lá alguma coisa se desprende do "saber comum" — ou do "saber secreto" dos sacerdotes e magos — e pretende tornar-se *épistèmè* humana, e *épistèmè* pública, aberta a todos aqueles que podem e querem nela instruir-se. Nascem lá as duas exigências, a exploração da possibilidade de satisfazê-las, que caracterizam o que entendemos por pensamento racional: de um lado, a interrogação ilimitada; de outro, a demonstração, sejam quais forem os seus meios. Evidentemente, a interrogação conduz e se reporta *também*, quase de imediato, aos *meios* e à própria *idéia* de demonstração. As duas, em conjunto, formam o que os gregos denominavam o *logon didonai*, relatar e dar a razão.[69]

---

68. Ver *A instituição imaginária...*, cap. V.
69. Discussões acerca das "influências — quer do Oriente Próximo, quer de outros lugares — na criação grega ocorrem periodicamente, e com grande alarido. Sob certos aspectos, essas influências são incontestáveis e importantes (já Heródoto falava delas!); sob outros, são banais, ou totalmente inventadas. De qualquer modo, porém, a natureza mesma de uma criação histórica está ausente dessas discussões. "Influências" existiram e existirão praticamente em todos os tempos, já que os casos históricos de perfeito isolamento são extremamente raros. Nos casos importantes, essas "influências" são retomadas, metabolizadas em uma nova e distinta *forma,* que se basta a si mesma. Além disso, as discussões em questão traduzem um lamentável desconhecimento da mais elementar lógica da investigação: por que, então, não teria a "influência" egípcia feito nascer, também, uma matemática etíope? E, já que tocamos nesse ponto, que fizeram os hebreus da "influência" matemática e astronômica dos egípcios e mesopotâmios, de quem tinham maior proximidade que os gregos? E qual

As ligações profundas, a consubstancialidade entre esta criação e a criação política dos gregos, especialmente o surgimento da democracia, não nos ocuparão aqui[70] nem tampouco as condições sob as quais, após muitos séculos de letargia, os dois movimentos — movimento emancipatório dos homens na cidade, movimento emancipatório do pensamento — ressurgiram na Europa Ocidental. Precisamos apenas, tendo em vista as necessidades do que vai se seguir, recordar dois traços profundamente distintos — e aparentados entre si — que marcam diversamente os magmas de significações imaginárias nas quais e pelas quais se produz esta criação do pensamento racional na Grécia, e sua recriação, bem mais tarde, na Europa Ocidental. Cada um deles remete, em todos os seus aspectos, à totalidade do imaginário de cada uma dessas duas sociedades. Trata-se, para designá-los brevemente, do lugar do *infinito*, de um lado, e da *artificialidade*, de outro. Temas conhecidos, dos quais apenas um aspecto — não levantado, que eu saiba, até agora — importa-me no que se segue: *O infinito:* podemos começar pela conhecida catástrofe dos irracionais. Recordemos como o teorema dito de Pitágoras conduz imediatamente à demonstração da irracionalidade da raiz quadrada de 2 (na sua fórmula final, em Euclides, essa demonstração é, potencialmente, a demonstração da irracionalidade de *todas* as raízes, de qualquer ordem, de *todo* número racional que não seja potência perfeita dessa ordem). A catástrofe decorre do fato de que os números irracionais (em grego: *arrhètoi*, indizíveis; a palavra inglesa ainda é *surd*, de *surdus*, mudo, depois silencioso) não podem ser *determinados* (através

---

seria a explicação para o fato de que não existe *nenhum*, um sequer, matemático romano de quem possamos citar o nome, apesar de toda a "influência" grega? Enfim, neste como em outros casos, é melhor tentar compreender aquilo de que se fala. Não se trata do "conteúdo" de certas idéias, ou de "resultados". Trata-se da criação de um espaço do *logos*, e dos meios de nele se movimentar. Ninguém, que eu saiba, creditou aos gregos a invenção (capital) da fita para medir comprimentos; o que é creditado a eles é a *demonstração* do teorema da hipotenusa. Para tomar como exemplo um caso limite, se amanhã forem descobertos, em papiros egípcios ou tabuletas de barro mesopotâmicas, os *resultados* completos de N. Bourbaki, isso não modificaria *em nada* o que está aqui em questão e o que eu afirmo. A matemática, tal como a entendemos, passou a existir a partir do momento em que houve *demonstração*.

70. Para uma apreciação rápida desse ponto, ver, neste volume, "A *polis* grega e a criação da democracia".

de um número finito de termos, diríamos) como exibíveis ou como uma proporção de dois números exibíveis; eles são *apeiroi*, ilimitados, indeterminados. Ora, aquilo que é *apeiron*, que não tem *péras*, término, limite, determinação, transgride a interpretação central do ser enquanto determinado e, ao mesmo tempo, *diz de si mesmo*, em grego, que é incognoscível. Pouco importa saber aqui como Eudoxo (cerca de 390-340 a.C.), ao estender a teoria das proporções (que se acha no Livro V de Euclides) e ao inventar a aproximação indefinida ao limite (que os modernos chamaram método de exaustão), resolveu esse problema e, ao mesmo tempo, criou a solução grega da questão dos infinitesimais (Euclides, Livro X, prop. 1). O essencial é que os gregos jamais aceitaram, em matemática, quaisquer demonstrações que não aquelas que hoje chamaríamos *finitistas* e *construtivistas*. Do mesmo modo, Antifo, o "sofista" (contemporâneo de Sócrates), tinha "de fato" resolvido o famoso problema da quadratura do círculo, tal como *nós* o resolvemos: ele fez da circunferência o limite do perímetro dos polígonos inscritos, quando o número de lados aumenta indefinidamente. (E já se sabia que para todo polígono há um quadrado equivalente — em conseqüência, Euclides II, 14.) Mas Aristóteles o repreendia severamente: *ton tétragônismon* (...), *ton Antiphontos ou geometrzkou*: a quadratura de Antifo não é geometria (seria, antes, "dialética"), a geometria deve proceder por "decomposição em partes"[71].

Outro exemplo muito instrutivo diz respeito à teoria aristotélica, aparentemente "absurda", do movimento. Thomas Kuhn já disse o que é mais correto pensar da obtusa incompreensão dos modernos e do que ela significa[72]. Ser é ser determinado; o que é que entra, então, nas determinações essenciais das coisas? Para os antigos em geral, e para

---

71. Antifo: Diels, II, B 13 = Simplício, *ad Phys.*, 54, 12; Aristóteles, *Física*, 1, 2, 185 a 14 ss. — Sobre Arquimedes: Utilização de métodos extrageométricos (mecânicos) permitida como procedimento heurístico, *desde que* seja seguida pela verdadeira demonstração geométrica rigorosa, *Pros Ératosthénèn Éphodos, la Méthode à Ératosthène*, Mugler (Budé), III, p. 82-4.

72. Refiro-me aqui precisamente aos *modernos* que se julgam tão sábios e inteligentes; não falo dos pioneiros que, do século XIII ao XVII, lutaram para criar a nova teoria do movimento. Ver Thomas S. Kuhn. *The Essential Tension*, Chicago/Londres, University of Chicago, 1977, p. 11-13, e seus seminários (inéditos) mencionados no começo do presente texto.

Aristóteles em particular, é o seu *lugar:* a resposta a *onde? (pou?)* é categorial. E, para Aristóteles, tudo tem sua finalidade, seu *télos,* que é sua natureza; uma coisa "material" tem, por conseguinte, um *lugar natural* — que é o lugar onde ela está, ou melhor, o lugar para onde ela por si mesma é conduzida, naturalmente (e que nós determinamos pela observação: o baixo para os corpos pesados, o alto para os leves). A força, enquanto causa, é então aquilo que provoca a mudança de *lugar* — quer seja ela "natural", conduzindo a coisa ao seu lugar natural, quer seja "não natural", "violenta", conduzindo a coisa a outro lugar que não seu lugar natural. Para alterar esse ponto de vista, será preciso admitir estas estranhas idéias: que não é o lugar que pertence às determinações essenciais de uma coisa, mas o seu estado de movimento, e que o "estado natural" desse movimento, se assim podemos dizer, não é o grau zero de movimento, mas sim o movimento retilíneo e uniforme, do qual o movimento zero é apenas um caso particular. Disso resulta, é evidente, que não pode haver "lugar natural" de coisa alguma, e que a força é causa não do movimento mas da *mudança* do estado de movimento[73]. Resulta, também, que deveria poder existir um movimento retilíneo uniforme infinito — portanto, um espaço infinito. (Note-se que para nós, hoje, esta última idéia é, rigorosamente, falsa.)

Por que estaria excluído que Aristóteles pudesse admitir essas idéias, por que teria sido ele "naturalmente" conduzido a pensar aquilo que pensou? Kuhn lembrou: porque para ele as "qualidades" são muito importantes; porque sua noção de movimento não é apenas a de "movimento local", mas inclui também a alteração, o aumento e a diminuição, enfim, a geração e a corrupção — movimentos "qualitativos"; porque também o "movimento local" surge para ele, num certo sentido, como uma mudança de qualidade; e porque, uma vez que essas mudanças são, via de regra, "naturais", deve haver também *lugar* natural. (Pode-se dizer, tanto quanto, que deve existir *finalidade local* para as coisas.)

Podemos acrescentar outro elemento a todos esses justamente ressaltados por Kuhn: se, por uma hipótese impossível, Aristóteles tivesse concebido de outra maneira o movimento, ele teria sido levado talvez (ou, mesmo, provavelmente) a aceitar a infinitude do espaço. Mas isso

---

73. Ver *A instituição imaginária.*

era impossível: o espaço, para Aristóteles, *deve* ser finito, o mundo *deve* ser fechado e esférico. Haveria aí um limite absoluto para o pensamento de Aristóteles, ou de um grego antigo, algo impensado e impensável? De modo algum: Aristóteles repete *ad nauseam* que não pode haver infinito *em ato,* justamente porque uma multidão de pensadores precedentes e contemporâneos havia afirmado *o contrário*. Para citar apenas o mais importante deles; com quem Aristóteles discute o tempo todo: o grande Demócrito, para quem só havia "os átomos e o vazio", era adepto (a crer-se nos doxógrafos) da *infinidade do espaço e dos mundos*. A bifurcação, portanto, era esta: o pensamento grego *também* criou, além de todo o resto, a noção do infinito, tanto em matemática como em física. Mas aquele que foi, para os séculos seguintes, seu maior e mais privilegiado representante, Aristóteles, sem rejeitar inteiramente essa idéia, devolveu-a, por assim dizer, "ao seu devido lugar": só há infinito *virtual* — a série dos inteiros, ou a subdivisão da linha em segmentos, *nunca termina* — e, contudo, estes e aqueles jamais podem ser *dados* em conjunto, todos de uma vez (*hama*). É isso o que explica, igualmente, que Aristóteles (e os gregos antigos, em geral) pudesse, a um só tempo, recusar o infinito espacial e aceitar o infinito temporal: um passado infinito, um futuro infinito "existem" apenas *virtualmente;* mas um espaço infinito (e infinitos mundos) significariam uma totalidade infinita dada *em ato*. Se (como diz a *Física,* IV) há sempre um tempo "diferente a cada vez", ele surge paulatinamente, mas se houvesse um espaço "diferente a cada vez", ele não surgiria no momento de nossa visita, mas já estaria presente desde sempre.

A transição do "mundo fechado" ao "universo infinito", segundo a bela caracterização de Alexandre Koyré, punha assim em jogo precisamente dois *mundos* de significação. A dificuldade dessa transição não residia na dificuldade de "reconhecer" o infinito, mas de *tomá-lo como noção central*. (E o Deus hebraico ou cristão *nada tem a ver* com essa transição: ele já tinha uns quinze séculos, e o mundo continuava esférico.) E também por isso que Nicolas Bourbaki é um pouco precipitado quando fala dessa "passagem, tão natural (uma vez encontrado o caminho) que já vimos anunciada por Fermat, do plano e do espaço 'ordinário' ao espaço de *n* dimensões". Essa passagem "tão natural" levou "mais de dois séculos para penetrar os espíritos"; mesmo em Gauss ela ainda está "obscura", e é preciso esperar Cayley e Grassmann, "por volta de 1846", para vê-la praticada "com desembaraço"⁷⁴. A questão, obviamente, não é que Arquimedes ou Gauss se sentissem embaraçados com a passagem de 3 para 4 — mas sim que significações e esquemas bem mais profundos estavam em jogo. — Pode-se dizer a mesma coisa das geometrias não euclidianas: a construção da trigonometria esférica no período que vai de Hiparco (século II a.C.) a Menelau (século I d.C.) poderia ter levado a uma consideração *intrínseca* das propriedades de um espaço esférico, ou seja, curvo.

Por questões de espaço, serei bem mais breve acerca da *artificialidade*. Alguns fatos: não há apenas a "máquina a vapor" de Heron de Alexandria (século I d.C.). Há as calculadoras analógicas (o "mecanismo de Antiquitera", século I d.C.; o "calendário de Londres", entre 330 e 640 d.C., embora com antecedentes sem dúvida mais antigos)⁷⁵; e também, acima de tudo, as extraordinárias máquinas de guerra. Mas há também uma falta de interesse pelo "artificial", a não ser, justamente, no caso desta última categoria (exceção que muito facilmente compreende). E este desinteresse afeta, principalmente, o *artificial teórico*. Aristóteles, em seus escritos, já utiliza as letras "algebricamente"; mas essa utilização não encontrará seguidores, e mesmo muito mais tarde, em Diofanto, os símbolos "artificiais" (artificiais, evidentemente, no segundo grau) continuarão raros. A Europa, ao menos desde Cardan, não cessará de inventá-los.

Para os gregos, há *phusis* e há *fomos;* mas, para a vertente que se tornou entre eles dominante, contra Demócrito e contra Protágoras, o *conhecimento* da *phusis* não depende do *nomos*. Tampouco os modernos aceitarão, como regra geral e como *de direito*, a idéia de *artificialidade* do saber; entretanto, *de fato,* entregam-se a ela sem restrições.

Apesar de tudo o que se disse acima, *existe* uma perfeita unidade de projeto teórico entre a Grécia e a Europa Ocidental. Ela se traduz na retomada da exigência do *logon didonai*, exigência que está em pleno vigor ao menos desde Guilherme de Occam. Ela é simbolizada pelo desenvolvimento em um certo sentido unitário da matemática, de Hipó-

---

74. N. Bourbaki. *Algèbre* 1, caps. I a IV, Nota histórica, A III, p. 205, 208-209.

75. Ver, finalmente, Pierre Thuillier. "Les mécaniciens grecs sortent de l'ombre", La *Recherche,* dez. 1985, p. 1540-44.

crates de Chios e Eudoxo até as grandes invenções modernas. Mas essa exigência está, nos dois casos, sobredeterminada essencialmente pelo magma de significações imaginárias do qual ela brota; ela conduz, portanto, a direções diferentes.

Esta diferença pode ser tentativamente caracterizada por essas duas idéias: a do *infinito* e a da *artificialidade*. A ciência moderna aparece como a elaboração subjetiva e objetivamente ilimitada (e, sem nenhuma dúvida, interminável) da lógica conídica e dos estratos que esta última descobre/constrói no "real". A *ilimitação* da investigação moderna depende, ela mesma, sem dúvida, de um esquema imaginário da *completa racionalidade* do ser/ente físico — esquema estranho aos gregos (em todo caso, até — e inclusive — Aristóteles). A *artificialidade* conduz a uma transformação da própria essência do "objeto" matemático, desembocando na "livre postulação" dos axiomas — algo impensável para os gregos, para quem (como ainda para Kant) esses axiomas exprimiam propriedades intrínsecas ou "naturais" (ainda que "subjetivas") do espaço, e não postulados arbitrários submetidos simplesmente às restrições da independência, da não-contradição e, eventualmente, da completeza.

Certamente é difícil deixar de associar essa ilimitação, e essa artificialidade, à significação imaginária central do capitalismo: a expansão ilimitada do controle "racional"[76]. Mas o que nos importa aqui é o que esse desdobramento da ciência moderna (no "velho" sentido desta palavra, ou seja, depois do "fim da Idade Média") revela, tanto no ser de seu objeto como no ser de seu sujeito — precisamente em função de sua ilimitação e de sua artificialidade. E já o terá adivinhado, quem tiver compreendido nossa argumentação precedente: um desdobramento científico do tipo exibido pela ciência ocidental desde, digamos, Galileu, *não* seria possível *nem* em "um universo qualquer", *nem* para "uma sociedade qualquer" formada pelas encarnações acidentais e inessenciais de uma consciência em geral.

O que esse desdobramento revela em seu objeto é, de um lado, a confirmação da extraordinária universalidade imanente das leis descobertas/criadas por nós a partir de considerações estritamente "locais" (ou então, sua extensibilidade, praticamente sem modificação, "ilimita-

---

76. Cf. acima, "Reflexões sobre o 'desenvolvimento' e a 'racionalidade' ".

da" mas "demarcada": já falamos disso acima, a propósito do vivente), essas leis aparecem como "localmente universais", ou "universais por estratos", "local" não significando, aqui, uma bola ou aglomerado em $R^4$ mas uma ou mais folhas de um folheado transversal; e, de outro lado, de longe o mais importante — contrariamente ao programa inicial, para muitos ainda válido, do projeto científico ocidental —, ele revela uma enorme irregularidade no nível profundo, a ausência de "unidade sistemática" — ao menos, tal como nós podemos ou mesmo poderíamos concebê-la —, fraturas, ravinas ou fendas cósmicas, as quais não envolvem, por sua vez, nenhuma "incoerência" positiva — e este é outro ponto que tem ocasionado infindáveis perplexidades.

Já sabíamos — embora para muitos isso continue sendo um assunto controverso — que não há nenhuma *verdadeira* ponte ligando o físico-químico ao vivente, nem o vivente ao psíquico e ao social-histórico — "Obscurantismo!", clamarão os reducionistas. A única resposta que merecem tais barbeiros que sempre prometem um corte grátis, mas sempre para amanhã, é: *hic Rhodus, hic salta*. Ou até menos: não lhes pediremos para *dar* a "explicação" da *sensação* de vermelho, mas apenas dizer *em que ela poderia consistir*, quais seriam a sintaxe e a semântica da sentença que a forneceria.

Seriam elas talvez do tipo " $\dfrac{a + b^{11}}{n} = X$ portanto Deus existe"

(Euler para Diderot, São Petersburgo, 1774)? Ou seria melhor: "400 nanômetros sensibilizam alguns dos receptores, ao passo que 780 sensibilizam outros, é por isso que filha é muda e você vê às vezes violeta e outras vezes o vermelho"? Mais uma vez: isto não significa absolutamente nenhuma incoerência "positiva" — nem que o ser vivo possa "violar" as leis físico-químicas, ou o ser humano as leis biológicas (neste último caso, é necessária uma profunda revisão do sentido do termo "lei", mas esta é uma outra história). Eles não as violam; contentam-se em criar *outras. O que* são essas leis, essas conexões, etc., no nível do vivente, *não tem sentido para o físico,* do mesmo modo que o neurofisiologista, *enquanto* neurofisiologista, ao contemplar *O sepultamento do conde de Orgaz,* não vê nem é capaz de enxergar nada mais do que veria em qualquer outra superfície colorida.

De resto, esta discussão só é útil tendo em vista os biólogos e físicos desatualizados (é verdade que eles são legião). Pois, para quem não quer fechar os olhos, a ruptura e a heterogeneidade já estão alojadas no próprio coração da fortaleza, o inimigo acha-se instalado há ao menos cinqüenta anos no seu principal bastião, a física teórica. O núcleo da ficção da homogeneidade do universo físico — que está na base da idéia de *redutibilidade* — está desmantelado. Os estratos do ser/ente físico evidentemente são "compatíveis"; mas não se deixam integrar em um sistema unitário e homogêneo. No estágio atual de nossa ignorância, a macrofísica ordinária, a física quântica e a hipermacrofísica (para utilizar o termo empregado por W. Heisenberg já em 1935) fornecem o exemplo de três estratos teoricamente irredutíveis uns aos outros. Entre esses três estratos, as passagens são "praticáveis": *existe* um mundo. Mas elas não são rigorosas, mas simplesmente "numéricas", não são teoricamente construtíveis: esse mundo não é um "sistema" ou sistema de sistemas[77].

Se for preciso ilustrar ainda mais a situação teórica da física fundamental dos dias de hoje, recordemos que estruturas tão profundas (a ponto de permanecerem de fato totalmente implícitas e perfeitamente clássicas nas concepções mais subversivas do último período, a relatividade geral e os quanta) como a *topologia* do espaço-tempo vêm sendo questionadas há mais de vinte anos, e parece, de fato, que deveriam ser abandonadas. A concepção de John Wheeler, por exemplo, equivale a considerar diversas "escalas" do espaço-tempo, cujas topologias difeririam essencialmente. Para retomar sua imagem, na vida (e na física) ordinária "vemos" e "habitamos" um espaço-tempo tão liso como a superfície do oceano vista de um avião — ao passo que, vista de uma distância menor, essa superfície é percorrida por ondas e, ao se chegar bem perto, percebe-se que ela comporta correntes, turbulências, espu-

---

77. Tenho insistido há muito sobre este ponto ("Ciência moderna e interrogação filosófica", *op. cit.*, p. 170-89), que sempre parece incompreensível a qualquer físico, a propósito da relação entre teoria newtoniana e relatividade. Apresentar a primeira como uma "aproximação menos boa" que a segunda equivale a ignorar a heterogeneidade dos postulados e das estruturas teóricas das duas concepções, e a falar, não como físico teórico, mas como cozinheiro de decimais.

ma, etc. Esta "espuma" do espaço-tempo, que introduz tanto descontinuidades *como* mudanças perpétuas da própria topologia, apareceria na escala do comprimento de Planck, isto é, $2 \times 10^{-33}$cm[78].

Seriam essas flutuações quânticas (na escala indicada) da topologia do espaço-tempo que dariam lugar ao surgimento e desaparição de partículas "elementares". De nada adianta dizer que aí temos apenas uma teoria. Se a concepção de Wheeler não se impuser, outras o farão, talvez ainda "piores" — como o espaço twistorial de Penrose —, pois será imprescindível tentar sair da situação absolutamente caótica em que se acha, hoje, a física fundamental. De nada serve, tampouco, dizer que em tudo isso não se trata senão de "efeitos de escala", sem alcance teórico ou filosófico. Note-se, logo de início, que esses supostos "efeitos de escala" já foram admitidos na relatividade geral onde, bem ao contrário, a condição da "lisura", ou da "regularidade habitual", consiste no inverso: o espaço-tempo não é euclidiano em sua totalidade (*whatever that may mean*) mas é euclidiano "localmente" (e o termo "local" significa aqui, bem entendido, uma boa em $R^4$ de diâmetro "suficientemente" pequeno). Ora, já na relatividade geral, as diferenças de escala não são diferenças de "aspecto" ou de "perspectiva", mas se traduzem, decididamente, por *leis* diferentes em cada um dos dois domínios. E é evidente que, de modo ainda mais incisivo, isso ocorre no caso da "espuma" de Wheeler:

---

78. A topologia, falando sumariamente, é o estudo dos homeomorfismos, isto é, das transformações biunívocas e bicontínuas. Numa linguagem mais coloquial e bem-humorada, poderíamos dizer que um topólogo é alguém incapaz de ver a diferença entre uma câmara de ar e uma xícara de chá, ou entre um cubo e uma esfera — embora veja inumeráveis abismos separando um cesto de vime trançado e um cesto da mesma forma e dimensão moldado em uma única peça de plástico. — A topologia trata de propriedades do espaço que são, num certo sentido, mais "profundas" e (por isso) mais ocultas que seu número de dimensões ou, mesmo, que seu caráter euclidiano ou não. Na concepção de Wheeler, por exemplo, citada no texto, é com a *espuma* que ocorre a mudança de topologia. Passa-se de um mar liso a um mar encapelado por meio de uma transformação contínua (mesma topologia) — ao passo que a espuma destrói a unidade topológica dessa superfície. Para um resumo muito claro da tese de Wheeler (e de outras concepções contemporâneas ainda mais estranhas), ver o artigo de Abhay Ashtekar (professor das Universidades Pierre-et-Marie-Curie, em Paris, e de Syracuse, Estado de Nova York), "La gravitation quantique", (*La Recherche*, nov. 1984, p. 1400-10).

não basta que os "grãos" se comportem de uma certa maneira quando temos a água a um palmo do nariz, mas é preciso, ainda, que tudo isso apareça como exibindo um comportamento regular aos olhos de um observador situado dez quilômetros acima. Já afirmei, entretanto, e volto a repetir que está radicalmente excluído que o "olho" desse observador imponha uma tal regularidade a algo que não se preste a ela, ou que seja "intrínseca" e totalmente amorfo[79].

A conclusão inescapável é que existem estratos heterogêneos do ser/ente físico. Cada um desses estratos comporta uma dimensão conídica — ou presta-se, indefinidamente, a uma elaboração conídica, a uma conidização[80]. E, contudo, a *relação* entre eles não se presta a tal elaboração. Não há, "empiricamente", nenhuma incoerência positiva: contornamos as dificuldades nos cálculos dado que as fórmulas de Lorentz são dispensáveis quando v/c é pequeno o bastante. Dos pontos de vista teórico e lógico subsiste, todavia, uma falta de ligação. Os axiomas, os conceitos fundamentais e a estrutura lógica das respectivas teorias são distintos. Não se passa de Newton a Einstein através de uma transição contínua. Para fazer a passagem, é preciso substituir "é verdade que P" por "não é verdade que P"[81]. Essa mudança de axiomas, no nível da teoria, corresponde à fratura ao nível do objeto.

O termo "axioma" nos recorda a matemática, sem a qual — sem seu imenso desenvolvimento — a física ocidental simplesmente não existiria. A exemplo de tantos outros, também eu já me senti perplexo em face da *unreasonable effectiveness of mathematics*, da eficácia irrazoável da matemática, para retomar a expressão de Wigner[82]. Na verdade, con-

---

79. É por isso que o que está dito no texto é *total e rigorosamente independente* do sucesso ou insucesso das chamadas teorias de grande unificação — ou da "serpente que morde a própria cauda" de Sheldon Glashow (a gravitação tornando-se novamente a força dominante na escala do comprimento de Planck). O que se obteria, assim, seria uma unidade do "substrato": isso não explicaria de maneira alguma a *existência regrada* do mundo newtoniano, ou seja, da *quase* totalidade do mundo visível.

80. É claro que basta isso para eliminar absurdos como o *anything goes* de Feyerabend.

81. Sendo P, por exemplo, a proposição: "existem sinais que se propagam com velocidade infinita", ou mesmo: "existem ações instantâneas à distância".

82. Ver o "Prefácio" de *As encruzilhadas do labirinto I*.

tinuo sentindo-me perplexo — não obstante, em vista do que já dissemos, creio que a questão começa, por fim, a tornar-se pensável. O que é a matemática, em seu moderno desenvolvimento (uma vez liberta da "naturalidade" grega — que é também a de Kant, embora se trate, em seu caso, de uma naturalidade do "sujeito")? A matemática, de um lado, é uma prolífica elaboração da lógica conjuntista-identitária; mas é *também* uma elaboração que, ao prosseguir interminavelmente, já teria atingido há muito tempo os limites da trivialidade e da insignificância, não fosse a imaginação criadora dos matemáticos, que se exprime, antes e acima de tudo, pela introdução de *novos axiomas,* geradores de ramos (arborescências de teoremas) distintos dos já existentes. Naturalmente, a *libertação* dessa imaginação criadora requer um conjunto de condições sociais-históricas que dependem, por sua vez, do imaginário social (e que se encontram reunidas apenas na Europa Ocidental moderna); e, por outro lado, a liberdade de imaginação do matemático (que é, quanto a isso, perfeitamente comparável à liberdade de imaginação do criador da obra de arte) submete-se, por si própria, a exigências que podemos formular, mas que não fornecem, nelas mesmas, nenhuma *regra,* não apenas para "inventar" axiomas, mas mesmo para avaliar, de modo rápido e seguro, a *importância* desses axiomas. Na verdade, podemos dizer que um sistema de axiomas pode ser qualquer (arbitrário) *desde que* os axiomas sejam independentes e não contraditórios (a "completeza" é, ainda, uma outra questão). Contudo, isso não exclui de modo algum que venham a ser propostos sistemas de axiomas que não apresentam nenhum interesse — ou nenhuma genuína "fecundidade". Mas de que interesse, de que fecundidade se trata? E quem pode julgá-lo?

Não quero nem por um instante insinuar que essa importância ou fecundidade deva ser aquilatada pela aplicabilidade das teorias matemáticas aos fenômenos físicos. Isso seria intrinsecamente absurdo e, como veremos a seguir, só faria com que a questão recuasse um passo. E, contudo, a estranha interrelação entre o desenvolvimento da matemática e a história da física moderna constitui um fato fascinante e rico de significação, perfeitamente familiar, embora pouco se reflita acerca dele sob este ângulo. Observo essa interminável partida de "pula-sela", esse *leap frog game* no qual ora a matemática parece "preparar" com antecedência as formas de que a física "terá necessidade", ora a física "força" a invenção de formas matemáticas até então inexistentes; ora ambas se fazem juntas, ora, enfim, a física permanece bloqueada porque não se chega a criar os instrumentos matemáticos requeridos. Não há como abordar, aqui, este vasto assunto. Vou limitar-me a fornecer alguns exemplos claros dos quatro casos principais que acabo de mencionar.

Um exemplo clássico do primeiro caso é fornecido pela relatividade geral: a geometria riemanniana e o cálculo diferencial absoluto de Ricci e de Levi-Civita já estavam, há respectivamente cinqüenta anos e vinte anos, "à disposição" de Einstein[83]. Inversamente — segundo caso —, Dirac precisou inventar, perante as necessidades da física quântica (1926), uma primeira forma daquilo que Laurent Schwartz iria prover com as distribuições. O terceiro caso é classicamente ilustrado por Newton com a invenção da análise e sua aplicação à física (esse percurso mais ou menos paralelo, na mecânica racional, prolonga-se de resto através de todo o século XVIII, até Lagrange e Laplace, e talvez até Hamilton e Jacobi, na metade do século XIX). O quarto caso, finalmente, pode ser ilustrado pelos obstáculos com que há muito tempo se depara a hidrodinâmica dos fluxos turbulentos, por falta de "ferramentas" matemáticas adequadas. Poder-se-ia acrescentar um quinto caso: uma teoria matemática desenvolvendo-se e se aperfeiçoando indefinidamente, sem nenhum correlato "real". Falando rigorosamente, tais casos são inumeráveis — mas ninguém jamais pode saber se eles serão apenas "provisórios". O mesmo vale para a rainha (a teoria pura dos números) da rainha (a matemática) das ciências. Mas a recente utilização da teoria dos números primos em criptografia induz-nos a considerar esse caso com prudência, do ponto de vista que aqui nos interessa (embora se trate de um utilização técnica, mais que de uma correspondência com uma "realidade").

Ora, *esta* conexão, este *tipo* de conexão entre a matemática e a realidade física, esta *história* das duas, no sentido forte do termo, seu entrelaçamento e a história desse entrelaçamento introduzem uma nova questão e, ao mesmo tempo, deslocam radicalmente o lugar dessa questão e das possíveis respostas. Um minuto de reflexão basta para mostrar que,

---

83. O qual, aliás, teve de reinventar porções da matemática que permaneciam ignoradas pelos físicos (e pelo próprio Hilbert!) tais como as identidades de Bianchi. Abraham Pais. *Subtle is the Lord...*. Oxford/Nova York, Clarendon, 1982, p. 221-23, 256, 258.

ante esses imensos *leitos,* ante sua significação sem dúvida inexaurível mas não arbitrariamente maleável, a filosofia herdada (enquanto "teoria do conhecimento" — embora não haja teoria do conhecimento que não pressuponha nem acarrete uma ontologia) aparece totalmente desprovida de interesse, dado que está desprovida de objeto. Não se trata apenas de que empirismo ou racionalismo, idealismo crítico ou idealismo absoluto apareçam como desesperadamente ingênuos; eles passam por fora da questão, deixam de lado o problema. Eles se acham em um mundo de sonho, onde os pressupostos do saber não são social-históricos, e onde esse saber não possui uma genuína *história:* seja porque esta é reduzida a uma acumulação (Kant), seja porque ela depende de uma "dialética" (Hegel) que é na verdade a *negação* (e que, além do mais, neste caso, não é jamais *durchgeführt,* posta em ação e aplicada).

Esta própria conexão *diz* algo *acerca do mundo.* O mundo físico é conidizável (matematizável), mas não o é "de muitas maneiras" (supostas como arbitrárias, *anything goes),* pois não há duas teorias da gravitação para os fenômenos ordinários da molécula à galáxia, mas sim uma e uma só; mas ele é *diferentemente* conidizável, *segundo* o *estrato* desse mundo que se considera (que se "descobre" — que se "constrói" — que se "cria"). A relação entre esses estratos *não é,* ela própria, conidizável, não é construtível. E o "sujeito" do conhecimento — quer dizer, de fato, indissociavelmente, a sociedade/o indivíduo, "cientista" ou não — recria, em todo caso, essa organização conídica relativa ao primeiro estrato natural no qual e pelo qual ele vive. Mais ainda, esse "sujeito", a partir de uma ruptura, dupla, na história, começa questionando a dependência dessa organização conídica em face de suas próprias significações imaginárias; e, depois, cria livremente, dentro de certas restrições mínimas, na matemática e por meio dela, sistemas ou quase-sistemas conídicos aparentemente gratuitos, dentre os quais, contudo, um grande número *encontra* correspondência, de uma maneira ou outra, com a organização deste ou daquele estrato do ser/ente físico.

Assim, a história da ciência apresenta dois aspectos. De um lado, o desdobramento, a elaboração da lógica conídica. Tal fato, submetido a uma reflexão insuficiente, tem alimentado as ilusões associadas às idéias de progresso, a ficção assintática, as ingenuidades (ainda em Kant) da cumulatividade e da aditividade da ciência. É claro que há — desde a hominização, e até mesmo antes! — uma "progressão" de um certo conhecimento; dela já falamos anteriormente. Contudo, se não a focalizarmos exclusivamente de um ponto de vista "pragmático", enquanto aumento de um controle instrumental, de meios para uma crescente dominação do ambiente, tal "progressão" tem sido, na verdade, uma re-criação e re-conquista da organização do primeiro estrato natural. Por outro, ela tem sido dependente, em cada caso, do magma de significações imaginárias da sociedade considerada. Desse modo, aquilo que *nós* hoje denominamos ciência é, nitidamente, um veio do magma imaginário ocidental; pois *é apenas aqui* que se pretendeu (e quase se conseguiu) destacar o conídico de todo o resto, e que o puramente lógico, o puramente instrumental, o simplesmente formalizável tornaram-se significações imaginárias dominantes. Mas, mesmo *no interior* desse período histórico, o avanço não se dá e não pode se dar por meio de uma simples elaboração do conídico, e menos ainda, é claro, pelo acúmulo de resultados experimentais e observações; quais experiências decidimos fazer, e por quê, que é que somos capazes de ver naquilo que observamos, e por meio de que o vemos? O avanço ocorre, nos casos importantes, por meio de *rupturas,* ou seja, pela emergência/criação de novas matrizes ou esquemas imaginários referidos ao "real" (*ou não*, como no caso da matemática). Existe, sob este aspecto, uma radical diferença entre o que podemos simbolizar pelos nomes (para tomar os casos mais incontestáveis) de Newton e de Einstein, por um lado, e de Dulong e Petit, ou de Balmer, por outro. O que Kant diz no § 47 da *Crítica do juízo* (a distinção seria somente "de grau") mostra sua incompreensão daquilo que está aqui em jogo, e o fato de que sua concepção é incapaz de atribuir um lugar apropriado a uma *imaginação relativa às idéias*. Dez mil Balmers, trabalhando dez mil anos, não teriam conseguido escrever os *Principia philosophiae naturalis*.

Portanto, o imaginário e a imaginação intervêm de quatro modos em nossa questão:

- como re-criação e construção, pela sociedade, de uma dimensão conídica que atinge efetivamente o primeiro estrato natural, sem de nenhum modo "copiá-lo";
- como primeiro questionamento da impregnação desse conídico pelo imaginário herdado/instituído, e como criação do *logos* e do *logon didonai;*

- como pretensão de destacar o conídico de todo o restante, e como emergência/supremacia das idéias imaginárias de *ilimitação* e de *artificialidade,* dando lugar ao nascimento da ciência ocidental moderna propriamente dita;
- como trabalho contínuo do imaginário no seio da própria ciência, manifestado na e pela criação de novas teorias que atingem diferentes estratos do ser/ente.

Nesta situação, a noção ingênua de "progresso" é tão risível quanto a idéia incrivelmente superficial da simples "eliminação" do falso, da *falsificação.* Aparentemente, Sir Karl Popper e seus prosélitos não são capazes de conceber simultaneamente estas duas coisas: que a teoria de Newton é falsa, tendo em conta suas próprias pretensões a uma verdade sem restrições e a materialização dessas pretensões em seus axiomas; e que a teoria de Newton é verdadeira (ou, admito, exata) em um domínio de validade com o qual Newton nem mesmo poderia ter sonhado quando a criou (não por causa das *dimensões,* mas devido à *própria natureza* dos objetos em questão nesse domínio). É isso, igualmente, que Feyerabend e outros como ele, de maneira inversa e idêntica, tampouco podem compreender. O que se tem aqui é a *história,* não acumulação, adição, ou simples progresso. Aquilo que se supõe como adquirido só o é à medida que é obrigatoriamente re-tomado, re-conquistado, reinterpretado. Afinal, isso é o que já dizia Goethe — a propósito de qualquer herança.

São duas, também, as grandes rupturas *nessa* história (a história da ciência): a grega, inaugural, e a européia moderna, sendo que esta última está longe de ser uma simples retomada e continuação da primeira. Neste sentido, devemos desconfiar de qualquer generalização sobre a história da ciência: não podemos falar sobre ela como se fosse possível verificar nossos enunciados em um número indefinido de casos; num certo sentido, nosso objeto não tem mais de quatro séculos de existência, e comporta, talvez, quatro ou cinco genuínas "revoluções", para retomar o termo de Kuhn. Mas, por outro lado, seria preciso que essa própria história deixasse de ser apresentada como uma série de partidas de xadrez — ou, ao contrário, como uma série de passos de um sonâmbulo. Seria preciso restituir-lhe sua lógica interna: lógica da criação imaginária sob a dupla restrição da referência ao "real", de um lado, e da "continuidade", do outro[84]; imaginário que é, ele próprio, englobado pelo imaginário da sociedade e do período histórico no qual se ancora.

Mas, ao mesmo tempo, não podemos ignorar a continuidade *sui generis* que liga nossa ciência a suas origens gregas. Porque, através e para além da ruptura de que tratei, subsiste o solo comum, que os gregos pela primeira vez desbarataram. O *logon didonai* está sempre lá — e *apenas lá*, quer dizer, hoje está *aqui* —, mas ele também se traduz por exigências comuns e centrais. De um lado, os *critérios internos últimos* permanecem os mesmos. Podemos ficar por vezes surpresos ou decepcionados frente a um dado raciocínio de Aristóteles nos tratados biológicos, ou mesmo na *Física;* mas não duvidamos nunca (e que estúpidos seríamos se o fizéssemos) de que Aristóteles teria aceitado, tanto quanto nós, talvez melhor que nós, uma refutação de suas próprias teses, baseada em um raciocínio logicamente válido ou em um contra-exemplo empírico pertinente. Nós não podemos mais falar a linguagem de Aristóteles; mas estamos intimamente convencidos — creio que com razão — de que facilmente conseguiríamos levá-lo a falar a nossa. — Por outro lado, entretanto, o *referente externo,* ou o objeto, coincide em larga medida nos dois casos. Ele não é idêntico: a definição aristotélica da *phusis,* como o conjunto dos seres/entes que têm *em si mesmos* o *princípio* de seu movimento (que continua verdadeira, a meu ver), não seria aceita pela esmagadora maioria dos cientistas dos últimos quatro séculos, seja por causa de seu teísmo, ou deísmo, seja por causa de seu materialismo (o que é ainda mais curioso). Mas, tanto ele como nós estaríamos de acordo em considerar esse ser/ente, como quer que ele possa ser (*oti pot 'estin, whatever it may be, was immer es sem mag*), *em si mesmo e para si mesmo,* e não como um sonho de Brahma ou uma manifestação de Jeová.

Partimos de uma série de afirmações, que continham virtualmente nossas questões. Reformulemos então claramente estas últimas, já próximos de nossa conclusão, evidentemente provisória:

---

84. Nessa mesma direção, inaugurada pelo grande — e quase esquecido na França — Pierre Duhem, o admirável livro de Thomas Kuhn, *Black Body Theory and the Quantum Discontinuity, 1894-1912* (Oxford/Nova York, Clarendon, 1978), representa um modelo que será difícil superar.

- como deve ser o mundo para que uma certa ciência (que vá além da simples sobrevivência do vivente e também de nós mesmos) seja possível?
- como deve ser *esse mesmo mundo* para que uma autêntica *história* da ciência (*não* cumulativa, *não* aditiva, *não* "progressiva") seja possível?
- como, por fim, deve ser o "sujeito cognoscente" para que ele possa inicialmente criar, e em seguida subverter/conservar, essa ciência e sua história?

Em virtude do que já foi dito, podemos oferecer alguns elementos de resposta. O mundo físico deve ser "localmente" conídico — ou seja: nesse mundo, o conídico deve ser "em toda parte denso". Mas esse mundo não forma um "sistema" conídico; ele é estratificado, e essa estratificação é irregular, heterogênea. (Não falamos, aqui, evidentemente, de "constituintes últimos da matéria": falamos daquilo que *existe de verdade*, a saber, *formas* e *leis*.) A história da ciência mostra que o mundo não é conidizável *em sua totalidade* — embora o seja quase indefinidamente quando se opera *por partes* — e que, nos casos decisivos, o acordo entre essas partes é simplesmente *de lato* (traduzido, em nossa escala, pela concordância numérica em uma "aproximação de segunda ordem"). Isso já é verdade quanto ao mundo estritamente "físico" — sem falar de afastamentos de outra natureza que separam o físico do biológico, e estes dois do psíquico e do social-histórico. O "sujeito cognoscente", enfim, não é e não pode ser *ego* — e menos ainda *ego lógico*. Linguagem e entendimento são criações social-históricas, instituições imaginárias que devem ser impostas à psique singular e que lhe permitem fazer algo dos restos de sua organização conídica pré-humana. Não existe *ego-linguagem*, como tampouco *mono-entendimento*, a existência social-histórica é uma condição *absoluta* da subjetividade. E essa subjetividade está longe de ser "simplesmente lógica", *mesmo* em seu funcionamento "lógico" e "cognitivo". Existe também um poder criador do sujeito — do sujeito singular — precisamente no domínio do saber, e que é fonte de inovação. Ao alterar seu saber — *o* saber social-histórico estabelecido em cada caso —, o sujeito não se "adapta", mas sim *introduz* novas *figuras pensáveis* do ser/ente enquanto cognoscível e pensável. E o sujeito só pode fazê-lo porque ele é também e sobretudo *imaginação radical,* potência apresentadora virtualmente comunicável — figurável e dizível. Ele não poderia fazê-lo por meio de sua "razão", ou de seu "entendimento", pois estes podem forjar e controlar, sistematizar ou deduzir, mas não podem *instaurar* nada que seja *novo* e tenha um *conteúdo*[85]. No entanto, sem a linguagem, sem o entendimento, sem a referência a uma "realidade" e mesmo à tradição de uma pesquisa, essa imaginação só poderia produzir fantasias privadas; com eles, e através deles, ela pode, ao contrário, chegar a criar um *saber.*

Precisamos compreender que o ser é essencialmente estratificado — não de uma vez para sempre, mas "diacronicamente": a estratificação do ser é também uma expressão de sua autocriação, de sua temporalidade essencial, ou seja, do ser enquanto um incessante *estar-por-ser.*

Precisamos compreender, igualmente, que *existe* verdade — e que *ela está por fazer,* que para *atingi-la* devemos *criá-la,* o que quer dizer, de início e antes de tudo, *imaginá-la.*

"Aquilo que agora se prova foi antes apenas imaginado", escrevia William Blake[86]. Aqui, mais uma vez, o grande poeta é mais profundo e mais filosófico que o filósofo.

*Paris, 9 de dezembro de 1985.*

---

85. O kantismo é um empirismo comum e relativista no que se refere ao *conteúdo do saber.* Voltarei, em *L'élément imaginaire,* às razões profundas que tornam impossível, no contexto kantiano, uma *phantasia* pensante (contrariamente a Aristóteles; ver "A descoberta da imaginação").

86. *"What is now proved was once only imagin'd".* Esta frase evidente e ofuscante (citada por A. Ashtekar, *op. cit.,* p. 1404) é o Provérbio nº 33 dos "Proverbs of hell", em *The Marriage of Heaven and Hell.* Agradeço a Cliff Berry e David Curtis pela localização da referência exata.

IMPRESSÃO E ACABAMENTO:
**YANGRAF** Fone/Fax: 6198.1788